JN224853

事例大系 インターネット 関係事件

紛争解決の考え方と実務対応

インターネット事件実務研究会◎編

齋藤理央／櫻町直樹／田中一哉／最所義一
平野　敬／平井佑希／松尾剛行／髙田晃央
古賀　聡／葛山弘輝／岡本裕明／奥村　徹
山田大介／関口慶太／小石川哲

ぎょうせい

は し が き

　われわれ多くの市民は 21 世紀の幕開けに前後してインターネットという新しい世界と対面することになった。インターネットはその後急速に発展し、今やわれわれ市民の生活と切っても切り離せない。

　インターネットの世界がわれわれの生活にとって重要性を増すたびに、その反動としてインターネットの負の側面も色を濃くする。インターネット上には人格権や知的財産権などの権利侵害が溢れており、収束のめどは立たない。

　そのような問題に対応するインターネット事例の案件処理はまず、加害者の特定からはじまる（序章）。インターネット法分野をリードしてきた分野として真っ先に想起されるのは名誉毀損等誹謗中傷に関する分野だろう（第1章、第2章）。また、忘れられる権利を嚆矢としたプライバシー侵害事案（第3章）、肖像権侵害事案（第4章）もインターネット法の中心的分野といえる。事業者の業務妨害に対する保護も重要な視座である（第5章）。被害者の生命、身体に影響のあるネットストーカー事案（第6章）は、インターネットにおける被害者保護の必要性をわれわれに強く問いかける。実質的な人格権侵害事案における濫用的な著作権主張は慎まれるべき（第7章）ものの、著作権者の適正な保護（第8章、第9章）はインターネットにおける健全な文化の発展に必須の要素となる。知的財産権と自然権、そして情報の関係があらためて想起される点にインターネット知財分野のダイナミズムが現れている（第10章）。インターネットの発展のために不問とされてきたプロバイダ事業者の責任が今、あらためて問い直されている（第11章）。プラットフォーマーとユーザの法的関係も大きな課題を投げかける（第12章）。事業者間のシステム・サイト開発をめぐるトラブルも頻発（第13章）している一方で、消費者被害も大きな社会問題となっている（第14章）。インターネット犯罪における被疑者、被告人の防御保障も市民のインターネット利用を守るために重要な議論である（第15章）。インターネットでは伝統的にわいせつ物頒布等の刑事問題（第16章）がある一方、誤送金事件という新たな類型の刑事事件も発生している（第17章）。そして、昨日の問題に正解が出ない中、インターネット法分野は、今日すでに WEB3.0 の NFT（第18章）、AI（第19章）といった新しい法的課題に直面している。

今日実務の最前線でインターネット法に携わる法律家は、最先端の法律論とともに、時に近代法の成立前夜の社会状態を参照する必要に迫られるかもしれない。先例のない問題に対峙するとき、最新の法令動向をみながら、時に源流に近い場所までさかのぼって法の在り様をみてみることも有用だろう。

　いまだその輪郭さえはっきりしないインターネット法分野の混沌を、本書のさまざまな事例から感じとってもらうことで、本書の役割の一端は十分に果たされたといえるのかもしれない。

2025 年 4 月

執筆者を代表して

弁護士　齋 藤 理 央

凡　例

1　法令名の略語

本文中の法令名は、特に言及のない限り原則として正式名称で記したが、（　）内は次に掲げる略語を用いた。

個情	個人情報の保護に関する法律
刑	刑法
刑訴	刑事訴訟法
軽犯罪	軽犯罪法
著作	著作権法
道交	道路交通法
情報流通プラットフォーム対処法	特定電気通信による情報の流通によって発生する権利侵害等への対処に関する法律
弁護士	弁護士法
法適用	法の適用に関する通則法
民	民法
民訴	民事訴訟法
民保	民事保全法

2　裁判例

裁判例を示す場合、「判決」⇒「判」、「決定」⇒「決」と略した。また、裁判所の表示および裁判例の出典については、次に掲げる略語を用いた。

(1) 裁判所名の略語

最	最高裁判所
○○高	○○高等裁判所
○○地	○○地方裁判所
○○支	○○支部

(2)　判例集・判例評釈書誌の略語

民録	大審院民事判決録
刑録	大審院刑事判決録
民集	最高裁判所民事判例集
刑集	最高裁判所（大審院）刑事判例集
高刑速	高等裁判所刑事判決速報集
高刑集	高等裁判所刑事判例集
高民集	高等裁判所民事判例集

裁判集民	最高裁判所裁判集民事
裁判集刑	最高裁判所裁判集刑事
東高民時報	東京高等裁判所民事判決時報
東高刑時報	東京高等裁判所刑事判決時報
金法	金融法務事情
判時	判例時報
判タ	判例タイムズ
労経速	労働経済判例速報
最判解民	最高裁判所判例解説　民事篇
最判解刑	最高裁判所判例解説　刑事篇

3　定期刊行物の略語

ジュリ	ジュリスト
曹時	法曹時報
法セミ	法学セミナー

目　　　　　次

第2章　名誉毀損事件②──損害賠償請求事件 ……… 42

第3章　人格権に基づく逮捕記事の削除請求 …………… 58

第8章 著作権侵害事件②──損害賠償請求 ……… 192

第11章 プロバイダ（情報媒介者）に対する責任追及 ··· 258

第12章　プラットフォーマーをめぐる法律関係 …… 284

第13章　システム・サイト開発をめぐるトラブル … 308

第14章 SNS 型投資・ロマンス詐欺被害事件 ········ 332

第15章 不正アクセス禁止法違反、不正指令電磁的記録に関する罪

第16章　わいせつ図画頒布・児童ポルノ等事件 …… 381

(2) NFT 作成の委託契約 ………………………………… 452

(3) 知的財産権とNFT の発行 ………………………… 453

(4) DAO との関係 …………………………………… 455

(5) 買取保証と資金決済としての利用 ……………… 456

(6) 買取りと違法行為の幇助 ………………………… 456

3 〈*Case*⑱〉3 …………………………………………… 457

(1) 〈*Case*⑱〉3 …………………………………… 457

(2) 二次流通における問題 …………………………… 457

(3) C2C取引の法的性質 ……………………………… 458

(4) NFT の課税 ………………………………………… 458

第19章 AI とリーガルテック ……………………… 460

I リーガルテックと弁護士法等に関する事例 ………… 460

1 事 例 …………………………………………………… 460

2 解決への道筋 ………………………………………… 461

3 論 点 …………………………………………………… 461

4 検 討 …………………………………………………… 461

(1) 弁護士法72 条とリーガルテックの関係 ……… 461

(2) 各機能へのあてはめ ……………………………… 462

(3) グレーゾーン回答 ………………………………… 464

(4) 著作権法 …………………………………………… 465

(5) 法律を超えて ……………………………………… 466

5 顛 末 …………………………………………………… 466

II AI と著作権に関する事例 …………………………… 466

1 事 例 …………………………………………………… 466

2 解決への道筋 ………………………………………… 467

3 論 点 …………………………………………………… 467

4 検 討 …………………………………………………… 467

(1) 著作権法30 条の 4 の解釈 ……………………… 467

(2) 著作権法30 条の 4 のファインチューニングへのあてはめ ……… 468

序　章

❖

インターネット関係事件と相手方の特定

❖

はじめに

　本書では、インターネットにかかわる事件対応を解説しているが、インターネット関係事件の特徴は、相手方が匿名であることが多い点にある。このような点からインターネット関係事件は相手方を特定することが事件対応の第一歩となる。そこで、まず、各章解説の前提として、相手方を特定する方法について、触れておく。

I　事　例

┌─〈*Case* ⓪〉─────────────────────
│　甲弁護士の下に、インターネットで権利を侵害された被害者Xから相
│談があった。Xは、レンタルサーバ上に設置されたウェブサイトおよび、
│SNS に設けられたアカウント上でひどい権利侵害を受けており、加害者
│Y（氏名等不詳）に対して民事訴訟や刑事告訴などの法的対応をとるべき
│事案であった。しかし、インターネットで侵害情報（権利の侵害を直接生
│じさせている情報）を発信している加害者（発信者）はどこの誰かわから
│ないという。
└──────────────────────────────

II　解決への道筋

　インターネット関係事件、特に被害の発生している権利侵害事案の場合は、多くのケースで加害者特定の問題を生ずる。インターネットはハンドルネームの利用など伝統的に匿名性を強く認められて発展してきた。したがって、匿名での情報発信も多い。まして誹謗中傷などの侵害情報の発信は、顕名のケースのほうが少ない印象である。一方で、わが国の民事訴訟等当事者間の法的手続は、原則として相手方について、訴状等において被告の氏名など[1]による特定を、被害者側が行う設計となっている[2]。わが国の民事訴訟制度と匿名の侵害者による事案が多いインターネット上の権利侵害は、語弊を恐れずにいえば、必ずしも相性が良いとはいえず、被害者に酷な状況をもたらしてきた。

　また、法的対応に至らない民事上の示談交渉なども、究極的には民事執行による強制力を背景に進められる。確かに、匿名アカウントに対して特定しないままにダイレクトメッセージなどで交渉を進めることも考えられる。しかし、経験上加害者を特定しないまま交渉を進めることは、相手方にとって民事訴訟等を後ろ盾としたプレッシャーが生じない。このため、特殊なケースでなければ交渉もスムーズに進まないことが多い。加えて、特定されていない加害者は強気なことも多く、特定しない状況で交渉を進めることは依頼者や代理人への攻撃を誘発する懸念も強い。また、刑事手続を進めるにあたって、理論上被疑者不詳での告訴状提出等が可能であるとしても、警察等の捜査機関も相手方を特定しない状況では、ストーカーや殺害予告など比較的深刻性の高い事案でなければ対応に動かないことも多い。

　このような背景事情もあり、インターネット上の権利侵害事案について加害者の特定ができていない〈**Case** ⓪〉において、甲弁護士は、まず加害者で

1　被告の氏名、その住所に代えて就業場所である会社の事業所の所在地を記載し、また、被告の会社における肩書き等を記載した場合、被告が特定されていると判示した東京高判平成 21 年 12 月 25 日判タ 1329 号 263 頁などもあり、必ずしも住所が必須とはならないことには留意を要する。
2　民事訴訟法においては、「当事者」は、訴状の必要的記載事項であり（民訴 134 条 2 項 1 号）、被告を特定するために必要な事項が記載されない訴状については却下される（同法 137 条）。

ある相手方Ｙの氏名、住所を特定することから対応を進める。

Ⅲ　〈*Case* ⓪〉で問題となる論点と派生論点

〈*Case* ⓪〉において問題となる基本的な論点と、派生論点は以下のとおりである。

基本論点①　証拠の保全
　　　　②　法的手続によらない特定
　　　　③　発信者情報開示請求権
　　　　④　民事訴訟による相手方の特定
　　　　⑤　刑事手続の利用

Ⅳ　証拠の保全

インターネット上の事件は、いつ何時侵害情報などの事件解決の重要な証拠となる情報が削除されるなどして霧散するかわからない[3]。そこで、甲弁護士としては何よりも証拠の保全を優先することになる。

証拠の保全については、まず、PDFファイルによる保存を推奨したい。PDFファイルの形でウェブサイトを保存した場合、日付、URLなど訴訟等の法的対応において必要とされる情報が基本的には自動的に保存される[4]ためである。特に著作権侵害事件などはPDFファイルだけで、権利侵害から違法性阻却事由の有無まで判断できる場合もあり、立証活動の枢要が一つのPDFファイルでこと足りることさえある。

---

[3]　加害者も権利侵害に躊躇している例もあり、思い直して突然侵害情報の流通に用いられたアカウントや投稿を削除することがある。このため、後で証拠を保全しようと考えていると、予期せぬタイミングで情報が削除されて証拠が保全できなくなることがある。証拠の保全は法律相談時点でさえなく、法律相談の申込みを受けたタイミングですぐに権利侵害の生じているURLを聴取し、法律相談実施の時点までに完了していることが理想的である。

[4]　もちろんブラウザの設定によると思われるが、通常は自動保存される設定になっていることが多いと考えられる。また、仮に自動保存されない設定になっている場合は、インターネット事件について業務で利用するブラウザの設定については、自動保存される設定にしておきたい。

　また、事案によっては、ブラウザを動画でキャプチャする方法も推奨される。ブラウザの状況を裁判官に最もダイレクトに伝えられる（ただし、相応の手間は必要となる）。このため、証拠の保存方法として有効な事案もある。

　法的手続によらない特定

　発信者情報開示請求に代表される法的な特定手段を用いる前に、甲弁護士は、法的手続によらない、いわば事実上の加害者の特定について検討することとなる。仮に法的手続によらずに加害者を特定できれば、被害者Xの時間的、金銭的負担も少なくて済む。また、損害賠償請求訴訟などを見越して結局法的手続による特定を実施することになっても、事実上の特定ができていればより戦略的な選択が可能となる。そこで、タイムリミットのある法的な特定手続を念頭におきながらも、可能な限り事実上の特定が奏功する可能性はないか模索すべきである。

1　アカウントやサイトなどの調査

　加害者が侵害情報の発信に用いた侵害アカウントや侵害サイトをまずは調査して加害者を特定する手がかりとなる情報がないか調査を行うことが出発点となる。特に SNS やブログの場合、SNS アカウントやブログの開設初期は加害者の匿名意識も稀薄で、個人の特定につながる情報を掲載しているにもかかわらず、その事実を失念しているケースもある。そこで、アカウント開設初期の投稿等を確認することで特定につながる情報を得られることもある。

　また、加害者も匿名の体裁をとっているもののそれほど匿名性に執着していないケースもある。こうしたケースでは、特に警戒せずに本人の特定につながる情報が掲載されている例も存在する。たとえば、自家用車のナンバープレートや、自宅の写真、職場の情報などが掲載されている例がある。あるいは、住居の近くの店舗を利用していたり[5]、職業などの情報を掲載している例もある。

　匿名性にこだわっていないアカウントでは、時に顔写真を掲載している例も

5　店舗の写真をそのまま掲載していることもあるし、レシートや包装紙などを掲載している例もある。

ある。そうした場合、たとえばナンバープレートの情報から陸運局に弁護士会照会をかけるなどして加害者を特定できるケースも多い。

2　実際の特定例

　以下、特殊な事例であるが、相手方が特定されるイメージを描けるように、事実の特定に奏功した事例を紹介[6]する。

　たとえば、小物入れや財布を SNS 上に掲載していたところ、診断書、メンバーズカードの一部と、患者番号、会員番号なども映り込んでいたケースがあった。これらから、住所に見当をつけて、近隣の病院や小売店をみつけて連絡をとり、会員番号などや店舗から情報提供を受けて加害者を特定できたケースもある。そこまで細かな情報でなくても、ある地域しか営業していない店舗の情報などからおおよその居住地域を把握できる例は多い。

　また、SNS に掲載されていた小包、郵送物の宛て名から加害者の住所氏名が確認できた例もある。判読は困難であったが、加害者が投稿していたその他の周辺情報などと照合して特定に至る例もあるため、根気よく確認、照合する作業が求められる。

　さらには、SNS 上に投稿されていた風景の写真から自宅を特定できる例もある。

　あるいは、SNS 上では消去されてしまうデジタルカメラでの撮影写真の exif 情報という撮影時に自動記録される情報が、自身で運営するウェブサイトの場合には消去されず画像データに残存し、ダウンロードした画像データ上で確認できる例もある。この場合に exif 情報から加害者の氏名などの重要情報が確認できた例もあった。

　以上のように、事実上の特定に奏功するケースは一般化できない面も強いが、有効な特定手段となる例も多いため、業務に余裕がある限り模索するべきである。

6　実際の事例より少し事案を抽象化している。

3　〈*Case* ⓪〉における検討

甲弁護士は、本件権利侵害に用いられているウェブサイトおよび SNS アカウントを入念に確認した。しかし、加害者は権利侵害のためにウェブサイトおよび SNS アカウントを用意したようであり、直接加害者の特定に至る情報は掲載されていなかった。唯一大手量販店のレシートが映り込んでおり、会員番号が判読できた。もっとも甲弁護士は、大手量販店に会員情報の開示を要請しても、コンプライアンスの問題もあり回答を得られる可能性は低く、特定は難しいだろうと考えた。しかし、念のため甲弁護士は、弁護士会を通じて弁護士会照会を実施し、大手量販店の運営事業者に対して会員情報を開示するように求めたが、回答する義務がないという理由により情報は開示されなかった。甲弁護士としては、〈*Case* ⓪〉について事実上の特定を断念せざるを得ない状況であった。

そこで、次に甲弁護士は、X がプロバイダに対して有する発信者情報開示請求権を行使して、法的に相手方を特定できないか検討することとした。

VI　発信者情報開示請求権

法的手続を模索する必要のある〈*Case* ⓪〉のような事例において、現在、唯一法令で定められている実体法上の請求権に基づく加害者特定のための手続が、発信者情報開示請求権およびこの行使に係る各種の手続である。すなわち、特定電気通信による情報の流通によって自己の権利を侵害された被害者は、権利侵害に用いられた特定電気通信設備を用いるプロバイダ事業者[7]に対し、当該プロバイダが保有する発信者情報の開示を請求する発信者情報開示請求権を有する（情報流通プラットフォーム対処法[8]5条1項・2項）。そして、被害者 X は、

7　情報流通プラットフォーム対処法上「特定電気通信役務提供者」と位置づけられ、発信者情報開示請求を受けるプロバイダ事業者を特に「開示関係役務提供者」という。

8　「特定電気通信役務提供者の損害賠償責任の制限及び発信者情報の開示に関する法律」（プロバイダ責任制限法）が、令和6年改正により法律名を「特定電気通信による情報の流通によって発生する権利侵害等への対処に関する法律」（以下、「情報流通プラットフォーム対処法」という）に変更し、令和7年4月1日から施行された。

プロバイダ事業者に対して当該発信者情報開示請求権に基づいて任意に発信者情報の開示を請求できる。もし、プロバイダ事業者が任意に情報の開示に応じない場合、訴訟によって請求でき、また、仮処分によって保全することもできる。さらに、令和4年施行の改正プロバイダ責任制限法（現情報流通プラットフォーム対処法）により、非訟事件手続による発信者情報開示請求権の行使が可能となった。このことで被害者は、訴訟、仮処分、非訟のいずれによっても開示を命じる判決ないし決定に基づいて強制執行を申し立てることができるようになった。

　発信者情報開示請求権の行使は、現在実体法上の請求権として定められた法的特定手続であり、最もセオリーどおりの個人の特定方法であるものの、通信の秘密に対する配慮もあり、必ずしも被害者側から十全と評価できる特定方法とはなっていない。そうはいっても、現状用意されている唯一の正攻法ともいえる特定手法であることから、甲弁護士としては、事実上の特定が困難な〈*Case* ⓪〉においては、発信者情報開示請求権行使の可否を検討することになる。

〔図表⓪-1〕　発信者情報開示請求のフロー

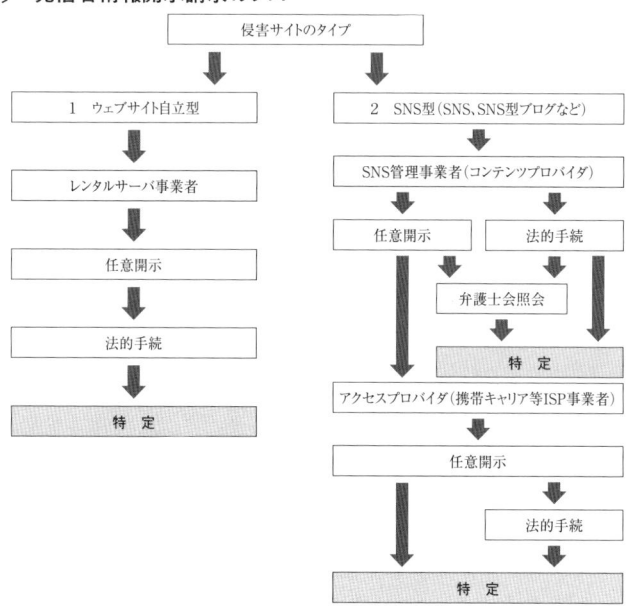

1　ウェブサイト自立型

　まず、権利侵害の生じているサイトの運営タイプが重要となる。ウェブサイトがレンタルサーバなどに設置され自立して運営されている場合、甲弁護士は本件権利侵害が行われているレンタルサーバを運営する事業者から加害者を特定できないか検討すべきである。レンタルサーバに設置されたウェブサイトは、通常開示請求が一段階[9]で済むため、最も簡便に加害者が特定できる。開示の手順として、第1にURLからレンタルサーバ事業者を確認する。ウェブサイトの場合、レンタルサーバ事業者が「開示関係役務提供者」となる。第2に確定したレンタルサーバ事業者に対して任意の開示請求を行う。第3に任意の開示請求に対してレンタルサーバ事業者が開示拒否の回答だった場合、訴訟、非訟など[10]の法的手続を検討することになる。この際、現状は非訟事件が第1の選択肢になるが、現在東京地方裁判所民事第9部が非訟事件用の書式やチェックリストなどを裁判所ウェブサイト上で公開している[11]。

　ブログ[12]については、レンタルサーバ上に開設されているものはウェブサイトと同様にレンタルサーバ事業者が開示関係役務提供者となる。これに対してアカウント開設により利用できるSNS型のブログ（アメブロ、ライブドアブログ、NOTEなど）については、下記のSNSアカウント型の開示手続に準じることになる。

2　SNSアカウント型

　「X」、「インスタグラム」、「YouTube」、「TikTok」、「SNS型ブログ」（アメブロ、ライブドアブログ、NOTEなど）などのサイトがコンテンツプロバイダに

9　レンタルサーバ事業者がレンタルサーバの蔵置領域を契約している契約者の氏名、住所などの情報を保有しているのが通常であるため、後述するSNS型（アカウント開設型）のような二段階の特定を経る必要がない。

10　レンタルサーバ事業者は通常レンタルサーバ契約者の氏名等の情報を保有する。しかし、氏名、住所などの情報は仮処分では開示できないため、民事保全手続による開示請求は通常検討の対象外となる。

11　裁判所ウェブサイト〈https://www.courts.go.jp/tokyo/saiban/minzi_section09/hassinnsya_kaiji/index.html〉。

12　Weblog（ウェブログ）（＝ウェブ上の記録）の略称で、ブログの流行を契機にインターネット上のウェブサイトはいわゆる動的なサイトが主流となった。

より管理され、ユーザはアカウントを作成すれば実施できる SNS 型の情報発信については、二段階の発信者情報開示請求権の行使が必要となる。

すなわち、SNS アカウントは、メールアドレスないし電話番号で開設できるため、コンテンツプロバイダ（= CP）[13] は氏名や住所をもっていない。そこで、二段階の開示請求を通じた加害者の特定が必要になる（〔図表⓪-1〕参照）。

第1に、コンテンツプロバイダに民事保全手続（仮処分申立て）か非訟事件手続を利用 [14] した発信者情報開示を請求する [15]。第2に、開示された IP アドレスを基に、インターネットサービスプロバイダ（ISP）[16] に任意開示請求を行う。ただし、コンテンツプロバイダから電話番号やメールアドレスが開示された場合、ISP に対する開示請求に進まず弁護士会照会を実施することで発信者を特定できるケースも多い。第3に、インターネットサービスプロバイダが任意開示に応じない場合は、非訟手続の申立てや訴訟提起といった法的対応により発信者情報開示請求権を実現することになる。

3　〈*Case* ⓪〉における検討

甲弁護士は、まず、ウェブサイトへの対応を優先すべく、ウェブサイトが蔵置されたレンタルサーバの管理事業者を URL から確認した。すると〈*Case* ⓪〉において権利侵害が生じているウェブサイトを設置している事業者は、欧州の事業者であることが判明した。欧州のレンタルサーバ事業者に対して訴訟を提起することも検討できるが呼出しに応じることは到底期待できない。そのうえ、最終的に強制執行なども難しいことから、甲弁護士はウェブサイトに対する発信者情報開示請求を断念した [17]。

13　「X Corp.」、「Meta Platforms, Inc.」、「Google LLC」、「株式会社サイバーエージェント」、「LINE ヤフー株式会社」など SNS 等の特定電気通信設備を提供するプロバイダ事業者が該当することになる。

14　コンテンツプロバイダに対する本訴請求を行うこともあるが、もともとまれなケースである。特に非訟事件手続が用意された現在、コンテンツプロバイダに本訴請求を行う例は、さらにまれな状況と思われる。

15　国内ブログサービス提供事業者の一部には任意請求をかけてもよい。

16　携帯電話キャリアや biglobe、nifty などのインターネット通信を媒介している狭義のプロバイダ事業者が該当する。

17　基本的にレンタルサーバ事業者に対する開示請求を優先すべきであるが、〈*Case* ⓪〉のようにレンタルサーバ事業者が海外事業者である場合があり、そのようなケースは特定に

　次に甲弁護士は、SNS アカウントに対する開示請求を検討した。〈***Case*** ⓪〉で利用されている SNS アカウントは、日本国内においても利用者が多い SNS であった。また、日本での法人登記も完了しており、東京地方裁判所での法的手続が可能であった。甲弁護士は、SNS アカウントを運営しているコンテンツプロバイダである海外事業者に対して発信者情報開示請求を実施したところ、メールアドレスとログイン時の IP アドレス、タイムスタンプを入手することができた。しかし、IP アドレスは利用者の多い駅で一般開放されている Wi-Fi であり、甲弁護士が鉄道会社に問い合わせたところ、鉄道会社からは多数の駅利用者に開放している関係上、人物を特定することは不可能であるとの回答であった。また、メールアドレスはフリーメール (Gmail) であった。フリーメールについては、弁護士会照会等の調査をしても回答を得られないか、得られても特定に至る情報を得られないことが多い。〈***Case*** ⓪〉でも、フリーメールアドレスから加害者を特定することは難しい状況であった。そこで、甲弁護士は、発信者情報開示請求による加害者の特定を断念した。

Ⅶ　民事訴訟において被告を特定するための調査制度の活用

　事実上の特定、発信者情報開示請求権の行使も奏功しなかった場合、民事訴訟を利用した加害者の特定も検討に値する。民事訴訟制度を利用した加害者の特定は現在主流ではないが、今後法制度の改正などにより活発に利用される手続となっていく可能性もある。たとえば、「証拠収集手続の拡充等を中心とした民事訴訟法制の見直しのための研究会」（以下、「見直し研究会」という）において、被告を特定するための調査制度についての議論が進められている [18]。

至ることが想定しがたい。

18　商事法務研究会ウェブサイト「証拠収集手続の拡充等を中心とした民事訴訟法制の見直しのための研究会」〈https://www.shojihomu.or.jp/list/shoko-minso〉。第 25 回（令和 6 年 6 月 6 日オンライン併用にて開催）や第 28 回（令和 6 年 11 月 20 日オンライン併用にて開催）の研究会では、被告を特定するための調査制度（被告を特定するために必要な情報につき、裁判所を通じて第三者から取得することができる制度を新たに設けることについて、どのように考えるか）などとして議論されている。

1　被告を特定しない民事訴訟提起の可否

　そもそも被告の氏名や住所を特定せずに、たとえば極端な例でいうとハンドルネームのみを訴状に記載して訴えを提起することは可能だろうか。見直し研究会における第 25 回（令和 6 年 6 月 6 日オンライン併用にて開催）の資料 19 においても参照されている名古屋高金沢支決平成 16 年 12 月 28 日（事件番号不詳）判例集未登載は、被告名が片仮名で記載され、住所が不詳とされた訴状を却下した原審判断の適法性について、以下のとおり判示する。

> ○名古屋高金沢支決平成 16 年 12 月 28 日（事件番号不詳）判例集未登載（抜粋）
>
> 　なるほど、訴状の被告名は上記預金口座の名義人である片仮名の名前にすぎず、しかも、住所表示（訴状送達の便宜等のために有益であり、また、被告を特定する上で有用であることから実務上記載されるのが一般である。）は「不詳」とされている。しかし、抗告人は、本件訴訟提起前に、弁護士照会等により、所轄の滑川警察署長及び上記預金口座のある三井住友銀行永山支店宛に「コウヤマイチロウ」の住所及び氏名（漢字）を問い合わせるなどの手段を尽くしたものの、協力が得られず、やむなく上記の記載の訴状による訴えを提起したことが認められる。そして、抗告人は、本件訴訟提起と同時に上記銀行に対する調査嘱託を申し立てているところ、これらの方法により、「コウヤマイチロウ」の住所、氏名（漢字）が明らかとなり、本件被告の住所、氏名の表示に関する訴状の補正がなされることも予想できる。したがって、本件のように、被告の特定について困難な事情があり、原告である抗告人において、被告の特定につき可及的努力を行っていると認められる例外的な場合には、訴状の被告の住所及び氏名の表示が上記のとおりであるからといって、上記の調査嘱託等をすることなく、直ちに訴状を却下することは許されないというべきである。

　このように、原告において被告の特定に可及的努力を行っている場合において、原告は、被告に損害賠償を請求するため、被告の氏名住所を不詳としたうえで、訴訟提起と同時に同人の氏名・住所について調査を嘱託する、文書提出命令を申し立てるなどの方途は考えられる [20]。

19　見直し研究会「情報及び証拠の収集に関する論点の整理(3)（被告に関する情報の調査制度）」〈https://www.shojihomu.or.jp/public/library/2489/25shiryo.pdf 〉12 頁。

20　実際に対応例が複数あり、現在民事訴訟を提起した事案については、すべて訴訟内で特

　では、そもそも被告を特定せずに民事訴訟を提起して、文書提出命令などの方法でプロバイダ事業者から被告の特定につながる情報を得る方法もあるのだろうか。このような民事訴訟による被告の特定がかなえば、情報流通プラットフォーム対処法による発信者情報開示請求を経なくとも、直接加害者に対して民事訴訟を提起したうえで、被害者を特定するいわばバイパスルートになり得るところである。

　しかし、民事訴訟上の検証について下記のとおり判示した最決令和3年3月18日民集75巻3号822頁は、このような特定に否定的ともとらえられる。

○最決令和3年3月18日民集75巻3号822頁（抜粋）

　電気通信事業法4条1項の規定について、同「項は、「電気通信事業者の取扱中に係る通信の秘密は、侵してはならない。」と規定し、同条2項は、「電気通信事業に従事する者は、在職中電気通信事業者の取扱中に係る通信に関して知り得た他人の秘密を守らなければならない。その職を退いた後においても、同様とする。」と規定する……電気通信事業従事者等は、民訴法197条1項2号の類推適用により、職務上知り得た事実で黙秘すべきものについて証言を拒むことができると解するのが相当である……電気通信事業者は、その管理する電気通信設備を用いて送信された通信の送信者情報で黙秘の義務が免除されていないものが記載され、又は記録された文書又は準文書について、当該通信の内容にかかわらず、検証の目的として提示する義務を負わないと解するのが相当である。

　被告を特定しないまま提起した民事訴訟において、プロバイダやその他の事業者に対して文書提出命令を申し立てるケースについても前掲最決令和3年3月18日の影響がある可能性が高い。よって、当該手法の発信者情報開示のバイパスルートは、プロバイダやその他事業者などの開示を求められる者の任意の協力を取り付けておかなければ奏功しないことが懸念される。もっとも、安易なバイパスルートを認めることは情報流通プラットフォーム対処法による発信者情報開示制度の存在を無為にしかねないため、こうした帰結がやむを得ないと評価できる側面もある。

　定に成功している。ただし、下記のとおり調査嘱託においてあらかじめ同意を得られていた例等相応の準備をしたうえで提訴している。

2 〈*Case* ⓪〉における検討

甲弁護士は、発信者情報開示請求を行ったうえで特定がかなっていない〈*Case* ⓪〉について、前掲名古屋高金沢支決平成 16 年 12 月 28 日が述べる被告の特定につき可及的努力を行っていると認められる例外的な場合にあたると判断した。そこで、被告を特定できないまま、アカウント名などで損害賠償請求訴訟を提起することを検討することとした。すなわち、唯一アカウントにあげられていた大手量販店のレシートに記載された会員番号から、会員の氏名、住所を量販店運営事業者から民事訴訟上の調査制度を利用して入手しようと考えた。ただし、前掲最決令和 3 年 3 月 18 日の存在から、基本的に調査嘱託で任意の協力を得られなければ、文書提出命令による強制的な情報入手は見通しが不透明な状況であった。

そこで、甲弁護士は大手量販店を運営する事業者に対して連絡をとり、甲弁護士と大手量販店法務部との折衝を経て、大手量販店運営事業者は、民事訴訟上の裁判所からの調査嘱託であれば、会員情報の回答に応じるとの意思を確認した [21]。

甲弁護士は、回答に応じるとの意思を受け、被告のアカウント名のみを記載して東京地方裁判所に訴状を提出した。その際、大手量販店運営事業者が会員情報を保有していること、裁判所からの調査嘱託には応じる意思を示していることを記載した上申書を訴状に添付して併せて提出した。東京地方裁判所は前掲名古屋高金沢支決平成 16 年 12 月 28 日に倣い直ちに訴状を却下せず、大手量販店運営事業者に対して調査嘱託を実施した。その結果、事前の折衝のとおり、大手量販店運営事業者は、会員番号に該当する会員の氏名、住所を回答した。

Ⅷ 捜 査

並行して甲弁護士はＸの地元を所轄する警察署にも被害申告を行っていた。すなわち、Ｘに同行して被害を相談し、担当警察官も立件の可能性を示唆して

---

21 実際にも弁護士会照会には応じなくても、裁判所からの調査嘱託であれば応じる意思を示した事業者に接したことがある。

いた。しかし、担当警察官からは、本件は警察を通しても特定が難しい旨を告げられていた。そこで、甲弁護士は前記のとおり民事訴訟を通して被告の特定に奏功したことから、当該情報を捜査機関に提供した。

　担当警察官も、被疑者が特定されたことから速やかに告訴を受理し、被疑者を呼び出した。

IX　〈Case ⓪〉の顛末

　以上の経過を経て、被告の氏名および住所を記載した訴状訂正申立書を東京地方裁判所に提出したところ、被告は呼出しに応じ自らがアカウントの運営者であることを認める答弁書を提出した。また、同答弁書には示談を希望する旨の記載があった。

　加害者は捜査機関からの呼出しにも応じて自らが権利侵害を行ったと自白した。そこで、担当警察官は必要な捜査を完了し、事件を検察庁に送致した。担当検察官は、事案の悪質性から起訴猶予とせず加害者を公判請求した。甲弁護士も、Xの希望を受けて民事訴訟において被告と和解せずに、Xに対して厳罰を望む旨を検察官に伝えるようにアドバイスしていた。

　加害者は、執行猶予付きの有罪判決を受け、確定した。また、民事訴訟においても、和解は成立せず、一定額の損害賠償を命じる判決が下された。

　本件は結果的に加害者の特定に奏功した事例であった。しかし、インターネット上の権利侵害事案においてまず問題となるのは加害者の特定の問題であり、この見通しが立たず事案処理を断念せざるを得ないケースも多い。本訴前の証拠保全制度を含めた民事訴訟上の調査制度の活用など、もちろん通信の秘密や匿名表現の自由にも適正に配慮したうえで、加害者特定の要請に応じるための制度のさらなる改善は、誰もが安心して情報通信を利用できる社会 [22] を実現するためにも、今後さらに重要な課題になると思われる。

（齋藤理央）

---

[22]　郵政省通信政策局「情報通信の不適正利用と苦情対応の在り方に関する研究会」報告書「誰もが安心して情報通信を利用できる社会をめざして」（平成11（1999）年2月1日発表）。

第 **1** 章

名誉毀損事件①
——削除請求

Ⅰ　事　例

⟨**Case** ①⟩

相談者Ｘは、全国的な規模で飲食店「アモエヌス」を展開する大手企業甲の法務部員である。

SNSによって個人も自由に情報発信ができるようになった今日、インターネット上の情報が企業の信用や売上げ等に大きく影響することから、Ｘは自社についての情報を定期的にチェックしていた。

ある日、料理やサービス等について話題にする「飲食店の欺瞞を暴け！」というタイトルの電子掲示板において、①「アモ○○スはＡ国で収穫された希少な素材を使用していると謳っているが、実際に使っているのはＢ国で大量生産された粗悪なものだ。これで高い料金を取るのは詐欺に等しい」、②「料理はクソマズなのに『映える』写真のおかげで千客万来」、③「経営状態が悪化しているらしい」という内容の記事が投稿されているのを発見した。

慌てたＸは、ほかにも同じような記事が投稿されていないか確認したところ、まだ数はそれほどではないものの、複数の掲示板やサイトで同

じような記事の投稿が確認された。

　このままでは企業の信用にかかわると考え、Xは顧問弁護士に相談することにした。

II 〈*Case* ①〉において問題となる論点と派生論点

〈*Case* ①〉において問題となる論点と派生論点は、以下のとおりである。

基本論点①　問題投稿への対応：削除請求

　　　②　名誉毀損とは

　　　③　名誉毀損の成否：同定（特定）可能性

　　　④　名誉毀損の成否：公然性

　　　⑤　名誉毀損の成否：社会的評価を低下させる表現とは

　　　⑥　名誉毀損の成否：違法性阻却事由

　　　⑦　違法性阻却事由：公共性

　　　⑧　違法性阻却事由：公益性

　　　⑨　違法性阻却事由：真実性

　　　⑩　削除請求の相手方選択

　　　⑪　削除請求の手続選択

派生論点①　名誉毀損における「受忍限度」論

　　　②　社会的評価が「現実に」低下する必要があるか

　　　③　検索エンジン事業者への削除請求

　　　④　管理者への削除請求の場合における違法性阻却事由に係る主張
　　　　　立証責任の所在

III 法的論点と派生論点の検討と解説

1　基本論点①──問題投稿への対応：削除請求

インターネット上に投稿された記事は、インターネット利用者であれば誰で

も閲覧することができ、削除されるまでは容易にアクセスすることが可能である（この点が、一定期間が経過すればアクセスが困難になる新聞や雑誌等の紙媒体における記事とは大きく異なる特質といえる）。

そのため、投稿の対象となった者としては、一刻も早く記事を何とかしたい、具体的にはインターネット上から削除したいと考えるであろう。

しかし、対象者が「問題だ」と考える記事であれば何であっても削除することができるというわけではなく、一定の要件を満たす必要がある。

最判昭和 61 年 6 月 11 日民集 40 巻 4 号 872 頁は、「人の品性、徳行、名声、信用等の人格的価値について社会から受ける客観的評価である名誉を違法に侵害された者は、損害賠償（民法 710 条）又は名誉回復のための処分（同法 723 条[1]）を求めることができるほか、人格権としての名誉権に基づき、加害者に対し、現に行われている侵害行為を排除し、又は将来生ずべき侵害を予防するため、侵害行為の差止めを求めることができるものと解するのが相当である。けだし、名誉は生命、身体とともに極めて重大な保護法益であり、人格権としての名誉権は、物権の場合と同様に排他性を有する権利というべきであるからである」と判示している。

したがって、インターネット上に投稿された記事が名誉毀損にあたる場合、名誉を毀損された者は、民法 723 条または人格権侵害に基づき、当該記事の削除を求めることができる（なお、名誉回復のための処分の具体的な内容としては、削除のほか、「謝罪文の掲載」が考えられるところである[2]）。

1　「名誉回復のための処分」の意義につき、最判昭和 45 年 12 月 18 日民集 24 巻 13 号 2151 頁は、「名誉を毀損された被害者の救済処分として、損害の賠償のほかに、それに代えまたはそれとともに、原状回復処分を命じることを規定している趣旨は、その処分により、加害者に対して制裁を加えたり、また、加害者に謝罪等をさせることにより被害者に主観的な満足を与えたりするためではなく、金銭による損害賠償のみでは填補されえない、毀損された被害者の人格的価値に対する社会的、客観的な評価自体を回復することを可能ならしめるためであると解すべき」と判示している。

2　「新聞紙に謝罪広告を出させる」、「当該記事の取消し広告、謝罪文の交付・掲示」などもあげられている（我妻榮ほか『我妻・有泉コンメンタール民法〔第 8 版〕総則・物権・債権』（日本評論社、2022 年）1621 頁）。

2　基本論点②──名誉毀損とは

さて、上述のとおり記事の削除を求めるためには、投稿された記事の内容が「名誉毀損」にあたるといえなければならない。

まず「名誉」とは何かについて、判例は上述のとおり、「人の品性、徳行、名声、信用等の人格的価値について社会から受ける客観的評価」、つまり「外部的名誉[3]」（社会的・客観的な名誉）であるという立場に立っている（前掲最判昭和61年6月11日[4]）。

そして、名誉「毀損」について、最判平成9年5月27日民集51巻5号2024頁は、「名誉毀損とは、この客観的な社会的評価を低下させる行為のことにほかならない」というように、「客観的な社会的評価を低下させる行為」である旨、判示している。

なお、同最判は、「新聞記事による名誉毀損にあっては、これを掲載した新聞が発行され、読者がこれを閲読し得る状態になった時点で、右記事により事実を摘示された人の客観的な社会的評価が低下する」と判示しているところ、「新聞が発行され、読者がこれを閲読し得る状態になった時点」とパラレルに考えれば、インターネット上に投稿された記事の場合は、名誉毀損にあたる情報が送信され、サーバに情報が蔵置された（＝不特定または多数による閲覧が可能になった）時点で名誉毀損が成立する、と考えることになろう[5]。

3　他方で、自身に対して有する主観的な自己評価、すなわち「主観的名誉」（名誉感情）が侵害された場合には、侮辱の成否が問題となる。なお、最判平成22年4月13日民集64巻3号758頁は、「社会通念上許される限度を超える侮辱行為であると認められる場合に初めて被上告人の人格的利益の侵害が認められ得るにすぎない」としており、名誉感情侵害が認められるだけでは（不法行為として損害賠償責任を負う）侮辱にあたらないことに留意が必要である。

4　ただし、最高裁自身は、「外部的名誉」という表現を用いていない。下級審レベルでは、たとえば、東京地判平成19年6月28日（平成16年（ワ）第27150号）判例集未登載が、「本件記事は全体として、一般読者に対し、『日本赤軍最高幹部』である原告がD事件の犯人グループの1人であるように印象づけるものであり、原告の外部的名誉を低下させるものと認められる」、東京地判令和3年3月25日（令和2年（ワ）第4099号）判例集未登載が、「名誉棄損における名誉とは、人の品性、徳行、名声、信用等の人格的価値について社会から受ける客観的評価であり、名誉棄損は、かかる社会から受ける客観的評価（外部的名誉）を低下させるものをいう」というように「外部的名誉」という表現を用いている。

5　プロバイダ責任制限法ガイドライン等検討協議会「プロバイダ責任制限法　名誉毀損・プライバシー関係ガイドライン〔第6版〕」（令和4年6月）〈https://www.isplaw.jp/vc-

3　基本論点③──名誉毀損の成否：同定（特定）可能性

　インターネット上に投稿された記事に含まれる表現が名誉毀損にあたるか否か、すなわち、社会的評価を低下させるといえるかどうかを検討する前提として、当該表現が「誰を」対象としているものか、記事を閲覧した者において認識可能といえる必要がある。なぜなら、誰についての表現であるのかがわからなければ、社会的評価の低下を検討する意味がないからである。

　表現の対象となっている者が誰であるかが閲覧者において認識可能である場合、これを「『同定可能性』がある」、あるいは「『特定可能性』がある」という（本稿においては「同定可能性」の語を用いる[6]）。

　同定可能性の有無を判断する基準について、東京地判令和3年10月25日（令和3年（ワ）第6059号）判例集未登載は、「ツイッターのようなインターネットサイトへの投稿の意味内容がどのようなものであるか、その意味内容が他人の社会的評価を低下させるものであるかどうかは、当該投稿についての一般の閲覧者の普通の注意と閲覧の仕方とを基準として判断すべきである。投稿の対象者の同定可能性の有無についても、この基準に従い判断するのが相当と解される」と判示している。

　したがって、「一般の閲覧者（読者）の普通の注意と閲覧の仕方（読み方）」を前提に、同定可能性があるかどうかを判断することになる。

　ただし、同定可能性の有無を判断する際の「一般の閲覧者（読者）」について、裁判例においては「対象者の属性を知る者」という一種の「限定」をしているものもみられる。

　たとえば、最判平成15年3月14日民集57巻3号229頁は、殺人等の罪で

---

files/isplaw/provider_mguideline_20220624.pdf〉28頁は、「インターネット上の表現行為による名誉毀損については、他人の社会的評価を低下させるようなメッセージが電子掲示板等にアップロードされて送信可能な状態になり、一般ユーザーがこれを閲読し得る状態になった時点において、伝播可能となり、その他人の社会的評価は低下することとなるから、その人が当該メッセージの掲載を知ったかどうかにかかわらず、名誉毀損が成立すると考えられる」とする。

6　裁判例データベース「Westlaw Japan」において「同定可能性　名誉毀損」で検索した場合には336件の裁判例が、他方、「特定可能性　名誉毀損」で検索した場合には34件の裁判例がヒットした（執筆時点）。

起訴された者につき、法廷での様子や犯行態様の一部などを週刊誌が報道したところ、当該報道が名誉毀損、プライバシー侵害にあたるとして損害賠償請求がなされた事案である。

最高裁は、「被上告人と面識があり、又は犯人情報あるいは被上告人の履歴情報を知る者は、その知識を手がかりに本件記事が被上告人に関する記事であると推知することが可能であり、本件記事の読者の中にこれらの者が存在した可能性を否定することはできない。そして、これらの読者の中に、本件記事を読んで初めて、被上告人についてのそれまで知っていた以上の犯人情報や履歴情報を知った者がいた可能性も否定することはできない。したがって、上告人の本件記事の掲載行為は、被上告人の名誉を毀損し、プライバシーを侵害するものであるとした原審の判断は、その限りにおいて是認することができる」と判示している（下線は、筆者が付した）。

また、東京地判令和元年 6 月 28 日（平成 30 年（ワ）第 250 号）判例集未登載は、「漫画中の登場人物が虚構の人物であるとしても、その人物にモデルとなった実在の人物の属性が付与されることにより、読者のうち相当数の者が漫画中の登場人物と実在人物を同定することができ、漫画中の登場人物についての描写が、当該読者にとって、実在人物に関わる現実の事実であるのか、作者が創作した虚構の事実であるのかを判然と区別することができないものである場合には、当該読者は、当該描写が実在人物に関わる事実であると読むのが通常であると考えられるから、これらの漫画中の登場人物についての描写が他人の社会的評価を低下させる内容のものであるときには、当該描写は、実在人物の社会的評価を低下させるものであると評価されることがあり得るものというべきである」と判示している（下線は、筆者が付した）。

また、プライバシー侵害についての判断であるが、東京地判平成 11 年 6 月 22 日判タ 1014 号 208 頁は、「原告と面識がある者又は右に摘示した原告の属性の幾つかを知る者が本件小説を読んだ場合、かかる読者にとって、『朴里花』と原告とを同定することは容易に可能であるといわなければならない」として同定可能性を認めた（下線は、筆者が付した。なお、控訴審である東京高判平成 13 年 2 月 15 日判タ 1061 号 289 頁、上告審である最判平成 14 年 9 月 24 日裁判集民 207 号 243 頁も、同定可能性を認めた第 1 審の判断を是認している）。

　〈*Case ①*〉の場合、記事が投稿された掲示板が「飲食店の欺瞞を暴け！」というタイトルであること、実際に料理やサービス等について話題にされているということからすれば、当該掲示板に投稿された記事が、基本的に飲食店を対象としたものであるということはいえよう。

　これを前提に、①「アモ〇〇ス は A 国で収穫された希少な素材を使用していると謳っているが、実際に使っているのは B 国で大量生産された粗悪なものだ。これで高い料金を取るのは詐欺に等しい」、②「料理はクソマズなのに『映える』写真のおかげで千客万来」、③「経営状態が悪化しているらしい」という各記事につき、これが甲の展開する飲食店「アモエヌス」を対象としたものといえるかについて、記事①は一部が伏せ字となっているところ、名称が5文字であって、最初の二文字が「アモ」で最後が「ス」というところから、一般の閲覧者が直ちに「アモエヌス」を想起するとはいいがたいと思われ、記事①のみを前提とした場合には、同定可能性が認められる可能性は低いといえる。

　ただし、同定可能性の判断にあたっては、記事が投稿された掲示板のタイトルや、同一掲示板内に投稿されている他の記事の内容等も考慮される[7]ところ、記事①が投稿されている掲示板内に「〇〇エヌ〇だね」や「＞＞アモ〇〇ス渋谷のお店でしょ」などといった記事が投稿されていれば、これらと組み合わせることによってアモ〇〇ス＝アモエヌスと同定することが可能、という判断がされる可能性は高いと思われる。

---

[7]　商事法務研究会が策定・公表した「インターネット上の誹謗中傷をめぐる法的問題に関する有識者検討会　取りまとめ」（令和4年5月）〈https://www.shojihomu.or.jp/public/library/728/report202205.pdf〉49 頁においては、「電子掲示板の関連する別のスレッド内の投稿や関連するブログ記事等（③）を考慮する裁判例として、岡山地判平成 26 年 4 月 24 日 D1-Law28222373、東京地判平成 29 年 3 月 27 日 D1-Law29046329、東京地判令和元年 11 月 7 日 D1-Law29057940、東京地判平成 28 年 9 月 29 日 D1-Law29020227、東京地判平成 28 年 1 月 25 日 D1-Law29016286 など多数の裁判例があり」との記述がある。ただし、続いて「他方で、具体的な事実関係を踏まえ、他のスレッドの内容を考慮することを否定する裁判例として、東京地判平成 30 年 6 月 15 日 D1-Law29050624 などがある」とあるとおり、同定可能性を判断するに際して、どこまでの範囲が参照されるかは予測が困難であるため、相談を受けた弁護士としては「保守的な」、つまり、基本的には、他の記事が参照されるとしても、対象となる記事が投稿されている掲示板（スレッド）内にとどまる、と考えておいたほうがよいだろう。

　他方、記事②および③については、店名などが表示されていないため、記事①との関連性をうかがわせる記事が投稿されていなければ、同定可能性が認められる可能性は低いといえる。

4　基本論点④──名誉毀損の成否：公然性

　名誉毀損が、対象者の社会的評価を低下させる行為であるということは、「一定の範囲に表現が伝わること」を前提としているものといえる。極論すれば、名誉毀損にあたる内容を知ったのが1人だけだとすれば、対象者の「社会的」評価は低下しない。

　名誉毀損が成立するといえるためには、「不特定または多数」に対して表現が伝わった（公然性がある）といえる必要があるところ、〈**Case ①**〉のようなインターネット上に投稿された記事であれば、原則として[8]公然性は認められ

8　投稿を閲覧できる範囲を限定している場合にも公然性が認められるかという点につき、たとえば、東京地判平成 26 年 12 月 24 日（平成 24 年（ワ）第 28870 号ほか）判例集未登載は、インターネット上のソーシャル・ネットワーキング・サービスである「ミクシィ」上の投稿につき、（投稿者は）「自らのつぶやきの閲覧可能な範囲を友人として承認した者（以下「マイミク」という。）に限定していることが認められ……つぶやき及びこれに関するコメントが、マイミクの範囲を超えて他の第三者の目に触れることは原則としてないと推認され、これを覆すような事情は認められない」と判示して、公然性を否定している。なお、当該裁判では原告側から「マイミク数は約 100 名と主張し、平成 25 年 1 月 31 日時点の被告 Y_8 のマイミク数が 98 名であることを示す報告書」が提出されていたが、裁判所は「同報告書によっても当該つぶやきが行われた平成 22 年 12 月当時の被告 Y8 のマイミク数が公然性の要件を満たすものと是認できるほどに達していたと認めるには足りない」とした。しかしながら、投稿者に承認された特定の者のみが閲覧可能であったとはいえ、「100 名弱」という人数は「少数」とはいえないと思われ、公然性を否定した裁判所の判断には疑問が残る。

　ただし、「スカイプ」のチャット機能を利用してなされたユーザ欄のやり取りに関し、前掲東京地判平成 26 年 12 月 24 日は「スカイプチャットは、登録された一定のユーザーの範囲でしか会話をすることができないものの、登録はチャットルームの開設者だけではなく、登録されたユーザーもまたほかの者を登録することができ、ある会話が行われた時点において登録されていれば、その時にチャットに参加していなくても、後にチャットに参加した際、ほかの登録ユーザーで上記会話に参加していて会話のログ（記録）を保持している者がいれば、そのログを閲覧、共有することができる仕組みになっていることが認められる」というスカイプのしくみを前提に、「会話のログは、その会話の時点で当該会話に参加していなかったユーザーとの間での共有が可能であり、そのログは、インターネットという媒体の性質上、電子データとして共有されるものであるから、データを複製することによって、上記スカイプチャットの仕組みによっては当然にログを共有できない第三

るものといえる。

　なお、「特定かつ少数」に対してなされた表現であっても、それが不特定または多数の第三者に伝わっていく可能性が認められる場合には、公然性が肯定されることがある。これを「伝播性（伝播可能性）の理論」という。

　たとえば、大阪高判平成 21 年 10 月 23 日労経速 2061 号 26 頁は「本件ビラ 1 配布及び本件ホームページ掲載の対象者の中心は、学院関係者あるいは第 1 審被告組合関係者であることは認められるものの、前記認定に係る態様からすれば、対象がことさら上記関係者に限定されているわけではないし、不特定多数人に対する伝播可能性が否定できない以上、不法行為としての名誉毀損の要件に欠けるところはないものというべきである」と判示している。

　他方で、表現の態様や内容等を踏まえて伝播可能性を認めず公然性を否定した裁判例もある。たとえば、大阪地判令和元年 11 月 26 日（平成 30 年（ワ）第 4840 号）判例集未登載は、「本件メール①には、原告が被告の妻からの問合せに対して回答しないという事実及びこれを前提として原告は取引相手として信用できないという被告の原告に対する一方的な評価が記載されているにすぎず、本件メール①の内容が原告の社会的評価を低下させるものであるとまでは認め難い。また、このような本件メール①の内容に鑑みれば、本件メール①を受領した A らが、同メールを不特定又は多数人に転送する理由があったとは認め難く、現に転送されたと認めるに足りる的確な証拠も認められないのであるから、本件メール①の内容が、不特定又は多数人に伝播する可能性があったとまでは認められない」と判示して公然性を否定した。

　したがって、伝播可能性が認定されるためには、表現態様やその内容、表現を受け取った者の属性などを具体的に主張立証する必要があるといえるだろう。

　なお、刑事裁判であるが、東京高判昭和 58 年 4 月 27 日高刑集 36 巻 1 号 27 頁は、「およそ名誉毀損罪における公然とは、不特定又は多数の人が認識することができる状態を言うのであるから、人の名誉を毀損するに足りる事項を記

者に対しても短時間に容易に拡散させて伝播させることが可能であるといえ、本件のようにたとえ会話に参加していた者が数名程度であったとしても『公然性』の要件を欠くということはできない」と判示して、公然性を認めている。

載した文書が、直接には、それ自体で多数とは言い得ない特定人に対して郵送された場合にあつては、法の趣旨に従い、当該文書の性質、内容、相手方との関連、その他具体的諸事情を総合して、社会通念により、その記載内容が不特定又は多数の人に伝播する虞れが有るか否かを検討し、これが認められないときは、当該所為の公然性はこれを否定すべきものである」と判示しているところ、伝播可能性について主張立証すべき具体的事情を考えるにあたって参考になるだろう。

5　基本論点⑤
——名誉毀損の成否：社会的評価を低下させる表現とは

同定可能性のハードルをクリアすれば、次は「客観的な社会的評価を低下させる」といえるかについて検討しなければならない。

その前提として必要となるのが、「この表現はいったいどのような意味内容であるのか」の確定である。

もちろん、一義的に意味内容を確定できる明晰な表現であれば問題ないが、（特に）インターネット上の電子掲示板等に投稿された記事の場合、主語・述語の対応関係が明確でなかったり、伏せ字となっていたり、あるいはスラングが用いられたり等によって、一見しただけでは意味内容がよくわからない、ということもあり得る。

このような場合、最判昭和 31 年 7 月 20 日民集 10 巻 8 号 1059 頁が、「名誉を毀損するとは、人の社会的評価を傷つけることに外ならない。それ故、所論新聞記事がたとえ精読すれば別個の意味に解されないことはないとしても、いやしくも一般読者の普通の注意と読み方を基準として解釈した意味内容に従う場合、その記事が事実に反し名誉を毀損するものと認められる以上、これをもつて名誉毀損の記事と目すべきことは当然である」と判示したように、「一般読者（「閲覧者」というべきか[9]）の普通の注意と読み方」を基準として、対象となっ

---

[9]　最判平成 15 年 10 月 16 日民集 57 巻 9 号 1075 頁は、報道番組による名誉毀損の成否が問題となった事案において、「テレビジョン放送をされた報道番組の内容が人の社会的評価を低下させるか否かについても、同様に、一般の視聴者の普通の注意と視聴の仕方とを基準として判断すべき」と判示している（下線は、筆者が付した）。

ている表現の意味内容を解釈することになる。

　ここでさらに問題となるのが、「一般」とは具体的にどういった読者層が想定されているのかという点である。

　「国民」という意味では広すぎるといえるが、裁判例をみてみると、記事が投稿されている掲示板の性質（読者層や話題の分野等）を考慮して「一般読者の普通の注意と読み方」を想定しているものと、そうでないものとがある。

　前者の例としては、たとえば、東京地判平成21年2月26日判タ1303号190頁は、「本件掲示板の読者は、水道関連商品の科学的根拠の有無に関心を持つ不特定多数人であることからすれば、本件文書の意味内容を理解するためには、本件文書に先行する書き込み文書との関連性、本件掲示板の読者が当時有していたであろう知識を考慮すべきである」と判示しており、掲示板の性質から想定される読者層を前提として表現の意味内容を特定すべき、という立場をとっている。

　他方、後者の例としては、たとえば、さいたま地判平成18年1月20日（平成16年（ワ）第1299号）判例集未登載は、被告（投稿者）が「名誉毀損の成否に関しては、一般読者の普通の注意と読み方を基準として解釈した意味内容に従って判断され、かつ、その一般読者とは当該表現媒体ごとの一般読者が基準とされるべきである。本件掲示板の主な読者は、国や地方公共団体の児童虐待問題の担当者、施設関係者及び大学教授等の児童福祉の専門家ないし専門的知識を有する者であり、本件掲示板にされた書込みが名誉毀損に当たるか否かの判断に当たっては、これらの者の認識を基準とすべき」と主張したが、裁判所は「本件掲示板の読者は、国及び地方公共団体の児童虐待問題の担当者、施設関係者、大学教授及び大学生など、児童虐待問題及び児童福祉の専門家ないし専門的知識を有する人々であるから、このような読者を基準とすべきと主張する。しかし、前記のとおり、本件掲示板にされた書込みは、インターネットを介して不特定多数の者が閲覧できるから、専門的知識を有する読者を基準とするとの被告主張はその前提を欠いており、採用できない」としてこれを排斥した。

　なお、最判平成9年9月9日民集51巻8号3804号は、新聞記事に掲載された報道記事の内容が名誉毀損にあたるかどうかが争われた事案において、事実

の摘示か意見・論評の表明かをどのように区別すべきかという点につき、「新聞記事中の名誉毀損の成否が問題となっている部分について、そこに用いられている語のみを通常の意味に従って理解した場合には、証拠等をもってその存否を決することが可能な他人に関する特定の事項を主張しているものと直ちに解せないときにも、当該部分の前後の文脈や、<u>記事の公表当時に一般の読者が有していた知識ないし経験等を考慮</u>（以下略）」と判示している（下線は、筆者が付した）。

　「記事の公表当時に一般の読者が有していた知識ないし経験等」との判示に照らせば、最高裁は「一般の読者」につき、（名誉毀損が問題となっている）「その記事を目にした」読者を前提にしていると考えられる。

　そして、記事が掲載されている媒体によって主たる読者層には、大なり小なり違いがあることを踏まえれば、対象記事を読むであろうと通常想定される読者層をもって「一般の読者」と解することになると思われる。

　〈*Case* ①〉の場合、記事①「アモ○○スはＡ国で収穫された希少な素材を使用していると謳っているが、実際に使っているのはＢ国で大量生産された粗悪なものだ。これで高い料金を取るのは詐欺に等しい」については、前半の「Ａ国で収穫された希少な素材を使用していると謳っているが、実際に使っているのはＢ国で大量生産された粗悪なもの」の部分は事実を摘示するものであるといえるところ、希少素材の使用を謳いながら実際は大量生産の粗悪なものを使用しているという事実は、顧客を欺くような不誠実な飲食店であるという印象を与えるものであるから、社会的評価を低下させるものと認めることができるだろう。

　後半の「これで高い料金を取るのは詐欺に等しい」については、前半を前提とした意見表明であるといえるが、こちらも前半と同じく社会的評価を低下させるものと認めることができるだろう。

　仮に、記事②および③について同定可能性が認められたとして、記事②「料理はクソマズなのに『映える』写真のおかげで千客万来」については顧客の主観的な感想を述べるものにすぎないものであり、社会的評価を低下させるものではないという判断になる可能性が高いと思われる。記事③「経営状態が悪化しているらしい」については、「経営状態が悪化」だけでは、具体的な数字や

根拠も示されておらず抽象的な文言にとどまることから、こちらも社会的評価を低下させるものではないという判断になる可能性が高いと思われる。

6　基本論点⑥──名誉毀損の成否：違法性阻却事由

　ある表現が対象者の社会的評価を低下させるものであったとしても、一定の要件を満たす場合には「違法性」が阻却され、名誉毀損は成立しない。

　この「一定の要件」につき、最判昭和41年6月23日民集20巻5号1118頁は、「民事上の不法行為たる名誉棄損については、その行為が公共の利害に関する事実に係りもっぱら公益を図る目的に出た場合には、摘示された事実が真実であることが証明されたときは、右行為には違法性がなく、不法行為は成立しないものと解するのが相当」と判示し、また、最判平成元年12月21日民集43巻12号2252頁は、「公共の利害に関する事頂について自由に批判、論評を行うことは、もとより表現の自由の行使として尊重されるべきものであり、その対象が公務員の地位における行動である場合には、右批判等により当該公務員の社会的評価が低下することがあっても、その目的が専ら公益を図るものであり、かつ、その前提としている事実が主要な点において真実であることの証明があったときは、人身攻撃に及ぶなど論評としての域を逸脱したものでない限り、名誉侵害の不法行為の違法性を欠くものというべき」と判示している[10]。

　つまり、いわゆる「事実を摘示する」形の表現にあっては、「公共の利害に関する事実」であり、「専ら公益を図る目的」に基づく場合、「摘示された事実が真実であること」が立証されれば違法性が阻却され、また、「意見ないし論評を表明する」形の表現にあっては、「専ら公益を図る目的」に基づくものであっ

10　なお、商事法務研究会・前掲資料（注7）58頁は、「最高裁判例は、ある事実を基礎としての意見ないし論評の表明による名誉毀損については、その行為が公共の利害に関する事実に係り、かつ、その目的が専ら公益を図ることにあった場合に、その意見ないし論評の前提としている事実が重要な部分について真実であることの証明があったときには、人身攻撃に及ぶなど意見ないし論評としての域を逸脱したものでない限り、違法性が阻却されるとしているが（前掲最判平成9年9月9日）、黙示的にも基礎となる事実の摘示がない意見ないし論評の表明による名誉毀損の違法性阻却事由については、判断枠組みを示していない。そのため、黙示的にも基礎となる事実の摘示がない意見ないし論評の表明による名誉毀損が認められるとした場合、その違法性の判断をどのように行うべきであるかは、最高裁判例からは明らかではない状況にある」と指摘している。

て、当該意見ないし論評の「前提となる事実が主要な点において真実であること」が証明されれば、「人身攻撃に及ぶなど論評としての域を逸脱したものでない限り」は、違法性が阻却される（なお、これらの要件は通常、「公共性」、「公益性」、「真実性」と呼び慣らわされている）。

7　基本論点⑦──違法性阻却事由：公共性

　公共の利害に関する事実（公共性）について、裁判例においては、たとえば、「公共の利害に関する事実に当たるか否かについては、摘示された事実自体の内容・性質に照らして客観的に判断されるべきものであると解され……単に多数の人がその事実に関心を有しているだけでは足りず、その事実が多数の人の社会的利害に関する事実であり、その事実に関心を寄せることが社会的に正当と認められることを要するものと解するのが相当である」（東京高判令和4年1月25日（令和2年（ネ）第472号、令和2年（ネ）第2593号）判例集未登載）と判示したもの、「公共の利害に関する事実とは、その事実を公衆に知らせ、これに対する批判や評価の資料とすることが公共の利益増進に役立つと認められるものなどをいうと解すべき」（東京地判平成20年2月19日（平成18年（ワ）第17387号）判例集未登載）と判示したもの、「多数一般の利害に関するものであり、それを摘示することが公共の利益に沿うものであるとまでは認めがたいというべき」（東京地判平成20年9月9日（平成18年（ワ）第18306号）判例集未登載）と判示したものなどがある。

　筆者の体感では、公共性については比較的緩やかに認められているという印象であるが、他方で、あまりに緩く認めた場合には、たとえ表現内容が真実であったとしても、そもそも一般公衆に知らしめるべきではない事柄についても安易に違法性阻却事由が認められ名誉毀損が成立しないということになってしまうので、「名誉権の保護」と「表現の自由」とをどうバランスさせるか、慎重な検討が必要ではないかと思われる。

8　基本論点⑧──違法性阻却事由：公益性

　公益に資する目的（公益性）について、裁判例においては、たとえば、最判昭和41年6月23日民集20巻5号1118頁は、「その行為が……もつぱら公益

を図る目的に出た場合」と判示している。

　ただし、「専ら」については緩やかに解されており、表現内容に公共性が認められる場合には、原則的には「専ら公益を図る目的」に基づき発信したことが推認される傾向にある。

　たとえば、最判平成元年12月21日民集43巻12号2252頁は、「本件ビラの内容[11]からすれば、本件配布行為は、被上告人らの社会的評価を低下させることがあっても、被上告人らが有害無能な教職員でその教育内容が粗末であることを読者に訴え掛けることに主眼があるとはにわかに解し難く、むしろ右行為の当時長崎市内の教育関係者のみならず一般市民の間でも大きな関心事になっていた小学校における通知表の交付をめぐる混乱という公共の利害に関する事項についての批判、論評を主題とする意見表明というべき」としたうえで、「本件ビラの右のような性格及び内容に照らすと、上告人の本件配布行為の主観的な意図及び本件ビラの作成名義人が前記のようなものであっても、そのことから直ちに本件配布行為が専ら公益を図る目的に出たものに当たらないということはできず」と判示している。

　また、東京地判平成30年4月25日金法2113号61頁は「公共の事実に関する事柄に関する表現行為については、特段の事情がない限り、目的の公益性が推認されると解するのが相当である」と判示している。

　ほかにたとえば、大分地豊後支判昭和62年3月11日判時1234号123頁は「『専ら公益を図るに出た』とは必ずしも公益を図る以外の他の目的の介入を否定する趣旨ではなく、若干私益等の他の目的が介入していても、公表に及んだ主たる目的が公益を図ることにある事実が認定できるならば、それをもって十分である。そして公益目的の有無の判断においては、摘示事実の内容、当該事実の公表がなされた相手方の範囲、表現方法及び公表に至る経緯等を総合し、それ

11　本件ビラの内容については、「通知表の交付をめぐる混乱の経過、通知表の性格、被上告人らが校長会案に反対して各勤務先学校の校長の決裁を得られない状態にあったことなどについて上告人の立場からする詳細な記述がされている一方、その本文中において、『教師としての能力自体を疑われるような「愚かな抵抗」』、『教育公務員としての当然の責任と義務を忘れ』、『お粗末教育』、『有害無能な教職員』等の表現が用いられ、本文に続く『通知表問題でわかった有害無能な教職員の一覧表』と題する一覧表に被上告人らの各勤務先学校名・担任クラス・氏名・年齢・住所・電話番号が個別的に記載された」と認定されている。

らが公益目的に基づくというにふさわしい真摯なものであったかどうかなどの点や、更には公表した者の地位・活動及び同人と公表された者との関係等から私利私欲や私怨など隠された動機がなかったかどうかなど、全体的に評価し判定すべきものと解される」と判示している。

　また、東京地判令和4年2月14日（令和2年（ワ）第21285号）判例集未登載は、被告（投稿者）が公益性につき（原告X_1は）「独身と偽ってマッチングアプリに登録し、被告と交際を開始して男女関係を持った後、連絡を絶ったのであり、原告X_2についても、原告X_1が既婚者であるにもかかわらず、マッチング率の調査という目的で原告X_1をマッチングアプリに登録させていた。被告は、原告らが同様の行為に及ぶことにより、マッチングアプリに登録している女性に自分と同じ体験をして欲しくないという想いから広く情報を共有する目的で本件各投稿をした」と主張したところ、裁判所はこれを容れ、「被告は、原告らが同様の行為に及ぶことにより、マッチングアプリに登録している女性に自分と同じ体験をして欲しくないという想いから広く情報を共有する目的で本件各投稿をしたと認められ、専ら公益を図る目的でされたものといえる。このことは、原告らが指摘する、辛い心情を吐き出す目的、同じ境遇にある人と交流する目的、原告X_1に対する復讐する目的が併存しても左右されないというべきである」と判示した。

　以上のとおり、公表にあたって他の目的が併存していた場合に、直ちに公益性が否定されるわけではなく、公益を図る目的が「主」と判断される場合には、公益性が認められているものといえる。

9　基本論点⑨——違法性阻却事由：真実性

　公共性、公益性が認められる場合でも、記事の内容について真実性が証明できなければ違法性は阻却されない。そして、この真実性をいかに立証するかが、裁判においては「主戦場」となっている（もちろん、公共性・公益性について激しく争われる事案もある）。

　最高裁は、真実性の立証対象となる範囲について、「本件告発事実については、重要な部分につき真実性の証明があつたとし、したがつて、右告発及び公表がいずれも不法行為とならないとした原審の判断は、正当として是認するこ

とができ」（最判昭和 58 年 10 月 20 日裁判集民 140 号 177 頁）、（意見ないし論評の表明において）「前提としている事実が<u>主要な点において</u>真実であることの証明があったとき」（最判昭和 62 年 4 月 24 日民集 41 巻 3 号 490 頁）と判示している（下線はいずれも筆者が付した）。

　したがって、「枝葉末節」と評価される部分について真実であることが証明できなかったとしても、表現内容の真実性は認められるということになる。

　表現内容のうち「重要な部分」・「主要な点」とは具体的にどの部分・点であるかについて、たとえば、東京地判平成 29 年 5 月 19 日（平成 28 年（ワ）第 40925 号）判例集未登載は、「気に入られて昇格した人ほど、1 度評価が下がると普通に降格人事があるので注意が必要です」との記載につき、「従業員に対する代表者や上司等の個人的な評価が下がると恣意的に降格させられるので、原告への就職や転職を検討している者において注意が必要であるとの重要な情報を提供するものであって、原告において実際にこのような恣意的な降格（「降格人事」という表現からすると、人事権の行使による役職や職位の降格を指すものと考えられる。）が行われていることを摘示しているものであると理解するというのが相当」としたうえで、被告（経由プロバイダ）が、「原告も外形的な事実については概ね認めるようであるから、本件投稿記事 1 の前提とする事実が重要な部分について真実である」と主張したことに対し、「種々の理由により役職が外れたり、人事権の行使として降格が行われること自体については特段問題視するような事態ではなく、それが恣意的なものであることが問題なのであって、本件投稿記事 1 が摘示する事実の重要な部分というのも、外形的に降格がされたなどということではなく、それが恣意的なものであるという点にあるというべき」と判示した。

　この判示から敷衍すれば、「重要な部分」・「主要な点」とは、対象者の社会的評価を低下させるという判断にとって最も重視されるべき中核的な部分・点、ということができると思われる。

　なお、真実であるかどうかの判断の基準時については、最判平成 14 年 1 月 29 日判タ 1086 号 102 頁が、「裁判所は、摘示された事実の重要な部分が真実であるかどうかについては、事実審の口頭弁論終結時において、客観的な判断をすべきであり、その際に名誉毀損行為の時点では存在しなかった証拠を考慮

することも当然に許されるというべきである[12]」と判示しているとおり、「事実審口頭弁論終結時」である。

10　基本論点⑩──削除請求の相手方選択

　名誉毀損にあたる表現（投稿）について削除を求める場合、請求の相手方は大きく分けて、①投稿者本人、②投稿を掲載している媒体（掲示板等）の管理者、③媒体に係るデータが蔵置されているサーバの管理者、のいずれかとなる。

　たとえばブログなど、投稿者自身に削除権限がある媒体であれば、まずは投稿者に対して削除を求めることになるが、電子掲示板（「5ちゃんねる」など）のように、投稿者には削除する権限がない場合には、管理者に対して削除を求めることになる。

　②投稿を掲載している媒体（掲示板等）管理者については、媒体上に名称や連絡先等が表示されていることが多いが、③媒体に係るデータが蔵置されているサーバの管理者については、そのような表示がされていることはないため、当該媒体のドメイン（https://www.aaa.ne.jp であれば「www」を第4レベルドメイン、「aaa」を第3レベルドメイン、「ne」を第2レベルドメイン、「jp」をトップレベルドメインという）から IP アドレスを確認し、WHOIS[13] によって管理者を調査することになる[14]。

　投稿者への削除請求が可能である場合に、（投稿者への削除請求をせずに）媒体管理者・サーバ管理者に対して（裁判上の）削除請求を行った場合、請求が

12　同最判はその理由として「けだし、摘示された事実が客観的な事実に合致し真実であれば、行為者がその事実についていかなる認識を有していたとしても、名誉毀損行為自体の違法性が否定されることになるからである。真実性の立証とは、摘示された事実が客観的な事実に合致していたことの立証であって、これを行為当時において真実性を立証するに足りる証拠が存在していたことの立証と解することはできないし、また、真実性の立証のための証拠方法を行為当時に存在した資料に限定しなければならない理由もない」とする。

13　WHOIS とは、IP アドレスやドメイン名の登録者などに関する情報をインターネット上で参照できるサービスのことをいい、たとえば、株式会社日本レジストリサービス (JPRS) は「JPRS WHOIS」〈https://whois.jprs.jp/〉により「登録ドメイン名・登録ドメイン名のネームサーバ・ドメイン名の登録年月日・ドメイン名の有効期限・ドメイン名登録者の名前」等を提供している。

14　具体的な手順は、たとえば清水陽平＝神田知宏＝中沢佑一『〔改訂版〕ケース・スタディネット権利侵害対応の実務──発信者情報開示請求と削除請求』（新日本法規、2020年）に詳細な記述がある。

認められるかという点が問題となる。

　たとえば、東京地決令和5年11月6日（令和5年（ヨ）第2161号）判例集未登載は、Googleマップ上に投稿されたクチコミにつき、「本件サイトの投稿記事は、技術的に投稿者自身が当該記事を削除することができる仕組みになっていることが一応認められるところ、このような状況においては、本来、投稿記事の削除の可否等については、投稿者との間で解決されるべき事柄であるといえ、投稿者が自らの表現行為の適法性について何らの反論の機会を与えられることなく投稿記事が削除されることは、投稿者の表現の自由や手続保障の観点から相当でな」く、「投稿記事の削除請求権の存否を判断するに当たっては、当該記事の対象とされた者の社会的評価等の低下の有無及びその程度並びにいわゆる真実性等の違法性阻却事由の有無を検討する必要があるところ、債務者のようなコンテンツプロバイダとしての業者においては、通常、これらの点について実質的に意味のある反論、反証を行うことができない」ことを前提に、本件では「投稿者がAであると特定されている状況下においては、投稿記事の削除請求は、第一次的に当該投稿者であるAに対して行うべきであって、コンテンツプロバイダである債務者に対してされた本件申立ては、少なくとも、保全の必要性を欠くといわざるを得ない」として、削除仮処分命令申立てを却下した。

　他方で、たとえば東京地判平成20年10月17日（平成19年（ワ）第25728号）判例集未登載は、インターネット上の掲示板にプライバシー侵害等にあたる記事が投稿されたため、掲示板管理者に削除を求めたが対応されなかったことから当該管理者に損害賠償を求めたという事案であるが、裁判所は、「インターネットは、広範囲の情報を容易にかつ迅速に入手できるものであり、その利便性が広く認められている反面、掲載された情報が人のプライバシー権等を侵害するものであった場合にも、その情報が容易にかつ迅速に広く行き渡ってしまう結果が生じ得るのであって、その有用性の一方で、人の権利を侵害することによる被害を拡大させてしまう危険性も有するものであるから、インターネット上の掲示板を管理運営する者は、その管理運営する掲示板が原因となって人のプライバシー権等の侵害による被害が拡大しないように注意する条理上の義務を負っている」としたうえで、「インターネット上の掲示板に自身のプライ

バシー権等を侵害する書き込みがなされた者は、自らの手によって当該書き込みを削除することができないため、プライバシー権侵害等の被害の拡大を防ぐためには、掲示板の管理運営者に対し、当該書き込みの削除を求め、その対応を待つしか方法がないことからして、かかる削除要請があった場合など、掲示板の管理運営者が、掲示板に人のプライバシー権等の権利を侵害する書き込みがなされたことを知り、又は知り得たときには、当該書き込みを削除する義務を条理上負うものと解すべき」と判示している。

　いずれも一理あるところではあるが、名誉毀損等にあたる記事が掲載されている媒体の管理者は、少なくとも、当該記事が掲載されていることを知った（知り得た）とき以降においては、「権利侵害（＝違法）状態を放置している」と評価されてもやむを得ないものであり、投稿者に対して被害者が削除請求をしているかどうかは、「違法状態を放置」という評価に影響を与えるものではないことからすれば、東京地判平成20年10月17日の判断枠組みが妥当と思われる。

　ただし、仮処分命令申立てあるいは訴訟提起をした場合において、裁判所がどのように判断するかは予測困難であるから、投稿者に連絡することが可能な場合には、削除請求を行い、対応してこなければ「投稿者に削除請求をしたが対応されない」という事実をもって管理者を相手方とする削除請求を行うことが望ましいといえる。

　このような手順を踏んでいれば、前掲東京地決令和5年11月6日の「投稿記事の削除請求は、第一次的に当該投稿者であるAに対して行うべき」という判断枠組みを前提としても、保全の必要性は否定されないものと思われる（なお、事案によっては、投稿者に削除請求をすることでかえって状況が悪化する（いわゆる「炎上」状態になる）可能性が高い場合もあると思われるところ、そのような事案においては、炎上の可能性を具体的に主張立証することにより、投稿者への削除請求をせずに管理者に削除請求をすることが必要かつ相当であることを裁判所に納得してもらう、という訴訟追行が必要となろう）。

11　基本論点⑪——削除請求の手続選択

　投稿について削除請求を行う場合、大きく分けて、①裁判外の請求、②裁判上の請求、という選択肢がある。

　まず、①裁判外の請求としては、メール等による請求、管理者が設定しているフォームからの請求、あるいは、プロバイダ責任制限法ガイドライン等検討協議会が策定する「プロバイダ責任制限法　名誉毀損・プライバシー関係ガイドライン〔第6版〕[15]」（いわゆる「テレサガイドライン」）に基づく請求（送信防止措置依頼）、などが考えられる。

　また、②裁判上の請求としては、民事保全手続としての削除仮処分命令申立て（「仮の地位を定める」仮処分命令の申立て。民保23条2項）、あるいは、削除請求訴訟の提起がある。

　いずれの手続を選択することが適切かについては事案の内容に応じてケース・バイ・ケースであるが、管理者が任意に対応してくることが期待できる場合には、まずは①裁判外の請求を選択することが妥当であろう（たとえば、個人の住所や携帯電話番号がインターネット上で「晒された」というプライバシー侵害のケースでは、名誉毀損とは異なり正当化事由（違法性阻却事由）が認められる場合がほぼないことから、管理者が任意の削除に応じることが多いというのが筆者の体感である）。

　また、②裁判上の請求については、「仮処分」と「訴訟」という2つの選択肢があるが、「権利侵害状態を一刻も早く解消したい」という依頼者のニーズを前提とすれば、基本的には「仮処分」を選択することになろう。

　ただし、事案によっては相手方から仮処分命令の発令に対し、いわゆる「起訴命令の申立て」（民保37条1項）がされることがあり、この場合は申立人において一定期間（通常は1か月）内に訴訟を提起せざるを得ないため、結果的には、当初から訴訟を提起したほうが早かった、ということになる場合もある。

　もっとも、起訴命令の申立てがされるかどうかを、事前に予測することは困難であるから、削除について相談を受けた弁護士としては、仮処分命令が発令された場合、相手方から起訴命令の申立てがされる可能性がある、その場合には訴訟を提起しなければ仮処分命令の効力が失われる、ということまで依頼者に説明しておくのがよいであろう。

15　プロバイダ責任制限法ガイドライン等検討協議会・前掲資料（注5）参照。

12　派生論点①——名誉毀損における「受忍限度」論

　近時では、社会的評価を低下させる表現ではあるが、それが対象となった者の「受忍限度」を超えるものではない、として名誉毀損の成立を否定する裁判例がみられる[16]。

　たとえば、東京高判令和元年 5 月 22 日（平成 30 年（ネ）第 1576 号・同年（ネ）第 3355 号）判例集未登載は、「本件各記事がその読者に対し被控訴人の商品についてデザイン性には優れるがやや耐久性等が劣るといった印象を与えることにはなっても、それが受忍限度を超えて被控訴人の名誉権を侵害し、不法行為法上違法と評価される程度の社会的評価の低下を生じさせるとは認められない」と判示している。

　また、東京地決平成 30 年 6 月 12 日（平成 30 年（ヨ）第 1076 号）判例集未登

16　内田貴「インターネット上の口コミの削除請求——その法律構成について」ジュリ 1586 号（2023 年）81 頁は、「受忍限度の概念がうまくあてはまるのは、口コミの典型である、事実摘示とも意見表明とも言い難い個人的体験や、主観的印象・評価・不満が述べられている場合である。そのような場合にこそ、口コミが総体として評価されるという特性が観察されるし、特定の職業にある者について受忍義務を正当化できる」、「口コミの削除がサイトの管理者に請求される裁判例において用いられる受忍限度概念は、従来の判例で用いられてきた受忍限度と機能が異なる。とりわけ注目されるのは、医療関係者や介護士という特定の職業に着目して受忍限度が用いられているとみられる一群の裁判例である。この場合は、受忍限度には既存の判断枠組からは導きにくい帰結を導くという積極的な機能がある。しかし、一定の職業にある者に受忍義務を課すという判断の前提には、口コミが、事実摘示とも意見表明・論評とも言い難い、個人的体験や主観的不満・評価の表明という事実がある。それを超えて受忍義務を一般化することは困難である。また、この種の受忍義務を負うべき主体がどこまで広がるかは残された問題である。今後の裁判例の展開が注目される」としている。また、仮屋篤子「インターネット上の名誉毀損における免責基準：二つの最高裁事例を中心として」名古屋大学法政論集 254 号（2014 年）765 ～ 794 頁は、「下級審判例では、名誉・信用毀損の不法行為において、表現行為が被害者にとって受忍限度か否かを問題にしているものも小数であるが存在する」（772 頁）と指摘し、「今回は、不法行為上の『受忍限度』については、紹介するにとどめたが、一般個人のインターネットによる名誉毀損については、これも十分考慮に値する。なぜならば、インターネットを利用することによって、一般個人が他者の名誉を毀損する場合、必ずしも、その発言が『公共の利害に関する事実』に係る事柄を、『公益目的』で行っているとは限らないからである。被侵害者自身が一般個人である場合、この者に関する記事内容は『公共の利害』に関することにならず、『公益目的』たりえない。このような場合の免責基準については、今回詳細に検討するに至らなかったが、特にそれが意見・論評によるものである場合、『受忍限度』によって判断することも、考えられるのではないか。今後の検討課題としたい」（788 頁）とまとめている。

載も、「債権者は、たとえ本件歯科医院について否定的な評価を行う投稿であっても、当該投稿の内容及び態様が社会的に相当な範囲内にとどまるものである限りは、一定限度の社会的評価の低下も受忍すべき立場にあるといえる」としたうえで、具体的な表現については「本件発信者が意見・感想を述べる表現方法も穏当で、社会的に相当な範囲内であるということができる。以上に照らせば、上記程度の社会的評価の低下は受忍限度の範囲内であるというべき」として、名誉毀損の成立を否定した（抗告審である東京高決平成30年9月3日（平成30年（ラ）第1161号）判例集未登載も「本件記事によって社会的評価の低下があるとしても、それは受忍限度の範囲内であるというべき」として原決定の判断を維持した）。

　筆者において確たる見解があるわけではないが、「社会的評価を低下させるかどうか」（についての判断）に加えて、さらに「それが受忍限度を超えるかどうか」を判断するというのは、「屋上屋を架す」という印象を否めない（また、社会的評価が現実に低下する必要はなく、その「危険性・おそれ」があれば名誉毀損は認められるという、裁判実務における一般的な考え方との整合性も問題となろう）。

13　派生論点②──社会的評価が「現実に」低下する必要があるか

　名誉毀損は、人が社会から受ける客観的評価を低下させる行為であるところ、社会的評価が「現実に」低下したことまで主張立証する必要があるか。

　この点については、社会的評価が「現実に」低下したかどうかの立証は極めて困難であることを考えれば、被害者救済の途を閉ざしてしまうことにもなりかねない。また、最判平成9年5月27日民集51巻5号2024頁は、「新聞記事による名誉毀損にあっては、これを掲載した新聞が発行され、読者がこれを閲読し得る状態になった時点で、右記事により事実を摘示された人の客観的な社会的評価が低下する」というように、読者がまだ記事を閲読していない段階であっても名誉毀損が成立する旨、判示している。また、刑事裁判であるが、大判昭和13年2月28日刑集17巻141頁は、「殊更被害者の社会的地位の傷けられたる事実の存在を要するものに非す」と、「現実に低下したこと」は名誉毀損罪の成立要件ではない旨、判示している。

　よって、社会的評価が現実に低下することは不要というべきであろう。なお下級審レベルでは、たとえば、東京地判平成29年2月2日（平成28年（ワ）第35546号）判例集未登載は、「原告の社会的評価が低下する危険性は否定できない」として名誉毀損の成立を認めている。また、東京高判平成14年12月25日高民集55巻3号15頁は、「人の品性、徳行、名声、信用等の人格的価値について社会的評価を低下させる事実の摘示、又は意見ないし論評の表明となる発言により、名誉毀損という不法行為は成立し得るものであり、名誉を毀損された被害者が、その発言につき上記のとおり社会的評価を低下させる危険のあることを主張立証すれば、発言の公共性、目的の公益性、内容の真実性等の存在は、違法性阻却事由、責任阻却事由として責任を追及される相手方が主張立証すべきものである」と判示している。

　なお、仙台高判平成20年11月27日（平成20年（ネ）第230号）判例集未登載は、「このような本件ビラ等の量や配布の態様によれば、本件ビラが配布されたことにより控訴人X_2の社会的評価が現実に低下したものとは考えられず、ほかにそのことを認めるに足りる証拠はない」としているが、誤りというべきであろう。

14　派生論点③——検索エンジン事業者への削除請求

　投稿者・管理者のいずれも不明、あるいは連絡先不詳で削除請求が困難という場合には、検索エンジン事業者（Google LLC など）に対して、「検索結果として表示される名誉毀損に該当する記事」の削除を求める、という方法が考えられる（なお、投稿者あるいは管理者への削除請求は可能であるが、「炎上」のリスクが想定されるため、検索エンジン事業者に対して削除請求をする、ということもある）。

　この場合、削除が認められるためには、名誉毀損にあたる表現であることを前提として、違法性阻却事由の（いずれかの）不存在が明らかであることに加えて、記事の対象となっている者が「重大かつ回復困難な損害」を被るおそれがあることにつき立証する必要がある、とするのが裁判実務のすう勢である。

　たとえば、東京地決令和4年12月26日（令和4年（ヨ）第1783号）判例集未登載は、検索結果として「外交行嚢を用いた『金の密輸』、仮想通貨にかか

わる『口利き稼業』、家賃支援給付金の不正受給等の不正行為を行っている」
という内容が表示される場合に、その削除が認められるためには、「表現行為
が専ら公益を図る目的でないことが明らかであるか、または、事実でないこと
が明らかであって、かつ、被害者である削除請求者が重大にして回復困難な損
害を被るおそれがあると認められる場合に限って、許容されると解される」と
判示した（その抗告審である東京高決令和5年6月2日（令和5年（ラ）第326号）
判例集未登載も、「検索事業者は、インターネット上のウェブサイトに掲載されてい
る情報を網羅的に収集してその複製を保存し、同複製を基にした索引を作成するなど
して情報を整理し、利用者から示された一定の条件に対応する情報を同索引に基づ
いて検索結果として提供するものであるが、この情報の収集、整理及び提供はプロ
グラムにより自動的に行われるものの、同プログラムは検索結果の提供に関する検
索事業者の方針に沿った結果を得ることができるように作成されたものであるから、
検索結果の提供は検索事業者自身による表現行為の側面を有する。また、検索事業
者による検索結果の提供は、公衆が、インターネット上に情報を発信したり、インター
ネット上の膨大な量の情報の中から必要なものを入手したりすることを支援するも
のであり、現代社会においてインターネット上の情報流通の基盤として大きな役割
を果たしている。そして、検索事業者による特定の検索結果の提供行為が違法とされ、
その削除を余儀なくされるということは、上記方針に沿った一貫性を有する表現行
為の制約であることはもとより、検索結果の提供を通じて果たされている上記役割
に対する制約でもあるといえる」としたうえで、「名誉毀損を理由とする検索事業者
に対する検索結果の削除請求については、検索結果に摘示された事実が公共の利害
に関する事実に係るものでなく、検索結果の提供が専ら公益を図る目的でないこと
が明らかであるか、又は検索結果の提供によって摘示された事実が真実でないこと
が明らかであって、かつ、被害者である削除請求者が重大にして回復困難な損害を
被るおそれがあると認められる場合に限って許容され、上記要件については、削除
を請求する側が立証責任を負うと解するのが相当」と判示した[17]。

17　プライバシー侵害を理由とする検索結果削除請求に関しては、最決平成29年1月31日
　　民集71巻1号63頁が、「検索事業者が、ある者に関する条件による検索の求めに応じ、
　　その者のプライバシーに属する事実を含む記事等が掲載されたウェブサイトのURL等情
　　報を検索結果の一部として提供する行為が違法となるか否かは、当該事実の性質及び内容、
　　当該URL等情報が提供されることによってその者のプライバシーに属する事実が伝達さ

15　派生論点④──管理者への削除請求の場合における違法性阻却事由に係る主張立証責任の所在

　投稿者ではなく、管理者に対して名誉毀損を理由とする削除請求を行う場合、違法性阻却事由については「その存在をうかがわせる事情がないこと」について、請求者側が主張立証すべきとされている。

　たとえば、東京地立川支決令和5年3月30日（令和5年（モ）第10015号）判例集未登載は、Googleマップ上のクチコミに関する削除請求につき、「当該記事が社会的評価を低下させるものであるとしても、それが公共の利害に関する事実に係り、その目的が専ら公益を図るものである場合には、摘示事実（意見評価等の前提となる摘示事実を含む。）がその重要な部分において真実であるときは、当該記事には違法性がないと解されるから、被保全権利があるというためには、債権者において、かかる違法性阻却事由の存在を窺わせる事情がないことを疎明することが必要である」と判示している（その抗告審である東京高決令和5年7月31日（令和5年（ラ）第890号）判例集未登載においても「ウェブサイト上に掲示された投稿による表現が名誉毀損に当たるとして、その管理運営者に仮の削除を求める場合には、通常、当該管理運営者において表現内容の真実性等の事実関係に関する資料を保有しておらず、当該投稿を行った者に対する手続的保障が十分とはいえない仮処分をもって表現行為の抑制を行うものであることから、上で示した各違法性阻却事由については、申立債権者である抗告人において、その存在をうかがわせるような事情がないことを疎明することが必要であると解するのが相当である」として、原審と同様の判断がされている）。

　これは、名誉毀損を理由とする（投稿者に対する）損害賠償請求においては、投稿者において違法性阻却事由の存在を主張立証しなければならないとされて

れる範囲とその者が被る具体的被害の程度、その者の社会的地位や影響力、上記記事等の目的や意義、上記記事等が掲載された時の社会的状況とその後の変化、上記記事等において当該事実を記載する必要性など、当該事実を公表されない法的利益と当該URL等情報を検索結果として提供する理由に関する諸事情を比較衡量して判断すべきもので、その結果、当該事実を公表されない法的利益が優越することが明らかな場合には、検索事業者に対し、当該URL等情報を検索結果から削除することを求めることができるものと解するのが相当」と判示している（下線は、筆者が付した）。

いることと大きく異なる点であり、削除について相談を受けた弁護士においては、対象とする表現につき、公共性等の「違法性阻却事由の存在をうかがわせる事情がないこと」を主張立証することが可能であるか、慎重に検討しなければならない[18]。

なお、訴訟においては「ある事実が存在すること」を証明することが通常であるが、管理者に対する削除請求訴訟においては、違法性阻却事由の存在をうかがわせる事情が「存在しないこと」を証明しなければならない。

そして、違法性阻却事由の存在をうかがわせる事情が存在しないことにつき、裁判官をして「疑を差し挟まない程度に真実性の確信[19]」に至らせることのハードルは、非常に高いことを念頭においておく必要がある。

（櫻町直樹）

18　なお、東京地立川支決令和5年1月20日（令和4年（ヨ）第151号）判例集未登載は、「動物病院や獣医師に関する口コミは、不特定多数の患畜の所有者が動物病院や獣医師を選択するための参考となり得る情報であるところ、一般に、患畜の生命、身体及び健康等がその所有者にとって重要な関心事であって、上記所有者が動物病院や獣医師の行う治療内容やその良し悪し等について強い関心を有していることは、獣医師や動物病院を運営する法人等（以下「獣医師等」という。）にとって当然認識すべき事情であることを考慮すれば、獣医師等は、事実に基づく正当な口コミによる自由な批判についてはある程度受忍すべき立場にあるといえる。したがって、獣医師等の口コミについて名誉毀損が成立するというためには、社会的評価の低下の程度が受忍限度の範囲を超えるものであることを要すると解するのが相当である」として、債務者の「口コミ投稿サイトの管理者に対する削除請求においては、厳格な削除基準が適用されるべきであり、権利侵害の明白性が疎明されなければならない」との主張を排斥しているが、例外的な裁判例と考えておくべきであろう。

19　最判昭和50年10月24日民集29巻9号1417号は、「訴訟上の因果関係の立証は、一点の疑義も許されない自然科学的証明ではなく、経験則に照らして全証拠を総合検討し、特定の事実が特定の結果発生を招来した関係を是認しうる高度の蓋然性を証明することであり、その判定は、通常人が疑を差し挟まない程度に真実性の確信を持ちうるものであることを必要とし、かつ、それで足りるものである」とする。

第 2 章

❖

名誉毀損事件②
――損害賠償請求事件

❖

Ⅰ　事　例

〈*Case* ②〉

　相談者 X は、全国的な規模で飲食店「アモエヌス」を展開する大手企業甲の法務部員である。

　先日、ようやく「アモ○○スは A 国で収穫された希少な素材を使用していると謳っているが、実際に使っているのは B 国で大量生産された粗悪なものだ。これで高い料金を取るのは詐欺に等しい」という記事への対処が終わったと思ったら、今度は別の掲示板で「アモエヌス、複数の店舗で食中毒が発生して被害者に巨額の損害賠償を支払ったとのこと」という記事を投稿されているのを発見した。

　X は暗い気分になりながらも、再び顧問弁護士に相談することにした。

Ⅱ　〈*Case* ②〉において問題となる論点と派生論点

〈*Case* ②〉において問題となる論点と派生論点は、以下のとおりである。

基本論点①　問題投稿への対応：損害賠償請求

② 名誉毀損の成否（同定可能性・公然性・社会的評価の低下）

③ 違法性阻却事由が認められうるかの検討

④ 責任阻却事由が認められうるかの検討

⑤ 慰謝料に関する主張立証

派生論点① 真実相当性：「真実と信じるに足りる相当な理由」

② 真実相当性：「確実な資料、根拠」はいつ存在している必要があるか

③ 損害賠償請求権の時効

Ⅲ　法的論点と派生論点の検討と解説

1　基本論点①──問題投稿への対応：損害賠償請求

　前章においては、名誉毀損にあたる投稿がなされた場合の対応手段として「削除請求」を扱ったが、本章においては「損害賠償請求」について扱う（なお、削除・損害賠償のほか、名誉毀損にあたる投稿がされた場合の対応としては「謝罪文の掲載[1]」がある）。

1　最判昭和31年7月4日民集10巻7号785頁は「民法723条にいわゆる『他人の名誉を毀損した者に対して被害者の名誉を回復するに適当な処分』として謝罪広告を新聞紙等に掲載すべきことを加害者に命ずることは、従来学説判例の肯認するところであり、また謝罪広告を新聞紙等に掲載することは我国民生活の実際においても行われているのである」と判示している。なお、インターネット上の投稿等につき謝罪文の掲載を命じた裁判例として、たとえば、東京地判平成19年4月11日（平成18年（ワ）第16523号）判例集未登載は、「本件各書き込み及び本件各発言の内容並びにそれが一般の読者に与える印象、2ちゃんねるは不特定多数の受信者により閲覧し得るものであることのほか、被告の不法行為の態様、特に、被告は、2ちゃんねる内の本件スレッドのみならず、本件ホームページにおいても、極めて不適切な表現を用いて執拗かつ継続的に原告を攻撃する発言を行っていること、一般にインターネット上で毀損された名誉の回復には非常な困難が伴うと考

　損害賠償を請求する相手方は「投稿者」である。なお、投稿が掲載された媒体の管理者に対する損害賠償請求も理屈としては考えられるところであるが、請求が認められる場合は非常に限定的であり、現実には難しいと考えておいたほうがよいであろう[2]。

2　基本論点②
——名誉毀損の成否（同定可能性・公然性・社会的評価の低下）

　「アモエヌス、複数の店舗で食中毒が発生して被害者に巨額の損害賠償を支払ったとのこと」という記事につき、前章において述べた「同定可能性」、「公然性」および「社会的評価の低下」が認められるか、検討してみよう。

　まず、同定可能性については、甲が展開する飲食店と一致する「アモエヌス」という名称が記載されていること、「複数の店舗で食中毒が発生」という記述からは、アモエヌスが複数の店舗が存在する飲食店であることがみてとれることからすれば、一般的な読者（閲覧者）の普通の注意と読み方に照らして、記事にあるアモエヌスとは甲が展開する飲食店であると認識可能であり、したがって同定可能性は認められるといえるだろう。

　また、インターネット上の掲示板に投稿された記事であるから、不特定また

　えられる上、本件スレッドは、２ちゃんねるビューアーというソフトウェアを使用することにより、現在も閲覧することが可能であって、現在も原告の権利侵害が継続しているといえること、その他本件に顕れた一切の事情を総合すれば、その回復のためには、上記４認定の損害賠償金の支払に加え、主文掲記の限度で、本件ホームページに謝罪文を掲載することが相当である」とした。

2　たとえば、知財高判平成 24 年 2 月 14 日判タ 1404 号 217 頁は、インターネット上のショッピングモールにおいて、出店者による商標権侵害につきショッピングモール管理者が（も）損害賠償責任を負うかが争われた事案で、裁判所は「ウェブページの運営者が、単に出店者によるウェブページの開設のための環境等を整備するにとどまらず、運営システムの提供・出店者からの出店申込みの許否・出店者へのサービスの一時停止や出店停止等の管理・支配を行い、出店者からの基本出店料やシステム利用料の受領等の利益を受けている者であって、その者が出店者による商標権侵害があることを知ったとき又は知ることができたと認めるに足りる相当の理由があるに至ったときは、その後の合理的期間内に侵害内容のウェブページからの削除がなされない限り、上記期間経過後から商標権者はウェブページの運営者に対し、商標権侵害を理由に、出店者に対するのと同様の差止請求と損害賠償請求をすることができると解するのが相当」と判示している（なお、当該事案においては、「ウェブサイトを運営する第 1 審被告としては、商標権侵害の事実を知ったときから 8 日以内という合理的期間内にこれを是正したと認めるのが相当」として、管理者への損害賠償請求は認められなかった）。

は多数のインターネット利用者が閲覧可能なものであり、公然性も認められる。

　社会的評価の低下についても、飲食店で食中毒が発生したうえ、巨額の賠償金まで支払ったということで相当深刻な被害が生じたであろうことが推測されることからすれば、当該記事は甲の社会的評価を低下させるものといえる。

3　基本論点③──違法性阻却事由が認められうるかの検討

　前章において述べたとおり、ある表現が、対象者の社会的評価を低下させる、つまり名誉毀損が成立すると認められる場合でも、当該表現につき公共性および公益性があり、表現内容が真実であると証明された場合には、違法性が阻却され損害賠償責任は生じない。

　したがって、ある表現につき名誉毀損を理由とする損害賠償請求について相談を受けた弁護士としては、当該表現が対象者の社会的評価を低下させるといい得る場合でも、違法性阻却事由の有無について検討する必要がある（逆にいえば、被請求者、つまり投稿者から相談を受けた場合には、違法性阻却事由を主張立証して損害賠償請求を退けることができるか、について検討することになる）。

　ここで、前章で述べたとおり、いわゆる「事実を摘示する」形の表現（便宜的に「事実摘示型」という）である場合と、「意見ないし論評を表明する」形の表現（便宜的に「意見表明型」という）である場合とでは、違法性阻却事由に違いがあることから、対象となる表現が事実摘示型、意見表明型、いずれであるかの区別が重要となってくる[3]。

3　判例タイムズ 967 号（1998 年）120 頁（最判平成 10 年 1 月 30 日の解説部分）は「ある事実を基礎としての意見ないし論評の表明による名誉毀損にあっては、意見ないし論評の前提としている事実につき真実性又は相当性の抗弁が成り立つならば、これに基づく意見ないし論評に関しては、必ずしも『合理性』を要求せず、人身攻撃に及ぶなど意見ないし論評としての域を逸脱したものでない限り、行為者の不法行為責任は否定される（いわゆる「公正な論評」の法理。最二小判昭 62.4.24 民集 41 巻 3 号 490 頁、本誌 661 号 115 頁、最一小判平 1.12.21 民集 43 巻 12 号 2252 頁、本誌 731 号 95 頁、最三小判平 9.9.9 民集 51 巻 8 号 3804 頁、本誌 955 号 115 頁。この点、本件の原判決は、前提事実につき真実性又は相当性の抗弁が成り立つ場合でも、これに基づく意見ないし論評が不当、不合理なものでない限り不法行為責任を負うことを免れないとするもので、従来の判例法理よりも、意見ないし論評の表明に対する保護の範囲は、むしろ狭くなっていた。）。右のように適用法理に相違があるため、特定の表現について名誉毀損の不法行為責任の成否が問題とされる場合に、これが事実の摘示に当たるか意見ないし論評の表明に当たるかを区別する必要がある」と解説している。

　この区別の仕方につき、最判平成 10 年 1 月 30 日裁判集民 187 号 1 頁は「新聞記事中の名誉毀損の成否が問題となっている部分において表現に推論の形式が採られている場合であっても、当該記事についての一般の読者の普通の注意と読み方とを基準に、当該部分の前後の文脈や記事の公表当時に右読者が有していた知識ないし経験等も考慮すると、<u>証拠等をもってその存否を決することが可能な他人に関する特定の事項を右推論の結果として主張するものと理解される</u>ときには、同部分は、事実を摘示するものと見るのが相当」と判示している（下線は、筆者が付した）。

　そして、証拠等をもってその存否を決することが可能かどうかの判断は、最判平成 9 年 9 月 9 日民集 51 巻 8 号 3804 号が「事実を摘示しての名誉毀損と意見ないし論評による名誉毀損とでは、不法行為責任の成否に関する要件が異なるため、問題とされている表現が、事実を摘示するものであるか、意見ないし論評の表明であるかを区別することが必要となる。ところで、ある記事の意味内容が他人の社会的評価を低下させるものであるかどうかは、当該記事についての一般の読者の普通の注意と読み方とを基準として判断すべきであり……そのことは、前記区別に当たっても妥当するものというべきである。すなわち、新聞記事中の名誉毀損の成否が問題となっている部分について、そこに用いられている語のみを通常の意味に従って理解した場合には、証拠等をもってその存否を決することが可能な他人に関する特定の事項を主張しているものと直ちに解せないときにも、当該部分の前後の文脈や、記事の公表当時に一般の読者が有していた知識ないし経験等を考慮し、右部分が、修辞上の誇張ないし強調を行うか、比喩的表現方法を用いるか、又は第三者からの伝聞内容の紹介や推論の形式を採用するなどによりつつ、間接的ないしえん曲に前記事項を主張するものと理解されるならば、同部分は、事実を摘示するものと見るのが相当である。また、右のような間接的な言及は欠けるにせよ、当該部分の前後の文脈等の事情を総合的に考慮すると、当該部分の叙述の前提として前記事項を黙示的に主張するものと理解されるならば、同部分は、やはり、事実を摘示するものと見るのが相当である」と判示しているとおり、「一般の読者の普通の注意と読み方」を基準としてなされる。

　なお、「証拠等をもってその存否を決することが可能」かどうか、事案によっ

ては判断が難しい場合があると思われるが、損害賠償を請求する側としては、まずは事実摘示型であるという前提で主張を組み立て、これが難しい場合には（予備的に）意見表明型であるとしても名誉毀損が成立する、という対応をとることになろう。

　裁判例においては、「法的な見解の表明」が事実摘示型か意見表明型かが争われた事案がままみられるが、最判平成16年7月15日民集58巻5号1615頁は、「証拠等による証明になじまない物事の価値、善悪、優劣についての批評や論議などは、意見ないし論評の表明に属するというべき」としたうえで、「法的な見解の正当性それ自体は、証明の対象とはなり得ないものであり、法的な見解の表明が証拠等をもってその存否を決することが可能な他人に関する特定の事項ということができないことは明らかであるから、法的な見解の表明は、事実を摘示するものではなく、意見ないし論評の表明の範ちゅうに属するものというべきである」、「意見ないし論評については、その内容の正当性や合理性を特に問うことなく、人身攻撃に及ぶなど意見ないし論評としての域を逸脱したものでない限り、名誉毀損の不法行為が成立しないものとされているのは、意見ないし論評を表明する自由が民主主義社会に不可欠な表現の自由の根幹を構成するものであることを考慮し、これを手厚く保障する趣旨によるものである。そして、裁判所が判決等により判断を示すことができる事項であるかどうかは、上記の判別に関係しないから、裁判所が具体的な紛争の解決のために当該法的な見解の正当性について公権的判断を示すことがあるからといって、そのことを理由に、法的な見解の表明が事実の摘示ないしそれに類するものに当たると解することはできない。したがって、一般的に、法的な見解の表明には、その前提として、上記特定の事項を明示的又は黙示的に主張するものと解されるため事実の摘示を含むものというべき場合があることは否定し得ないが、法的な見解の表明それ自体は、それが判決等により裁判所が判断を示すことができる事項に係るものであっても、そのことを理由に事実を摘示するものとはいえず、意見ないし論評の表明に当たるものというべきである」と判示している（下線は、筆者が付した）。

　下級審では、東京地判平成29年12月11日（平成28年（ワ）第17663号）判例集未登載は、「窃取」という文言につき、原告が「原告X₁がｂ社の財産

を全て盗んだとの事実……を摘示したものである」と主張したことに対し、「『窃取』の用語が、例えば『万引きをする（代金を支払わずに商品を店外に持ち出す）』など、窃盗の実行行為に係る客観的事実を表現していると解されるのであれば、これを事実の摘示と解する余地がないわけではない。しかしながら、本件記述１は、上記アで説示したとおり、b社の代表者であった原告X_1が、b社のほとんど全ての財産を正当な権限なく自己に移転させたことをもって『窃取』と表現しており、財産移転の客観的事実のみならず、それが代表者としての正当な権限によるものではなかったとの法的評価を加えた上で『窃取』と表現しているのであり、法的評価すなわち意見ないし論評の表明に該当すると解するのが相当である」として原告主張を排斥し、法的見解の表明であると認定・判断している。

〈**Case**②〉の「アモエヌス、複数の店舗で食中毒が発生して被害者に巨額の損害賠償を支払ったとのこと」という記事は、「複数の店舗で食中毒が発生」も「被害者に巨額の損害賠償を支払った」も、いずれも証拠等をもってその存否を決することが可能であるから、事実摘示型ということができる。

したがって、損害賠償請求について相談を受けた弁護士としては、食中毒の発生・損害賠償の支払いにつき、そうした事実がないことを確認する必要がある（一方、投稿者から相談を受けた場合には、内容が真実であることを証明するための資料があるか、どういった資料に基づいて投稿したのか等を確認することになる）。

4　基本論点④――責任阻却事由が認められうるかの検討

ある表現が、対象者の社会的評価を低下させる、つまり名誉毀損が成立する場合でも、当該表現につき公共性および公益性があり、投稿者において表現内容が真実であると信じたことに相当の理由があると認められる場合には、責任が阻却され損害賠償責任は生じない。

すなわち、最判昭和41年6月23日民集20巻5号1118頁は、「民事上の不法行為たる名誉棄損については、その行為が公共の利害に関する事実に係りもっぱら公益を図る目的に出た場合には、摘示された事実が……真実であることが証明されなくても、その行為者においてその事実を真実と信ずるについて

相当の理由があるときには、右行為には故意もしくは過失がなく結局、不法行為は成立しないものと解するのが相当である（このことは、刑法230条の2の規定の趣旨からも十分窺うことができる）」と判示し、また、最判平成16年7月15日民集58巻5号1615号は、「事実を摘示しての名誉毀損にあっては、その行為が公共の利害に関する事実に係り、かつ、その目的が専ら公益を図ることにあった場合に、摘示された事実がその重要な部分について真実であることの……証明がないときにも、行為者において上記事実の重要な部分を真実と信ずるについて相当の理由があれば、その故意又は過失は否定される」、「ある事実を基礎としての意見ないし論評の表明による名誉毀損にあっては、その行為が公共の利害に関する事実に係り、かつ、その目的が専ら公益を図ることにあった場合に、上記意見ないし論評の前提としている事実が重要な部分について真実であることの……証明がないときにも、行為者において上記事実の重要な部分を真実と信ずるについて相当な理由があれば、その故意又は過失は否定される」と判示し、投稿者において「真実と信じたことに相当な理由がある場合」には、投稿者の故意または過失が否定され、損害賠償責任を負わないとしている（実務においてはこれを「真実相当性」とよぶことが一般的である）。

　したがって、名誉毀損に基づく損害賠償請求について相談を受けた弁護士としては、投稿者が主張してくるであろう真実相当性（を基礎づける事実）があるかどうか、あるとして、それが認められうるかについて検討する必要があり、他方、請求された側（＝投稿者）から相談を受けた場合には、真実相当性（を基礎づける事実）について主張立証が可能か、検討することになろう。

　〈*Case* ②〉において、たとえば、食中毒の発生や賠償金の支払いを報告する内部文書を入手し、これに基づいて投稿したということであれば、真実相当性が認められる可能性は高いといえるだろう（なお、この場合のポイントは、参照した文書が「内部」文書であることを主張立証できるかであり、投稿者側においては、入手経路や入手時期等について可能な限り詳細に主張立証することになろう）。他方で、「インターネットに書かれていた」「友人がそう言っていた」というレベルでは、「確実な資料、根拠に基づき」とはいえず、真実相当性は認められないであろう。

5　基本論点⑤——慰謝料に関する主張立証

　名誉毀損において請求する損害は、基本的には「慰謝料[4]」および「弁護士費用[5]」である（なお、インターネット上の匿名者による名誉毀損の場合、損害賠償請求の前提として発信者情報開示により投稿者を特定することが必要であるから、投稿者特定のために要した費用（調査費用）も損害として請求可能である[6]）。

　慰謝料の額については、裁判官の自由な裁量によって決定されるもの[7]であるが、どういった要素が考慮されるかにつき、たとえば、東京高判平成13年12月26日判タ1092号100頁は、「名誉毀損による慰藉料の額は、これが報道

4　民法710条「他人の身体、自由若しくは名誉を侵害した場合又は他人の財産権を侵害した場合のいずれであるかを問わず、前条の規定により損害賠償の責任を負う者は、財産以外の損害に対しても、その賠償をしなければならない」。

5　最判昭和44年2月27日民集23巻2号441頁は、「現在の訴訟はますます専門化された訴訟追行を当事者に対して要求する以上、一般人が単独にて十分な訴訟活動を展開することはほとんど不可能に近いのである。したがつて、相手方の故意又は過失によつて自己の権利を侵害された者が損害賠償義務者たる相手方から容易にその履行を受け得ないため、自己の権利擁護上、訴を提起することを余儀なくされた場合においては、一般人は弁護士に委任するにあらざれば、十分な訴訟活動をなし得ないのである。そして現在においては、このようなことが通常と認められるからには、訴訟追行を弁護士に委任した場合には、その弁護士費用は、事案の難易、請求額、認容された額その他諸般の事情を斟酌して相当と認められる額の範囲内のものに限り、右不法行為と相当因果関係に立つ損害というべきである」。

6　ただし、調査費用の全額が認められるケースは少なく、筆者が裁判例データベース「Westlaw Japan」で確認したところでは、発信者情報開示により投稿者を特定し、当該投稿者に損害賠償請求をした48件の裁判例のうち、全額を認めたものは10件であり、調査費用認容額の中央値は請求額の約3割というところであった。

7　大判大正3年6月10日刑録20輯1157頁は、「損害賠償の額は一に裁判所の自由裁量に依りて之を定むへきものにして之を量定したる理由を示すの要なけれ」と判示している。なお、東京地判昭和38年4月26日判タ145号153頁は、「原告は請求原因第二項（一）(4)ないし(9)の各出費をしたことを主張し、この点について縷々供述しているけれども、この供述によつてはそうしたことのアウトラインをつかむことができるだけで的確に金額を認定することは訴訟のうえではとうてい不可能という外ないから、ことがらの性質上後記慰藉料額算定の場合に斟酌する」として、交通事故に遭った被害者が支出した交通費や薬購入費用につき証明困難であるため慰謝料算定の際に考慮する、とした。民事訴訟法248条は、「損害が生じたことが認められる場合において、損害の性質上その額を立証することが極めて困難であるときは、裁判所は、口頭弁論の全趣旨及び証拠調べの結果に基づき、相当な損害額を認定することができる」と規定しているから、損害額の立証が困難な場合において慰謝料を算定する際の要素として考慮することは、自由心証主義（民訴247条）とあいまって「事案の妥当な解決」という観点からは許容範囲内といえるであろう。

による場合にはその報道がされた場所的範囲の広狭や密度、当該報道の影響力の程度、その情報の内容や事実摘示の方法、被害者が被った現実的な不利益あるいは損害、その年齢、職業、経歴、情報の真実性の程度やこれを真実と信じたことの相当性の程度、取材対象や方法の相当性、被害者自らの持つ名誉回復の可能性等諸般の事情を考慮して個別具体的に判断すべきものである」と、慰謝料の算定にあたって考慮すべき要素を具体的に列挙している。

　同様に、東京地判平成 13 年 12 月 3 日（平成 11 年（ワ）第 22047 号）判例集未登載は、「名誉毀損による損害賠償の慰謝料額を算定するに当たっては、〈1〉今日の高度情報化社会、グローバルな社会において、マスメディアの影響力、情報伝播力が非常に大きく、一度名誉毀損報道が行われてしまうと、それは短時間で広範囲に伝わり、多数の者の知るところとなり、その結果、被害者の受ける社会的評価の低下、精神的苦痛、被害感情は過去に比べて増大したものとなっていること、〈2〉マスメディアが名誉毀損報道を行った場合、当該報道が一般人の興味を引くものであれば、それだけ新聞雑誌等の売り上げが伸びて、マスメディアは利益を得ることになるため、マスメディアの中には営利を目的とした興味本位の報道を中心としたものが増加していること、〈3〉現在は、国民一般の意識が変化して、名誉を含む人格権一般の価値に対する評価が従前とは大きく異なってきており、人格権侵害による損害の回復の必要性が高まってきていること、〈4〉貨幣価値や勤労者の初任給等に現れているとおり経済社会の状況が変化してきており、また、交通事故の死亡慰謝料・後遺症慰謝料が徐々に増額されてきたことなどを考慮に入れ、マスメディアの種類、主たる報道目的、取材の経過・方法、新聞雑誌等の発行部数、報道による影響、悪意によるものかなど名誉毀損報道の内容・態様、被害者の社会的地位、公人・個人・法人の別、損害の内容・程度その他当該事案に現れた諸般の事情に照らして、社会通念にあった慰謝料額を算定するのが相当である」と、考慮されるべき要素を判示している。

　上記裁判例は報道機関による報道についてのものであるが、インターネット上の投稿については、たとえば東京高判令和 3 年 5 月 12 日（令和 2 年（ネ）第 2495 号）判例集未登載は、「本件各記載における表現は、著しく差別的、侮蔑的であるばかりでなく、その読者に対し、差別的・侮蔑的言動を煽るものとなっ

ており、控訴人の名誉感情を著しく害し、その個人としての尊厳や人格を損なうものであって、本件投稿行為は極めて悪質であるというほかない。しかも、本件記事は、不特定多数の第三者が極めて容易に閲覧することができるインターネット上に投稿されており、本件記事が投稿された当時、控訴人が△△△年生という多感な時期にあったことからすれば、本件投稿行為が控訴人に与えた精神的苦痛は多大であり、その成長にも悪影響を及ぼしかねないものであったということができ、これも、本件投稿行為の悪質性に関する重要な要素であるというべきである」と判示している。

6　派生論点①──真実相当性：「真実と信じるに足りる相当な理由」

すでに述べたとおり、表現内容について真実と信じるに足りる相当な理由があった場合には、故意または過失が否定され、投稿者は損害賠償責任を負わない。

この「真実と信じるに足りる相当な理由」について、刑事裁判の例であるが、最判平成22年3月15日刑集64巻2号1頁は、「インターネットの個人利用者による表現行為の場合においても、他の場合と同様に、行為者が摘示した事実を真実であると誤信したことについて、確実な資料、根拠に照らして相当の理由があると認められるときに限り、名誉毀損罪は成立しないものと解するのが相当であって、より緩やかな要件で同罪の成立を否定すべきものとは解されない」としたうえで、「商業登記簿謄本、市販の雑誌記事、インターネット上の書き込み、加盟店の店長であった者から受信したメール等の資料」に基づく投稿（表現行為）につき、「このような資料の中には一方的立場から作成されたにすぎないものもあること、フランチャイズシステムについて記載された資料に対する被告人の理解が不正確であったこと、被告人が乙株式会社の関係者に事実関係を確認することも一切なかったことなどの事情」からすれば、「摘示した事実を真実であると誤信したことについて、確実な資料、根拠に照らして相当の理由があるとはいえない」と判示している。

なお、報道記事が名誉毀損にあたるとして争われた場合、取材源の秘匿等の関係から報道側において「真実性」を立証することが困難なこともある。そこで報道側としては「真実相当性」の立証に注力するということが考えられると

ころ、具体的には、報道した内容につきどのような取材（裏付け取材）を行ったかについて、取材対象（取材源秘匿との関係で実名等は秘すとして）、時期、取材内容、取材結果（取材内容をまとめたメモ等）などについて主張立証することになろう。

　ただし、取材をしていれば足りるというわけではなく、たとえば、最判昭和47年11月16日民集26巻9号1633頁は、まだ捜査段階にあり捜査当局から公式の発表がされていなかった刑事事件につき十分な裏付け取材をせずに報道をした場合に、「相当の理由」があったとは認められないと判示している[8]。

　なお、判例タイムズ1086号（2002年）114頁は、最判平成14年1月29日裁判集民205号289頁が示した真実相当性に関する「相当な理由」についての規範につき、「これまでの裁判例の『相当の理由』についての考え方の大勢は、捜査当局の公式発表や刑事判決の事実認定（最三小判平11.10.26民集53巻7号1313頁[9]、本誌1016号80頁）に依拠した場合以外には、類型的に常に相当

8　具体的には、「本件記事の内容は、生まれつき口の形が変っている生後三か月の嬰児の窒息による変死に関するものであるところ、捜査当局においてはその屍体解剖を終つたばかりで、未だ家族に対する事情聴取もすんでおらず、次郎の死が単なる事故死であるという可能性も考えられ、捜査当局が未だ公の発表をしていない段階において、上告人らの誰かが次郎を殺害したものであるというような印象を読者に与える本件記事を新聞紙上に掲載するについては、右記事が原判示の如く解剖にあたつた黒須医師および袖山刑事官から取材して得た情報に基づくものであり、同刑事官が署長と共に捜査経緯の発表等広報の職務を有し、右報道することについて諒解を与えたとしても、被上告人新聞社としては、上告人らを再度訪ねて取材する等、更に慎重に裏付取材をすべきであつたというべきである。これをしないで被上告人新聞社の各担当者がたやすく本件記事の内容を真実と信じたことについては相当の理由があつたものということはできず、同人らに過失がなかつたものとはいえない」というものである。ただし、原審である東京高判昭和46年4月9日判タ265号236頁は、被害者の解剖にあたった医師に取材を行い、さらに、捜査担当の警察署において広報を担当する刑事に取材しているのであるから、「捜査当局の公の広報活動によるものでないとはいえ、単に捜査担当官から私的に得た情報ではなく、捜査の責任者であり、かつ、署長とともに捜査当局の見解を発表する権限を有する袖山刑事官から直接説明を受け、しかも再度にわたり取材の結果を報道することにつき袖山刑事官の諒解を得ているのであるから、捜査当局の公の発表に近いものとして信頼に値する情報であると判断したもの」であり、「自主的調査により右情報についての裏付取材はしていないけれども、報道の迅速性の要求からして、さらに右事件の特殊性から第一審原告方以外には取材源はないに等しいところ、杉山記者は、第一審原告方で取材を拒否され、結局断念したものであつて、当時の段階ではたとえ第一審被告新聞社において自主的に調査しても捜査当局から得た情報以上に真相を探知しえたとも考えられない」として、相当な理由があったと認定・判断している。

9　「刑事第一審の判決において罪となるべき事実として示された犯罪事実、量刑の理由とし

の理由が肯定されるということはなく、情報提供者の地位、情報の内容・信用性、他の裏付け取材の可能性、事実摘示の必要性（時期、方法）という観点から、個別の事案に即して判断するというものである。報道の自由に対する萎縮効果を理由に、『相当の理由』は、『報道機関にとって可能な限りの取材を行い、報道機関をして一応真実と思わせるだけの合理的資料又は根拠があることをもって足りる』と一般に解されているが、厳格な判断をする傾向にあるといえる」と指摘しており、報道機関による報道であるからといって、真実相当性の判断が緩やかになるとは考えないほうがよいであろう [10]。

7　派生論点②──真実相当性：「確実な資料、根拠」はいつ存在している必要があるか

　真実相当性の前提となる「確実な資料、根拠」について、それがいつの時点で存在している必要があるかにつき、最判平成 14 年 1 月 29 日裁判集民 205 号 233 頁は、「摘示された事実を真実と信ずるについて相当の理由が行為者に認められるかどうかについて判断する際には、名誉毀損行為当時における行為者の認識内容が問題になるため、行為時に存在した資料に基づいて検討するこ

て示された量刑に関する事実その他判決理由中において認定された事実について、行為者が右判決を資料として右認定事実と同一性のある事実を真実と信じて摘示した場合には、右判決の認定に疑いを入れるべき特段の事情がない限り、後に控訴審においてこれと異なる認定判断がされたとしても、摘示した事実を真実と信ずるについて相当の理由があるというべきである。けだし、刑事判決の理由中に認定された事実は、刑事裁判における慎重な手続に基づき、裁判官が証拠によって心証を得た事実であるから、行為者が右事実には確実な資料、根拠があるものと受け止め、摘示した事実を真実と信じたとしても無理からぬものがあるといえるからである」。

10　奥田隆文＝難波孝一編『民事事実認定重要判決 50 選』（立花書房、2015 年）398 頁も、「報道の自由を確保するという観点から、報道機関による取材源の秘匿が民事訴訟の手続の中でも尊重されるべきであることは当然である。しかしながら、そのことは、取材源に関する釈明や証言の拒絶等が許容されるという範囲にとどまり、報道対象者である原告の名誉が毀損された状態になっている以上、その名誉を毀損した者が報道機関であることを理由として、原告の不利益において、真実性又は相当性に関する事実の立証の程度を緩和することはできない（最判昭 30・12・9 刑集 9・13・2633 参照）。したがって、被告においては、具体的な取材源を明らかにすることはしないとしても、摘示した事実の真実性や真実と信じたことについての相当性を認定することができる程度の具体性のある事実を提示する必要があり、被告がそのような主張立証を尽くすことができない場合には、真実性の抗弁や相当性の抗弁を認めることはできないというべきである（なお、このような判断をした近時の裁判例として大阪地判平 22・10・19 判タ 1361・210 がある。）。」と指摘する。

とが必要となる」と判示している。

　したがって、真実相当性が認められるためには、「投稿時点」ですでに存在していた資料であることに加え、当該資料を投稿者が認識し、そのために「真実と誤信した」ことまで主張立証する必要があることに留意しなければならない。

8　派生論点③──損害賠償請求権の時効

　名誉毀損を理由とする損害賠償請求に限ったことではないが、請求権の消滅時効（がいつ到来するか）を意識しておくことは非常に重要である。

　不法行為については、「被害者又はその法定代理人が損害及び加害者を知った時から３年間行使しないとき」（民724条1号）は、時効によってその請求権が消滅する。

　そうすると、インターネット上の投稿につき、これが匿名でなされたものであれば、発信者情報開示請求によって投稿者の氏名住所が判明したとき[11]が起算点となる。

　ただし、投稿者は判明したが、名誉毀損にあたる投稿は削除されず残っているというときに、消滅時効の起算点をどう考えるべきか、という問題がある。

　投稿を認識した時点で「損害（の発生）」を知り、発信者情報の開示によって「加害者」も知った以上、投稿者の氏名住所を知ったときから消滅時効の進行が開始するとも思われるところである。

　しかしながら、たとえば、さいたま地川越支判平成23年1月13日（平成21年（ワ）第902号・同第919号）判例集未登載は、「インターネット上のウェブサイトに名誉毀損文言が記載された場合、同記載を一般のインターネットの利用者が閲覧することができる状態となっている限り、特段の事情のない限り、

11　最判昭和48年11月16日民集27巻10号1374頁は、「民法724条にいう『加害者ヲ知リタル時』とは、同条で時効の起算点に関する特則を設けた趣旨に鑑みれば、加害者に対する賠償請求が事実上可能な状況のもとに、その可能な程度にこれを知つた時を意味するものと解するのが相当であり、被害者が不法行為の当時加害者の住所氏名を的確に知らず、しかも当時の状況においてこれに対する賠償請求権を行使することが事実上不可能な場合においては、その状況が止み、被害者が加害者の住所氏名を確認したとき、初めて『加害者ヲ知リタル時』にあたるものというべき」と判示している。

不法行為は継続しているというべきであるから、このような場合の名誉毀損の不法行為による損害賠償請求権の消滅時効期間は、被害者が名誉毀損文言について閲覧可能となっていた最後の時点から進行すると解するのが相当である」と判示している。

　また、東京高判平成 23 年 8 月 31 日（平成 23 年（ネ）第 1534 号）判例集未登載も、「本件で問題とされている本件サイト記載による名誉毀損行為は、ウェブサイトへの投稿行為のように 1 回で完了する行為ではなく、自ら開設したウェブサイトに本件サイト記載を掲示し、同サイトを管理運営するという継続的な行為であるから、不特定多数の者に本件サイト記載が閲覧可能な状態で本件サイトが設営されている限り、不法行為は継続しているというべきである。そうすると、控訴人らが被控訴人Ｙ₂に対して本件訴訟を提起した平成 21 年 8 月 6 日の 3 年前である平成 18 年 8 月 6 日より前の本件サイト記載による名誉毀損を理由とする損害賠償請求権については、既に時効により消滅しているということができるが、同日以降の本件サイト記載による名誉毀損を理由とする損害賠償請求権については、いまだ消滅時効が完成しているということはできない」と判示している。

　これらの判示からすれば、インターネット上に投稿が残っている限りは不法行為が継続しており、損害賠償請求権の消滅時効は進行しないということになる（ただし、後者の裁判例においては「自ら開設したウェブサイトに本件サイト記載を掲示し、同サイトを管理運営するという継続的な行為」との文言からして、「自ら開設したウェブサイト」という事情を重視しているように思われ、そうすると、他者が提供している掲示板やサイトへの投稿の場合、別異に判断される可能性もある）。

　なお、東京地判令和 4 年 12 月 8 日（令和 3 年（ワ）第 26273 号）判例集未登載は、「インターネット上の記事等の投稿による名誉毀損は、当該記事等がインターネット上に存在し、閲覧可能な状況にある以上、日々新たな読者が生じ得て、これにより上記名誉毀損の被害者の精神的苦痛が継続的に発生し得るものと解される。しかし、上記の精神的苦痛が、上記記事等の掲載が取りやめられるまでの間のものを不可分一体のものとして把握しなければならないものであるとはいえず、また、上記被害者は、上記記事等の存在を知った時点で、その投稿者に対して慰謝料等の損害賠償を請求することを妨げられていない。そうする

と、原告が本件記事の存在を知った時点で、同時点までの期間に発生した損害賠償請求権の消滅時効が進行し、それ以降は日々発生する損害賠償請求権について個別に消滅時効が進行するものと解するのが相当である」として、損害賠償請求権を一体のものではなく（期間に応じた）可分なものととらえたうえで、消滅時効についても複数の異なる時点を起算点として判断している。

　もっとも、まだ確立した判例は存在しておらず、上記のとおり下級審においても（投稿がインターネット上に残っていれば不法行為は終了していない、という点では共通していても）判断が分かれている状況である [12] から、相談を受けた弁護士は「投稿からの経過期間」および「投稿者の特定有無」を確認し、もしすでに投稿者が判明しており、かつ、その場合の消滅時効期限が迫っているという場合には、直ちに訴訟を提起するか、あるいは、催告（民 150 条 1 項）等によって、時効完成を妨げる手段を講じておく必要がある。

（櫻町直樹）

---

[12]　なお、刑事裁判では、大阪高判平成 16 年 4 月 22 日高刑集 57 巻 2 号 1 頁が、「刑訴法 235 条 1 項にいう『犯人を知った日』とは、犯罪終了後において、告訴権者が犯人が誰であるかを知った日をいい、犯罪の継続中に告訴権者が犯人を知ったとしても、その日をもって告訴期間の起算日とされることはない。そこで検討するのに、名誉毀損罪は抽象的危険犯であるところ、関係証拠によると、原判示のとおり、被告人は、平成 13 年 7 月 5 日、C 及び B の名誉を毀損する記事（以下、「本件記事」という。）をサーバーコンピュータに記憶・蔵置させ、不特定多数のインターネット利用者らに閲覧可能な状態を設定したものであり、これによって、両名の名誉に対する侵害の抽象的危険が発生し、本件名誉毀損罪は既遂に達したというべきであるが、その後、本件記事は、少なくとも平成 15 年 6 月末ころまで、サーバーコンピュータから削除されることなく、利用者の閲覧可能な状態に置かれたままであったもので、被害発生の抽象的危険が維持されていたといえるから、このような類型の名誉毀損罪においては、既遂に達した後も、未だ犯罪は終了せず、継続していると解される」として、投稿がインターネット（サーバ）上に存在している限り犯罪は終了せず継続している旨を判示している。これは、刑事訴訟法 235 条 1 項にいう「犯人を知った日」とは、犯罪行為が終了した後において告訴権者が犯人が誰であるかを知った日をいい、犯罪継続中に告訴権者が犯人を知ったとしても、その日をもって親告罪の告訴期間の起算日とされることはないことから、インターネット上に名誉毀損にあたる記事が投稿され、それが削除されず存在している場合、名誉毀損罪が継続しているといえるか、あるいはそうではないのかが争点となったものである。

第 **3** 章

人格権に基づく
逮捕記事の削除請求

I　法律相談の実施

1　事　例

〈*Case* ③〉

　Aさんは沈んだ声で話し始めた。

　「本日はインターネットに残る私の過去についてご相談にうかがいました。私は7年前に中学生の女の子に猥褻な行為をして逮捕されました。私には余罪が多数あったため、裁判で5年の懲役刑を言い渡され服役しました。約2年前に出所しましたが、私が逮捕されたことを伝える記事が今も SNS に残っています。私が罪を犯したことは事実ですし、被害者の方にはお詫びのしようもありません。ただ、この記事のために私の家族は今も肩身の狭い思いをしています。私自身が責められるならまだしも、年老いた両親が私の犯した罪のために苦しむ姿は見るに忍びありません。なんとかして、この記事を消すことはできないでしょうか」

2　解　説

　インターネット上の逮捕記事による人格権侵害は現代社会が生んだ新しい事件類型である。検索エンジンは昨日起きた事件も 10 年前に起きた事件も区別なく利用者に提供する。その結果、事件の当事者（ここには加害者のみならず被害者も含まれる）として報道された者は、時の経過にかかわりなく、周囲から絶え間のない差別と偏見に晒されるようになった。その影響は時として当事者の家族にまで及ぶ苛烈なものである。このような現代の黥刑（げいけい）ともいうべき過酷な権利侵害から被害者を救済するための手段が逮捕記事の削除請求である。

3　関連裁判例

(1)　最三小判昭和 56 年 4 月 14 日民集 35 巻 3 号 620 頁〔前科照会事件〕

　前科および犯罪経歴をみだりに公開されないことが「法律上の保護に値する利益」として、不法行為法上、保護されることを認めた最初の最高裁判例。

> 　前科及び犯罪経歴は人の名誉、信用に直接にかかわる事項であり、前科等のある者もこれをみだりに公開されないという法律上の保護に値する利益を有するのであって、市区町村長が、本来選挙資格の調査のために作成保管する犯罪人名簿に記載されている前科等をみだりに漏えいしてはならないことはいうまでもないところである。

(2)　最三小判平成 6 年 2 月 8 日民集 48 巻 2 号 149 頁〔ノンフィクション「逆転」事件〕

　前科等を公表されない利益と表現の自由との調整について等価的比較衡量基準を用いることを明らかにした最高裁判例。

> 　……前科等にかかわる事実については、これを公表されない利益が法的保護に値する場合があると同時に、その公表が許されるべき場合もあるのであって、ある者の前科等にかかわる事実を実名を使用して著作物で公表したことが不法行為を構成するか否かは、その者のその後の生活状況のみならず、事件それ自体の歴史的又は社会的な意義、その当事者の重要性、その者の社会的活動及びその影響力

について、その著作物の目的、性格等に照らした実名使用の意義及び必要性をも併せて判断すべきもので、その結果、前科等にかかわる事実を公表されない法的利益が優越するとされる場合には、その公表によって被った精神的苦痛の賠償を求めることができるものといわなければならない。……

(3)　最三小決平成 29 年 1 月 31 日民集 71 巻 1 号 63 頁

検索結果からの前科情報の削除について等価的比較衡量よりも厳格な基準「いわゆる明らか基準」を用いることを示した最高裁判例（以下、本判例を「グーグル最高裁決定」という）。

……検索事業者が、ある者に関する条件による検索の求めに応じ、その者のプライバシーに属する事実を含む記事等が掲載されたウェブサイトの URL 等情報を検索結果の一部として提供する行為が違法となるか否かは、当該事実の性質及び内容、当該 URL 等情報が提供されることによってその者のプライバシーに属する事実が伝達される範囲とその者が被る具体的被害の程度、その者の社会的地位や影響力、上記記事等の目的や意義、上記記事等が掲載された時の社会的状況とその後の変化、上記記事等において当該事実を記載する必要性など、当該事実を公表されない法的利益と当該 URL 等情報を検索結果として提供する理由に関する諸事情を比較衡量して判断すべきもので、その結果、当該事実を公表されない法的利益が優越することが明らかな場合には、検索事業者に対し、当該 URL 等情報を検索結果から削除することを求めることができるものと解するのが相当である。（圏点は筆者）

(4)　最二小判令和 4 年 6 月 24 日民集 76 巻 5 号 1170 頁

検索エンジンでないウェブサイトからの前科記事の削除について等価的比較衡量基準を用いることを示した最高裁判例（以下、本判例を「ツイッター最高裁判決」という）。

……ツイッターが、その利用者に対し、情報発信の場やツイートの中から必要な情報を入手する手段を提供するなどしていることを踏まえると、上告人が、本件各ツイートにより上告人のプライバシーが侵害されたとして、ツイッターを運営して本件各ツイートを一般の閲覧に供し続ける被上告人に対し、人格権に基づき、

本件各ツイートの削除を求めることができるか否かは、本件事実の性質及び内容、本件各ツイートによって本件事実が伝達される範囲と上告人が被る具体的被害の程度、上告人の社会的地位や影響力、本件各ツイートの目的や意義、本件各ツイートがされた時の社会的状況とその後の変化など、上告人の本件事実を公表されない法的利益と本件各ツイートを一般の閲覧に供し続ける理由に関する諸事情を比較衡量して判断すべきもので、その結果、上告人の本件事実を公表されない法的利益が本件各ツイートを一般の閲覧に供し続ける理由に優越する場合には、本件各ツイートの削除を求めることができるものと解するのが相当である。

II　事実関係の聴取

1　事　例　〈*Case* ③〉

　Aさんの話を聞いた甲弁護士は、以下の質問をした。

甲弁護士：インターネットに残るご自身の逮捕記事を削除したいということですね。その記事はどの SNS に投稿されていますか？

A　さ　ん：Xです。

甲弁護士：その記事が投稿されたのはいつですか？

A　さ　ん：20 ××年×月×日です。

甲弁護士：あなたが逮捕されたのはいつですか？

A　さ　ん：記事が投稿されたのと同じ日です。

甲弁護士：逮捕されたときの罪名はわかりますか？

A　さ　ん：強制わいせつ罪です。

甲弁護士：当時、お仕事は何をされていましたか？

A　さ　ん：私立高校で教師として働いていました。

甲弁護士：裁判では懲役 5 年の実刑判決を言い渡されたのですね？

A　さ　ん：はい、そうです。

甲弁護士：初犯にしては刑が重いようですが、前科があったのですか？

A　さ　ん：はい。恥ずかしながら、20 ××年にも強制わいせつ罪で逮捕されています。

甲弁護士：出所したのはいつですか？

Ａ　さ　ん：約2年前の20××年×月×日です。

甲弁護士：出所後、警察沙汰を起こしたことはありますか？

Ａ　さ　ん：いいえ。外に出てからは、心を入れ替えて生活しています。

甲弁護士：現在、お仕事はされていますか？

Ａ　さ　ん：いいえ。求職活動中です。

甲弁護士：この記事が公開されていることで、どのような不利益を受けましたか？

Ａ　さ　ん：採用面接をいくつも受けましたが、どの会社でも事件について聞かれて不採用になってしまいます。現在は貯金を切り崩して生活していますが、それも長くは続きません。いずれ生活が立ちいかなくなるのではないかと不安です。

甲弁護士：更生のために何か努力していることはありますか？

Ａ　さ　ん：出所直後から心療内科に通院し、再犯防止プログラムを受けています。

甲弁護士：どのくらいの頻度で通院していますか？

Ａ　さ　ん：出所直後から毎日通っています。

甲弁護士：2年間、毎日？

Ａ　さ　ん：そうです。

2　解　説

　検索エンジンでないウェブサイトに対する削除請求においては、ツイッター最高裁判決が示した規範（等価的比較衡量基準）が適用される。同判決がその考慮要素として例示する事情は以下のとおりである。

① 　逮捕事実の性質および内容

② 　記事によって逮捕事実が伝達される範囲と削除請求者が被る具体的被害の程度

③ 　削除請求者の社会的地位や影響力

④ 　記事の目的や意義

⑤　記事が投稿された当時の社会的状況とその後の変化

上記①～⑤を参考に相談者から以下の各事情を聴取する。

ⓐ　記事が投稿された場所、日時、記事の内容

ⓑ　逮捕日、逮捕事実の内容（罪名）、相談者の当時の職業

ⓒ　（被害者がいる事件の場合）示談が成立しているか否か

ⓓ　刑事処分の内容（起訴・不起訴の別、刑種など）

ⓔ　前科・余罪の有無および内容

ⓕ　（相談者が服役していた場合）出所した時期

ⓖ　現在の生活状況（職業、収入、年齢、家族構成）

ⓗ　記事が公開されていることで被った不利益の内容

ⓘ　再犯防止あるいは更生のために努力していることの有無・内容

Ⅲ　受任の可否の検討

1　事　例〈Case ③〉

　Aさんの聴取を終えた甲弁護士は「うーん」と唸り声を上げた。懲役5年、出所から2年、再犯、逮捕時の職業は高校教師……。どれをとっても削除にネガティブな事情ばかりだ。せめて刑の言い渡しが効力を失っていれば勝機もあるが、懲役刑の場合、出所後10年経たないと失効しない。かといって、「あと8年耐えてください」と言うのはAさんに酷だ。なにより、Aさんには社会復帰への強い意欲がある。2年間も心療内科に通い続ける努力は並大抵ではない。この点を強調すれば、裁判官の理解も得られるのではないか。

2　解　説

　受任の可否の検討においては「記事を削除できるか」が判断の分かれ目となる。具体的には、ツイッター最高裁判決の基準に相談者から聴取した事情をあ

てはめ、可能性を検討することになる。

　上記検討にあたり留意すべきは以下の各点である。

　①　現職公務員に係る記事の削除は困難であること

　現に公務員である者の逮捕記事は削除が極めて困難である。公的地位にある者の情報は社会の正当な関心事と認められやすいからである。このような傾向は、その職務内容が民間類似のものであっても変わらない。よって、現職公務員については特殊な事情が認められるケース（たとえば逮捕後に嫌疑不十分を理由に不起訴になったケース）でない限り、受任は避けたほうがよい。

　②　刑の言い渡しが失効していない逮捕記事は削除が認められにくいこと

　実務上、刑の言い渡しが失効しているか否かは削除肯否の重要なメルクマールと考えられている。ツイッター最高裁判決においても「刑の言い渡しがその効力を失っていること」が削除認容の一事情として考慮されている。

　刑の言い渡しの失効に要する期間は以下のとおりである（刑34条の2第1項）。

■禁錮以上の刑の執行を終わりまたはその執行の免除を得た者

　　→罰金以上の刑に処せられないで10年を経過したとき

■罰金以下の刑の執行を終わりまたはその執行の免除を得た者

　　→罰金以上の刑に処せられないで5年を経過したとき

　上記失効の有無が過大に評価されると禁錮以上の刑に処せられた者に苛酷な結果となる。そのような者については出所後最低10年が経過しないと記事の削除が認められなくなるからである。現在、インターネット上の個人情報が求職活動に影響を及ぼすことは衆知の事実であり、このような結論は同人の更生に深刻な影響を及ぼす。そこで、このような者については、「新しく形成している社会生活の平穏を害されない利益」や「更生を妨げられない利益」が侵害されていることを強調するとともに、削除にポジティブな事情（次項参照）の創出に努めるべきである。

　③　「更生のための努力」が削除認容事情として考慮されうること

　ツイッター最高裁判決が示した衡量事情は削除請求者の努力によっては変更困難なものが多い。しかし、これらは例示にすぎないから、他の事情が考慮されないわけではない。この点、東京地判令和6年12月24日判例集未登載（後

記Ⅵ 2⑷（B）参照）は削除請求者が再犯防止のため高頻度で心療内科に通院していることを削除認容の一事情として考慮している。このような「更生のための努力」に対する積極的評価は、時の経過以外の事情を静的にとらえる立場に比べ、より妥当な結論を導くと考えられる。

Ⅳ　手続の選択

1　事　例〈*Case* ③〉

　Aさんの事件を受任することにした甲弁護士は、次に、とるべき手続の検討を始めた。逮捕記事削除請求事件の手続には、①ウェブサイト管理者への削除要請、②削除仮処分命令申立て、③削除請求訴訟提起、④検索エンジンに対する削除請求などがあるようだ。本件ではどの手続をとるべきだろうか。甲弁護士は各手続の長所と短所を比較することにした。

2　解　説

　逮捕記事削除請求の手段には、①任意の削除要請、②仮処分命令申立て、③訴訟提起、④検索エンジンに対する削除請求などがある。以下では、これらの長所および短所について説明する。

⑴　ウェブサイト管理者への任意の削除要請

　上記のうち最も端的なのは、記事が掲載されたウェブサイトの管理者に直接削除を要請する方法である。この方法のメリットは法的手続に比べ簡易・迅速であること、デメリットは要請に応じてくれる管理者が少ないことである。

　ウェブサイト管理者が個人の場合、弁護士からの削除要請に応じてくれることが多い。これに対し、企業が営利目的で運営するウェブサイトでは、こうした要請が容れられることは少ない（ただし、5ちゃんねるのように比較的緩やかな基準で削除に応じてくれるサイトもある）。

⑵　仮処分命令申立て

　削除仮処分命令申立ては記事削除のための最もメジャーな手法である。これ

が多用されるのは本案訴訟に比べ簡易・迅速に行えるからである。また、決定取得後、速やかに執行に着手できるメリットも大きい。すなわち、判決の場合、確定しないと間接強制が申し立てられないのに対し、仮処分では決定正本と送達証明があれば直ちに執行に着手できる。この点は、仮執行宣言が付されないのが通常である削除判決に比べ、大きな利点である。

　仮処分のデメリットとしては、決定前に保証金（記事数により 10 ～ 50 万円）を供託する必要があること、決定に既判力がないことなどがあげられる。ただ、いずれも削除請求事件においては、さしたる問題ではない。

　本稿執筆時点（令和 7 年 1 月）で、X は仮処分が取り下げられると記事を復活させるという運用をとっている。そのため、裁判所の決定を得て X の記事を削除しても、債権者が申立てを取り下げると当該記事が復活してしまう。このような運用が続く限り、X に投稿された記事については削除訴訟の提起が必須となる。

(3)　訴訟提起

　削除の手法として訴訟を選択するメリットは、腰を据えた主張・立証ができる点にある。また、理論上も、長期間公開が続いている記事について仮処分という暫定的処置を用いるのが妥当かという問題もある。この点、グーグル最高裁決定の調査官解説も「ある者のプライバシーに属する事実がインターネット上で拡散していることをその者が認識しつつ、相当期間の経過を待って検索事業者に対して URL 等情報の削除を求めた本件のような事案において、保全の必要性は否定されるのが通常であるように思われる」と指摘している[1]。

　一方、訴訟を選択するデメリットは、仮処分に比べて削除まで時間がかかることである。もっとも、ツイッター最高裁判決が言い渡されて以降、この期間は短縮化している（後記Ⅵ 2 (3)参照）。

　逮捕記事削除請求事件の場合、弁護士に相談された時点で記事の公開から数年を経ていることが多く（相談者の主観はともかく）客観的に迅速処理が求められるケースは少ない。そのため、請求が容れられるか微妙な事案については主張等の検討時間を十分にとれる訴訟によるほうが良い結果につながることが多

1　髙原知明「判解」曹時 71 巻 11 号 272 頁。

い。

(4) 検索エンジンに対する削除請求

ウェブサイト管理者が特定できない等の理由により、同人に法的措置をとることができない場合、代替措置として、検索事業者に逮捕事実に係るスニペット（検索結果として表示されるウェブページの要約文）等の削除を求めることがある。この手法には1個の手続で広範なウェブサイトへのアクセスを遮断できるという大きなメリットがあるが、逮捕記事の削除では十分活用されていない。これはグーグル最高裁決定が検索エンジンからの逮捕情報の削除について極めて厳格な基準を採用したためである（前記Ⅰ3⑶参照）。現状では、この基準をクリアできるのは嫌疑不十分による不起訴事件など例外的なケースに限られる（このようなケースの認容事例として、札幌地判令和元年12月12日判時2440号89頁参照）。

(5) 【参考】CDNへの配信差止請求

CDNとはContents Delivery Networkの略で、ホストサーバ（オリジンサーバ）で運営されるウェブサイトのコンテンツをCDNサーバ（キャッシュサーバ）に複製・保存し、最適な経路で閲覧者に配信するネットワークをいう。これにより、ウェブサイトの表示速度を早めたり、アクセスの集中を分散させる効果がある。このようなサービスの提供者としてはクラウドフレア（Cloudflare,Inc.）が有名である。

CDNサービスの提供者は自らが管理するCDNサーバ（キャッシュサーバ）から複製されたコンテンツを配信している。よって、このような配信により人格権等を侵害された者は同提供者に対し当該配信の差止めを請求できる。この結論はオリジナルのコンテンツがホストサーバ（オリジンサーバ）に存在するとの事情により左右されない。東京地判令和5年9月28日（令和5年（ワ）第7746号）判例集未登載も、以下のように判示して、CDNサービスの提供者（クラウドフレア）に配信差止めを命じている。

> ……被告は、被告の CDN サーバーから本件記事のキャッシュの配信を差止めても、ホストサーバーから本件記事が消えることはなく、本件記事をインターネットで公開されないようにしたいという原告の希望を叶えることはできないなどと主張するが、原告は、本訴請求が認容された後に、本件発信者に対しても本件記事の配信差止め等を行う予定であると述べており、被告の主張する上記事情は、原告の本件記事の配信差止め請求を阻害する事情とはなり得ないといえる。

CDN サーバからの配信が差し止められても、オリジンサーバに蔵置された複製元のコンテンツは残置される。そのため、CDN サービス提供者への配信差止めだけでは侵害情報拡散防止の実をあげることはできない。よって、CDN サービス提供者に対しては、配信差止めだけでなく、オリジンサーバ管理者に係る発信者情報の開示も併せて請求する必要がある。

Ⅴ　訴訟提起の準備

1　事　例〈*Case* ③〉

> 検討を重ねた結果、甲弁護士はＸを被告とする削除請求訴訟を提起することにした。甲弁護士が初めて経験する事件類型である。訴訟物は何になるのか？　訴状には何を書けばよいのか？　証拠は？　資格証明書は？　募る不安を抑えながら、甲弁護士は情報収集を始めた。

2　解　説

(1)　訴状の作成

逮捕記事削除請求事件の訴訟物は人格権に基づく差止請求権である。具体的には、ウェブサイト管理者あるいは記事投稿者に対し、人格的価値の侵害を理由に記事の削除（送信差止め）を求めることになる。

人格権に基づく差止請求権については明文規定がない。しかし、最高裁判所は北方ジャーナル事件（最大判昭和 61 年 6 月 11 日民集 40 巻 4 号 872 頁）以降、

一貫してこれを認めており、今日、その肯否が争点として顕出することはない。訴状では、このような最高裁判例[2]を引用し、その存在を主張すれば足りる。そのうえで、ツイッター最高裁判決の規範（前記Ⅰ3⑷参照）をあげ、それらに具体的事情をあてはめていく。中には、原告に不利な事情もあり得ようが、それらも包み隠さず詳らかにする。そして、そのような事情があっても、他の事情を併せて衡量すれば、天秤は認容に傾くことを主張立証する。

⑵　証拠の収集

　証拠としては、①削除対象記事のスクリーンショット（URL が写っているもの）、②刑事処分の内容に係る資料（不起訴処分告知書、略式命令、判決書）、③罰金の納付書・領収証書、③検索エンジン等で原告の氏名を検索した結果をプリントアウトしたもの、④非課税証明書（原告が定職に就けないことに係る証拠）、⑤原告が更生等に努めていることを示す資料（心療内科への通院記録、医師の診断書）、⑥原告の陳述書などを用意する。

　陳述書には、①原告の経歴、②逮捕された経緯、③逮捕事実の内容、④前科・前歴の有無、⑤原告の現在の生活状況（就業状況、収入、家族構成など）、⑥記事により原告が被った不利益の内容、⑦再犯防止のために努力していること等を記載する。文章を書くのを厭う者も多いが、これらはできるだけ原告本人に書かせるのが望ましい。文章には当事者が語って初めて生ずるリアリティというものがあり、これが裁判官の心証に与える影響は大きいからである。

⑶　添付書類の取得

　Xの運営者（X Corp.）はアメリカ合衆国に本店をおく外国企業であるが、日本における代表者を選任しており、その履歴事項全部証明書は法務局で取得できる（会社法人等番号：0110‐03‐040669）。

2　最三小判平成14年9月24日裁判集民207号243頁〔「石に泳ぐ魚」事件上告審判決〕、前掲グーグル最高裁決定。

VI 訴訟の審理

1 事 例 〈*Case* ③〉

　Xの答弁書を読んだAさんは、困惑顔で尋ねた。

Ａ さ ん：これは要するに「削除しない」と言っているわけですか？

甲弁護士：そうです。

Ａ さ ん：なぜそんなことを……。あの記事のせいで、私も家族もどれだ
　　　　　け苦しんでいるか。

甲弁護士：ざっくり言うと、Xがあげる削除拒否の理由は次の３つです。

　　　　　①　記事を削除することは投稿者の表現の自由を侵害する。

　　　　　②　Aさんの逮捕歴は今なお社会の正当な関心事である。

　　　　　③　記事の公開によりAさんに具体的損害が生じていない。

Ａ さ ん：①は、投稿者が「削除したくない」と言っているのですか？

甲弁護士：いいえ。Xは投稿者の意見を聴いていません。Xが勝手に言っ
　　　　　ているだけです。

Ａ さ ん：私の刑期はすでに満了しています。それでもなお、Xは②のよ
　　　　　うに言っているのですか？

甲弁護士：そうです。「刑期が満了しただけでは足りない。少なくとも刑
　　　　　の言い渡しが効力を失わない間は、社会はAさんが逮捕された
　　　　　ことを知る権利がある」と主張しています。

Ａ さ ん：③の「具体的損害がない」とは、どういう意味ですか？　現に
　　　　　私は就職できずに困っているのですが。

甲弁護士：「就職できないのが記事のせいである証拠はない」というのが
　　　　　Xの主張です。

Ａ さ ん：そんなバカな！「Xの記事があるから不採用だ」なんて会社が
　　　　　言うわけないじゃないですか！

甲弁護士：確かに不合理だと思います。徹底的に反論しましょう。

2　解　説

(1)　Ｘの主張

逮捕記事削除請求事件で、Ｘはおおむね以下のように主張してくる。

① 　Ｘは利用者に表現行為の場を提供しているにすぎない。このような立場ゆえに、Ｘは原告に対し有効な反論・反証ができない。ツイッター最高裁判決が示した基準へのあてはめにおいては、このようなＸの立場が考慮されるべきである。

② 　Ｘに対する削除請求では、投稿者に防御の機会が与えられず、その手続保障が図られていない。このような状況のまま削除を認容することは投稿者の表現の自由に甚大な影響を及ぼす。

③ 　検索エンジンに対する削除請求の場合は、スニペット等が削除されても元記事は残るのに対し、Ｘに対する削除請求が認容されると、記事は永久に閲覧不可能になる。このような結果の重大性に照らせば、Ｘに対する削除請求の肯否は慎重に判断されるべきである。

④ 　原告の逮捕事実は現在もなお社会の正当な関心事である。

⑤ 　記事の公開により、原告は何らの実害も被っていない。

(2)　原告の反論

上記各主張に対しては、それぞれ、以下のような反論が考えられる。

① 　Ｘは任意に投稿者から意見を聴くことができる（情報流通プラットフォーム対処法３条２項２号）。このような照会手続を通じて、Ｘは投稿者から反論・反証のための情報を取得できるから、Ｘにこれらを行う術がないとはいえない。

② 　上記照会手続の存在に照らせば、投稿者に防御の機会が与えられないとか、投稿者の手続保障が図られていない等とはいえない。

③ 　Ｘは記事の削除を命ずる判決が言い渡されても、当該記事について日本国内から閲覧できなくする措置を講ずるにとどめている。よって、原告の削除請求が認容されたからといって、当該記事が永久に閲覧不可能になるとはいえない（日本国外では依然として同記事の閲覧が可能であるし、日本国内からでも海外のサーバを経由することでこれが閲覧可能である）。

④-1 （刑の言い渡しが失効している場合）

　原告に対する刑の言い渡しはすでに効力を失っており、原告は不利益な法律的待遇を受けることのない地位を回復している。このような事情に照らせば、原告の逮捕事実はもはや社会の正当な関心事といえない[3]。

④-2 （刑の言い渡しが失効していない場合）

　原告が逮捕されてから×年×か月が経過し、これに対する刑の執行も終了していることに照らせば、現時点で、原告の逮捕歴を公開することに社会的利益はない。個人情報の保護に関する法律（以下「個人情報保護法」という）が「犯罪の経歴」を要配慮個人情報と定め（同法2条3項）、その取扱いに特に慎重な配慮を求めていることとの均衡からも、このように解するのが相当である。

④-3 （未成年者に対する性犯罪など社会的関心が高い犯罪類型の場合）

　未成年者に対する性犯罪への社会的関心は当該犯罪類型に向けられたもので、原告個人あるいは原告の犯罪に向けられたものではない。よって、原告の氏名等を公表したところで、そのような関心に応えたことにはならない。

④-4 （日本版DBSと絡めて「社会の正当な関心事」と主張された場合）

　学校設置者等及び民間教育保育等事業者による児童対象性暴力等の防止等のための措置に関する法律（いわゆる「日本版DBS」）は、①犯罪事実確認手続に本人の関与を必須とし（同法33条5項・7項）、②犯罪歴について本人の訂正請求権を認め（同法37条1項）、③学校設置者等に犯罪歴の適正管理義務（同法14条）、情報漏えいに関する報告義務（同法13条）、一定期間経過後の情報消去義務（同法38条）を課し、④その教員等に秘密保持義務（同法39条）を課したうえ、⑤犯罪歴情報の第三者提供を禁止し（同法12条）、⑥違反について罰則を設けている（同法43条～45条）。このような厳格な規定との均衡からは、原告の逮捕事実をインターネット上で不

3　【参考】「刑法34条ノ2において、『刑ノ言渡ハ其効力ヲ失フ』とあるのは、刑の言渡に基く不利益な法的効果が将来に向って消滅し、従って被告人はその後においては不利益な法律的待遇を受けないという趣旨と解すべきである」（最一小判昭和29年3月11日刑集8巻3号270頁における真野毅裁判官の意見）。

特定多数人に公表することは許されない。

⑤　原告は、Xの記事により自身の逮捕事実が伝播されることをおそれ、社会生活上の行動を制約せざるを得ない状況におかれている。このような制約をもって、原告に生じた実害と評価できる。

(3)　審理期間と訴訟の難易度

ツイッター最高裁判決以降、逮捕記事削除請求訴訟の審理期間は短縮化している。たとえば、原告が非公務員で、これに対する刑の言い渡しが効力を失っているような事案では、初回期日で弁論終結に至ることもある。また、訴訟の難易度もそれ以前に比べ易化している。このような傾向に係る資料として同最判の言い渡し後に筆者が手がけた訴訟（被告はいずれもX）の結果等を以下に示す。私見では、下表最下段のケース（東京地判令和6年12月24日判例集未登載（後記Ⅵ2⑷（B）参照））が本稿執筆時点における認容の限界事例と思われる。

〔図表③-1〕　審理期間と訴訟の難易度

判決日（審理期間）	原告の職業	逮捕事実	処分	経過期間	判決で重視された事情	判決
東京地判R5.3.28（審理期間4.7か月）	私立学校の教員（逮捕時）→会社員（裁判時）	迷惑防止条例違反	不起訴	逮捕から8年以上（弁論終結時）	刑の言い渡し失効・報道記事削除済み・長期間の閲覧を想定していない・検索結果に表示される・原告は公的立場にない	認容
東京地判R5.7.18（審理期間10.8か月）	公立学校の教員（逮捕時〜裁判時）	建造物侵入	罰金（略式）	逮捕から9年6か月（弁論終結時）	逮捕事実が軽微でない・原告は現在も公立学校の教員	棄却
東京地判R6.10.31（審理期間2.9か月）	会社員（逮捕時〜裁判時）	児童ポルノ禁止法違反	罰金（略式）	逮捕から11年以上（弁論終結時）	刑の言い渡し失効・児童への直接加害なし・長期間の閲覧を想定していない・検索結果に表示される・原告は公的立場にない	認容

東京地判 R6.11.12（審理期間 7.2 か月）	会社員（逮捕時〜裁判時）	児童ポルノ禁止法違反	懲役３年（執行猶予）罰金 追徴金	逮捕から10 年以上（弁論終結時）	検索結果に表示される・原告の行動が制約されている＆さらに不利益が拡大する可能性がある・一貫して公的立場にない・刑の言い渡し失効・具体的再犯可能性なし・長期間の閲覧を想定していない	認容
東京地判 R6.12.24（審理期間 11.6 か月）	私立学校の教員（逮捕時）→会社員（裁判時）	強制わいせつ 児童ポルノ禁止法違反 住居侵入 暴行	懲役５年	刑期満了から２年５か月（弁論終結時）	報道記事削除済み・逮捕から約８年経過・長期間の閲覧を想定していない・検索結果に表示される・原告の就職が困難になっている可能性あり・刑の執行が終了している・原告に社会的影響力なし・更生のため努力している・原告は公的立場にない	認容

(4)　関連裁判例

(A)　東京地判令和６年 11 月 12 日判例集未登載

　被告は、性犯罪者規制の必要性が社会的に高まっていることを指摘して、本件事実の公共の利害とのかかわりの程度がなお高いと主張していると解される。確かに、そのような社会的気運があることは認められるが、さりとて、一般私人にすぎない原告の氏名等の情報を一般の閲覧に供し続けることが、同種犯罪類型の社会的意義に影響を与えるものとはいえないし、必要十分な社会的制裁の範囲を超えることも前記のとおりである。また、性犯罪を抑止する必要性に関する社会的関心が高まっている一方で、犯罪者の更生を支援する諸施策の拡充も図られているのであって、被告のように社会政策の一面のみをとらえるのは相当ではない。……さらに、被告は、原告が平穏な社会生活を取り戻しており、本件各記事による実害を被っていないと主張する。しかしながら、本件各記事の存在によって本

件事実が伝播される可能性があるために、原告がそれを恐れて現に社会経済生活上行動の自由を制約せざるを得ない状況に置かれていることは前記のとおりであって、これをもって具体的な実害というに妨げない。また、実際に本件事実が伝播されることとなって、現状以上の事態に発展しては、人格権（プライバシー権）の保全の目的を達し得ないことは明らかである。具体的な実害の発生を人格権（プライバシー権）による差止めの要件とするかのようなこの点に関する被告の主張は、個人のプライバシーに属する事実をみだりに公表されない利益を法的保護の対象とするとの価値判断と相いれないものというほかなく、採用できない。

（B） 東京地判令和6年12月24日判例集未登載

確かに、上記のとおり、本件事実は大きな非難を浴びるべき犯罪事実に関するものであり、それが故に、原告は本件事実のほか同種の事実も含めて懲役5年の実刑判決を受けるに至っていることに加え、昨今では、教員や塾講師等の教育関係者が加害者として子どもに被害を加える性犯罪が後を絶たないことが社会問題化しており、それを受けて令和4年4月1日、わいせつ行為を行った教員が再度教壇に立つことを制限する教育職員等による児童生徒性暴力等の防止等に関する法律が施行されるなど、児童・生徒に対する教育関係者による性犯罪については大きな社会的関心を集めているところではある。しかしながら、原告においては、刑の執行を受け終わり、再犯を防止するべく、仮釈放後間もない令和4年3月以降、相当高頻度で心療内科への通院を継続し（令和6年9月までの間に633日通院）、今後も継続予定であることが認められ、更生に向けた決して少なくない努力をしている。また、原告は、本件事実の当時には教育に携わっていたものの、現時点では教育現場に戻るつもりはないとの意向を示している上、上記法律の仕組みからすると、原告が今後教育に携わることは困難といえる。これらの事情に照らせば、原告において認められるべき更生を妨げられない利益との関係でみて、事件それ自体の公表に歴史的・社会的意義があるとまではいえない。

Ⅶ　削除の履行

1　事　例〈*Case* ③〉

　訴訟提起から1年後、Xに対し、Aさんの記事を削除するよう命ずる判決が言い渡された。7回の期日を経て、甲弁護士は辛くも勝利をつかみとったのだ。「Aさんの努力の賜物だ」、甲弁護士は戦いを振り返って、そう思った。判決は、Aさんの心療内科への通院について、「更生のための少なくない努力」と認定していたからだ。あとはXが記事を削除するのを待てばいい。甲弁護士はその瞬間を見届けるべく、毎日、記事をチェックし続けた。しかし、判決言い渡しから2か月が経っても、Aさんの記事が消えることはなかった。

2　解　説

　記事の削除を命ずる判決が確定すると、サイト管理者の多くは速やかにこれを履行する。しかし、何らかの事情で記事が削除されない場合、別途、間接強制を申し立てて判決の履行を促す必要がある。

　間接強制は、債務者が債務名義で命じられた債務を履行しない場合に一定の額の制裁金を支払うよう命じる裁判に基づき、債務者を心理的に強制し、履行を促す強制執行の一方法である（民執172条1項）。債務名義が判決の場合、記事の削除を命ずる判決には仮執行宣言が付されないため、これが確定するまで間接強制に着手できない。一方、債務名義が仮処分命令の場合、決定正本と送達証明書があれば直ちに着手が可能である。ただし、後者の申立ては、債権者に保全命令が送達された日から2週間経過前に行う必要がある（民保43条2項）。

　東京地方裁判所民事第21部では、間接強制が申し立てられると、債務者に対し、10日間の回答期限を定めて書面審尋を行う。この期間内に債務者から有効な反論がされるか、記事が削除されない限り、間接強制命令が発せられる。

　間接強制の申立てから発令までの期間は3～4週間である。強制金の額は債務者の資力を勘案して決められるが、Ｘのような大企業の場合、1日あたり10万円とされることが多い。また、発令から発効までの期間は3～7日間に設定される。削除対応が遅いサイトであっても、間接強制が申し立てられれば、発令前に記事が削除されるのが通常である。

Ⅷ　削除後の嫌がらせ行為への対応

1　事　例 〈*Case* ③〉

　Ｘに間接強制を申し立ててから3週間後、ようやくＡさんの記事が削除された。「先生、消えました！ ありがとうございます！」、報告してきたＡさんの声が弾んでいる。「やっと終わった」、甲弁護士は肩の荷が下りる思いがした。しかし、甲弁護士は知らなかった。記事の削除を苦々しく見つめる人物がいたことを。記事が消えるや否や、この人物は匿名掲示板にこんな書き込みをした。「忘れられる権利だ？ 笑わせるな！ 犯罪者は死ぬまで犯罪者なんだよ。身の程を思い知らせてやる（笑）」。

2　解　説

　判決により記事が削除されれば事件は終了となる。しかし、削除後、悪意ある第三者により、同趣旨の記事が再度投稿されることがある。このような嫌がらせに対しては、その投稿者を特定し法的責任を追及することが同種行為の抑止につながる。この点、東京地判令和5年11月17日（令和4年（ワ）第26904号）判例集未登載は、削除判決後、第三者により、再度、同趣旨の記事が投稿された事案について「（そのような記事の投稿が）原告のプライバシー権を侵害することは明らかである」として、同人に係る発信者情報の開示を認めている。

Ⅸ　検討課題

　インターネット上の人格権侵害をめぐっては、いまだ解決されていない問題が多く存在する。以下で、それらのいくつかを検討課題として示す。

1　検索結果に記事のスニペット等が残置される場合の対応

　前述のとおり、Xは記事の削除を命じる判決が言い渡されても当該記事のデータをサーバから消去せず、これを日本国内から閲覧できなくする措置を講ずるにとどめている（このような記事に日本国内からアクセスしようとすると、「This Post from［アカウント名］has been withheld in Japan in response to a legal demand.」と表示され閲覧できない）。多くのケースではこのような措置の実施をもって事件終了として差し支えないが、まれに、このような措置がとられた後も検索結果に当該記事のスニペット等が残置されることがある。

　上記現象は記事データがXのサーバ上に残っていること（当該記事が検索エンジンのクローラーから閲覧可能な状態で残されていること）が原因と考えられる。そこで、このような現象への対処として、Xに間接強制を申し立て当該記事データの消去を求めることができるかが問題となる。思うに、削除請求権の本質が送信差止請求権であることに照らすと（前記Ⅴ2(1)参照）、日本国の裁判所の判決に基づき、直ちに海外所在のサーバから記事データの消去を求めうると解するのは困難である。Xが当該記事について日本国内における送信防止措置を講じている以上、これをもって判決の履行がなされたと評価すべきだろう。

　上記ケースで問題なのは、検索事業者が日本国内から閲覧できない記事のスニペット等を日本国内の利用者に送信している点である。このような問題の本質に照らせば、上記ケースで被害者は検索事業者に対し当該送信の差止めを請求するのが筋と考えられる。そして、このような記事本体にアクセスできないスニペット等の送信は、グーグル最高裁決定がいう「公衆が……インターネット上の膨大な量の情報の中から必要なものを入手したりすることを支援するもの」といえないから、同決定が示した厳格な削除基準（明らか基準）を用いる基礎を欠くのではないか。さらに、同決定が検索結果の提供について「検索事

業者自身による表現行為という側面を有する」と判示していることを考え合わせれば、上記ケースでは検索事業者の法的責任を追及する余地があると考えられる。

2　判決等に従わない特定電気通信役務提供者に対する損害賠償請求の可否

　特定電気通信役務提供者の多くは削除を命ずる判決が確定すれば記事を削除する。しかし、まれに、これに従わなかったり、対応が著しく遅れる者がいる。このような者に対しては、間接強制により削除を促すのが通常であるが（前記Ⅶ2参照）、それだけでは被害者への慰謝として不十分な場合がある。また、怠惰な管理者に対し債務名義を得るつど間接強制を申し立てるのは時間と労力の無駄であるし、そうした対応を改善させる契機にもならない。そこで、このような履行懈怠への損害賠償請求の可否が検討されるべきである。

　情報流通プラットフォーム対処法3条1項は、「当該特定電気通信による情報の流通によって他人の権利が侵害されていることを知っていたとき」（同1号）あるいは「当該特定電気通信による情報の流通を知っていた場合であって、当該特定電気通信による情報の流通によって他人の権利が侵害されていることを知ることができたと認めるに足りる相当の理由があるとき」（同2号）、開示関係役務提供者は、侵害情報の流通により他人に生じた損害について免責されないと規定する。そして、判決等により記事の削除が命じられた場合には、裁判所が人格権の違法な侵害の存在を認定したことになるから、これらの要件が満たされると考えられる[4]。

　現状では、判決等に従わないサイト管理者の責任を認めた裁判例はみあたらない。ただ、削除判決確定後、10か月にわたり逮捕記事の送信が継続されたケースについて、被害者が人格権侵害を理由としてXに損害賠償請求訴訟を提起

4　【参考】「……削除義務というのは、プロバイダが違法な権利・利益の侵害について、プロバイダ責任制限法3条1項1号・2号の所定の事実を認識することにより発生するわけでありますが、『裁判上の削除請求』がされる場合には、裁判所が判決により権利・利益の違法な侵害について要件充足することを認定するということになりますので、当然に1号・2号の要件を満たすことになります。遅くとも口頭弁論終結時には、法益侵害の意識があるといえることになるでしょう」「誹謗中傷等の違法・有害情報への対策に関するワーキンググループ」第4回会合における東京大学・森田宏樹教授のコメント。

したところ、50万円の支払いを内容とする裁判上の和解が成立した例がある（東京地方裁判所令和6年（ワ）第2843号）。

3　個人情報保護法に基づく逮捕記事提供停止請求の可否

(1)　問題の所在

ツイッター最高裁判決は検索エンジンでないウェブサイトに投稿された逮捕記事について、等価的比較衡量基準により削除の可否を決することを示した。これにより検索エンジンでないウェブサイトについては比較的緩やかな基準で逮捕記事の削除が認められるようになった。しかし、このような基準によっても、いまだ刑の言い渡しが効力を失っていない者や公務員に係る記事の削除には相当な困難が伴う。しかし、そうした者の中にも不当な差別や偏見から救済すべき者が存在する。そのための一手法として、同最判の規範に依拠しない救済方法、すなわち、個人情報保護法に基づく削除請求の可否が検討されるべきである。

(2)　請求の要旨

個人情報保護法に基づく逮捕記事提供停止請求の要旨は以下のとおりである。①逮捕記事の内容は個人情報保護法2条3項の要配慮個人情報（犯罪の経歴）に該当する。②個人情報取扱事業者が要配慮個人情報を第三者に提供するには事前に本人の同意を得る必要がある（個情27条1項・2項ただし書）。③しかし、被告（サイト管理者）はこのような同意なく、逮捕記事をインターネット上で公開し、原告の要配慮個人情報（犯罪の経歴）を第三者に提供している。④よって、原告は、被告に対し、個人情報保護法35条3項に基づき、このような行為の停止を求める。

(3)　先行事例

個人情報保護法に基づく提供停止請求の先例には以下のものがある。

(A)　個人情報保護委員会による勧告

破産者等の氏名・住所等がインターネット上のウェブサイトで公開された事件について、個人情報保護委員会は、令和4年7月20日、当該ウェブサイトの管理者に対し、「（当該）ウェブサイトでは、……インターネット上において個人データが不特定多数の者から閲覧可能な状態に置かれており、もって、あ

らかじめ本人の同意を得ないで個人データが第三者に提供されていることから、個人情報保護法第27条第1項に違反する」ことを理由に、改正前個人情報保護法145条1項（現148条1項）に基づき、当該提供行為を直ちに停止するよう勧告した[5]。

（B）　東京地判令和5年10月4日

東京地判令和5年10月4日（ウエストロー2023WLJPCA10046002）は、グーグルマップに投稿された法律事務所に係る口コミについて、同事務所を経営する原告が、同マップを運営する被告に対し、個人情報保護法35条3項に基づき、当該口コミ情報の第三者への提供停止を求めた事案について、「グーグルマップは……個人情報に着目してこれを体系的に索引をつけて整理したものではないから、個人情報データベース等に該当しない」として、原告の請求を棄却した[6]。

（C）　東京高判令和6年1月25日

東京高判令和6年1月25日判例集未登載は、控訴人が、Xに投稿された逮捕記事について個人情報保護法35条3項に基づき第三者への提供停止を求めた事案について、「（Xは個人情報保護法）16条1項1号の定める個人情報データベース等に該当するとは認められない」ことを理由に控訴を棄却した[7]。

X　令和6年改正法

令和7年4月1日、特定電気通信役務提供者の損害賠償責任の制限及び発信者情報の開示に関する法律の一部を改正する法律が施行された。この改正に伴い、同法の名称は「特定電気通信による情報の流通によって発生する権利侵害

---

[5]　個人情報保護委員会のウェブサイト〈https://www.ppc.go.jp/files/pdf/220720_houdou.pdf〉。

[6]　なお、この事件の被告（Google LLC）は、「日本のユーザーへの法定表示事項」と題するウェブページにおいて、自社を「個人情報取扱事業者」として公示している（〈https://policies.google.com/privacy/additional?gl=jp〉）。

[7]　この判決の後、東京地方裁判所令和6年（ワ）第64号において、Xは、①自社がアカウント保有者に対して重複しないIDを割り振っていること、および、②自社がアカウント保有者からの請求に応じて同人のメールアドレス、電話番号等の情報をダウンロードさせていることを認めた。このような認否に照らせば同判決の理由付けには疑問がある。

等への対処に関する法律」（通称「情報流通プラットフォーム対処法」）に変更された。

　今回の改正の意義は侵害情報送信防止措置に係る規定が大幅に拡充された点にある。具体的には、一定の要件を満たす特定通信役務提供者のうち総務大臣が指定した者（大規模特定通信役務提供者）に対し、以下の措置の実施が義務づけられた。

①　侵害情報送信防止措置の実施手続の迅速化
　　・被侵害者からの申出を受け付ける方法の公表（22条）
　　・侵害情報に係る必要かつ遅滞のない調査の実施（23条）
　　・侵害情報調査専門員の選任（24条）
　　・申出に対する判断・通知（原則、申出を受けた日から14日以内。25条）
②　送信防止措置の実施状況の透明化
　　・送信防止措置の実施に関する基準等の公表（26条）
　　・発信者に対する通知等の措置（27条）

　これら措置の実施により、被侵害者は従来より容易に侵害情報送信防止のための申出を行えるようになるだろう。ただ、同法は、被侵害者に削除（差止め）請求権を認めたものではなく、送信防止のための手続と、これに係る事業者の義務を定めたにすぎない点に留意が必要である。なお、同法のガイドラインが被侵害権利・利益の中に「プライバシー」を明記したうえ、ツイッター最高裁判決の規範を引用していることに照らすと（1-1-3）、同法は送信防止の対象として逮捕記事を想定していると考えられる。

（田中一哉）

第**4**章

動画撮影・
投稿と肖像権侵害

I　自己が撮影された第三者による投稿動画の削除を求めた事例

1　事　例

〈**Case** ④ - 1 〉

　甲弁護士のところに、顧問先の従業員であるＡ氏が相談にやってきた。Ａ氏の相談内容は、忘年会の後に、酔って道路上に座り込んでしまったが、その様子が勝手に撮影され、SNS 上で拡散されているというものだった。拡散された動画の中には、Ａ氏の顔が明確に判別できるものもあり、動画のコメントには「最低」、「こんな大人にはなりたくないな」、「おつかれですなぁ」といったコメントが並んでいた。Ａ氏は、どうにかして、動画を削除してほしいと、甲弁護士に懇願した。

2　論　点

〈**Case** ④ - 1 〉において問題となる論点は、以下のとおりである。

①　名誉毀損の枠組み（社会的評価の低下）

② 名誉毀損の枠組み（公共の利害に関する事項）

③ 名誉毀損の枠組み（SNS での公開と公益目的）

④ プライバシー権侵害での枠組み

⑤ 肖像権侵害の枠組み

3　名誉毀損の枠組み

(1)　社会的評価の低下

　動画に写っている人物が誰であるかが特定できるような形で、酔い潰れた人物の動画を公開することは、それによって、動画に写っている人物が、適切な酒量のコントロールができない、他人に迷惑をかけるような人物であるとの事実を摘示することになる。したがって、動画の公開によって、当該人物の社会的評価の低下が認められる。

(2)　公共の利害に関する事項

　公共の利害に関する事実とは、「多数の人の社会的利害に関係する事実で、かつ、その事実に関心を寄せることが社会的に正当と認められるもの」（東京地判平成 27 年 3 月 24 日（平成 25 年（ワ）第 1021 号）判例集未登載）や、犯罪行為に関する事実が（刑 230 条の 2 第 2 項参照）、これに該当する。この点、道路上で、「酒に酔って交通の妨害となるような程度にふらつく」行為や、「交通の妨害となるような方法で寝そべり、すわり、しゃがみ、又は立ちどまっている」行為は、道路交通法にも違反（道交 76 条 4 項 1 号・2 号、120 条 1 項 9 号）しうる行為である。また、少なくとも、酔って座り込む行為が、他人に対して迷惑を及ぼす行為である以上、「多数の人の社会的利害に関係」し、かつ、「その事実に関心を寄せることが社会的に正当」なものであると評価しうる。そのため、公共の利害に関する事実として、実際にその人が迷惑行為を行っていることが真実である以上、名誉毀損の成立は、原則として否定される。

(3)　SNS での公開と公益目的

　もっとも、SNS への投稿の主たる目的が、単なる「晒し」または、「憂さ晴らし」、あるいは多くの再生数を稼ぐこと自体が、主要な目的と認められるような場合には、公益目的を欠くとして、名誉毀損に該当すると評価される可能性はある。実際に、人物が特定されないように、モザイクやマスキングをかけ

ることは容易であるし、仮に、迷惑行為が行われている事実を一例として紹介し、「迷惑行為を止めましょう」という主張をするのであれば、あえて、著名でもない一般人の顔を明らかにしたうえで投稿する必要はない。人物が特定されないようにする作業を行うこともなく、格別著名でもない一般人の姿態を明らかにしたうえで投稿する行為は、特定人を殊更「晒す」目的や単なる「憂さ晴らし」による目的として、違法と判断されてもやむを得ないのではないかと思われる。

4　プライバシー権侵害での枠組み

プライバシー権とは、「私生活上の事実または私生活上の事実らしく受け取られるおそれのあることがらであること」「一般人の感受性を基準にして当該私人の立場に立った場合公開を欲しないであろうと認められることがらであること」「一般の人々に未だ知られていないことがらであること」（東京地判昭和39年9月28日判時385号12頁〔小説「宴のあと」事件〕）とされている。この点、顔は、常に隠して生活しているものではなく、また、態様によるものの、一般的には、顔が公開されること自体を欲していないとは考えにくい。また、本件のように、誰もが通行可能な道路上での行為は、そもそも、私生活上の事実に該当しない可能性もある。したがって、本件動画の公開について、プライバシー権侵害での枠組みで、削除を求めることは困難ではないかと思われる。

5　肖像権侵害の枠組み

(1)　肖像権

(A)　肖像権とは

最高裁判所は、人の容貌等に対して法的保護が及ぶことについて、「人は、みだりに自己の容ぼう等を撮影されないということについて法律上保護されるべき人格的利益を有する」（最判昭和44年12月24日刑集23巻12号1625頁）、「人は、自己の容ぼう等を撮影された写真をみだりに公表されない人格的利益も有する」（最判平成17年11月10日民集59巻9号2428頁。以下「平成17年最判」という）と判示し、「肖像権」との文言は使用していないものの、人の容貌等に対して法的保護が及ぶことを明らかにしている。なお、下級審裁判例において

は、「肖像権」との文言を明確に用いているものも数多く存している[1]。

(B)　保護の対象

　肖像権の保護は、平成17年最判において、「撮影されない」利益、「公表されない」利益として、とらえられている（その意味で、肖像権侵害が問題となる場面では、撮影と公表の違法性については、別個に検討する必要がある）。もっとも、撮影および公表が同一主体によってなされた場合、撮影行為が違法と判断された場合には、違法に撮影されたものを公表する行為も当然に違法と判断される。平成17年最判の事例は、被疑者段階における勾留理由開示手続に出廷した、手錠をされ、腰縄をつけられた被疑者の姿態を、いわば小型カメラで「隠し撮り」したというものである。最高裁判所は、撮影の違法性について「本件写真の撮影行為は、社会生活上受忍すべき限度を超えて、被上告人の人格的利益を侵害するものであり、不法行為法上違法であるとの評価を免れない」と判示し、その後の公表行為について、「本件写真週刊誌に掲載して公表する行為も、被上告人の人格的利益を侵害するものとして、違法性を有するものというべきである」と判示している。最高裁判所は、公表の違法性について、格別判断基準を示していないことからすると、撮影が違法と判断される場合には、当然に、公表行為も違法となるとの判断を行ったものと思われる（「公表する行為」「も」と判示している）。なお、撮影および公表が別個の主体によって行われた場合には、別途検討を要する[2]。

(2)　違法性の判断基準

　平成17年最判は、「ある者の容ぼう等をその承諾なく撮影することが不法行為法上違法となるかどうかは、被撮影者の社会的地位、撮影された被撮影者の活動内容、撮影の場所、撮影の目的、撮影の態様、撮影の必要性等を総合考慮して、被撮影者の上記人格的利益の侵害が社会生活上受忍の限度を超えるものといえるかどうかを判断して決すべきである」と判示している。平成17年最判のこの比較衡量の判断基準は、下級審の裁判例においても多く採用されてい

1　佃克彦『プライバシー権・肖像権の法律実務〔第3版〕』（弘文堂、2020年）374頁〜376頁参照。
2　佃・前掲書（注1）486頁参照。

る³。

(3)　〈*Case* ④ - 1 〉の事例検討

（A）　東京地判令和3年3月26日

　繁華街における撮影および動画の公開が違法と判断された事例として、東京地判令和3年3月26日（令和2年（ワ）第18336号）判例集未登載がある。本件事例は、繁華街の路上で、被告らが原告の交際相手を執拗にナンパしているところに制止に入った原告の様子や、被告らが原告に向けてふざける様子などを原告に無断で撮影し、その動画を公開したというものである。東京地裁は、平成17年最判の比較衡量の判断基準を用い、「本件撮影は繁華街の路上で行われたものである。しかしながら、被撮影者である原告は、当時20歳の大学生という<u>一般私人であり</u>、本件撮影は、交際相手への身体的接触を伴う被告らの干渉を原告が制止する場面などを撮影しており、<u>原告の私的な場面を撮影するもの</u>であり、撮影の態様も、<u>映り込みの程度</u>ではなく、原告を画面の中心に据えて、その動静を撮影したというものである（補足すると、原告は、その動静からして、興味本位でカメラに映り込みに来たものでなかったことは明らかである。）。被告らの撮影目的には、被告らの自由奔放な振る舞い（特に女性に対する声かけなど）が引き起こす周囲の反応や偶然に起きた出来事を面白おかしく記録してこれを本件チャンネルの視聴者に視聴させ、<u>動画視聴回数を伸ばして広告収入を得るという</u>点があり、本件撮影は一般私人の偶然の動静を撮影したものである。以上の諸事情を総合考慮すると、本件撮影は、社会生活上受忍すべき限度を超えて、原告の人格的利益を侵害するものであり、不法行為法上違法であるとの評価を免れない」と判示している（下線は筆者による）。

（B）　知財高判令和5年3月30日

　白昼路上で行われた逮捕動画を容貌や音声に加工等の処理をすることなく投稿した行為を違法と判断された事例として、知財高判令和5年3月30日（令和4年（ネ）第10118号、令和5年（ネ）第10018号）裁判所ウェブサイトがある。

3　東京地裁令和3年3月26日（令和2年（ワ）第18336号）判例集未登載、東京地裁令和元年12月25日（平成31年（ワ）第4587号）判例集未登載、東京地判令和4年9月9日（令和4年（ワ）第6301号）判例集未登載など。

当該裁判例においては、名誉毀損に該当するとの判断をしたうえで[4]、肖像権侵害についても、許容されるべき撮影、公表行為について、第１審が判示した「肖像等を無断で撮影、公表等する行為は、〈１〉撮影等された者（以下「被撮影者」という。）の私的領域において撮影し又は撮影された情報を公表する場合において、当該情報が公共の利害に関する事項ではないとき、〈２〉公的領域において撮影し又は撮影された情報を公表する場合において、当該情報が社会通念上受忍すべき限度を超えて被撮影者を侮辱するものであるとき、〈３〉公的領域において撮影し又は撮影された情報を公表する場合において、当該情報が公表されることによって社会通念上受忍すべき限度を超えて平穏に日常生活を送る被撮影者の利益を害するおそれがあるときなど、被撮影者の被る精神的苦痛が社会通念上受忍すべき限度を超える場合に限り、肖像権を侵害するものとして、不法行為法上違法となる」（下線は筆者による）との判断基準を踏襲し、事実認定として「本件逮捕動画の内容は、白昼路上において原告の容ぼう等が撮影されたものであるから、公的領域において撮影されたものと認められる。そして、本件逮捕動画の内容は、道路脇の草むらにおいて原告が仰向きの状態で警察官に制圧され、白昼路上において警察官が原告を逮捕しようとするなどして原告と警察官が押し問答となり、原告が警察官により片手に手錠を掛けられ、原告が複数の警察官に取り囲まれるなどという現行犯逮捕の状況等を撮影したものである。そうすると、本件逮捕動画の内容が社会通念上受忍すべき限度を超えて原告を侮辱するものであることは、明らかである。したがって、本件逮捕動画を原告に無断で YouTube に投稿して公表する行為は、原告の肖像権を侵害するものとして、不法行為法上違法となる」との判断を踏襲した。また、プライバシー権侵害の点について、知財高裁は「本件逮捕動画は、一審原告が警察官によって白昼路上で逮捕され手錠を掛けられたなどという事実を摘示するものであり、また、氏名等は明らかにされてはいないものの、その容ぼうや音声に加工等の処理がされていないものであり、一審原告の容ぼう等を知る者

4　なお、容貌や音声に加工等の処理をしていないことについて、「一審被告が一審原告の容ぼうや声に加工等の処理をする、あるいはその了承を得るなどの最低限の配慮すらせずに、本件逮捕動画を自らの YouTube チャンネルに投稿していること自体からも、投稿の主たる目的が公益を図るものとはいえないことが裏付けられるというべきである」と判示し、公益目的を否定している。

には逮捕されている人物が一審原告と同定可能なものとなっているところ、一般に、警察官に逮捕された事実は、その者の名誉や信用に関わる事項であるから、そのような事実はみだりに第三者に公表されないことについて法的利益を有するものである。そして、こうした事実を公表することが不法行為を構成するか否かについては、その事実を公表されない法的利益とこれを公表する利益を比較衡量し、前者が後者に優越する場合には不法行為を構成するものと解するべきである（最高裁平成元年（オ）第1649号同6年2月8日第三小法廷判決・民集48巻2号149頁参照）。これを本件についてみると、本件逮捕動画は、『不当逮捕の瞬間！警察官の横暴、職権乱用、誤認逮捕か！』というタイトル名であるが、その内容から一審原告が警察官によって不当逮捕されたという事情は明らかではなく、むしろ、一審原告が警察官に逮捕されている状況（本件状況）を面白おかしく編集の上、不特定多数の者が閲覧可能なYouTubeに投稿されたものであることは前記のとおりである。そうすると、一審原告が警察官に逮捕されたという事実を公表されない利益がこれを公表する利益を優越するものとは到底認められないから、本件逮捕動画をYouTubeに投稿して公表する行為は、一審原告のプライバシー権を侵害するものであり、不法行為を構成するものというべきである」と判示している。

　（C）〈*Case* ④ - 1〉へのあてはめ

　上記裁判例の判断を前提として、平成17年最判の判断基準を基に判断すると、〈*Case* ④ - 1〉については、道路という公的領域において撮影されたものではあるものの（撮影の場所）、一般私人であること（被撮影者の社会的地位）、酔った姿は通常は他人に対して知られたくない事柄であること（被撮影者の活動内容）、単に映り込んだという程度を超えて（撮影の態様）、顔が明確に判別できる状態で撮影されたものであること（撮影の必要性）、容貌や声に加工等の処理をしていないことから公益目的がないことが裏付けられること（撮影の目的）等の事情を総合的に判断すれば、社会生活上受忍すべき限度を超えた人格的利益の侵害が認められ、本件動画の撮影および公表は、不法行為法上違法となると判断されることとなるのではないかと思われる。

6　動画の削除を求める場合の手続

(1)　フォームからの削除要請

　YouTube の場合、Google のウェブサイト「法的な理由でコンテンツを報告する」[5] から、「リクエストを作成」、「Google 上のコンテンツを報告」と進み、そこで、「YouTube」を選択する。さらに、「YouTube のポリシーに関する問題や法的な問題については、こちらから報告してください」と記載され、リンクが張られている「こちら」をクリックすると、YouTube 用のフォームを開くことができる。その後は、フォームに従って入力をすることで、削除要請ができるようになっている。以前は、Google で検索しても、なかなか該当のページにたどり着くことができず、あえてわかりにくくしているのではないかとも思われたが、最近は、かなり改善されてきたような印象である。少なくとも、現状では「法的」「コンテンツ」「報告」と検索すれば、容易に上記ページにたどり着くことが可能である。

(2)　仮処分命令の申立て

(A)　削除を求める相手方

　裁判上の手続を利用して、削除を求める場合には、コンテンツプロバイダ（たとえば、「X」、「YouTube」）に対して、人格権に基づく仮削除仮処分命令の申立てを行うことになる。現在、「X」を運営している「X　Corp.」（会社法人等番号：0100－03－040669）も、「YouTube」を運営している「Google　LLC」（会社法人等番号：0110－03－015035）も、日本国内において登記がなされていることから、国内企業を相手にする場合と同じ手続で、仮処分命令の申立てを行うことが可能である。

(B)　動画の証拠（疎明資料）提出方法

　動画を証拠（疎明資料）として提出する場合、録画ソフトを用いて、動画を撮影し、CD－R や DVD－R 等の記録媒体に保存したうえで、事後的に再生できるようにしておく必要がある。証拠（疎明資料）として、記録媒体自体を提出することが望ましい。もっとも、現実的には、裁判所が動画をそのまま再

5　〈https://support.google.com/legal/answer/3110420?hl=ja〉。

生して、そこから心証をとるとは考えにくい。そのため、別途「報告書」等の形で、何分何秒の時点に、どのようなシーンがあって、そのシーンにおいて、申立人のいかなる権利が侵害されているのかについて、スクリーンショットとともに、十分に説得的に論じる必要がある。動画に出演している人物の発言内容が問題なのか、動作行動が問題なのか、あるいは、自らの顔が明確に判別する形で公開されていることについて、肖像権侵害と主張するのか、主張する被侵害利益が何であり、それが、動画におけるどの部分の行為によって侵害されているのかについて、裁判所に理解してもらえるように、「報告書」等で明確に記載しておく必要がある。裁判所は、「報告書」の記載を基に、動画を確認していくことになると思われるが、「報告書」が、動画のインデックスとして機能することで、裁判所の理解を助けることにもなる。自らに対する権利侵害を主張するのであれば、裁判所に権利侵害であると理解してもらえるように、裁判所にとっても、理解しやすい適切な立証方法を検討すべきである。

7　顛　末

　甲弁護士は、裁判所に対して、仮削除仮処分命令の申立てを行い、複数回の審尋期日を経たうえで、裁判所は、甲弁護士の申立てを相当と認め、動画の仮削除を命じる仮処分命令を発令した。

Ⅱ　退職者による社内での退職勧奨の投稿動画の削除を求めた事例

1　事　例

─〈*Case* ④ - 2 〉────────────

　仮処分命令が発令され、A氏の動画は無事削除された。甲弁護士が安堵していたところ、今度は、顧問先のB会社のC社長から連絡があった。話を聞いたところ、会社とトラブルになって辞めた従業員Dと思われる人物が、「恫喝！」「これが日本のブラック企業だ！」「違法な退職勧奨の実態！」との表題とともに、社内の会議室で退職勧奨をしているときの動画が隠し撮りされて、インターネット上で公開されていた。C社長の

顔には、モザイクがかけられていたが、着ている作業着に記載された会社名は、動画上においても、十分に判別できるようなものであった。C社長は、辞めた従業員を許せないとして、どうにかして、本人に責任をとらせたいと憤っている。

2　論　点

〈*Case*④-2〉において問題となる論点は、以下のとおりである。

① 投稿者の特定

② 肖像権侵害が認められるか

③ 名誉権侵害が認められるか

3　投稿者の特定

従業員Dに対する責任を追及するためには、これらの動画がDによって投稿されたことについて立証する必要がある。もちろん、本件動画を撮影しうる者としてはD以外には考えられず、そもそも、Dの関与がない状態で、本件動画が流出するなどという事態は考えにくい。したがって、本件動画の公開について、Dの関与が全くないということは、常識的に考えてあり得ない。しかしながら、あくまでも、本件動画を公開したことの違法性を追及する以上、直接的な行為は、動画を公開した行為であって、第一次的な責任は、動画を公開した者が負うべきである。したがって、本件動画を、誰が公開したのかを特定するためには、Dが自ら投稿したことを認めていない場合には、発信者情報開示手続[6]が必要となる。

4　肖像権侵害が認められるか

(1)　動画撮影の違法性

D自身に対しては、動画の撮影行為の違法性を根拠として、損害賠償請求を行うことになる。もっとも、撮影の違法性については、平成17年最判の「被

6　本書序章を参照

撮影者の社会的地位、撮影された被撮影者の活動内容、撮影の場所、撮影の目的、撮影の態様、撮影の必要性等」を総合考慮して、「被撮影者の上記人格的利益の侵害が社会生活上受忍の限度を超えるものといえるかどうか」について判断される。この点、本件事案では、会社代表者（被撮影者の社会的地位）が、会社の会議室において（撮影の場所）[7]、特定の従業員であるＤに対する退職勧奨を行っている際の状況（撮影された被撮影者の活動内容）を、自らの権利を保全するための目的（撮影の目的・必要性）で、被撮影者の承諾なく行った（撮影の態様）というものであるから、撮影自体が違法であるということは困難ではないかと思われる。

(2)　投稿の違法性

また、投稿者がＤ自身あるいは投稿者とＤとの間に共謀が認められる場合には、投稿行為の点についても、Ｄの責任を追及しうる。しかしながら、本件撮影が会議室という一般に公開された場所ではなかったという点を考慮しても、労働問題に端を発するものであることからすれば、本件公表が、公共の利害にかかわるものであるという点を否定することはできない。また、Ｃ社長の顔には、一応、モザイクがかけられていることからすれば、このモザイク処理によって、他人と判別可能な程度にその容貌が映っているとはいいがたく[8]、肖像権侵害を認めることは困難である。

5　名誉権侵害が認められるか

投稿者がＤ自身あるいは投稿者とＤとの間に共謀が認められる場合には、本件動画の投稿が名誉毀損に該当するとしてＤに対する責任を追及しうる。

(1)　特定可能性

〈*Case* ④ - 2〉の動画上では、作業着に会社名が記載されており、本件動画がＢ会社に関する動画であると、容易に特定することが可能である。

7　就業規則等で、会議室内への録音機器の持ち込みを禁止するか、無断録音を禁止する等の規定を定めておくことが望ましい。

8　東京地判令和5年3月24日判時2599号60頁では、「原告の頭部部分にモザイク状の加工が施されており、他人と判別可能な程度に原告の容ぼうが映っている場面はない」と事実認定をしたうえで、「原告の容ぼうが表示された場面はな」いと判断している。

(2)　社会的評価の低下が認められるか

〈*Case* ④ - 2〉の動画には、「恫喝！」「これが日本のブラック企業だ！」「違法な退職勧奨の実態！」との表題が付けられている。この点、これらの表題が「事実摘示」なのか「意見ないし論評」であるのかについては、「証拠等をもってその存否を決することが可能な他人に関する特定の事項を主張している」（最判平成9年9月9日民集51巻8号3804頁）と理解されるか否かによって判断される。特に、企業に関する「ブラック」という用語が、「労働法規等を遵守せず過重な労働を強いる企業であるとの評価を示すものとして定着している」（東京地判平成28年9月28日（平成28年（ワ）第14748号）判例集未登載）ことからすると、「ブラック企業」とは、「労働法規等を遵守せず過重な労働を強いる企業である」との事実を摘示したものと一般的には判断してよいのではないかと思われる。実際に、「ブラック企業」との表現については、他の表現内容を含めて判断したうえで、事実を摘示したものとして、社会的評価の低下を認めた裁判例は多い[9]。

そうすると、「恫喝！」「これが日本のブラック企業だ！」「違法な退職勧奨の実態！」との表題については、従業員を恫喝し、違法な退職勧奨を行うような労働法規を遵守しない会社であるとの事実を摘示したものとして、社会的評価の低下は認められるものと思われる。

(3)　違法性阻却事由が認められるか

〈*Case* ④ - 2〉の動画で、実際にC社長が従業員を恫喝していたような場合には、真実性が認められ、違法性が阻却されることになる。もっとも、仮に、退職勧奨行為自体が、平穏な内容で、到底、違法な内容といえるようなものでなかった場合には、動画のみでは真実性の立証をなし得ない。この場合、別途、被告となったDの側で、B社が労働法規を遵守しない会社であることについて立証する必要がある。

9　東京地判令和3年3月25日（令和2年（ワ）第4099号）判例集未登載「原告会社が労働基準法を順守しない会社であるかのような印象を与える」、東京地判令和3年3月19日（令和2年（ワ）第24938号）判例集未登載「緊急事態宣言発令中の行動制限に反し、従業員をその意に反して働かせているとの事実を摘示するもの」、東京地判平成29年2月9日（平成28年（ワ）第34810号）判例集未登載「原告が従業員を酷使し、原告の役員が社員に対して不穏当な発言をしているという悪印象を与えるもの」と判示している。

6　顛　末

　甲弁護士は、Dに対する動画の削除および損害賠償を求める訴訟を提起し、複数回の期日を経たうえで、裁判所からの和解勧告に応じ、Dが動画の削除をするとの内容で和解し、本件動画は、無事に削除された。

Ⅲ　労働組合による社長の肖像権侵害に基づく損害賠償請求事例

1　事　例

〈*Case* ④ - 3〉

　甲弁護士は、C社長から、X労働組合によって、C社長が職員を退職させるために、パワハラをしたとの内容やC社長の似顔絵が記載されたビラを配布するという街宣活動がなされ、さらには、C社長の容貌を撮影した動画が、X労働組合のブログに掲載されているとの相談を受けた。C社長は、X労働組合に対して、損害賠償請求をしたいとして、甲弁護士に対して、訴訟を提起することを依頼した。

2　論　点

〈*Case* ④ - 3〉において問題となる論点は、以下のとおりである。
①　名誉権侵害が認められるか
②　似顔絵による肖像権の侵害は認められるか
③　ブログへの掲載は肖像権の侵害が認められるか

3　名誉権侵害が認められるか

　「パワハラ」との表現については、それが事実を摘示したものか、意見論評であるのかが争点となる。一般的には、具体的な行為が指摘されたうえで「パワハラ」との表現がなされた場合（「パワハラ」との表現から具体的な行為がイメー

ジできる場合）は、事実を摘示したものと判断される傾向にあるが、単に、「パワハラ」との文言が記載されただけでは、意見論評であると判断される場合が多い。

　もっとも、〈Case④-3〉と類似の事案である東京地判令和5年6月14日労経速2526号3頁では、退職強要を目的として行った異動命令が「パワハラであるとの意見ないし論評を述べたもの」と判断されているが、これは、異動命令が退職強要を目的としたものであって、パワハラであるとの評価を述べたものと判断されたためである。

　また、横浜地判平成31年1月31日判例集未登載では、「一般に『パワーハラスメント』の語が、職務上の地位や人間関係などの職場内での優位性を背景に、業務の適正な範囲を超えて、精神的・身体的苦痛を与える又は職場環境を悪化させる行為と捉えられていることを勘案すると、本件投稿中の『パワハラしまくり』との表現は、Bの代表である原告がその優位性を背景に業務の適正な範囲を超えて従業員に対する嫌がらせを行っている旨を摘示するもの」であるとして、事実を摘示したものと判断されている。その他、東京地判平成30年1月18日（平成29年（ワ）第28486号）判例集未登載では、「社長のパワハラがひどく私を含め同期全員が体調を崩し、3ヶ月前後で退職しています」との表現について、「その記載内容からすれば、原告代表者が複数の従業員に対して体調を崩して退職することの原因となる程度の嫌がらせ行為（パワーハラスメント）を行った事実を摘示するものである」として、事実を摘示したものと判断されている。

4　似顔絵によって肖像権の侵害が認められるか

(1)　似顔絵・イラスト画と肖像権の裁判例

　肖像権は、もともと、「みだりにその容ほう・姿態を撮影されない自由」（前掲最判昭和44年12月24日）、具体的には、みだりに写真撮影されない自由として論じられてきたものである。写真は、被撮影者の容貌・姿態を機械的かつ正確に記録することから、被撮影者の容貌・姿態に関する情報への侵襲の程度は大きい。

　これに対して、似顔絵の場合、「作者の技術により主観的に特徴を捉えて描

く似顔絵については、これによってその人物の容貌ないし姿態の情報をありの
まま取得させ、公表したとは言い難く」（東京高判平成 15 年 7 月 31 日判時 1831
号 107 頁）、写真と比較した場合、容貌・姿態に関する情報への侵襲の程度は低い。
なお、同判決は、上記判示に引き続き、「別途名誉権、プライバシー権等他の
人格的利益の侵害による不法行為が成立することはあり得るとしても、肖像権
侵害には当たらない」と判示しており、似顔絵によっては、肖像権侵害の問題
は生じないと判断している。

　また、イラスト画について、平成 17 年最判は、「人は、自己の容ぼう等を描
写したイラスト画についても、これをみだりに公表されない人格的利益を有す
ると解するのが相当である。しかしながら、人の容ぼう等を撮影した写真は、
カメラのレンズがとらえた被撮影者の容ぼう等を化学的方法等により再現した
ものであり、それが公表された場合は、被撮影者の容ぼう等をありのままに示
したものであることを前提とした受け取り方をされるものである。これに対し、
人の容ぼう等を描写したイラスト画は、その描写に作者の主観や技術が反映す
るものであり、それが公表された場合も、作者の主観や技術を反映したもので
あることを前提とした受け取り方をされるものである。したがって、人の容ぼ
う等を描写したイラスト画を公表する行為が社会生活上受忍の限度を超えて不
法行為法上違法と評価されるか否かの判断に当たっては、写真とは異なるイラ
スト画の上記特質が参酌されなければならない」（下線は筆者による）と判示し、
イラスト画が「みだりに公表されない人格的利益」の対象となると判断してい
る。

(2)　東京地判令和 5 年 6 月 14 日

　〈*Case* ④ - 3 〉と類似の事案である前掲東京地判令和 5 年 6 月 14 日では、
平成 17 年最判の規範を引用したうえで、「本件似顔絵は、本件財団の広報誌に
掲載された原告甲野の写真を描写する方法で作成されたイラスト画であると認
められる」と、対象となった似顔絵を「イラスト画」であると認定したうえで、
「本件似顔絵は、いずれも相当程度の精度で原告甲野の顔ぼうを再現したもの
であり（別紙略）、本件各ビラの紙面の相当部分を占めている。原告甲野の氏
名が大きなフォントや振り仮名で強調されていることからしても、本件似顔絵
は、原告甲野の顔ぼうを描写したものであると容易に理解され、また、これに

より原告甲野を同定し得る表現方法であった」と判断した。そして、受忍限度の点については、「本件各表現行為は、組合活動として社会通念上許容される範囲のものではなく、名誉毀損としての違法性は阻却されない……原告甲野は、本件財団の理事長として経営責任を負っており、労働組合による情宣活動等により心理的圧力を受けることを甘受せざるを得ない場合があること自体は否定できないものの、少なくとも名誉毀損に当たる表現方法として、本件似顔絵が公表されること等を受忍すべき理由はない」と判断し、似顔絵の公開が受忍限度を超えるとの判断を行った。さらに、広報誌で公表された写真を基に似顔絵が作成されたことから、肖像権の侵害にあたらないとする被告らの主張に対し、「広報誌等に自己の写真を掲載したからといって、当該写真を自己の名誉権を侵害する表現方法の作成に使用することまでを同意したわけでないことは明らかである」と判断し、被告らの主張を排斥した。

(3) 検 討

前掲東京地判令和5年6月14日では、「相当程度の精度で原告甲野の顔ぼうを再現した」似顔絵であることが肖像権侵害の前提とされていることからすると、デフォルメされた似顔絵の場合には、「別途名誉権、プライバシー権等他の人格的利益の侵害による不法行為が成立することはあり得るとしても、肖像権侵害には当たらない」（前掲東京高判平成15年7月31日）と判断されるのではないかと思われる。

5　ブログへの動画の掲載によって肖像権侵害が認められるか

前掲東京地判令和5年6月14日の事案は、財団の人事部長が（被撮影者の社会的地位）、財団本部の受付（撮影の場所）で組合から要望書を手渡される場面（被撮影者の活動内容）の動画が撮影され、財団が所在するビルの入り口で（撮影の場所）、財団に対する抗議活動に対応している場面（被撮影者の活動内容）の写真が撮影され、撮影された動画および写真が組合のブログに掲載されたというものであった。この点について、「いずれの撮影も本件財団の人事部長である原告乙山がその職務として被告組合に対応している場面を撮影したものであり、原告乙山において、被告組合により撮影されないことを期待すべきであったとはいい難い。また、被告らは、組合活動の内容や本件財団で生じている労

働問題を社会に広く知らせる目的で本件動画及び本件写真を撮影したものと推認することができるところ、そのような目的は不当ではなく、撮影の必要性を否定することはできない。また、これらの撮影の態様についても、特に不当な点は見当たらない」「本件財団に対する抗議活動を行った場面として、本件動画及び本件写真を本件ブログに掲載しているが、その掲載記事において、原告乙山に対する侮辱的表現や名誉毀損表現があったとは認められない。また、被告らは、原告乙山の抗議を受けて、本件動画及び本件写真につき、原告乙山の容ぼうが見えないように画像処理をしており、原告乙山の容ぼうが本件ブログで公開されていたのは、本件動画につき3か月程度、本件写真につき19日間程度に、それぞれとどまる」（下線は筆者による）として、肖像権の侵害を否定している。

6　顛　末

　甲弁護士は、X労働組合に対し、名誉権および肖像権の侵害を理由とする損害賠償請求訴訟を提起した。裁判所は、C社長の訴えを認め、X労働組合に対し損害賠償を命じる判決を言い渡した。

Ⅳ　フェイク動画・なりすまし動画の事例

1　事　例

〈**Case** ④ - 4〉

　甲弁護士は、C社長から、芸能活動をしている甥のEが、動画サイトの複数のチャンネルで投資について語った動画を勝手に編集され、Eが怪しげな投資をすすめている内容の動画（「本件動画」）が作成されてしまっている、さらには、Eのなりすましアカウントが作成され、Eの名前で特定のSNSへ誘導するように指示されたとする被害がSNS上で広まっているとの相談があった。甲弁護士は、Eから詳しい事情を聞いたところ、動画の削除をしてほしいとの依頼を受けた。

2　論　点

〈**Case**④-4〉において問題となる論点は、以下のとおりである。

フェイク動画における、

① 著作権侵害

② 名誉毀損

③ 肖像権侵害

なりすまし動画における、

④ 名誉権侵害

⑤ 氏名権侵害

⑥ アイデンティティ権侵害

動画全体の、

⑦ パブリシティ権侵害

3　フェイク動画

(1)　概　要

　近年、画像編集が容易となったことから、偽動画（フェイク動画）が作成されるリスクが顕在化している。裸の女性の体と芸能人の顔を合成した写真（アイコラ）がつくられるという被害は以前からあったが、近年では、AIを使った画像変換、動画の作成が、アプリを使って容易にできるようになっている。特に、著名な芸能人の肖像や氏名は、それ自体に顧客吸引力があることから、悪用される危険性が高い。そこで、フェイク動画が作成され、それが公開された場合にとり得る手段について検討する。

(2)　著作権侵害

　フェイク動画の基となった動画の著作権者の協力が得られるのであれば、著作権者が有する同一性保持権（著作20条1項）の侵害を理由として、動画を公開しているサイト運営者に対し、差止請求（同法112条1項）を行う、また、実演家として有する同一性保持権（同法90条の3第1項）の侵害を理由として、同様に差止請求（同法112条1項）を行う等の方法が考えられる。外国法人が運営するサイトの場合、著作権侵害に関する対応だけは、速やかに行われるこ

とが多く、著作権侵害として構成しうるのであれば、まずは、著作権侵害を理由とする削除を検討すべきである。

(3)　名誉毀損

Eが怪しげな投資をすすめている内容の動画は、Eに対して、「怪しげな投資をすすめるような人物である」との事実を摘示するものであり、Eの社会的評価を低下させる表現である。また、本件動画は、勝手に編集されたものであるから、E自身が怪しげな投資をすすめたとの事実は真実ではない。したがって、〈*Case*④-4〉の動画は、Eに対する名誉毀損表現となりうる。

また、〈*Case*④-4〉とは別の事案であるが、別の女性の裸の写真と顔を合成したアイコラ画像が作成され公開されたケースでは、アイコラ画像の公開によって、当該女性に対し「わいせつな写真を撮影させるような人物である」との事実が摘示されることになる。したがって、当該女性の社会的評価の低下が認められ、アイコラ画像の公開は、当該女性に対する名誉毀損に該当しうる。

「フェイク動画」に関し、名誉毀損および著作権法違反の成否が問題とされた刑事事件が、東京地判令和3年9月2日（令和2年（特わ）第2564号）判例集未登載である。当該事件の内容は、動画に登場する人物の顔を他の動画に登場する人物の顔に合成加工するソフトを用いて、アダルトビデオおよび芸能人の動画をAIに機械学習させ、アダルトビデオの女優の顔を芸能人の顔に合成した動画を作成し、さらに動画編集ソフトを使用して顔の部分がぼやけているシーンや無駄なシーンを取り除く加工をした動画（以下「ディープフェイク動画」という）を作成し、公開したというものであった。

裁判所は、被告人に対し、懲役2年（執行猶予3年）および罰金100万円を命じる判決を下している。判決では、名誉毀損の成否に関し「本件各動画は、アダルトビデオの女優の顔にA及びBの顔が合成されたものであるところ、顔と輪郭部分とのつながり、顔の向き、表情の変化などはいずれも自然であり、本件各動画は精巧に作成されたものと評価できる」「本件各動画は、全体としてみれば、A及びBが出演した動画として違和感を生じさせない精巧なものと評価できる」「本件各動画の精巧さからすれば、〈1〉視聴者が、ディープフェイク動画である旨の見出し等の記載を信用せず、本当はA及びBがアダルトビデオに出演したものであると誤信するおそれは否定できない。また、〈2〉視

聴者において、本件各動画が、多数の類似のディープフェイク動画の基となるアダルトビデオそのものであると誤信するおそれも否定できない」（下線は筆者による）と判示し、名誉毀損罪の成立を認めている。

(4)　肖像権侵害

　肖像写真の利用が、社会通念上受忍すべき限度を超えるか否かに関し、以下の裁判例が存する。女性芸能人である原告らの肖像写真に裸の胸部のイラスト画を合成した画像を用いた記事を掲載して出版し販売したことに関し、知財高判平成 27 年 8 月 5 日（平成 27 年（ネ）第 10021 号）裁判所ウェブサイトは、「肖像写真に合成された乳房のイラストは、画像編集・加工ソフトにより作画されたものであり、乳房の輪郭を実線で描き、これに複数の陰影を付けた画像を重ね合わせて形成されたもので、一見しただけでは写真と誤解する可能性がある程度には精巧さを備えたものであると評価することができること、上記肖像写真自体は、被写体である人物が衣服を着用した状態の上半身を撮影したものであるが、その胸部に相当する箇所に、上記の乳房のイラストが合成されており、乳房のイラストの大きさや向き、位置関係、白黒の陰影の度合いは、被写体である人物の身体や、その地肌の陰影の度合いと、できるだけ違和感なく融合するように作画されていること」「これらの画像が、第一印象として、1 審原告を含む女性芸能人らが自らの乳房を露出しているかのような印象を、読者に与える可能性を否定することはできない」「本件記事における表現の内容は、その肖像を無断で使用された女性にとっては、自らの乳房や裸体が読者の露骨な想像（妄想）の対象となるという点において、強い羞恥心や不快感を抱かせ、その自尊心を傷付けられるものであるということができる」「本件記事は、社会通念上受忍すべき限度を超えて 1 審原告らの名誉感情を不当に侵害するものであるとともに、受忍限度を超えた肖像等の使用に当たるというべきである」（下線は筆者による）と判示し、女性芸能人である原告らに対する肖像権侵害を認めた。

　前掲知財高判平成 27 年 8 月 5 日は、「肖像写真に裸の胸部のイラスト画を合成した画像」について判断したものであるが、このようなアイコラ画像が作成された場合には、それがイラストではなく、写真であればなおさら「女性芸能人らが自らの乳房を露出しているかのような印象を、読者に与え」ることとな

る。したがって、アイコラ画像の公開は、対象とされた者に対し「強い羞恥心や不快感を抱かせ、その自尊心を傷付けられるものであ」って「受忍限度を超えた肖像等の使用に当たる」ことは明らかである。

　また、怪しげな投資をすすめる内容の〈*Case* ④-4〉の動画は、本人の意図とは無関係に編集されたものであること、またそれ自体、名誉毀損表現となりうるものであることからすれば、仮に受忍限度を問題視するにしても、受忍限度を超えた肖像権の使用にあたることは疑いない。

4　なりすまし

(1)　名誉権侵害

　氏名不詳者が、本人になりすまし、あたかも、本人が発言したかのような印象を与える内容の発言を行う、インターネット上で行われる誹謗中傷の手法である。たとえば、特定の女性になりすまし、女性の電話番号等のプライバシー情報を公開するとともに、性的に奔放な女性であるかのような印象を与える内容の発言を行うといった被害が生じている事例は多い。また、あえて炎上しやすい内容の発言を本人が行ったかのように偽装し、本人に対する批判が殺到するよう仕向ける等、狡猾な手法が使われるケースもある。なりすましに関しては、本人がそのような発言を行うような人物であるとの事実を摘示したものとして、発言自体によって本人の社会的評価の低下が認められる場合には、名誉毀損の成立が認められる。この点に関し、東京地判令和5年7月13日（令和3年（ワ）第28485号）判例集未登載は、「本件アカウントは、原告以外の者が原告に成りすまして開設、利用していたものであるところ、第三者がある者になりすまして、なりすまし対象者が発言していない内容の、その評価を低下させる発言をすることは、なりすまし対象者に対する名誉毀損に該当する」と判示している。

(2)　氏名権侵害

　最判昭和63年2月16日民集42巻2号27頁は、「氏名は、社会的にみれば、個人を他人から識別し特定する機能を有するものであるが、同時に、その個人からみれば、人が個人として尊重される基礎であり、その個人の人格の象徴であって、人格権の一内容を構成するものというべきである」として、氏名を人

格権の一内容であると判示している。なりすましによって、氏名が冒用された場合には、氏名権の侵害も認められる。この点に関し、東京地判令和3年9月15日（令和3年（ワ）第8872号）判例集未登載は、「本件投稿者は、原告の氏名を冒用して本件各投稿をしたものと認められ、かつ、本件投稿者が原告の氏名を冒用して本件各投稿をする理由があるものとは認められないのであり、原告は、本件各投稿により、その氏名を冒用されない権利を違法に侵害されたものと認めるのが相当である」と判示し、なりすましによる氏名権の侵害を認めている。

(3) アイデンティティ権侵害

(A) アイデンティティ権とは

氏名、肖像の冒用がなく、またプライバシー権侵害や名誉権の侵害も認められない場合には、なりすましがなされたとしても、既存の権利の範疇では対応をすることができない。そのため、中澤佑一弁護士によって、「アイデンティティ権」が提唱されている[10]。

(B) 裁判例

アイデンティティ権に関し、大阪地判平成28年2月8日（平成27年（ワ）第10086号）裁判所ウェブサイトは、「他者との関係において人格的同一性を保持することは人格的生存に不可欠である。名誉毀損、プライバシー権侵害及び肖像権侵害に当たらない類型のなりすまし行為が行われた場合であっても、例えば、なりすまし行為によって本人以外の別人格が構築され、そのような別人格の言動が本人の言動であると他者に受け止められるほどに通用性を持つことにより、なりすまされた者が平穏な日常生活や社会生活を送ることが困難となるほどに精神的苦痛を受けたような場合には、名誉やプライバシー権とは別に、『他者との関係において人格的同一性を保持する利益』という意味でのアイデンティティ権の侵害が問題となりうると解される」と、アイデンティティ権の侵害が問題となりうるとの判断を示した。

さらに、大阪地判平成29年8月30日判時2364号58頁は、「個人が、自己同一性を保持することは人格的生存の前提となる行為であり、社会生活の中で

10　中澤佑一『インターネットにおける誹謗主張法的対策マニュアル〔第4版〕』（中央経済社、2022年）85 〜 87頁。

自己実現を図ることも人格的生存の重要な要素であるから、他者との関係における人格的同一性を保持することも、人格的生存に不可欠というべきである。したがって、他者から見た人格の同一性に関する利益も不法行為法上保護され得る人格的な利益になり得る」「他者から見た人格の同一性が偽られたからといって直ちに不法行為が成立すると解すべきではなく、なりすましの意図・動機、なりすましの方法・態様、なりすまされた者がなりすましによって受ける不利益の有無・程度等を総合考慮して、その人格の同一性に関する利益の侵害が社会生活上受忍の限度を超えるものかどうかを判断して、当該行為が違法性を有するか否かを決すべきである」と判示し、アイデンティティ権が侵害された場合の規範を明確に示している。

（C）　なりすまし行為とアイデンティティ権

なりすまし行為全体について、アイデンティティ権の侵害と構成できれば、なりすましアカウント自体の削除も容易となる。そもそも、他人になりすます形式での表現行為を正当な表現行為であると認める必要性があるのかについては疑問がある。せいぜい、政治風刺の一つとして行うような場面くらいしか、正当性が認められそうな事案は想定しがたい。正当な表現活動として認められる余地がないのであれば、端的にアイデンティティ権侵害を認めるべきではないかと思われる。

5　パブリシティ権侵害

(1)　裁判例

一般に著名な芸能人の肖像や氏名は、それ自体に、顧客吸引力を有しており、その肖像の利用についても一般人とは異なる観点での検討が必要である。この点に関し、東京高判平成3年9月26日判時1400号3頁は、「固有の名声、社会的評価、知名度等を獲得した芸能人の氏名・肖像を商品に付した場合には、当該商品の販売促進に効果をもたらすことがあることは、公知のところである。そして、芸能人の氏名・肖像がもつかかる顧客吸引力は、当該芸能人の獲得した名声、社会的評価、知名度等から生ずる独立した経済的な利益ないし価値として把握することが可能であるから、これが当該芸能人に固有のものとして帰属することは当然のことというべきであり、当該芸能人は、かかる顧客吸引力

のもつ経済的な利益ないし価値を排他的に支配する財産的権利を有するものと認めるのが相当である」（下線は筆者による）と判示し、芸能人の氏名・肖像がもつ顧客吸引力に独立した経済的価値を認めた。

　また、最判平成24年2月2日民集66巻2号89頁は、「肖像等は、商品の販売等を促進する顧客吸引力を有する場合があり、このような顧客吸引力を排他的に利用する権利（以下「パブリシティ権」という。）は、肖像等それ自体の商業的価値に基づくものであるから、上記の人格権に由来する権利の一内容を構成するものということができる。他方、肖像等に顧客吸引力を有する者は、社会の耳目を集めるなどして、その肖像等を時事報道、論説、創作物等に使用されることもあるのであって、その使用を正当な表現行為等として受忍すべき場合もある」としたうえで、「肖像等を無断で使用する行為は、〈1〉肖像等それ自体を独立して鑑賞の対象となる商品等として使用し、〈2〉商品等の差別化を図る目的で肖像等を商品等に付し、〈3〉肖像等を商品等の広告として使用するなど、専ら肖像等の有する顧客吸引力の利用を目的とするといえる場合に、パブリシティ権を侵害するものとして、不法行為法上違法となると解するのが相当である」（下線は筆者による）と判示し、パブリシティ権侵害が認められる場合の規範を明らかにした。

⑵　〈*Case* ④ - 4 〉へのあてはめ

　Eが怪しげな投資をすすめている内容の動画は、芸能活動をしているEの肖像を特定のSNSへの誘導目的として使用されているものである。このような利用態様は、まさにEの肖像を「広告」として利用したものといえ、前掲最判平成24年2月2日の規範にあてはめて考えれば、〈*Case* ④ - 4 〉の動画は、Eのパブリシティ権を侵害するものといいうる。

6　顛　末

　甲弁護士は、〈*Case* ④ - 4 〉の動画を公開しているサイトに対し、著作権侵害を理由として削除申請を行ったところ、対応されるまでに、ある程度の時間を要したものの、最終的には、本件動画は無事に削除された。

〈参考文献〉

本文中に掲げたもののほか以下のとおり。

・松尾剛行＝山田悠一郎『最新判例にみるインターネット上の名誉毀損の理論と実務〔第2版〕』（勁草書房、2019年）
・清水陽平『サイト別 ネット中傷・炎上対応マニュアル〔第4版〕』（弘文堂、2022年）

（最所義一）

第**5**章

風評被害・業務妨害事件

Ⅰ 掲示板に会社を誹謗する内容や社長・社員に係ることが投稿されていた事例

1 事 例

〈**Case** ⑤ - 1 〉

　甲弁護士のところに、古い友人の紹介で、住宅設備販売事業を営むX株式会社（以下「X社」という）のA社長が相談にやってきた。A社長の相談内容は、以下のような内容であった。検索サイトで、「X株式会社」の検索ワードで検索したところ、「X社について語るスレ　Part.8」という題名のスレッドがヒットした。内容を確認すると、インターネット上の掲示板に立てられたスレッドで、会社ぐるみで顧客を騙しているとか、詐欺会社であるなどという投稿がなされていた。さらに、「セクハラ」「パワハラ」などという表現とともに、A社長の身体的特徴を揶揄する表現（「ハゲ」「デブ」）がなされ、特定の女性社員の名前とともに、具体的な男性社員の名前が記載され、不倫している、社内で性行為に及んでいる等の投稿がなされていた。A社長は、このままでは、従業員の名誉が毀損され、会社の信用が失われてしまうとして、掲示板からの投稿の削除と、投稿を行った者に対して、損害賠償請求をしたいというものであった。

2　論　点

〈*Case*⑤-1〉において問題となる論点は、以下のとおりである。

① 　投稿の削除を求める法的構成

② 　削除を求める主体

③ 　削除の方法

④ 　投稿者の特定

⑤ 　予防方法

3　被害の状況

(1)　従業員または退職した者による投稿が疑われるケース

特定の従業員の名前が記載されているようなケースでは、具体的な人間関係を知る者、たとえば、従業員または退職した者が投稿したと考えられる場合が現実には多い。これらの者による投稿の例としては、①会社役員に対する誹謗中傷（役員の身体的特徴を揶揄するものとして「ハゲ」「デブ」等の侮辱表現）、②職場環境に関する投稿（セクハラ、パワハラが横行している、サービス残業が強制されている）、③人間関係に関する投稿（社員の誰々と誰々が不倫をしている、社員の誰々が役員の愛人である等）といったものがあげられる。

(2)　会社に生じる実害

従業員または退職した者が誹謗中傷を行う場合、内部の者でなければ知り得ない具体的な情報とともに投稿されることから、外部の人が記載内容は真実ではないかと感じてしまう危険性が高い。特に、職場環境に関する投稿は、形式上は、内部告発の形で投稿されることが多く、あながち嘘でもないのではないか、ここまで具体的に記載されているのだから、十分にありうるのではないか、というような形で受け取られてしまう可能性も否定できない。さらに、従業員または退職した者が投稿しているということであれば、少なくとも、会社に対して不満をもつ者が複数存在している、会社の情報をインターネット上で投稿してしまう従業員がいるとして、会社の情報管理や従業員教育に対してネガティブな印象をもたれてしまうことは避けられない。

4　削除を求める方法

(1)　削除の法的構成

誹謗中傷も「表現行為」であることから、削除を求めるということは、「表現行為」に対して、その差止めを求めることにほかならない。「表現行為」に対する差止めである以上、訴訟物としては、人格権に基づく差止請求権が原則となる。そのため、差止めの基礎となる権利は、人格権でなければならない[1]。実際には、会社経営者から、会社の営業権が侵害されている、売上げが下がってしまい会社の業績にも重大な影響が生じているといった被害を訴えられることが多いが、被侵害利益を「営業権」として構成してしまうと、主張自体失当となってしまうことから注意が必要である。

(2)　削除を求める主体

削除の法的性質が人格権に基づく差止請求権である以上、誰の人格権が侵害されたと構成するのがより説得的かについては、別途検討する必要がある。法人も名誉権等の人格権を有する以上、一連の投稿によって、法人の名誉権が侵害された、と構成することはもちろん可能である。しかしながら、人格権というものが本来自然人を前提とする権利であること、また、法人の場合、特に内部告発の形がとられていると、一般消費者に対する被害予防の側面を無視することはできず、安易な削除を肯定すべきではないとの考えに流れやすい。そのため、可能であれば、自然人に対する権利侵害として構成したほうが、削除が認められる可能性は高くなる。〈***Case*** ⑤- 1 〉では、社長Aに対する侮辱、従業員個人に対する名誉毀損として構成したほうが、削除が認められる可能性は高いと思われる。

(3)　削除の方法

掲示板の運営者の連絡先が判明している場合には、掲示板運営者に対して、メール等で削除を求める方法を検討すべきである。削除を求める場合には、その掲示板の削除ガイドラインや削除ポリシーに記載された条項を指摘したうえで、投稿された内容が削除対象となることについて、具体的に指摘することが

1　例外として、著作権法112条1項、不正競争防止法3条1項。

効果的である。任意の削除を求めたにもかかわらず、削除がなされない場合には、裁判所に対して仮削除仮処分命令の申立てを検討することになる[2]。

5　投稿者の特定

(1)　特定の少数者が誹謗中傷を行っている

インターネット上で誹謗中傷を行っている者は、多くの場合、特定の少数者である（単独で行っているケースも多い）。掲示板に多数の投稿がなされていると、あたかもそれが多数者の意見であるかのように見えてしまいがちではあるが、実際は、単独あるいは特定の少数者が繰り返し投稿を行っている場合がほとんどである。これらのケースでは仮に削除がなされたとしても、その後に、さらに、同一内容のスレッドを立て、削除されたものと同一内容の投稿をコピーアンドペーストするという行為に及ぶことがある。そのため、将来における投稿を止めさせるためには、投稿者を特定することが、最も効果的である。

(2)　投稿者の特定

投稿者を特定するためには、特定電気通信による情報の流通によって発生する権利侵害等への対処に関する法律（以下「情報流通プラットフォーム対処法」という）5条1項に基づき、コンテンツプロバイダが保有する総務省令[3]2条各号に記載する発信者情報の開示を求める必要がある。しかしながら、これらの発信者情報の開示請求に対して、任意に応じるプロバイダは、ほとんど存在していない。そのため、発信者情報の開示を求めるためには、裁判上の手続をとらなければならない。なお、総務省令2条各号に記載する発信者情報のうち、コンテンツプロバイダが、発信者の氏名、住所等の情報を保有していることは、ほとんどないことから、通常は、発信者情報開示命令の申立て、または、発信者情報開示請求訴訟を提起したうえで、電話番号、電子メールアドレスの開示を求めることになる。電話番号、電子メールが開示された場合には、開示された情報を基に、弁護士法23条の2に基づく弁護士会照会手続を用いることで、

2　サイト別の具体的な削除方法については、中澤佑一『インターネットにおける誹謗中傷
　法的対策マニュアル〔第4版〕』（中央経済社、2022年）、清水陽平『サイト別 ネット中傷・
　炎上対応マニュアル〔第4版〕』（弘文堂、2022年）等の書籍を参照されたい。
3　特定電気通信による情報の流通によって発生する権利侵害等への対処に関する法律施行
　規則（令和4年総務省令第39号）。

発信者を特定することができる。もっとも、すべてのコンテンツプロバイダが、電話番号、電子メール等の情報を保有しているとは限らないことから、投稿者を、より確実に特定するためには、投稿に際して用いたIPアドレス、タイムスタンプの開示を求め、発信者情報仮開示仮処分命令の申立てを先行させる等の方法も検討しておかなければならない。ただし、携帯電話等の移動端末から投稿された場合には、IPアドレス、タイムスタンプ等の通信ログの保存期間がおおむね3か月程度であること、海外のSNS事業者の場合、仮処分命令が発令されてから開示されるまでの期間として1か月以上の期間を要していることから、IPアドレス、タイムスタンプが開示されたとしても、アクセスプロバイダのログがすでに消失してしまい、特定に至らない場合があるという現実を理解しておく必要がある。

(3)　投稿者が誰であるかについて予想ができる場合

　従業員または退職した者による投稿が疑われるケースでは、企業の側で、投稿内容から、誰が投稿したのかについて、予想ができる場合がある。このような場合、相談者から、投稿者は、誰々で間違いないから、この者に対して、直ちに削除を求めてほしい、削除しないのであれば、損害賠償請求訴訟を提起してほしいと強く求められることがある。しかしながら、特定の従業員または退職した者に対して、単に相談者が誰々で間違いないと説明しているという理由だけで、当該人物が投稿した者であると断定する内容の書面を送付することは、弁護士に期待される必要かつ可能な事実関係の調査を怠ったものとして、懲戒事由に該当することになる。したがって、安易に投稿者であると断定する内容の書面を送付することは、厳に避けるべきである。仮に送付するとすれば、以下のような内容の書面とならざるを得ないであろう。

> 　現時点で、当該投稿を行った発信者に関する情報はいまだ取得できておりません。しかしながら、投稿の記載内容からすると、貴殿らまたは貴殿らの周囲の者による投稿であると推察されますので、仮に、貴殿らまたは貴殿らの周囲の者による投稿である場合には、当該投稿を速やかに削除していただきますようお願い致します。削除がなされた場合には、通知人としては、貴殿らまたは貴殿らの周囲の者に対する何らの責任も追及する考えはございませんので、速やかなご対応をお願い申し上げます。

　企業に対する誹謗中傷を行う者は、単なる憂さ晴らし程度の感覚で安易に投稿している場合も多い。この場合、弁護士が代理人として、活動していることを認識すれば、それ以上の投稿をリスクと考え、任意の削除に応じ、以降の投稿を止める可能性は十分にあり得る。ただし、上記の内容の書面を送付した場合、削除に応じることは、自らが投稿した事実を認めるに等しいことから、削除と引き換えに免責を約束するとの対応は必須である。そのため、事後的に責任追及を行う可能性を残したいのであれば、いずれにしても、発信者情報開示命令の申立て、発信者情報開示請求訴訟を提起する等の裁判上の手続をとるほかない。

6　社内教育の徹底

⑴　損害の重大性に関する教育

　インターネット上への投稿を行う者の多くは、自らの行為によって生じる結果の重大性について、全く認識していないケースが多い。軽い気持で、スマートフォンの画面を見ながら、友人に対して情報発信をするような感覚で投稿を行っており、特に、SNS 上では、その傾向は顕著である。そのため、仮に、会社に対する誹謗中傷がなされた場合に、その投稿に対処するための人的物的コストがいかに甚大なものであるのか、また、当該投稿を削除するために要する具体的な裁判上および裁判外の手続の内容、必要となる弁護士費用等のコストに関する十分な社内教育を行い、軽い気持で行った投稿によって引き起こされる被害の重大性を、普段から従業員が認識できるようにしておく必要がある。

⑵　完全な「匿名」が存在しないこと

　インターネット上への投稿は、「匿名」で行うことができることから、自らの身元が明らかになることはないと、単純に考えている者は意外に多い。しかしながら、インターネット上へ投稿するためには、プロバイダ（アクセスプロバイダ）を介して、インターネットへ接続することが必要である。そして、プロバイダ（アクセスプロバイダ）は、契約者の情報を保持していることから、プロバイダ（コンテンツプロバイダ）から、投稿に際して用いた IP アドレス、タイムスタンプ、または、電話番号、電子メールアドレスが開示された場合には、これにより、投稿者を特定することが可能となる。インターネット上への

投稿は、「匿名」で行うことができても、投稿者が特定されないという意味での完全な「匿名」は存在していない、このことについては、従業員教育の場でも、徹底しておく必要がある。

(3)　被害を生じさせた者の責任

(A)　法的責任

業務にかかわる事項や他の従業員のプライバシーにかかわる事項をインターネット上に投稿した場合、それが懲戒事由に該当することについて、就業規則上にも明記しておく必要がある。また、インターネット上への投稿が、投稿内容によっては、名誉毀損罪（刑230条1項：3年以下の懲役もしくは禁錮または50万円以下の罰金）、侮辱罪（同法231条：1年以下の懲役もしくは禁錮もしくは30万円以下の罰金または拘留もしくは科料）、業務妨害罪（同法233条：3年以下の懲役または50万円以下の罰金）に該当する可能性があること、さらに、民事上の損害賠償請求の対象となることについても、十分な教育を行っておく必要がある。

(B)　匿名による投稿の場合

「匿名」での投稿がなされた場合、プロバイダ（コンテンツプロバイダおよびアクセスプロバイダ）が、裁判上の手続を経ることなく、任意に発信者情報を開示することはほとんどない。そのため、投稿者が、プロバイダからの意見照会に対して、発信者情報の開示に同意しないとの回答をした場合には、裁判上の手続が必須となる。一般人が弁護士に委任することなく、裁判上の手続を行うことは現実的には困難であることから、発信者の特定に要した弁護士費用[4]についても、特定費用として、相当因果関係のある損害として認められるケースも多い[5]。「匿名」による投稿によって生じた損害は大きく、そのペナルティは重い。

4　東京高判平成27年5月27日判例集未登載は、「被害者が発信者を特定する調査のため、発信者情報開示請求の代理を弁護士に委任し、その費用を支払った場合には、社会通念上相当な範囲内で、それを名誉毀損と相当因果関係のある損害と認めるのが相当である」としている。
5　どの程度を損害の範囲に含めるかは、個々の裁判官の判断による。

7　コンプライアンス体制の構築

　従業員による投稿は、会社に対する不満がその背景にある場合が多い。そのため、会社が自らコンプライアンス体制を構築するとともに、従業員が、匿名で苦情等を申し立てることができる体制を構築することが有用である。これにより、従業員の不満は、ある程度解消しうることから、インターネット上に無責任な形での投稿がなされることを予防しうる。また、苦情申出等のシステムを構築しておくことで、仮に、「社内でセクハラ、パワハラが横行している」との投稿がなされた場合には、匿名での苦情申出のシステムが社内に構築されているが、投稿された内容の苦情申出がなされた記録がないことを、投稿内容が虚偽であることの証拠として提出することが可能となる。

Ⅱ　口コミサイトに、自分が経営するクリニックについて「ヤブ医者」「ぼったくり」等の投稿があった事例

1　事　例

〈*Case* ⑤ - 2〉

　A社長は、発信者情報開示命令の申立てによって、無事に投稿者を特定することができた。投稿者は、X社を退職した元従業員のBであったが、BはA社長に謝罪し、すべての投稿を削除したことから、A社長もBに対し、刑事告訴等の手続はとらないこととして、無事に解決した。甲弁護士が一安心していたところ、A社長から、自分が通っているYクリニックに、ひどい書き込みがなされている、Yクリニックの院長を紹介したいと連絡があった。甲弁護士は、Yクリニックの院長から詳しい事情を聞いたところ、口コミサイトに、以下のような内容の投稿がなされていた。「態度が横柄」「いつも上から目線で話す」「必要のない検査をさせられた」「ヤブ医者」「ぼったくり」等々。Yクリニックの院長は、このような投稿がなされると、クリニックに新規の患者さんが来なくなるし、現在通院されている患者さんを不安にさせてしまうので、口コミの削除をしてほしい。また、今後は、Yクリニックに対する一切の口コミの掲

載ができないように、サイトからYクリニックに関する情報を削除することを、口コミサイトを運営する会社に求めてほしいというものであった。

2　論　点

〈*Case* ⑤ - 2〉において問題となる論点は、以下のとおりである。

① 口コミの削除方法
② 名誉毀損表現に該当するか
③ 侮辱表現といえるか
④ プライバシー権侵害といえるか
⑤ 口コミサイトへの掲載拒否
⑥ 口コミサイトの削除を求める相手方

3　口コミの削除

⑴ 口コミの削除が認められる場合

　口コミの削除を求める場合、その口コミが違法な内容のものでなければならない。口コミの投稿も表現行為であり、表現の自由の保障が及ぶためである。そのため、投稿された口コミが、名誉毀損表現、侮辱表現に該当するようなケースや、プライバシー権侵害に該当する場合でなければ、裁判所が削除を認めてくれることは困難である。

⑵ 名誉毀損表現に該当するか

（A）　事実摘示か意見論評か

（a）　立証の対象および範囲

　裁判所に対して、口コミが名誉毀損表現であることを理由として削除を求める場合、当該口コミが、対象者の社会的評価を低下させるものであること、摘示された事実が虚偽であること、についての立証を行わなければならない。また、当該口コミが、投稿者の意見ないし論評の表明による場合には、前提となる事実が虚偽であること、当該口コミが人身攻撃に及ぶなど意見ないし論評としての域を逸脱したものであることについての立証を行うことが求められる。

本来、公共性、公益目的、真実性についての立証責任は、表現者の側に課されているものであるが、インターネット上の表現の場合、削除を求める対象は、主として直接の表現者ではないコンテンツプロバイダ（プラットフォーマー[6]）である。そのため、削除を求める側において、当該口コミ表現が名誉毀損表現であること、具体的には上記の要件を充足していることについての立証を行わなければならない。

　　（ｂ）　最高裁判例

　このように事実を摘示したものか、意見ないし論評の表明であるかによって、立証の対象および範囲が異なることから、当該口コミが、事実を摘示したものであるのか、投稿者の意見ないし論評を表明したものであるのかが、実際の裁判では争点となる。両者の区別に関し、最高裁判所は、「証拠等をもってその存否を決することが可能な他人に関する特定の事項を右推論の結果として主張するものと理解されるときには、同部分は、事実を摘示するものと見るのが相当である」（最判平成 10 年 1 月 30 日判時 1631 号 68 頁）と判示し、証拠をもって事実の存否を認定できるか否かを、判断基準としている。

　（Ｂ）　名誉毀損表現といえるか（「ぼったくり」、「必要のない検査をさせられた」、「態度が横柄」、「いつも上から目線で話す」との表現）

　以下、医療機関に対する口コミでよく問題とされる表現について検討する。

　　（ａ）　「ぼったくり」

　「ぼったくり」についても、値段が法外である、技量と値段が釣り合っていないとの投稿者による評価であると判断されることが多い。特に、一般的な相場が形成されていないような場面においては（東京地判令和 4 年 5 月 18 日（令和 3 年（ワ）第 3691 号）判例集未登載参照）、証拠をもって、法外な値段であると認定することは困難である。その意味では、上記、事実摘示か意見論評かの区別に関する最高裁判所の判断基準を前提とした場合、「ぼったくり」との表現は、投稿者の意見を表明したものと判断されやすい。

　もっとも、医療機関の場合、自由診療であったとしても、一定の相場を観念しうるし、また、保険診療であれば、費用は極めて明確である。その意味では、

6　情報流通の場を提供する事業者。

「ぼったくり」との表現がなされた場合であったとしても、値段が法外か否かについては、証拠をもって認定することは可能である。したがって、事実を摘示するものとして、社会的評価の低下を観念しうる（「ぼったくり」を事実摘示と判示した裁判例として、東京地判令和3年12月24日（令和3年（ワ）第17956号）判例集未登載、東京地判令和3年8月10日（令和3年（ワ）第8863号）判例集未登載）。この場合、投稿内容が虚偽であることについては、実際の診療内容と請求内容から、証拠をもって立証することが可能である。

　（b）　「必要のない検査をさせられた」

「必要のない検査をさせられた」[7]か否かについては、診療記録等の証拠をもって、その検査に必要性があったのか否かについて、立証することが可能である。しかしながら、口コミの記載内容から、どの患者のことであるのかを、医療機関側で把握できる場合には、「必要のない検査をさせられた」との投稿が虚偽であることについての立証を行うことは可能であるが、漠然とした形で投稿がなされた場合には、理論上は、すべての患者について「必要のない検査」をしていないことについての立証が必要となってしまう。もっとも、現実の場面では、保険診療の場合には、必要性のない検査を行って保険請求を行うこと自体、違法な請求であるといえることから、不正請求であるとして返還請求を受けたことがないこと、また、何らの行政処分も受けていないこと等の事実を示したうえで、投稿内容に何らの根拠もないことを示し、投稿内容が虚偽であることについての立証を行うことになる。

　（c）　「態度が横柄」[8]、「いつも上から目線で話す」[9]

　これらの表現は、投稿者がどのように認識したのかという極めて主観的な内容であって、投稿者の評価ないし感想というべき内容である。この場合、客観的な証拠に基づいて、その真偽を判断することはできない。その意味で、これらの表現が単独でなされた場合に、名誉毀損の枠組みでの権利侵害を観念する

---

[7]　「必要のない検査」との投稿が問題となった事例（東京地判平成28年9月9日（平成28年（ワ）第21432号）判例集未登載）。

[8]　「態度が横柄」との投稿が問題となった事例（東京地判平成31年4月18日（平成30年（ワ）第34220号）判例集未登載）。

[9]　「上から目線」との投稿が問題となった事例（東京地判令和5年3月3日（令和4年（ワ）第25152号）判例集未登載）。

ことは難しい。しかしながら、実際の場面では、これらの表現が単独でなされることよりも、他の表現と併せてこれらの表現がなされる場合が多い。この場合、摘示事実を全体としてとらえることで、全体として摘示された事実によって社会的評価の低下を観念しうる。また、摘示事実を全体としてとらえることで、判断の基礎となる事実が虚偽であることについても立証が可能となる。

(3)　侮辱表現といえるか（「ヤブ医者」との表現）

〈*Case* ⑤ - 2 〉のうち、「ヤブ医者」については、「社会通念上の受忍限度を超えた侮辱行為」（東京地判令和3年8月5日（令和3年（ワ）第11509号）判例集未登載）であると認定した裁判例がある一方で、「投稿者が主観的に債権者をそのように評価したという意味合いを超えるものとは理解し難い」（長野地諏訪支決令和5年1月10日（令和4年（ヨ）第2号）判例集未登載）と判断し、仮削除仮処分命令の申立てを却下した事例もあり、裁判所の判断としては、必ずしも確立したものとはなっていない。

もっとも、裁判例の傾向としては、具体的な診療行為等の問題点をあげたうえで、「ヤブ医者」と投稿した場合には、技量の低い医師であるとの評価であるとして、それ自体を「社会通念上の受忍限度を超えた侮辱行為」とは認めない傾向にある。ただし、この場合、投稿者が「ヤブ医者」と評価したことの前提となる事実である具体的な診療行為等の問題点が、そもそも虚偽であった場合には、問題のある診療を行う医師であるとの事実を摘示し、当該医師の社会的評価を低下させたとして、その表現自体が名誉毀損表現となりうる。

一方、何らの根拠も示すことなく、単に「ヤブ医者」と投稿された場合には、「ヤブ医者」が医師に対する侮辱表現であり、何ら根拠なく一方的に侮辱された事実をもって、「社会通念上許される限度を超えた侮辱行為」であると判断する傾向があるように思われる。

(4)　プライバシー権侵害

プライバシー権とは、「私生活をみだりに公開されないという法的保障ないし権利」（東京地判昭和39年9月28日判時385号12頁〔小説「宴のあと」事件〕）をいう。個人の携帯電話番号、自宅の住所、純粋な私的事項にかかわる家族の

情報や、出自にかかわる事項[10]等が掲載されたような場合には、プライバシー権侵害となりうる。プライバシー権侵害の点については、コンテンツプロバイダも任意の削除に応じることが多い。コンテンツプロバイダの削除ポリシーやガイドライン[11]に記載されている禁止事項に該当することを指摘し、所定のフォームから削除要請を行うことも有効である。

4　口コミサイトへの掲載拒否

医療機関に対する口コミは、患者側の主観に基づくものが多く、診療を受けた者の意見として、医療機関側の権利侵害が認められにくいという性質がある。また、医療機関側が患者側の誤解に基づく投稿について、説明や反論を行おうにも、診療に関する情報がセンシティブな情報であり、また、守秘義務の観点からしても、投稿された口コミに対する説明や反論を行うことは困難である。そのため、無責任な口コミがなされるくらいなら、口コミサイトに対して、自らの医療機関の掲載自体を拒否したいと考えることは自然なことである。

口コミサイトへの掲載を無条件で拒否するためには、自らの医療機関に関する情報を自由に取捨選択したうえで、その中から公開するものと公開しないものを自らの意思で選択し、これについて第三者が関与することができないとする権利が肯定されなければならない。そのためには、自らの情報に関しては自らが支配することができるとする権利（情報コントロール権）が認められることが前提となる。

(1)　いわゆる「食べログ」訴訟における判示内容

(A)　専権的な情報コントロール権の否定

この点に関し、いわゆる「食べログ」訴訟では「情報コントロール権といってもその権利又は利益の内容及び外延が明らかではないこと、個人の情報に関しては、私生活をみだりに公開されないといういわゆるプライバシーの権利が憲法13条に基づき保護されるものと認めることができるが、これも、私生活

10　本邦外出身者（本邦の域外にある国もしくは地域の出身である者またはその子孫であって適法に居住するもの）や被差別部落出身者であることを推認させるような事項。

11　Google マップウェブサイト「禁止および制限されているコンテンツ」〈https://support.google.com/local-guides/answer/7400114〉。

上の情報であればすべて公開されることが許されないものではなく、その情報内容に応じ、また、その侵害行為の態様により、保護の範囲は異なってくるものであることからして、情報コントロール権というものを、不法行為や差止めを認めるために保護されるべき権利又は利益として認めることは相当ではない」（大阪地判平成27年2月23日（平成25年（ワ）第13183号）裁判所ウェブサイト）と判示し、自らの情報を専権的にコントロールする権利を否定した。

　　（B）　業務遂行のための情報のコントロール権・利益

　そのうえで、前掲大阪地判平成27年2月23日は、営業権または業務遂行権について「営業の自由、職業活動の自由は、憲法22条1項の職業選択の自由に包摂されるものとして、保障されているものと解される。この権利の享有主体は、個人のみならず、法人においても認めることができる。したがって、原告は、自らの業務遂行のため、自己の情報に関し、公開するかどうかについて、選択する権利又は利益を有する」として、自己の情報を公開するかどうかを選択する権利または利益があることを認めている。もっとも、これらの権利または利益は、上記の情報コントロール権とは異なり、排他的な権利ではないことから、口コミサイトの運営者の側に存する表現の自由との調整が必要となる。そのため、削除が認められるか否かは、これらの権利または利益と「侵害行為の態様との相関関係で決せられるべき」ということになる。

　　（C）　削除の可否

　大阪地判平成27年2月23日においては、「食べログ」側の「侵害行為の態様は、原告からの申入れに対し、店舗情報等が公開されているので応じなかったというものであり」「一般的に公開されている情報であれば掲載するという方針で原告の申し入れに応じなかったに過ぎない」というものであるから、「原告からの申し入れに応じないことが違法と評価される程度に侵害行為の態様が悪質ということはできない」として、「食べログ」に掲載するという「先行行為に基づく条理上の作為義務が発生すると認めることはできない」と判示している。

⑵　〈*Case*⑤- 2〉の医療機関側情報の削除の可能性

　上記「食べログ」訴訟の判示内容を前提とすると、医療機関の情報は、広く公開されている以上、医療機関側が自らの情報の掲載自体を拒否したいとの請

求は、認められない可能性が高いと思われる。

5　口コミの削除を求める相手方

(1)　口コミサイトの運営者（コンテンツプロバイダ）

　口コミは、通常、匿名で行われることから、削除を求める対象は、口コミサイトの運営者となるのが一般である。口コミサイトの運営者は、プライバシー権侵害等、一見して権利侵害性が明らかなものについては、任意の削除に応じることもあるが、名誉毀損表現の場合には、真偽が明らかでないとして、任意の削除に応じず、結局のところ、裁判上の対応をとらざるを得ないことが多い。また、削除基準としても不明確で、インターネット上の誹謗中傷問題を多く取り扱う弁護士の間でも、なぜ、この表現で削除したのに、この表現だと削除しないのか、その判断の妥当性に疑問をもつケースも多い。裁判上の対応を含め、削除を行うための労力は膨大であるのに対し、投稿は一瞬の行為であることから、一つの投稿を削除したとしても、また、形を変えて投稿されることもある。そのため、裁判上の対応を通じて、投稿者を特定していくことが、誹謗中傷の問題を解決していくためには、必要不可欠である。

(2)　口コミの投稿者

(A)　反論のリスク

　不特定多数の一般人を対象とする医療機関に対する投稿では、自らが希望する検査がなされなかった場合、あるいは自らが希望する薬が処方されなかった場合、また、自らの考えを専門家である医師が否定したような場合には、否定的な内容の投稿がなされてしまう傾向にある。当然のことであるが、医師には専門家としての裁量があり、特に保険診療の場合、不必要な検査や薬の処方は、保険制度自体を崩壊させることにもつながりかねない重大な問題である。その意味では、受診する患者の希望どおりの対応をしなかった医師の対応は、むしろ適切な対応というべきであろう。それにもかかわらず、口コミには、一方的な批判とともに、低い点数がつけられてしまうという現実がある。とはいえ、口コミに対して、不特定多数人が閲覧可能なインターネット上で適切な反論を行うことは、センシティブな情報を扱う医療機関としては、極めて困難である。また、インターネット上での反論が「炎上」を招く危険があることから、反論

を行うこと自体、医療機関としても極めてリスクが高い。

　(B)　投稿者が把握できる場合

　もっとも、口コミの記載内容から、投稿者が誰であるかについて、医療機関側として把握できる場合がある。この場合、いきなり、投稿者であると断定する内容の書面を送付することには慎重でなければならず、その内容についても十分な配慮が必要であることについては、すでに述べたとおりである[12]。インターネット上の口コミでは、投稿者の憂さ晴らしとして安易になされることが多く、投稿者自身、自らの行為の重大性についての認識を欠いているケースが極めて多い。そのため、投稿者の投稿内容がどのような点で問題であり、名誉毀損罪（刑230条1項：3年以下の懲役もしくは禁錮または50万円以下の罰金）、侮辱罪（同法231条：1年以下の懲役もしくは禁錮もしくは30万円以下の罰金または拘留もしくは科料）等の犯罪に該当する可能性があることを具体的に指摘することが有用である。この場合、投稿者が自らの行為の重大性を認識することで、その後のリスクを考え、削除に応じるケースは多い。もっとも、削除した場合の免責について記載することが必要であることについては、すでに述べたとおりである[13]。

Ⅲ　私的な投稿が「炎上」した事例

1　事　例

〈*Case* ⑤ - 3〉

　甲弁護士の対応により、Ｙクリニックに対してなされていた口コミの多くが削除された。そこで、Ｙクリニックの院長は、自らのブログで、削除に至った経緯を説明した。ところが、その説明の中で、子どものいない女性に対する偏見と思われる発言や10代の頃に行った自らの犯罪行為を紹介する内容の発言があったことから、それらの発言が切り取られ、SNS上で拡散されてしまった。その結果、Ｙクリニックに対する無

12　Ⅰ5(3)参照。
13　Ⅰ5(3)参照。

言電話や脅迫電話がかかってくるようになった。

2　論　点

〈***Case*** ⑤ - 3〉において問題となる論点は、以下のとおりである。

① 事実関係の確認と状況の把握

② 謝罪すべき事案か否か

③ 反論すべき事案か否か

④ 業務妨害への対応

3　インターネット上での「炎上」

(1)　「炎上」の実態

「炎上」とは、「ウェブ上の特定の対象に対して批判が殺到し、収まりがつかなそうな状態」「特定の話題に関する議論の盛り上がり方が尋常ではなく、多くのブログや掲示板などでバッシングが行われる」状態[14]をいう。近年のスマートフォンおよび SNS の利用拡大に伴い、炎上発生件数は急激に増加している。不動産会社の社員が顧客の情報を公開した事例、いわゆる「バイトテロ」の事例、店舗にいいがかりをつけた事例、自治体のポスター等啓蒙活動に関する事例、企業 CM に関する事例等、「炎上」事例は枚挙に暇がない。

(2)　「炎上」が生じやすい類型

（A）　「炎上」が生じやすい類型

これまでの「炎上」事例から、「炎上」が生じやすい類型の話題としては、おおむね「政治、思想、宗教、人種、歴史」「マイノリティ」「妊娠、出産、子育て」「虐待」「不良自慢、違法行為自慢」「不謹慎」などに分類することが可能である。これらの話題は、個人の価値観が対立しやすい問題であるとともに、内容としてもセンシティブな問題であることから、読者をして、ある種の「ツッコミ」を入れやすい、ついつい、ひとこと言いたくなってしまう内容の話題である。これらの話題が SNS を通じて拡散し、その過程において、インフルエ

14　「情報通信白書〔令和元年度〕」105 頁、荻上チキ『ウェブ炎上──ネット群衆の暴走と可能性』（筑摩書房、2007 年）。

ンサーとよばれる人たちが介在することで、数時間のうちに、ほとんどの日本人が知っているという状態となってしまう。

　(B)　多様な考え方が存すること

　世代間による考え方の違いもあり、50代以上の世代では、自らが20代、30代の頃に行った、業務に関するグレーな行為や違法行為を、自らが努力したことの趣旨で語る場合がある。しかしながら、コンプライアンスが重視される現代においては、これらの発言は全く受け入れられるべきものではなく、共感自体得られるものではないことを認識すべきである。また、多様な価値観が存する中で、特定の考え方を、あたかもそれが正しいかのごとく語ることについても同様である。これまで、少数者であるがゆえに、積極的な意見表明ができなかった人たちもインターネットを通じて、自らの意見を積極的に主張することができるようになった。インターネットが開かれたメディアである以上、そこに多様な考え方が存在することは当然のことである。多様な考え方の人がいる中で、特定の考え方が、当然のように正しいことを前提として投稿すること自体が、インターネット上での「炎上」が生じるリスクが高い行為であることを認識すべきである。

4　「炎上」と「晒し」行為

⑴　「晒し」行為

　「炎上」が生じると、該当する発言に対するネガティブな意見だけではなく、投稿者の過去の言動や、投稿者自身の情報が、次々にインターネット上で拡散されるようになる(いわゆる「晒し」行為)。「晒し」行為を行う者の心理としては、情報を欲する人の「知りたい」という欲求に応えることで、自らがインターネット上で「英雄」となりうること、また、インターネット上で情報を収集する行為自体が、ある種の「宝探し」であって、「ゲーム感覚」で行うことができること、「炎上」の対象となっている人を叩くことが、「晒し」行為を行う者にとっては、正義であるという「歪んだ正義感」を満足させることができること、インターネット上への投稿を「匿名」で行うことができることから、自らの身元が明らかにならないという「匿名による安心感」があること、特定の人物を叩くことが日常生活における「不満や不安の解消」となること、等の事情をあげること

ができる。

(2) 「晒し」行為の態様

「炎上」が生じ、それに伴い「晒し」行為が行われるようになると、次の段階では、インターネット上だけでなく、実生活に関する影響が生じるようになってくる。これまでの炎上事例をみると、第1段階として、インターネット上の断片的な情報（不確かな情報）が投稿されるとともに、「情報提供求む」「拡散希望」といった投稿がなされ、卒業アルバム、SNS上の写真がネット上に転載されるようになる、そして、第2段階として、当事者のSNSが特定され、過去にSNS上に投稿された写真が撮影された場所から、当事者の大まかな居住地や行動パターンが推測される、そして、第3段階として、レポーター気取りで現地に赴く者が現れ、その写真や動画が公開されるようになる。この段階になると、単にインターネット上の問題にとどまらず、リアルな生活空間に対する侵害が具体的に生じることになる。特に、近年では、いわゆる「迷惑系YouTuber」による迷惑行為が問題となっており、「炎上」が生じた場合、これらの「迷惑系YouTuber」によるターゲットとされる危険性もあり、単にインターネット上の問題にとどまらないリスクが生じることになる。

5　「炎上」対策

(1) 「炎上」リスク

「炎上」が生じると企業のレピュテーションは著しく毀損されることになる。そのため、企業としては、「炎上」が生じやすい類型の話題を取り扱う場合には、特に慎重とならなければならない。もっとも、「炎上」が生じるのは、企業の公式アカウントからだけではなく、従業員の私的なSNSでの投稿によって生じる場合も多い。そのため、普段からの社員に対する研修を充実させることが必要である。

(2) 「炎上」を生じさせないための心構え

　私的な投稿によって、インターネット上での「炎上」が生じたケースは、ほとんどの場合、以下の視点が欠けていたと思われる。①インターネット（SNSを含む）は公開の場であること（スマートフォンの向こう側に何万人もの人がいる可能性があることを常に認識しておく）、②インターネットは完全な匿名の場で

はないこと（匿名であっても、IP アドレス、タイムスタンプから投稿者を特定することは可能である）、③必要以上に自らの個人情報を公開しないこと（「炎上」が生じた場合、断片的な情報から、実名、勤務先、顔写真等が特定され、暴かれていくことになる）、これらの視点が欠けていたことによって、「炎上」が生じ、被害が拡散してしまったということが現実である。これらの視点を意識していれば、仮に、「炎上」が生じたとしても、甚大な被害を避けることはできたと思われる。「炎上」による被害を避けるためには、インターネットの特性を理解することが必要である。

6　「炎上」が生じた場合の対応

(1)　「炎上」時の対応

(A)　早急に行うべき事項

「炎上」が生じた場合は、炎上の基となった投稿を直ちに削除するとともに、速やかに、①事実関係の確認と状況を把握すること、②「炎上」が誤解された事実関係に基づいて生じたものであるのか、自らに責任があり謝罪すべき事案であるのかについて正確に把握すること、③反論すべき事案か否かについて検討すること、以上の対応を早急に行わなければならない。

　仮に、当該投稿が他人の権利を侵害する違法な投稿であったと事後的に判断された場合には、投稿を削除しなければ、違法行為を残存させたと評価されてしまうことにもなりかねない。また、投稿が削除されずに残っていた場合、スクリーンショットを撮られたり、内容がコピーアンドペーストされる等して、その内容がインターネット上に拡散されてしまうことになる。さらに、当該投稿に関連する従業員等の個人がブログや SNS を行っていた場合には、それらのブログや SNS の公開を制限する等の措置を講じるべきである。情報の流出と拡散を防止する、これが最優先の対応である。

(B)　事実関係と状況の把握　（①）

　まずは、いつ、誰が、どこで、何について、どのような行動（言動）を、なぜ行ったのか（いわゆる「5 W 1 H」）について正確に把握する必要がある。事実関係を正確に把握することなく、見切り発車的に対応をした場合、安易な謝罪がさらなる炎上を招いたり、謝罪すべき事案で、十分な謝罪をしないことが反省し

ていないと受け止められてしまう等、対応を誤ると、やはりさらなる炎上を招いてしまう危険がある。

（C）　謝罪すべき事案か否か（②）

謝罪すべき事案であれば、迅速かつ誠実に事実関係を公表し、再発防止策についても明らかにしたうえで、真摯な謝罪を行わなければならない（インターネット上のみで行うのか、別途プレスリリースを行うのかについても検討する必要がある）。謝罪すべき事案である場合には、真摯な謝罪が必要であり、他者に対する責任転嫁と受け取られてしまうような言動は厳に慎まなければならない。

（D）　反論すべき事案か否か（③）

「炎上」が誤解に基づいて発生したものであって、誤った情報が拡散されてしまっている場合には、事実関係についての適切な反論を行う必要がある。この場合には、客観的な資料を基に、丁寧かつ具体的な反論を行わなければならない。仮に、「炎上」を生じさせたものが、意図的に発言を切り取っていたり、挑発行為があったような場合には、その前後の関係について、詳細かつ具体的に、当時の録音や映像があれば、「炎上」を生じさせた言動の前後を含めた形で公開するなどして、適切な反論を行うべきである。なお、反論を行うに際し、他者への攻撃姿勢を示すなどの行為は、責任転嫁ととらえられてしまう危険性があること、また、感情的と評価されることで、当時の映像や文言が面白おかしく扱われてしまうこともありうることから、注意が必要である。

(2)　謝罪の際の「NG ワード」

謝罪すべき事案である場合には、真摯な謝罪が必要であり、中途半端な謝罪は、かえって、さらなる「炎上」を招いてしまうことにもなりかねない。弁護士の中には、法的責任追及のリスクを避けるために、訴訟における準備書面と同じ感覚で、文言を選びつつ、謝罪文の作成に関与するケースがあるが、そのような対応は、ほぼ確実にさらなる「炎上」を招くことになる。謝罪するのであれば、真摯な謝罪が必要であり、責任回避ととらえられる言動は厳に慎まなければならない。

謝罪に際して、用いてはならない、「NG ワード」は、「結果として」「遺憾」「誤解を招いた」「不快に思われた」等の文言である。要するに、これらの文言は、「自

分たちは悪くないけれども、受け手側の事情によって、このような事態となってしまった」と言っているに等しい。この場合、「悪いのは批判をしている側なのか」と受け取られ、さらなる炎上を招いてしまうこととなる。

7　業務妨害行為

(1)　無言電話、脅迫電話への対応

〈*Case* ⑤ - 3 〉では、クリニックに対する無言電話や脅迫電話がかけられている。たび重なる無言電話は、「受信者である相手方の錯誤ないし不知の状態を利用するものであるとともに、その目的、態様、回数等に照らし、社会生活上受容できる限度をこえ不当に相手方を困惑させる手段術策にあたり、刑法233条にいわゆる偽計を用いた場合に該当する」（東京高判昭和48年8月7日判時722号107頁）と判示されており、刑法上の偽計業務妨害罪（刑233条）に該当する。また、脅迫電話は、電話により「害悪の告知」を行うものであることから、刑法上の脅迫罪（同法222条1項）に該当するものである。これらの行為が行われた場合には、その内容を録音するとともに、時間についても記録したうえで、速やかに警察への通報を行うべきである。

(2)　インターネット上における無責任な投稿が引き起こした被害

(A)　福岡地判令和4年3月18日

インターネット上における無責任な投稿によって、「容疑者の父」であるとするデマが拡散した事案では、被害者が代表を務める会社に対し、「非難の電話や無言電話等が、多い日で1日あたり100を超える件数がかかってくる状況となった。その中には、原告B株式会社に対する襲撃予告のようなものまであったことから、原告B株式会社は、2日間の休業をした。そのほか、原告Aは、取引先等に出向き、原告B株式会社および原告Aが本件男性とは無関係である旨の説明をした。また、原告Aは、家族に危害が及ぶことを危惧し、子に対して学校を2日間休ませるなどした」（福岡地判令和4年3月18日（平成31年（ワ）第1170号）裁判所ウェブサイト）との事実認定がなされている。

(B)　無言電話

無言電話の点については、インターネット上への投稿に関する損害を検討するにあたり、必ずしも、それ自体を損害として評価したものではないが、「被

告Cは、原告B株式会社の損害は、第三者による迷惑電話がかかってきたことであり、被告Cがその者らの責任を負ういわれはない旨を主張する。しかし、……原告B株式会社は、本件投稿1により社会的評価ないし信用が低下したものであって、上記迷惑電話はそれが顕在化したものであるにすぎない」と判示しており、直接には、社会的評価の低下ないし信用の低下が損害であるが、迷惑電話がかかってくるという事態は、社会的評価が低下したことの結果であるとの考えを示したものと思われる。

　　（C）　小　括

　上記訴訟における事実認定は、インターネット上で「炎上」が生じた場合に、企業が受けうる現実の損害の一例として、重く受け止める必要がある。

8　〈*Case*⑤-3〉の解決への道筋

　Yクリニックの院長は、甲弁護士の助言に従い、自らのブログを閉鎖するとともに、Yクリニックのホームページにおいて、自らのブログの内容が不適切であったことを認め、自らの不見識を謝罪した[15]。さらに、自らの発言が、女性のおかれた状況に関する認識が不足していたことを認め、認識を改めたことを明らかにした。さらに、自らの発言によって傷つけてしまった人に対し、あらためて謝罪を行った。また、10代の頃に犯罪で被害を受けられた方に対しても、謝罪の意思を示し、自らの発言によって過去を掘り返してしまったことについても謝罪をしたところ、インターネット上の「炎上」は徐々に沈静化していった。

15　個人のブログ上での発言に対し、勤務先のホームページ上で謝罪を行うことが適切であるかについては、個別の事情による。本件事案では、すでに、勤務先に無言電話や抗議電話がなされており、個人の領域から勤務先まで被害が拡大していたケースであったことから、勤務先のホームページでの謝罪が効果的と判断したものである。

〈参考文献〉

本文中に掲げたもののほか以下のとおり。

・松尾剛行＝山田悠一郎『最新判例にみるインターネット上の名誉毀損の理論と実務〔第 2 版〕』（勁草書房、2019 年）

・中澤佑一「社内研修で防ぐネット・SNS トラブル」ビジネス法務 2016 年 5 月号

・ＰＲ実務研究会編『弁護士のための PR（広報）実務入門』（民事法研究会、2023 年）

（最所義一）

第 **6** 章

リベンジポルノ・ネットストーカー事件

I　事　例

〈*Case* ⑥〉

　東京で法律事務所を構える甲弁護士の下に東京都在住の被害者X（19歳・女性）から相談があった。インターネット上で匿名のアカウント（以下「本件匿名アカウント」という）から嫌がらせを受けているという。もちろん、本件匿名アカウントについてXは全く身に覚えがない。詳しく事情を聞くと、嫌がらせは鍵アカウントであるXの実際のSNSアカウントからXが自ら通常投稿や24時間限定のストーリー投稿の形で投稿したXの肖像写真やXの肖像イラストを無断転載するなどの行為であった。なお、Xの肖像写真は、一緒にいた友人などにスマートフォンで撮影してもらいデータをLINEなどで共有してもらった写真をXのアカウントにおいて投稿する形のものがもっぱらであった。また、Xの肖像イラストは絵の得意な友人が戯れで描いたものをXがおもしろがって自らのアカウントにたびたび投稿していたものであった。無断転載の中にはXの投稿を「見ているよ」などと監視しているような文言が付されたものもあった。また、無断転載はXの投稿から数分後にされる場合もあり、

Xはアカウントを常に監視されているのではないかと恐怖を感じていた。さらに関連は明らかでないものの最近、Xの実家に非通知番号からの無言電話が何回かあったという。

Ⅱ 　解決への道筋

　無言電話や監視をうかがわせる投稿もあることから〈*Case* ⑥〉はインターネットを用いたストーカーも疑われる事案であるものの、確証はもてない状況である。また、本件匿名アカウントは匿名であることから犯人の目星もつかない。そこでまず、本件匿名アカウントを用いて投稿している者の特定が問題となる。甲弁護士は初動として本件匿名アカウントを確認したが、本件匿名アカウントはもっぱらXのSNSアカウントからの無断転載のみを投稿しており、個人の特定につながりそうな情報はなかった。このような状況を前提とすると、発信者情報開示請求などの法的手続を用いた匿名アカウント利用者（発信者）の特定を検討すべき状況である。では、発信者情報開示請求の前提となる権利侵害の明白性は認められるだろうか。まずは、本件投稿行為の違法性の検討が出発点となる。

　そうであるものの、本件写真は、友人の撮影に係る写真であるため、Xの著作権侵害は主張できない。本件イラストも同様に友人に著作権が帰属する。そうすると、本件無断転載については、Xの肖像に対する肖像権侵害が成立するかを検討する必要がある。特に、Xが撮影や作成に同意したうえで、自らSNSに投稿した写真やイラストについて転載することがXの肖像権を侵害するかが問題となる。また、名誉感情侵害、さらに、Xのアカウントを監視しているかのような言及がある点から、インターネットを通したストーカー行為としてストーカー行為等の規制等に関する法律（以下「ストーカー規制法」という）による対応が可能かの検討も有用である。以上の状況を踏まえて、甲弁護士はまず〈*Case* ⑥〉への対応決定の前提となる法的検討を行うこととした。

III　〈*Case* ⑥〉で問題となる論点と派生論点

〈*Case* ⑥〉において問題となる基本的な論点と、派生論点は以下のとおりである。

基本論点① 肖像権の保護

② 肖像権侵害の成否

③ インターネットを通したストーカー行為の成否

④ リベンジポルノ犯罪の成否

派生論点① イラストにおける肖像権侵害の注意点

② 受忍限度論

③ 時限投稿と無断転載

④ 挙動による名誉感情侵害の成否

⑤ 迷惑防止条例違反の成否

⑥ リベンジポルノ防止法にいう「公然と陳列」する行為

⑦ 児童ポルノ規制法違反の成否

⑧ 性的姿態撮影等処罰法違反の成否

IV　〈*Case* ⑥〉において前提となる論点・派生論点の解説

1　肖像権の保護

本件匿名アカウントは、Xの友人がスマートフォンで撮影したXの肖像写真を無断で転載している。ところで、本邦の法令上、個人の肖像を保護することを宣明した直接の明文規定はみあたらない。そこで、そもそも個人の肖像が法的保護の対象となるか問題となる。

この点について、肖像権に関するリーディングケースとされる裁判例において、最高裁判所は、「人は、みだりに自己の容ぼう等を撮影されないということについて法律上保護されるべき人格的利益を有する」（最判昭和44年12月24日刑集23巻12号1625頁）と判示している。このように、最高裁判所は、個人

の肖像について法律上保護される人格的利益であることを明らかにしている。当該裁判例の影響もあり、実務上個人の肖像が法的保護の対象となることは現在では当然の前提となっている。そこで、甲弁護士としても著作権侵害が主張できない〈*Case* ⑥〉においてXの肖像権侵害を違法性検討の中心に据えるべきである。

2 無断転載による肖像権侵害の成否

では、Xが撮影に同意し、自らSNSに投稿した肖像について、転載することは肖像権侵害を導くのだろうか。基本的に、前掲最判昭和44年12月24日は、撮影に同意していない事案であった。そこで、撮影および公表に同意した肖像写真について、無断転載した場合、肖像権侵害の成否が問題となる。

この点について、東京地判平成18年5月23日判時1961号72頁は、「本人が一度その撮影及び公表に同意した場合においても、本人の同意の範囲の判断に当たっては、慎重に解釈すべきであり、その同意の範囲を超えたものについては、人格的利益を侵害する違法な行為であると評価すべきである」と判示しており、参考になる。同裁判例はそのうえで、「どの範囲で上記写真を再使用することを許諾していたかについては、これを明記した書面等の存在が認められない」ような場合、「当該使用が承諾の範囲内にあるか否かについては、その使用の形態、使用された媒体、使用された時期などを考慮しながら決するほかない」としている。このような判示を参考にすると、SNSにおける無断転載については、被害者が自ら投稿するか投稿を承諾したSNSアカウントおよび無断転載されたSNSアカウントの性質や、無断転載の形態、被害者が投稿した時期と無断転載された時期などを総合的に考慮しながら決するという考え方もできる。

では、その際に肖像権侵害の判断の基準は存在するだろうか。

この点、和歌山毒入りカレー事件の被告人の法廷写真における肖像権侵害が問題となった最判平成17年11月10日民集59巻9号2428頁は、写真における肖像の保護（権利侵害）について、下記のとおり判示して、その判断基準を示している。

すなわち、写真の肖像の保護について、「人は、みだりに自己の容ぼう等を

撮影されないということについて法律上保護されるべき人格的利益を有する……もっとも、人の容ぼう等の撮影が正当な取材行為等として許されるべき場合もあるのであって、ある者の容ぼう等をその承諾なく撮影することが不法行為法上違法となるかどうかは、被撮影者の社会的地位、撮影された被撮影者の活動内容、撮影の場所、撮影の目的、撮影の態様、撮影の必要性等を総合考慮して、被撮影者の上記人格的利益の侵害が社会生活上受忍の限度を超えるものといえるかどうかを判断して決すべきである」と判示している。

〈*Case*⑥〉においては、このような最高裁判例に従って、甲弁護士も、本件無断転載が受忍限度の範囲内といえるかを検討することになるだろう。なお、上記の最高裁判例は撮影の違法性についてのものである。そこで、転載の場合にも受忍限度基準が妥当するか、後ほど検討する。

3　イラストの場合の肖像権侵害の成否

ところで〈*Case*⑥〉において、Xの肖像イラストも無断転載されている。では、イラストの無断転載については、写真とは異なる検討が必要なのだろうか。

前掲最判平成 17 年 11 月 10 日は、イラストの場合の肖像権侵害の判断基準について、「人は、自己の容ぼう等を描写したイラスト画についても、これをみだりに公表されない人格的利益を有すると解するのが相当である。しかしながら、人の容ぼう等を撮影した写真は、カメラのレンズがとらえた被撮影者の容ぼう等を化学的方法等により再現したものであり、それが公表された場合は、被撮影者の容ぼう等をありのままに示したものであることを前提とした受け取り方をされるものである。これに対し、人の容ぼう等を描写したイラスト画は、その描写に作者の主観や技術が反映するものであり、それが公表された場合も、作者の主観や技術を反映したものであることを前提とした受け取り方をされるものである。したがって、人の容ぼう等を描写したイラスト画を公表する行為が社会生活上受忍の限度を超えて不法行為法上違法と評価されるか否かの判断に当たっては、写真とは異なるイラスト画の上記特質が参酌されなければならない」と判示している。そこで、イラストの無断転載についてはこの点も加味した検討が必要になるだろう。

4　受忍限度論

　では、前掲最判平成 17 年 11 月 10 日においても撮影による肖像権侵害について採用が宣明された受忍限度論について、無断転載についても妥当するのだろうか。無断転載にも援用できるかについて担当弁護士としては、受忍限度論の裁判例における位置づけなどの検討や理解が必要になる。

　この点について、裁判法理において現在、肖像権侵害など人格権侵害においても受忍限度論の採用が広がっていることは、最高裁調査官によっても指摘されている[1]。そして、公害訴訟や相隣関係訴訟で裁判所が採用したといわれる、いわゆる学説において発展してきた受忍限度論は、我妻榮博士の不法行為における違法性の相関関係説を公害訴訟などに具体化したものといわれる。たとえば、前掲最判平成 17 年 11 月 10 日は、「表現行為と肖像に関する人格的利益の対立場面における違法性の判断基準としても受忍限度論を採用し」たと評されている[2]。そして、基本的には、公害訴訟などで採用されている受忍限度論は、相関関係説の具体化とも理解される以上、援用されているのは公害訴訟などにおいて具体化された受忍限度論であり、さらに敷衍すれば相関関係説であると理解することもできる。その中で、被侵害利益の性質および、行為の悪質性・公益性など行為態様の相関関係によって違法性を判定する基準として、受忍限度という基準も援用されているという見方もできる。すなわち、相関関係説を人格権侵害の場面に援用した場合も、受忍限度という権利侵害の態様を相関的な違法性判断の中心的要素として取り込んでいるという理解の仕方も可能と思われる。いずれにせよ、名誉感情侵害や肖像権侵害などの人格権侵害に裁判実務上採用されているのが相関関係説なのであり、名誉感情侵害や肖像権侵害の違法性審査においても相関関係説を具体化した帰結が受忍限度論なのであれば、肖像権侵害の違法性は、権利侵害の重大性（被侵害利益の種類・性質）と、行為の悪質性（侵害行為の態様）の相関関係によってその違法性を判定されるべきことになるだろう。

　受忍限度論について、上記のような人格権侵害一般の違法性検討に裁判法理

1　中島基至「判解」最判解民〔平成 23 年度〕568 頁。
2　中島・前掲判解（注 1 ）575 頁。

上援用されるに至っているという検討や理解を前提にすれば、撮影の違法性に限らず、無断転載の場合の肖像権侵害においても等しく援用できると考えやすい。

〈*Case⑥*〉においては、甲弁護士としても本件無断転載が受忍限度を超えているかという観点から違法性を検討するべきと考える。

5　時限投稿と無断転載

さらに、〈*Case⑥*〉では、SNSに時間限定でXが投稿したものの無断転載も問題となっている。では、たとえば、インスタグラムのストーリーのように24時間で消失するなど、時間を限定して投稿したものについて無断転載する場合、違法性の判断に影響を与えるのだろうか。

この点、東京地判令和2年9月24日（令和元年（ワ）第31972号）裁判所ウェブサイトは、「本件画像は、原告Bを被撮影者とするものである。本件画像が含まれる本件動画の撮影及びそれをインターネット上の投稿サイトに投稿したのは原告Aであり、原告Bは夫である原告Aにこれらの行為を許諾していたと推認され、本件画像の撮影等に不相当な点はなく、氏名不詳者は上記投稿サイトから本件動画を入手したものではある」としながら、「しかしながら、本件動画は24時間に限定して保存する態様により投稿されたもので（前記1(2)）、その後も継続して公開されることは想定されていなかったと認められる上、原告Bが、氏名不詳者に対し、自身の肖像の利用を許諾したことはない（甲13、弁論の全趣旨）。原告Bは私人であり、本件画像は原告Bの夫である原告Aが原告らの私生活の一部を撮影した本件動画の一部である（前記1(1)、(4)）。そして、本件画像は、原告Aの著作権を侵害して複製され公衆送信されたものであって（前記2）、本件投稿の態様は相当なものとはいえず、また、別紙投稿記事目録記載の投稿内容のとおりの内容に照らし、本件画像の利用について正当な目的や必要性も認め難い。これらの事情を総合考慮すると、本件画像の利用行為は、社会生活上受忍すべき限度を超えるものであり、原告Bの権利を侵害するものであると認められる」として、24時間限定で投稿していることを、受忍限度を超える転載行為であると認める一事情としている。そのうえで、その他の事情も総合的に考慮して、同裁判例は肖像権の侵害を認めている。

　以上の裁判例を前提にすると、〈*Case* ⑥〉においても時限投稿を無断転載していることは、違法性を肯定する事情となる検討材料とすべきである。

6　挙動による名誉感情侵害

　甲弁護士としては、〈*Case* ⑥〉に対応するにあたって、ほかに検討しておくべき人格権侵害はないだろうか。

　〈*Case* ⑥〉は、たび重なるX肖像の無断転載行為を行っている。ところで、名誉感情侵害の成立は侮辱行為に限られない。侮辱とは、人格に対する否定的価値判断をいう[3]が、名誉感情侵害を構成するすべての行為態様ではないことに留意が必要である。また、侮辱行為も投稿行為による否定的評価の言論による宣明に限られない。たとえば、東京地判令和4年3月25日（令和2年（ワ）第20802号）判例集未登載は、SNSのリアクションである「いいね！」による不法行為の成立について否定した。しかし、同事件の控訴審である東京高判令和4年10月20日判タ1511号138頁は、原審の判断を覆し、「いいね！」に名誉感情侵害による不法行為の成立を認め、原告の請求の一部である55万円について損害賠償請求を認容した。同事案で東京高裁は、「いいね！」に至る経緯や「いいね！」の態様などから「いいね！」に害意があったものとして名誉感情侵害の成立を認めている。

　すなわち、同裁判例において東京高裁は、「本件各押下行為は、控訴人や『B』を侮辱する内容の本件対象ツイートに好意的・肯定的な感情を示すために行われたものであることが優に認められる。同時に、控訴人に対する揶揄や批判等を繰り返してきた被控訴人が控訴人らを侮辱する内容の本件対象ツイートに賛意を示すことは、控訴人の名誉感情を侵害するものと認めることができる（なお、本件対象ツイートの中には、控訴人を直接侮辱するのではなく、『B』を侮辱する内容のものもあるが、上記の事実経過に照らせば、控訴人を擁護する『B』を侮辱するツイートに『いいね』を押して賛意を示すことも、控訴人の名誉感情を侵害するものというべきである。）」と述べて、「以上のとおり、被控訴人は、本件各押下行為により、控訴人の名誉感情を侵害したものである」と結論づけている。

---

[3]　佃克彦『名誉毀損の法律実務〔第3版〕』（弘文堂、2017年）137頁。

　そのうえで、名誉感情侵害が違法の水準に至っているかという点について、「本件各押下行為は、合計25回と多数回に及んでいる。また、このことに加え、被控訴人は、本件各押下行為をするまでにも控訴人に対する揶揄や批判等を繰り返していたことなどに照らせば、被控訴人は、単なる故意にとどまらず、控訴人の名誉感情を害する意図をもって、本件各押下行為を行ったものと認められる。すなわち、一般的には、『いいね』を押す行為は、その行為をした者が当該対象ツイッターに関して好意的・肯定的な感情を示すものにとどまるとしても、被控訴人は、上記1(3)イ（イ）bのような控訴人らを侮辱する内容の本件対象ツイートを利用して、積極的に控訴人の名誉感情を害する意図の下に本件各押下行為を行ったものというべきである」として、被控訴人の害意を確認している。さらに、同裁判例は、「本件各押下行為は、約11万人ものフォロワーを擁する被控訴人のツイッターで行われたものである上（甲14）、被控訴人は国会議員でありその発言等には一般人とは容易に比較し得ない影響力があるところ、このことは本件各押下行為についても同様と認められる」として、被控訴人の影響力にも言及し、「これらの事情に照らすと、本件各押下行為は、社会通念上許される限度を超える侮辱行為であると認めることができるから、控訴人の名誉感情を違法に侵害するものとして、控訴人に対する不法行為を構成する」と結論づけ、「いいね！」による不法行為の成立を認めている。

　単純に誹謗を一度「いいね！」したような事案とは異なり、東京高判令和4年10月20日は事案の特殊性に言及していることから、「いいね！」が直ちに違法となることを意味するものではないが、人格に対する否定的判断を宣明した単純な侮辱行為とは異なる行為に対して名誉感情侵害を認めた事案として留意する必要がある。

　〈*Case* ⑥〉も、執拗な無断転載行為について、名誉感情などの人格的利益に対する違法な侵襲を認める余地があろう。そこで、甲弁護士としても無断転載の執拗さや、時折付されたコメントの悪質性などを踏まえて、名誉感情侵害など肖像権以外の人格権侵害の成否も検討しておくべきであろう。

7 インターネットを通したストーカー行為の成否

〈*Case* ⑥〉における匿名アカウントは、一定程度の期間にわたって、Xに対して嫌がらせともとれる無断転載投稿を継続している。その他、無断転載の投稿には監視を疑わせる文言や、そもそもアカウントを常時監視しているとうかがわせる時間的に近接した無断転載もなされている。さらに、関係は不明であるものの無言電話もあった。そうであるところ、ストーカー規制法において、その行動を監視していると思わせるような事項を告げ、またはその知り得る状態におくこと、その名誉を害する事項を告げ、またはその知り得る状態におくことおよびその性的羞恥心を害する事項を告げ、もしくはその知り得る状態におくことなどは、反復して行った場合、刑法の構成要件に該当する違法なストーカー行為になり得る。そして、本件匿名アカウントは、無断転載投稿を通じて、上記に該当する投稿を複数回行っている疑いがある。また、被害者の実家に無言電話があり、電話をかけて何も告げず、または拒まれたにもかかわらず、連続して、電話をかけた疑いもある。そこで、警察と連携して対応できる可能性もあるため、甲弁護士はストーカー規制法違反の成否についても検討しておく必要がある。

このように甲弁護士はストーカー規制法についても検討すべきところ、ストーカー規制法2条1項は、「つきまとい等」について、次のとおり規定する。

○ストーカー行為等の規制等に関する法律
第2条 この法律において「つきまとい等」とは、特定の者に対する恋愛感情その他の好意の感情又はそれが満たされなかったことに対する怨恨の感情を充足する目的で、当該特定の者又はその配偶者、直系若しくは同居の親族その他当該特定の者と社会生活において密接な関係を有する者に対し、次の各号のいずれかに掲げる行為をすることをいう。
一 つきまとい、待ち伏せし、進路に立ちふさがり、住居、勤務先、学校その他その現に所在する場所若しくは通常所在する場所（以下「住居等」という。）の付近において見張りをし、住居等に押し掛け、又は住居等の付近をみだりにうろつくこと。
二 その行動を監視していると思わせるような事項を告げ、又はその知り得

　　る状態に置くこと。

三　面会、交際その他の義務のないことを行うことを要求すること。

四　著しく粗野又は乱暴な言動をすること。

五　電話をかけて何も告げず、又は拒まれたにもかかわらず、連続して、電話をかけ、文書を送付し、ファクシミリ装置を用いて送信し、若しくは電子メールの送信等をすること。

六　汚物、動物の死体その他の著しく不快又は嫌悪の情を催させるような物を送付し、又はその知り得る状態に置くこと。

七　その名誉を害する事項を告げ、又はその知り得る状態に置くこと。

八　その性的羞恥心を害する事項を告げ若しくはその知り得る状態に置き、その性的羞恥心を害する文書、図画、電磁的記録（電子的方式、磁気的方式その他人の知覚によっては認識することができない方式で作られる記録であって、電子計算機による情報処理の用に供されるものをいう。以下この号において同じ。）に係る記録媒体その他の物を送付し若しくはその知り得る状態に置き、又はその性的羞恥心を害する電磁的記録その他の記録を送信し若しくはその知り得る状態に置くこと。

　すなわち、「つきまとい等」は、特定の者に対する恋愛感情その他の好意の感情またはそれが満たされなかったことに対する怨恨の感情を充足する目的を伴う必要がある。また、その行為の対象は、当該特定の者またはその配偶者、直系もしくは同居の親族その他当該特定の者と社会生活において密接な関係を有する者に対するものに限定される。そのうえで、1号から8号に分類される行為を行うことが、つきまとい等の行為に該当する。

　そして、ストーカー規制法において「ストーカー行為」とは、同一の者に対し、つきまとい等（ストーカー規制法2条1項1号から4号までおよび5号（電子メールの送信等に係る部分に限る）に掲げる行為については、身体の安全、住居等の平穏もしくは名誉が害され、または行動の自由が著しく害される不安を覚えさせるような方法により行われる場合に限る）を反復してすることをいう。

　しかしながら、〈*Case* ⑥〉における匿名アカウントは、どこの誰であるか判明せず、今回の嫌がらせ投稿が真に恋愛感情からきたものなのか、あるいは知人などの単純な嫌がらせなのか、さらにいえば現実世界では全くつながりのない人物による行為なのか判然としない。したがって、アカウントの特定がか

なわない状況下では、そもそも「特定の者に対する恋愛感情その他の好意の感情又はそれが満たされなかったことに対する怨恨の感情を充足する目的」という目的要件を満たすといいきれない事案が多いことには留意が必要である。甲弁護士としても、この段階ではストーカー規制法違反での警察との連携等は断念して、まずは発信者の特定を行うべきと判断した。

8　迷惑防止条例違反の検討

では、目的要件を満たせない場合、何らストーカー的な行為に対して対応できないのであろうか。この点は、各都道府県が定める迷惑防止条例がおおむね恋愛感情ではなく悪意の感情に基づくつきまとい等の行為を禁止していることに留意する必要がある。〈*Case* ⑥〉において、甲弁護士としても、迷惑防止条例について検討しておくべきであろう。

たとえば、Xが居住し甲弁護士が事務所を構える東京都における、「公衆に著しく迷惑をかける暴力的不良行為等の防止に関する条例」（以下「東京都迷惑防止条例」という）は、下記のとおりつきまとい行為等を定め、これを禁止している。

○公衆に著しく迷惑をかける暴力的不良行為等の防止に関する条例
（つきまとい行為等の禁止）
第5条の2　何人も、正当な理由なく、専ら、特定の者に対する妬み、恨みその他の悪意の感情を充足する目的で、当該特定の者又はその配偶者、直系若しくは同居の親族その他当該特定の者と社会生活において密接な関係を有する者に対し、不安を覚えさせるような行為であつて、次の各号のいずれかに掲げるもの（ストーカー行為等の規制等に関する法律（平成12年法律第81号）第2条第1項に規定するつきまとい等、同条第3項に規定する位置情報無承諾取得等及び同条第4項に規定するストーカー行為を除く。）を反復して行つてはならない。この場合において、第1号から第3号まで及び第4号（電子メールの送信等（ストーカー行為等の規制等に関する法律第2条第2項に規定する電子メールの送信等をいう。以下同じ。）に係る部分に限る。）に掲げる行為については、身体の安全、住居等（住居、勤務先、学校その他その現に所在する場所又は通常所在する場所をいう。以下この項において同じ。）の

平穏若しくは名誉が害され、又は行動の自由が著しく害される不安を覚えさせるような方法により行われる場合に限るものとする。

一　つきまとい、待ち伏せし、進路に立ちふさがり、住居等の付近において見張りをし、住居等に押し掛け、又は住居等の付近をみだりにうろつくこと。

二　その行動を監視していると思わせるような事項を告げ、又はその知り得る状態に置くこと。

三　著しく粗野又は乱暴な言動をすること。

四　連続して電話をかけて何も告げず、又は拒まれたにもかかわらず、連続して、電話をかけ、文書を送付し、ファクシミリ装置を用いて送信し、若しくは電子メールの送信等をすること。

五　汚物、動物の死体その他の著しく不快又は嫌悪の情を催させるような物を送付し、又はその知り得る状態に置くこと。

六　その名誉を害する事項を告げ、又はその知り得る状態に置くこと。

七　その性的羞恥心を害する事項を告げ若しくはその知り得る状態に置き、その性的羞恥心を害する文書、図画、電磁的記録（電子的方式、磁気的方式その他人の知覚によつては認識することができない方式で作られる記録であつて、電子計算機による情報処理の用に供されるものをいう。以下この号において同じ。）に係る記録媒体その他の物を送付し若しくはその知り得る状態に置き、又はその性的羞恥心を害する電磁的記録その他の記録を送信し若しくはその知り得る状態に置くこと。

八　その承諾を得ないで、その所持する位置情報記録・送信装置（当該装置の位置に係る位置情報（地理空間情報活用推進基本法（平成19年法律第63号）第2条第1項第1号に規定する位置情報をいう。以下この号において同じ。）を記録し、又は送信する機能を有する装置で東京都公安委員会規則で定めるものをいう。以下この号及び次号において同じ。）（同号に規定する行為がされた位置情報記録・送信装置を含む。）により記録され、又は送信される当該位置情報記録・送信装置の位置に係る位置情報を東京都公安委員会規則で定める方法により取得すること。

九　その承諾を得ないで、その所持する物に位置情報記録・送信装置を取り付けること、位置情報記録・送信装置を取り付けた物を交付することその他その移動に伴い位置情報記録・送信装置を移動し得る状態にする行為として東京都公安委員会規則で定める行為をすること。

ただし、この場合においても、上記のとおり1号から3号までおよび4号（電

子メールの送信等（ストーカー規制法2条2項に規定する電子メールの送信等をいう。以下同じ）に係る部分に限る）に掲げる行為については、身体の安全、住居等（住居、勤務先、学校その他その現に所在する場所または通常所在する場所をいう）の平穏もしくは名誉が害され、または行動の自由が著しく害される不安を覚えさせるような方法により行われる場合に限られる。

　〈*Case* ⑥〉は、発信者がどこの誰かわからず恋愛感情の証明は難しいものの、執拗な嫌がらせから悪感情は比較的述べやすい状況といえる。そこで、甲弁護士としては東京都迷惑防止条例に基づく警察への相談も視野に入れておくべきである。

Ⅴ　〈*Case* ⑥〉への対応

　以上の検討状況を踏まえて、甲弁護士は、民事上の肖像権侵害、名誉感情侵害などの不法行為該当性を十分認め得ると考えた。そこで、甲弁護士は裁判所において開示命令が発令される可能性が十分あるという検討結果の下、まずは発信者情報開示請求を進めて本件匿名アカウントの特定を進める方針を決め、Ⅹもその方針に納得した。また、現時点で本件匿名アカウントの利用者の素性が明らかでないことから、恋愛感情に基づく行為と断定できないためストーカー規制法による警察への相談は断念した。しかしながら、迷惑防止条例違反の可能性は依然あることから、迷惑防止条例違反での警察への相談を引き続き検討することとした。

　以上の検討結果を踏まえて、甲弁護士はまずは本件匿名アカウントを特定するための発信者情報開示請求の準備を進めることとして、Ⅹと委任契約を締結した。

Ⅵ　事案経過①（リベンジポルノ行為の発生）

　ところが、甲弁護士が肖像権侵害などで発信者情報開示の準備を進めていたある日、甲弁護士のところにⅩから緊急で話があると連絡があった。甲弁護士が事情を尋ねると、Ⅹの裸や性行為中の写真や動画（以下「本件写真等」という）

がインターネット上のXを名乗るXの肖像をアイコンに設定したSNSアカウント（以下「本件なりすましアカウント」という）に掲載されているのだという。さらに詳しく甲弁護士が事情をXに聞いたところ、そもそもの経緯としては、Xになりすましたアカウントが自分をフォローしてきたので気になってフォローバックした。その本件なりすましアカウントは、Xをフォローしてきた時から現時点まで、誰もフォローしておらず誰からもフォローされていなかった。すなわち、現在Xアカウントとのみ相互フォローの状態であった。そうしたところ、その自分しかフォローしていない鍵アカウントである本件なりすましアカウントの投稿には、Xの裸の写真など本件写真等が多数掲載されていたという。また、相互フォローになった後は、本件写真等や、あるいは意味不明なメッセージがダイレクトメッセージでも連続して送られてきているという。甲がさらに詳しく事情を聴取したところ、Xは、Yという男性といったん肉体関係にあったものの、数か月前に疎遠となり、Xのほうから連絡をとらなくなったという。SNS上でXのアカウントに対して匿名のアカウントからネガティブなコメントを付されるなどの嫌がらせを受け始めたのは実はその時期と重なるということであった。その後、SNS上で肖像の無断転載などの嫌がらせを受け始め、さらに、SNS上に本件なりすましアカウントが開設され、今回問題となっている本件写真等その他多数の写真や、Xの家の近所の写真など日常を監視しているかのような投稿まで掲載されるようになった。なお本件写真等の中には、Xが撮影を拒否しなかったものもあったが、撮影されていることに気づいていないものもあった。しかしいずれにせよ、Xが確認したところ本件なりすましアカウントに掲載されているXの裸の写真など本件写真等は、すべて、Yとの性交渉の時に撮影された写真に間違いがないということだった。

Ⅶ　事案経過①を踏まえた方針の検討

　まず、アカウントはXのなりすましであるものの、真の発信者は当然Xではなくと目される。このことから、Yが発信者であることの特定まで行うのか検討が必要となる。あるいは、写真の内容からYを犯人と一応特定できたものとして事案対応を進めるかが問題となる。また、〈*Case* ⑥〉はリベンジポル

ノやストーカーなどの犯罪行為が疑われることから警察との連携を視野にその前提として〈**Case**⑥〉において、どのような犯罪が成立するのか検討が必要になる。

　そこで、甲弁護士としては警察と本格的に連携をすべく被害届や告訴状の提出なども視野に刑罰法規の該当性を検討することとした。

Ⅷ　事案経過①を踏まえた前提となる論点・派生論点の解説

1　リベンジポルノを規制する法律

(1)　リベンジポルノとは

〈**Case**⑥〉はリベンジ（復讐）ポルノが強く疑われる状況である。

　リベンジポルノとは、嫌がらせや仕返しの目的で性的な画像（動画も含む）を、本人に無断でSNSなどに公開する行為をいう。誰でも、自身の性的な写真や動画を無断で公開されることが苦痛であることは論をまたない。そうした苦痛を与えることなどを目的に、復讐として性的な画像等を公開することをリベンジポルノという。付き合っていて別れたり、告白されて断った場合に、納得いかなかった相手が腹いせに性的な写真をSNSなどにアップロードするような場合もあり、こうした事案はストーカー行為の一環としても行われ得る。日本には、特にリベンジポルノを禁止するための「私事性的画像記録の提供等による被害の防止に関する法律」（以下「リベンジポルノ防止法」という）が存在する。

　もし、無断でアップロードされた写真が、リベンジポルノ防止法が定めている性的な写真の条件に合致するものであれば、それは犯罪行為に該当し得る。そこで、性的な写真が無断でアップロードされていた場合は、リベンジポルノ犯罪などとして最終的には警察に相談すべき事案となる。まず甲弁護士としては、〈**Case**⑥〉においてリベンジポルノ犯罪が成立するか検討するべき状況であった。

(2)　私事性的画像記録該当性

　そこで、まず画像がリベンジポルノ防止法2条1項に定める「私事性的画像記録」であるかを検討することになる。「私事性的画像記録」とは、①性交

または性交類似行為に係る人の姿態、②他人が人の性器等（性器、肛門または乳首をいう）を触る行為または人が他人の性器等を触る行為に係る人の姿態であって性欲を興奮させまたは刺激するもの、③衣服の全部または一部を着けない人の姿態であって、殊更に人の性的な部位（性器等もしくはその周辺部、でん部または胸部をいう）が露出されまたは強調されているものであり、かつ、性欲を興奮させまたは刺激するもののいずれかの人の姿態が撮影された画像をいう。

〈*Case* ⑥〉は、Xの裸の写真や、性交渉時の動画データが含まれ、投稿された本件写真等には「私事性的画像記録」にあたり得る画像記録が含まれる状況であった。では、リベンジポルノ防止法違反で告訴などが可能な状況だろうか。

(3)　公然と陳列したといえるか

Xしかフォローしていない鍵アカウントに「私事性的画像記録」を掲載することがリベンジポルノ犯罪を成立させるかさらに検討が必要になる。

この点について、大阪高判平成 29 年 6 月 30 日判時 2386 号 109 頁は、私事性的画像データをオンライン・ストレージサービスにアップロードし、同画像データを「公開設定」して、被告人に公開 URL が発行されていた事案について、リベンジポルノ防止法 3 条 2 項後段の「公然と陳列した」にあたらないと判示した。同裁判例は、〈*Case* ⑥〉のように鍵アカウントで、Xのみ本件写真等を閲覧できる状況になっているにすぎない事案についてリベンジポルノ防止法違反を検討する際に参考になると思われる。

(A)　大阪高判平成 29 年 6 月 30 日の事案の概要

前掲大阪高判平成 29 年 6 月 30 日は、具体的に以下のような事案であった。すなわち、被告人は、被害者と交際していた間、その裸体や陰部を写すなどした画像および動画の各データ（本件データを含む）を自分のパソコンに保存していた。そうであるところ、これを利用して被害者を怖がらせようと考え、それまで使っていたアカウントに加え、別に取得したAアカウント（以下「Aアカウント」という）を使い、送信者が被告人とはわからない形で、某日午後 11 時 44 分頃、被害者宛てに、以下の内容のメールを送信した。すなわち被告人は、「拒否してて届いてなかったらフェアじゃないので別アドでも連絡しとく。

０時までに返信なかったらばらまく」というメッセージに前記画像データを添付した電子メールを送信した（第１の犯行）。

　次に、Aは、Aアカウント（A・JAPAN ID）をもつ者であれば無料で利用可能なオンライン上のストレージサービスであるAボックスを提供しているが、Aボックス利用の際は、Aアカウントおよびパスワードによりログインする必要があるため、そのユーザ以外の者がAボックスにアップロードされたファイルを見ることはできない。しかし、「公開機能」を使えば、同ボックス内の特定のファイルまたはフォルダを第三者に閲覧させることができた。また、フォルダを公開した場合は、そのフォルダ内にあるすべてのファイルまたはフォルダも公開される仕様であった。この場合、Aユーザは、ブラウザ等を使い、Aボックス内の「マイボックス」において、公開対象とするファイルまたはフォルダを選択するなど所定の操作を行い、発行されるURL（「公開ページのURL」および「スライドショーのURL」。以下、併せて「公開URL」という）を見せたい相手に電子メール等を使って送り、その相手が同URLにアクセスすれば、公開されたファイルやフォルダを閲覧することができるしくみとなっていた。

　なお、公開設定では、短い形式の短縮URLも発行可能とされ、また、複数のファイルをまとめて公開設定すると、ファイルと同数のURLが発行されることになっている。被告人は、Aアカウントを利用したAボックス内に、被害者の氏を半角カタカナで表記した名称のフォルダをつくり、8月29日午後3時15分頃から午後6時29分頃にかけて、同フォルダ内に本件データを含む画像データおよび動画データ合計32点をアップロードして、これを記憶蔵置させるとともに、同フォルダを公開設定した。また、被告人は、本件データ等のアップロードに前後し、Aアカウントを使って被害者宛てに、「手に入れた連絡先にはだいたい送った。よかったな。今日も話をしないならネットにまとめてツイッターにばらまく」、「写真集作っておいてやったよ。ムービーはこれから追加しとくわ」等のメッセージに本件データ中の画像の公開URLを添えた電子メールを送信した。もっとも、被告人は、被害者に対してのみ前記のような電子メールを送り、そのメッセージ内容にかかわらず、実際には第三者宛てに本件データの公開URLを送信したことはなかった。

（B）　大阪高判平成 29 年 6 月 30 日の判示

　上記のような経緯を経た事例について大阪高裁は、以下のとおり述べて、公然陳列該当性を否定し、犯罪の成立を否定している。

　すなわち、前記のＡボックスやその公開機能のしくみ等によれば、Ａユーザが、Ａボックスに保存したデータをマイボックス内で公開設定した時点では、そのユーザに公開 URL が発行されるにすぎないから、公開設定されたデータを第三者が閲覧し得る状態にするには、公開設定に加え、公開 URL を添付した電子メールを送信するなどしてこれを外部に明らかにするというＡユーザによる別の行為が必要となる。また、Ａボックスに不正に侵入し、公開設定されたデータの公開 URL を入手することは不可能ではないとしても、これは一般の者が容易に行えるものではない。そして、前掲大阪高判平成 29 年 6 月 30 日はまず「Ａユーザーが、公開 URL を電子メールに添えて不特定多数の者に一斉送信したり、SNS 上や自己が管理するホームページ上でこれを明らかにしたりすれば、その公開 URL にアクセスした者が公開されたデータを閲覧することは容易な状態となるから、当該データの内容がわいせつな画像等に当たる場合には、これを『公然と陳列した』もの」といえると指摘している。

　前掲大阪高判平成 29 年 6 月 30 日の事案では、被告人は、本件データを公開設定したが、その公開 URL を電子メールに添えて送信した相手は被害者のみであり、記録上、被害者以外の者に同 URL を明らかにした事実はうかがわれない。そうすると、被告人がＡボックス内に記憶蔵置させた本件データを公開設定した時点では、その公開 URL が発行されたにすぎないから、いまだ第三者が同 URL を認識することができる状態になかったし、被告人が同 URL を明らかにした相手は被害者のみであったため、ここでも第三者が同 URL を認識し得る状態にはなかったというべきである。そして、SNS 上のダイレクトメッセージにおいてやり取りが行われた〈*Case* ⑥〉も、基本的に前掲大阪高判平成 29 年 6 月 30 日の事案と同様の状況にあることにも注意が必要である。

　前掲大阪高判平成 29 年 6 月 30 日は、「本件の場合、被告人がＡボックス内に記憶蔵置させ、本件データを公開設定したのみでは、いまだ同データの内容を不特定又は多数の者が認識することができる状態に置いたとは認められず、同データの公開 URL を電子メールに添付して被害者宛に送信した点について

も、特定の個人に対するものにすぎないから、これをもって同データの内容を不特定又は多数の者が認識し得る状態に置いたと認めることもできない。結局、被告人は、本件データの内容を不特定又は多数の者が認識することができる状態に置いたとは認められないから、刑法175条1項前段及び画像被害防止法3条2項各所定の公然陳列罪は成立しないというべきである」、と判示している。

　また、前掲大阪高判平成29年6月30日は、いわゆるパソコンネットのホストコンピュータのハードディスクにわいせつな画像を記憶蔵置させる行為とわいせつ物の公然陳列に関する最決平成13年7月16日刑集55巻5号317頁の事案では、当該被告人の行為は、自ら開設、運営していたパソコンネットのホストコンピュータのハードディスクにわいせつ画像のデータを記憶蔵置させたことで完了しており、後は、不特定多数の会員が、自己のコンピュータを操作し、電話回線を通じて当該被告人のホストコンピュータのハードディスクにアクセスすれば、同データをダウンロードすることができる状態にあったというものであると述べて、同事案との違いを指摘している。

　さらに、前掲大阪高判平成29年6月30日は、児童ポルノのURLをホームページ上に明らかにした行為に関する最決平成24年7月9日裁判集刑308号53頁は、当該被告人が、インターネット上にホームページを開設し、これを管理運営していた共犯者と、不特定多数のインターネット利用者に児童ポルノ画像の閲覧が可能な状態を設定しようと企て、共謀のうえ、第三者が開設していたインターネットの掲示板に児童ポルノ画像を記憶蔵置させていたことを利用し、その所在を特定するURLを一部改変して前記ホームページ上に掲載したという事案に関するもので、当該被告人が行ったのは改変URLのホームページ上への掲載であり、児童ポルノ画像はすでに第三者が開設する掲示板に記憶蔵置されていたというものであるとして、最高裁決定との事案の違いを指摘している点には留意が必要である。

　そのうえで、前掲大阪高判平成29年6月30日は、本件は、不特定多数の者が本件データを認識し得る状況になかった点で事実関係を異にするものであり、前掲最決平成13年7月16日が示した「〔刑法175〕条が定めるわいせつ物を『公然と陳列した』とは、その物のわいせつな内容を不特定又は多数の者が認識できる状態に置くことをいい、その物のわいせつな内容を特段の行為を要

することなく直ちに認識できる状態にするまでのことは必ずしも要しないものと解される」との判断を踏まえても、公然性は否定されると結論づけている。

(C)　〈*Case* ⑥〉の検討

甲弁護士としては、上記の裁判例を踏まえて、〈*Case* ⑥〉においてリベンジポルノ防止法違反が成立するか検討することになろう。しかしながら、Xしかフォローしていない鍵アカウントのみに「私事性的画像記録」を掲載することは、氏名不詳者とX以外に「私事性的画像記録」を閲覧できるものが限定される状況である。そうすると、前掲大阪高判平成29年6月30日を踏まえるといまだリベンジポルノ防止法違反が成立していると断定するには躊躇される状況であった。そこで、甲弁護士としては、他の犯罪が成立しないかも検討すべき状況と考えた。

2　児童ポルノ規制法違反の検討

このようにリベンジポルノ防止法違反の成否に疑義がある状況でも、被害者が18歳以下であれば児童買春、児童ポルノに係る行為等の規制及び処罰並びに児童の保護等に関する法律（以下「児童ポルノ規制法」という）に違反する犯罪にもなり得る。「児童ポルノ」とは、写真、電磁的記録に係る記録媒体その他の物であって、①児童を相手方とするまたは児童による性交または性交類似行為に係る児童の姿態、②他人が児童の性器等を触る行為または児童が他人の性器等を触る行為に係る児童の姿態であって性欲を興奮させまたは刺激するもの、③衣服の全部または一部を着けない児童の姿態であって、殊更に児童の性的な部位（性器等もしくはその周辺部、でん部または胸部をいう）が露出されまたは強調されているものであり、かつ、性欲を興奮させまたは刺激するもののいずれかに掲げる児童の姿態を視覚により認識することができる方法により描写したものをいう（児童ポルノ規制法2条3項）。

そして、「児童」とは、18歳に満たない者をいう（児童ポルノ規制法2条1項）ところ、〈*Case* ⑥〉におけるXは、相談時において19歳であり、児童ではない。しかし、甲弁護士は慎重に、Yと性交渉をし、姿態を撮影された日時を尋ねたところ、いずれも19歳の誕生日を迎えていたということであった。そこで、〈*Case* ⑥〉では児童ポルノ規制法の検討はそれ以上しないこととした。

しかしながら、SNS などを媒介としたストーカー行為は、18 歳以下の児童が被害者となる例もあるため、児童ポルノ規制法違反の検討には留意が必要である。

3 性的姿態撮影等処罰法違反の検討

もし〈*Case* ⑥〉における写真等がひそかに撮影されたものであれば、性的な姿態を撮影する行為等の処罰及び押収物に記録された性的な姿態の影像に係る電磁的記録の消去等に関する法律（以下「性的姿態撮影等処罰法」という）に違反する犯罪行為にもなり得る。そこで、性的姿態撮影等処罰法違反の検討も必要となる。性的姿態撮影等処罰法違反にいう「性的姿態等」とは、①人の性的な部位（性器もしくは肛門もしくはこれらの周辺部、でん部または胸部をいう）または人が身に着けている下着（通常衣服で覆われており、かつ、性的な部位を覆うのに用いられるものに限る）のうち現に性的な部位を直接もしくは間接に覆っている部分、②①に掲げるもののほか、わいせつな行為または性交等（刑法 177 条 1 項に規定する性交等をいう）がされている間における人の姿態をいう（性的姿態撮影等処罰法 2 条）。

そして、人が通常衣服を着けている場所において不特定または多数の者の目に触れることを認識しながら自ら露出しまたは撮っているものを除いて、ひそかに、「性的姿態等」を撮影する行為は違法となる。〈*Case* ⑥〉において X は撮られていることに気づいていない写真や動画もあったことから、甲弁護士としては、他の犯罪の成立状況と併せて、性的姿態撮影等処罰法違反も警察に相談するか検討すべきことになる。

4 ストーカー規制法違反の成否

以上に加えて、甲弁護士としては、Y の犯行が疑われ、恋愛感情に基づく嫌がらせである可能性が濃厚となったことから、ストーカー規制法違反での対応をさらに深く検討すべきことになる。では、〈*Case* ⑥〉はストーカー規制法違反に該当し得る状況であろうか。甲弁護士としてはまず、本件なりすましアカウントの行為が、ストーカー規制法 2 条 1 項 8 号に該当するかを検討すべきである。

　そして、「知り得る状態におく」ことについてはインターネット上の書き込みもこれに含まれると解すべきである。すなわち、Xらデジタルネイティブ世代の女性にとって、SNSはもはや生活に必須のコミュニケーション手段であり、友人同士のやり取りもSNSを通してなされている時代である。そのように本件嫌がらせを受け続けつつもアカウントを保有してSNSを利用していたXに対して、相互フォローの状態で本件写真等を投稿することは、投稿した情報を「知り得る状態においた」といえる。

　また、甲弁護士としては、SNSのダイレクトメッセージの連続的な送信が、ストーカー規制法2条1項5号の「電子メールの送信等」にあたるかも検討すべきである。

　ストーカー規制法2条2項は、「電子メールの送信等」とは、①電子メールその他のその受信をする者を特定して情報を伝達するために用いられる電気通信（電気通信事業法2条1号に規定する電気通信をいう）の送信を行うこと、②①に掲げるもののほか、特定の個人がその入力する情報を電気通信（電気通信事業法2条1号に規定する電気通信をいう）を利用して第三者に閲覧させることに付随して、その第三者が当該個人に対し情報を伝達することができる機能が提供されるものの当該機能を利用する行為をすることのいずれかに掲げる行為（電話をかけることおよびファクシミリ装置を用いて送信することを除く）をいう、と定める。SNSのダイレクトメッセージもストーカー規制法2条2項2号によって、「電子メールの送信等」にあたるというべきであろう。

　以上の検討から、〈*Case* ⑥〉は、ストーカー規制法にいうつきまとい等の行為が反復して行われている可能性が高いという検討結果となった。そこで、甲弁護士としてはストーカー規制法違反として警察に相談することを決定した。

IX　事案経過②（鍵設定の解除）

　甲弁護士が警察に行く日を調整している最中、さらに事案経過①から時間をおかず、Xからまた連絡があった。甲弁護士が事情を聞いたところ、本件なりすましアカウントがついに鍵アカウント設定を解除し、公開設定としたという

ことであった。Xとしても、Yに対して処罰感情が強く、刑事、民事両面での法的対応を希望している。

Ⅹ 〈*Case ⑥*〉の顛末

　上記のとおり鍵設定を解除した場合、問題なく公然と陳列に該当することから、本件なりすましアカウントの行為はリベンジポルノ法違反となるものと考えられる。そこで、甲弁護士がXを伴って近隣の警察署に相談したところ、警察も事態を重くみてリベンジポルノ防止法、ストーカー規制法、性的姿態撮影等処罰法の各違反に基づいて被害届を受理することとなった。そして、警察からYに連絡をとったところ、Yは犯行を認めたため、逮捕されることとなった。押収したYのスマートフォンからは本件写真等のデータや本件なりすましアカウントへのログイン履歴がみつかった。そこで、警察において本件写真等のデータを削除するなどの適宜の対応がとられた。

　その後、Yは起訴され執行猶予付きの有罪判決を受けるとともに、有罪判決の後、甲弁護士を代理人としてXとの間で示談交渉を行い、Xに有利な示談が無事に成立した。

（齋藤理央）

第 7 章

❖

著作権侵害事件①
——権利侵害・削除対応

❖

I　事　例

〈*Case* ⑦〉

　甲弁護士の下にデザイナーのXから相談があった。Xの著作物であるキャラクター（ただし、Xはこれまで2回ほどデザインを変更している。以下「本件キャラクター」という）について、3回目のデザイン変更を行ったところ、他のマイナーキャラクターのパクリであるとしてインターネット上で炎上し、検証サイトやSNSなどに無断転載され拡散されているのだという。本事例においてウェブサイト等は匿名で運営されているが、サーバの管理法人などは運営元が明らかであるほか、SNSの運営企業は海外事業者であるものの日本にも法人登記していることが認められた。

　甲弁護士は早速、XからURLなどを教えてもらい、問題のSNSアカウントαやβサイトを確認することにした。甲弁護士が確認したところ、まず、Aが運営するSNSアカウントαにおいて、Xが運営する本件キャラクターの公式アカウントの画像や投稿をスクリーンショットで撮影した画像を添付して投稿しているものが複数認められた。具体的には、

本件キャラクター画像を添付して投稿されたパクリ検証投稿（以下、「本件投稿１」という）と、パクリ疑惑に対する弁明をするＸの投稿した本件キャラクター公式アカウントの公式投稿をスクリーンショット画像として添付し弁明に対して疑問を呈する投稿（以下、「本件投稿２」という）があった。後者の本件投稿２に添付されたスクリーンショットについては、本件キャラクターのプロフィールアイコンもスクリーンショットでＸの投稿した公式投稿と併せて撮影されており、これがＡの疑問を呈する投稿にスクリーンショット引用される形で添付され、投稿されていた。

　次に甲弁護士がＸから URL を教えてもらった国内法人管理のサーバに蔵置されたサイトのうち、Ｂ運営のβサイトを確認したところ、βサイトではキャラクターイラストの画像データはＡが SNS アカウントαに投稿した画像と URL において一致していた。つまり、Ａが無断アップロードした無断掲載画像をＢは自身のサイトでインラインリンクを設定することで表示していた。βサイトはＡが運営する SNS アカウントに投稿されたものに含まれる本件キャラクター画像について SNS サーバにアップロードされた画像 URL に対してインラインリンクを設定してサイトの画像として表示し、今回の炎上騒動をネット速報としてＸに批判的に伝えていることが判明した。

　αアカウントとβサイトは特に拡散され、多く閲覧され、炎上の中心的な火元の一つになっている状態であった。

　そこで、Ｘとしては、本件作品を無断利用しているＡおよびＢに対して、しかるべき法的措置をとることも検討しているが、まずは炎上を抑止するために送信防止措置などの適宜の手段で迅速に本件キャラクターの無断利用状態について解消し炎上を少しでも抑制することを希望している。実際にＸはサーバ管理事業者に対して削除フォームなどを通して削除申請をすでにしているという。したがって、サーバ管理事業者はＸが著作権侵害を申告している事実をすでに知情し把握している状況である。しかしサーバ管理事業者は、サイト管理者に対する照会すらせず、何らの是正措置をとらないということであった。甲弁護士としては、運営元が明らかになっていないＡおよびＢの特定とは別に、αおよびβが蔵置さ

れたサーバを運営している事業者に対して、著作権侵害等に基づいて削除請求などの法的措置をとれるだろうか。

Ⅱ　解決への道筋

〈*Case* ⑦〉のように依頼者がまずは無断転載状態の解消を望んでいる場合、著作権侵害に基づく削除請求の法的根拠を検討したうえで、法的な請求が可能な対象に対して依頼者の希望に近い対応をとることが基本となる。今回のようにクライアントであるＸが発信者の特定より迅速な無断利用状態の解消を希望している場合、無断利用された本件キャラクターの無断利用画像を蔵置するサーバを管理する事業者に対して削除請求することが近道となる。そこで、そのような削除請求について、法的根拠の検討が必要となる。

　さらに、著作権侵害に対応する事案において最も重要なのは著作権侵害の成否について事件の受任時においてなるべく詳細に検討して見通しをもっておくことである。特に著作権法は特殊な業者のみが関係する業法であったものがインターネットの拡大によって市民にも関係する法律と変容したともいわれている。そもそも情報発信にかかわる特殊な業者のみが注意すべき業法だった経緯で侵害が認められやすい傾向にあったものの、近年市民も関係する法律になったことから市民の表現の自由への配慮などの観点から裁判所の判断にも変化が生じているという指摘もある。また、インターネット著作権は、裁判例や学説の動きも速い分野である。そこで、安易に著作権侵害が生じていると憶断せず、著作物の成立、依頼者に著作権が帰属していること、著作権侵害が現に発生していること、特に著作権制限規定によって例外的に著作権が制限されるケースに該当しないことを近時の裁判例や学説も参照しながら慎重に検討しなければならない。また、仮に著作権侵害が生じないケースであっても、著作者人格権や名誉毀損などの人格権侵害が生じるケースもある。そこで、人格権侵害の成否についても別に検討するとともに著作権侵害と人格権侵害のどちらが紛争の実態なのか見極める必要がある。この見極めを怠って安易に著作権侵害で事案を進めると裁判所から思わぬ棄却判決を受け、さらに最悪のケースでは結果的

に炎上を加速するなどの事態に陥ることもないとまではいいきれない。

Ⅲ 〈*Case* ⑦〉で問題となる論点と派生論点

〈*Case* ⑦〉において問題となる著作権法上の基本的な論点と、派生論点は以下のとおりである。

基本論点① 著作権侵害に基づく削除請求の根拠

② キャラクターの著作物性

③ 著作権の帰属

④ 複製権の侵害

⑤ 公衆送信権の侵害

⑥ 引用の成否

⑦ 時事の事件の報道としての利用

⑧ 映り込みの成否

派生論点① キャラクターの表現の特定

② 公衆伝達権の侵害

③ リンクの違法性

④ 出所明示義務

Ⅳ 〈*Case* ⑦〉において問題となる基本論点の検討とこれに応じた対応

1 著作権侵害に基づく削除請求の根拠

〈*Case* ⑦〉におけるサーバ運営事業者（SNSにおいてはSNSを運営するプラットフォーマーも通常これに該当する）に対する削除請求の根拠は、著作権法112条1項の差止請求権と考えられる。すなわち、同条項は、「著作者、著作権者、出版権者、実演家又は著作隣接権者は、その著作者人格権、著作権、出版権、実演家人格権又は著作隣接権を侵害する者又は侵害するおそれがある者に対し、その侵害の停止又は予防を請求することができる」と定めるところ、この侵害の停止請求として著作権を侵害する情報のサーバからの削除を請求できる

ものと思料される。なお、同条 2 項は、「著作者、著作権者、出版権者、実演家又は著作隣接権者は、前項の規定による請求をするに際し、侵害の行為を組成した物、侵害の行為によつて作成された物又は専ら侵害の行為に供された機械若しくは器具の廃棄その他の侵害の停止又は予防に必要な措置を請求することができる」と定める。削除請求が単なる差止請求なのか、サーバからのデータ削除を求める廃棄請求などの必要措置請求に至るのかは疑問がある。ただし、仮に後者であっても必要措置請求は差止請求に際して行われなければならないため、削除請求に差止請求を包含していることは確かというべきであろう。いずれにせよ、問題となるのは直接の無断利用者ではないサーバ管理事業者が、著作権侵害に基づく差止請求の相手方になるかどうかという点である。この点について甲弁護士は参考になる裁判例を発見し、これに基づいて検討を進めることとした。

東京高判平成 17 年 3 月 3 日判時 1893 号 126 頁は、以下のとおり述べて、プロバイダに対して直接差止請求ができるケースがあることを認めている。

まず、同裁判例は、「インターネット上においてだれもが匿名で書き込みが可能な掲示板を開設し運営する者は、著作権侵害となるような書き込みをしないよう、適切な注意事項を適宜な方法で案内するなどの事前の対策を講じるだけでなく、著作権侵害となる書き込みがあった際には、これに対し適切な是正措置を速やかに取る態勢で臨むべき義務がある」と一般的な義務を認めた。そのうえで、その是正措置の内容を「掲示板運営者は、少なくとも、著作権者等から著作権侵害の事実の指摘を受けた場合には、可能ならば発言者に対してその点に関する照会をし、更には、著作権侵害であることが極めて明白なときには当該発言を直ちに削除するなど、速やかにこれに対処すべきものである」と具体化した。

さらに、同裁判例は、「本件においては、上記の著作権侵害は、本件各発言の記載自体から極めて容易に認識し得た態様のものであり、本件掲示板に本件対談記事がそのままデジタル情報として書き込まれ、この書き込みが継続していたのであるから、その情報は劣化を伴うことなくそのまま不特定多数の者のパソコン等に取り込まれたり、印刷されたりすることが可能な状況が生じていたものであって、明白で、かつ、深刻な態様の著作権侵害である」と事案に

おける著作権侵害の深刻性を想起している。そのうえで、同裁判例は、プロバイダとしては、権利者サイドからの通知を受けた際には、「直ちに本件著作権侵害行為に当たる発言が本件掲示板上で書き込まれていることを認識することができ、発言者に照会するまでもなく速やかにこれを削除すべきであったというべきである」と削除義務を認め、そうであるにもかかわらず、「被控訴人は、上記通知に対し、発言者に対する照会すらせず、何らの是正措置を取らなかったのであるから、故意又は過失により著作権侵害に加担していたものといわざるを得ない」と断じている。

　また、プロバイダからの「個々の著作権侵害の事実を把握することはできない」との根源的な反論に対して、「仮に被控訴人の主張することが事実であったとしても、著作権者等から著作権侵害の事実の通知があったのに対して何らの措置も取らなかったことを踏まえないままにこのように主張するのは、自らの事業の管理態勢の不備をいう意味での過失、場合によっては侵害状態を維持容認するという意味での故意を認めるに等しく、過失責任や故意責任を免れる事由には到底なり得ない主張である」と判示し、一蹴している。

　そして、同裁判例は、「以上のとおりであるから、被控訴人は、著作権法112条にいう『著作者、著作権者、出版権者……を侵害する者又は侵害するおそれがある者』に該当し、著作権者である控訴人らが被った損害を賠償する不法行為責任があるものというべきである」と結論づけプロバイダに対して直接差止請求をできる旨明示的に判示している。なお、同裁判例は、補足的に「著作権者が発言者に対して著作権侵害に係る発言の削除の要請をするのが容易であるならば、掲示板の運営者が著作権侵害をしていると目すべきでないこともあり得ようが、本件掲示板においては、発言者の実名、メールアドレスなどの発信者情報を得ることはできず、本件各発言の削除要請が容易であるとは到底いうことができない」とも述べている点には留意が必要である。

　〈**Case** ⑦〉における α アカウントや β サイトは、プラットフォーム管理事業者たる SNS 運営事業者や、サーバ管理事業者がサーバを運営、管理していることになる。そして、X はサーバ管理事業者に対して削除フォームなどを通して削除申請をし、サーバ管理事業者は X が著作権侵害を申告している事実をすでに知情し把握している状況となっている。また、サーバ管理事業者のうち

SNS を管理するプラットフォーマーは、広告収益を発信者に配当するなどの事情があるとしても、本件無断配信の収益を一次的にはすべて自らに帰属させる。また、〈*Case* ⑦〉における発信者であるAおよびBは匿名でインターネットを利用しており、特定は困難であるか時間を要する。

以上から、〈*Case* ⑦〉においても発信者に対して直接削除要請をすることが容易とはいうことができない状況であった。そこで、以上の状況および前掲東京高判平成 17 年 3 月 3 日に照らしても、〈*Case* ⑦〉においてサーバを管理する各事業者は、著作権法 112 条 1 項にいう「著作者、著作権者、出版権者……を侵害する者又は侵害するおそれがある者」に該当する可能性があると甲弁護士は結論づけた。

よって、東京高判平成 17 年 3 月 3 日に沿えば、〈*Case* ⑦〉の α アカウントや β サイトが蔵置されたサーバを管理する管理事業者は直接の侵害主体として差止請求を受けるべき立場にあるともいえる。そこで、甲弁護士は、著作権侵害が明白であればサーバを管理するプロバイダに対して削除請求を検討してよい状況であると考えた。そうすると、甲弁護士は、冒頭にあるように、安易に著作権侵害が生じていると憶断せず、著作物の成立、依頼者に著作権が帰属していること、著作権侵害が現に発生していること、特に著作権制限規定によって例外的に著作権が制限されるケースに該当しないことを慎重に検討するべきこととなる。

2　キャラクターの著作物性

まず、Xから相談を受けた甲弁護士は、サーバに対する差止請求を実施するかを決定するために最初に検討すべきは、本件キャラクターの著作物性となると考えた。

著作権は、著作物という情報を客体として成立する。ここで、著作物とは、「思想又は感情を創作的に表現したものであつて、文芸、学術、美術又は音楽の範囲に属するものをいう」（著作 2 条 1 項 1 号）。では、キャラクターは直ちに著作物に該当するのであろうか。

日本はゆるキャラや漫画やアニメなど数多くのキャラクターが活躍する。国民は、普段からキャラクターと身近に接している。しかし、そのようなキャラ

クター大国である日本の著作権法は、10 条 1 項で著作物を例示するが、例示された著作物に「キャラクター」は含まれていない。そこで、キャラクターが著作権法で保護されるかが問題となる。

　このキャラクターの著作物性をめぐってはいくつかの裁判例がある。たとえば、抽象的なキャラクター価値に著作物性を認めたリーディングケースとして、サザエさんがプリントされたバスについて、著作権侵害が問題となったサザエさんバス事件がある。東京地判昭和 51 年 5 月 26 日判時 815 号 27 頁は、裁判所が性格なども含めた抽象的なキャラクターの著作権侵害を認めたと理解されている。同裁判例は、「漫画の登場人物自体の役割、容ぼう、姿態など恒久的なものとして与えられた表現は、言葉で表現された話題ないしは筋や、特定の齣における特定の登場人物の表情、頭部の向き、体の動きなどを超えたものであると解される。しかして、キヤラクターという言葉は、右に述べたような連載漫画に例をとれば、そこに登場する人物の容ぼう、姿態、性格等を表現するものとしてとらえることができるものであるといえる」として性格なども含めたキャラクターという抽象的な存在を独立の保護対象としているともとらえられる。そのうえで、同裁判例は、観光バスには連載漫画「サザエさん」の登場人物のキャラクターが表現されているとして、そのような行為は、「原告が著作権を有する漫画『サザエさん』が長年月にわたつて新聞紙上に掲載されて構成された漫画サザエさんの前説明のキヤラクターを利用するものであつて、結局のところ原告の著作権を侵害する」と結論づけた。

　このように、キャラクターを「言葉で表現された話題ないしは筋や、特定の齣における特定の登場人物の表情、頭部の向き、体の動きなどを超えたもの」として著作権法で保護することも検討できる。

　しかし、その後最高裁判所は性格などを含めたキャラクターという存在そのものは、抽象的すぎて、著作権法で保護できないと明らかにしている。同じく人気キャラクターであるポパイの利用が問題となった事例で最高裁判所は、「著作権法上の著作物は、『思想又は感情を創作的に表現したもの』（同法 2 条 1 項 1 号）とされており、一定の名称、容貌、役割等の特徴を有する登場人物が反復して描かれている一話完結形式の連載漫画においては、当該登場人物が描かれた各回の漫画それぞれが著作物に当たり、具体的な漫画を離れ、右登場人物

のいわゆるキャラクターをもって著作物ということはできない。けだし、キャラクターといわれるものは、漫画の具体的表現から昇華した登場人物の人格ともいうべき抽象的概念であって、具体的表現そのものではなく、それ自体が思想又は感情を創作的に表現したものということができない」と判示している（最判平成9年7月17日民集51巻6号2714頁〔ポパイネクタイ事件〕）。この判断以降、キャラクターの保護はキャラクターイラストの保護をとおして行われているといって過言ではない状況も存在する。たとえば、〈*Case*⑦〉でいうとXの創作したキャラクターではなく、Xの創作したキャラクターイラストを通して著作権法上の保護を及ぼすとも考えることになる。

3　キャラクター表現の特定

〈*Case*⑦〉におけるキャラクターは、Xによって3回デザイン変更されている。そして3回目のデザイン変更が炎上の原因となったのであるが、甲弁護士としてはどの時点の本件キャラクターイラストを被侵害著作物として検討を進めるべきであろうか。

知財高判令和2年10月6日（令和2年（ネ）第10018号）裁判所ウェブサイトは、「シリーズもののアニメに対する著作権侵害を主張する場合には、そのアニメのどのシーンの著作権侵害を主張するのかを特定するとともに、そのシーンがアニメの続行部分に当たる場合には、その続行部分において新たに付与された創作的部分を特定する必要があるものというべきである（なお、一審被告らは、東京地裁昭和51年5月26日判決（判例タイムズ336号201頁）に基づいて、登場人物等に関しては、登場シーンを特定する必要はないという趣旨の主張をするが、上記最高裁判所判決に照らし、採用することはできない。）。この観点から検討すると、一審被告らの主張のほとんどは、原著作物のどのシーンに係る著作権が侵害されたのかを特定しない主張であって、主張として不十分であるといわざるを得ない」と断じている。そして、同裁判例はさらに詳細に検討し、「原著作物の特定のシーンと本件各漫画のシーンとを対比させた乙10の1〜7（もっとも、「アニメ版」として掲げられているシーンについて、第何回のどの部分という具体的特定までがされているわけではない。）の内容を検討してみても、原著作物のシーンと本件各漫画のシーンとでは、主人公等の容姿や服装などといった基

本的設定に関わる部分以外に共通ないし類似する部分はほとんど見られず（なお、乙10の1〜7の中で、共通点として説明されているものの中には、表現の類似ではなく、アイディアの類似を述べているのに過ぎないものが少なくないことを付言しておく。）、また、基本的設定に関わる部分については、それが、基本的設定を定めた回のシーンであるのかどうかは明らかではなく、結局、著作権侵害の主張立証としては不十分であるといわざるを得ない」と判示し表現の特定について不十分である旨判示している。

　キャラクターの特定に関する判断として、上記のとおり過去にサザエさんバス事件（前掲東京地判昭和51年5月26日）などの下級審裁判例の判断を変更したポパイネクタイ事件最高裁判決（前掲最判平成9年7月17日）があり、前掲知財高判令和2年10月6日はポパイネクタイ事件最高裁判決を踏襲するものであると考えられる。すなわち、知財高判令和2年10月6日は、おそ松さんなどアニメ作品についてはアニメのキャラクターの登場場面の特定について、前掲最判平成9年7月17日を踏襲すべきと判示したものとも理解できる。最判平成9年7月17日についての調査官解説[1]においては、「漫画の登場人物の複製の場合にも、被告の作成した絵が原告の個別の漫画作品のどのコマに描かれた絵の複製に当たるのかを特定して主張しなければならないというべきである」と指摘されている。この指摘に沿えば、まず、「漫画の著作権者は、連載漫画のうち特定の回の漫画を特定した上で、相手方の作成した絵は、当該回の漫画のコマに描かれた登場人物の絵の複製であることを主張立証す」べきことになる。また、これに対して、「相手方は、当該登場人物の絵は、先行する回の漫画において既に描かれており、先行する回の漫画の著作権の保護期間は既に満了している旨を主張立証する」ことになる。

　このように、漫画やアニメのキャラクターの著作物性を主張する場合は、実務上、初出の回を特定して主張する必要がある点に留意する。すなわち、弁論主義の下、「表現」の特定は主張責任を負う当事者つまり〈***Case*** ⑦〉でいうとXの代理人として活動することが予定される甲弁護士の役割であり検討事項であると考えられる。甲弁護士としては、この点を踏まえてどの時点のキャラ

1　三村量一「判解」最判解民〔平成9年度〕943頁。

クターイラストの著作物性を主張すべきかも検討すべきである。

　ただし、前掲知財高判令和2年10月6日も前提としているとも思われる前掲（脚注1）調査官解説指摘の、登場の「初回」を特定するという作法は著作権法だけを考えると当然導かれる帰結ではないとも思料される。なぜなら、本来最初に表現されたのは、アニメなどの場合、企画・設定制作の段階のはずであり、初公表時の特定は、法人が著作権を有する場合の著作権の保護期間が問題になる事案等でない限り、厳密にはあまり意味がない。また、著作物はそもそも具体的な複製物に共通する形のない表現のはずであり、どのタイミングの複製物であっても、そこから感得できる表現物という形で著作物の特定はできるとも考えられる。そうすると、キャラクターイラストや基本設定の初登場時点をからずしも特定しなければ著作権侵害を指摘できないわけではないようにも思われる[2]。

　ただし、当事者から提出された表現の出自（掲載回など）が判明しなければ、反対当事者において保護期間が経過している等有効な反論ができない場合がある。登場回の特定は著作権法だけの要請ではなく、そうした民事訴訟法（手続法）的な防御権保障ひいては相手方当事者の手続保障の要素が強い規律（訴訟上のルール）と理解することもできる。いずれにせよ実務上漫画についてはコマまでアニメについてはシーンまで特定した主張をすべきというように、著作物性を主張する表現についてその内容および初出の時期、場面を特定することが望ましいという指針が得られる。

　以上の裁判実務に照らすと、〈*Case*⑦〉のキャラクターについても、3回のデザインチェンジのうち、どの段階のキャラクターのどの部分の表現上の本質的特徴について権利侵害を主張するのか、明確にしたうえで検討することが求められる。たとえば、3回目のデザインチェンジで炎上したことを指摘する投稿や検証サイトについては、実際に無断利用されている3回目のデザインチェンジ後のキャラクターイラストを対象とするのか、あるいは、1回目のデザインで表出している表現上の本質的特徴を侵害客体の枢要に据えるのかなど、甲弁護士としては具体的なデザインの変更の程度や侵害態様など事案ごと

2　三村・前掲判解（注1）953頁にも同旨の指摘。

に個別に検討が必要となるものと思われる。

4　著作権の帰属

　物権などのように権利の客体が有体で特に不動産のように登記制度が発展していれば権利の確認は比較的容易といえる。しかしながら、情報という無体物を媒介として成立する著作権の確認は、代理人としても慎重に行う必要があることに留意する。さらにいえば情報を保護客体とする場合は保護の媒介も著作物という無体の情報であるため情報を通して情報を保護するという不明確さがある。たとえば、Xが本件キャラクターイラストの作者だと自分で言っていても、直ちにXが本件キャラクターイラストを本当に自らすべて創作したとは断言できない。もし、Xが他人の描いたイラストについて、自分が作者だと言い張っているのであれば、これを軽信してそのまま法的請求をすれば全く根拠のない法的請求を行うことになってしまう。そこまで悪質な事案ではないとしても、Xが自ら創作したと考えていたとしても法律的には素人であるため、必ずしも法律的に同様の評価を下せる状況であるかは判然としない。Xが外注してイラストを創作したものの、その場合自ら創作したと同義であると考えている場合などである。著作権侵害にかかわる実務対応は、著作権の帰属を慎重に確定しなければ法的根拠のない請求をすることになりかねないという弁護士としてシビアなリスクと常に隣り合わせであることを忘れてはならない。

　そこで、〈**Case** ⑦〉における甲弁護士としては、たとえば今回のキャラクターイラストの場合、Photoshop で制作しているケースでは PSD ファイル（.psd 拡張子の形式のファイル）、Illustrator で作成されている場合は AI ファイル（.ai 拡張子の形式のファイル）という通常制作サイドでしか出回らないファイルを依頼者から送信してもらうなどして著作者性を慎重に確認すべきことになる。

　写真（デジタル）の場合は RAW データという調整前のデータをもらったり、写真データに保存されている撮影に使用されたデジタルカメラのシリアル番号と、依頼者の保有しているデジタルカメラのシリアル番号が一致しているか確認するなどの方法が考えられる。これらの対応は、訴訟などで著作者性を争われた場合の検討の先回りにもなる。また、著作権侵害の事案がもつリスクは実はシビアなので、軽々に楽しそうな事案であるなどとして面倒な確認作業をお

ろそかにして飛びつくように受任し、後で首が絞まるような事態を招いてはならない。

5 著作物の無断利用状況の確認と証拠保全

次に、甲弁護士としてはXから教示を受けるなどして〈*Case* ⑦〉のキャラクターの無断利用状況を確認する作業を行うこととなる。インターネット上の著作権侵害事案の場合、権利侵害の確認は他の一般的なインターネット上の権利侵害事案と同様に、無断利用しているサイトのURLを確認して権利の侵害を現認するのが基本である。もし無断利用のサイトが削除されている場合は、アーカイブサイトで過去に権利侵害が生じていたことを確認する。いずれにせよ、侵害サイトであっても、アーカイブサイトであってもPDFファイルなどで保存することで、保存時刻および侵害サイトのURLを併せて保全することが肝要となる。

なお、このとき著作権侵害の事案で注意を要するのは、写真やイラストなどの無断利用の場合、写真やイラストの画像データもウェブページとは別に保存することである。また、映像の場合も動画データを保全する。後述のとおり著作権侵害の事案では、写真、イラストおよび映像などの著作物のアップロード行為それ自体が権利侵害（複製権、送信可能化による公衆送信権侵害等）になり、写真やイラストを表示する行為には著作権侵害が肯定できない場合もある。そうすると、著作権侵害のケースは、権利侵害の生じているウェブページではなく、当該ウェブページに表示されている、アップロードされた写真やイラスト、漫画、映像などの画像ファイル、動画ファイルが直接の侵害情報となるケースもある。そこで、ウェブページだけではなく、ウェブページに表示されている画像や映像データそのものを保存しないと侵害情報を直接保存したことにならない。また、ウェブページのソースも保存して、ウェブページと保存した画像などのデータの結びつきも保全できれば十全である。

こうした状況確認と証拠保全を経て、甲弁護士としては無断利用が著作権を侵害するか検討することになる。すなわち、著作権は権利の束であり、各支分権が定められている。そこで、権利ごとに侵害といえる状況があるのか検討していくことになる。

6　複製権の侵害

　著作権法 21 条は、「著作者は、その著作物を複製する権利を専有する」と定める。そして、同法 2 条 1 項 15 号は、複製について「印刷、写真、複写、録音、録画その他の方法により有形的に再製することをい」うと定める。なお、「脚本その他これに類する演劇用の著作物」については、「当該著作物の上演、放送又は有線放送を録音し、又は録画すること」が複製に含まれる（著作 2 条 1 項 15 号イ）。また、「建築の著作物」については、「建築に関する図面に従つて建築物を完成すること」が複製に含まれる（同号ロ）。

　現在、サイトに接続してサーバからウェブサイトの情報を受信する各クライアントコンピュータで著作物を再現するに足るデータを、サーバにアップロードする行為は問題なく複製権侵害になると理解されている。技術的に厳密に検討するとこの点に疑義も生じるものの、裁判所も基本的にその理解で判断しているため、〈***Case*** ⑦〉においてスクリーンショットを撮影する行為、撮影したスクリーンショット画像を SNS サーバにアップロードした A の行為は問題なく複製権侵害といえる。

　反対に、B は β サイトにおいて α アカウントにアップロードされた画像ファイルに対するインラインリンクを設定しただけである。よって、B は、画像データをサーバにアップロードしていないこと、そもそも何ら画像を複製していないことに注意を要する。リツイート [3]（インラインリンク）の複製権侵害について問題となった知財高判平成 30 年 4 月 25 日判時 2382 号 24 頁は、「著作物である本件写真は、流通情報 2⑵のデータのみが送信されているから、本件リツイート行為により著作物のデータが複製されているということはできない」と判示している。したがって、複製権侵害との関係において、「控訴人が主張する『ブラウザ用レンダリングデータ』あるいは HTML データ等を『侵害情報』と捉えることはできず、『ブラウザ用レンダリングデータ』あるいは　HTML データ等が『侵害情報』であることを前提とする控訴人の複製権侵害に関する

3　旧 Twitter においての投稿（ツイート）を再びツイートすることをいう。現在、Twitter は、X という名称となり、ツイートも「ポスト」など表現に変更があるが、リポストは、リツイートと同様である。

主張は、採用することができない」と判示して複製権侵害を否定している。同裁判例に従うのであれば、〈*Case* ⑦〉においてBの行為に複製権侵害を認めることはできない。

また、札幌地判平成30年6月15日（平成28年（ワ）第2097号）判例集未登載も、「インラインリンク設定行為により、画像A又は画像Bのデータは、上記各侵害サイトのサーバーを介することなく直接閲覧者の端末に送信されており、この過程で画像A又は画像Bの画像ファイルが複製されているといった事実も認められないことからすれば、インラインリンク設定行為が本件写真の複製権を侵害するものであるともいえない」とか、「複製権侵害についても、その一次的な責任は画像A又は画像Bをアップロードした発信者C又は発信者Dが負うべきであって、その他の発信者らはインラインリンク設定行為によってこれを利用しているにすぎないことからすれば、その主体をインラインリンク設定行為に係る発信者らと評価することは困難であるといわざるを得ない」とか述べて、インラインリンクの設定行為は複製権侵害に該当しないと判示している。このように、現在の裁判例の考え方に照らしてもインラインリンクの設定は複製権を侵害しないととらえることになる。

したがって、〈*Case* ⑦〉においてBに複製権侵害を問責できる行為は存在しない。そこで、甲弁護士は次にBの行為について公衆送信権侵害として著作権侵害が成立しないかを検討することになる。

7　公衆送信権の直接侵害

甲弁護士は公衆送信権侵害を検討すべきところ、著作権法23条1項は「著作者は、その著作物について、公衆送信（自動公衆送信の場合にあつては、送信可能化を含む。）を行う権利を専有する」と定める。

(1)　公衆送信の意義

すなわち、前掲知財高判平成30年4月25日も判示するように、「著作権法2条1項7号の2は、公衆送信について『公衆によって直接受信されることを目的として無線通信又は有線電気通信の送信……を行うことをいう。』と定義し、同項9号の4は、自動公衆通信について『公衆送信のうち、公衆からの求めに応じ自動的に行うもの（放送又は有線放送に該当するものを除く。）をいう。』

と定義し、同項9号の5は、送信可能化について『次のいずれかに掲げる行為により自動公衆送信し得るようにすることをいう。イ　公衆の用に供されている電気通信回線に接続している自動公衆送信装置……の公衆送信用記録媒体に情報を記録し、情報が記録された記録媒体を当該自動公衆送信装置の公衆送信用記録媒体として加え、若しくは情報が記録された記録媒体を当該自動公衆送信装置の公衆送信用記録媒体に変換し、又は当該自動公衆送信装置に情報を入力すること。ロ　その公衆送信用記録媒体に情報が記録され、又は当該自動公衆送信装置に情報が入力されている自動公衆送信装置について、公衆の用に供されている電気通信回線への接続……を行うこと」と定義している。そして、著作権法23条1項は、「著作者は、その著作物について、公衆送信（自動公衆送信の場合にあっては、送信可能化を含む。）を行う権利を専有する」とする。

(2)　Aの行為の検討

このように、公衆送信の概念には送信可能化が含まれるところ、サーバに著作物を再現するに足る情報を保存することは送信可能化に該当する。複製については一点の疑義が生じるものの、サーバに著作物を再現するに足るデータを保存することが送信可能化にあたることはほぼ疑念の余地はないところである。前掲知財高判平成30年4月25日も、画像データのアップロードについて「本件リツイート行為によってユーザーのパソコン等の端末に表示される本件写真の画像は、それらのユーザーの求めに応じて、流通情報2⑵のデータが送信されて表示されているといえるから、自動公衆送信（公衆送信のうち、公衆からの求めに応じ自動的に行うもの［放送又は有線放送に該当するものを除く。］）に当たる」としている。よって、この時点でAの行為は送信可能化による公衆送信権侵害にも問責できる。では、これに対してインラインリンクを設定したにすぎないBの行為は公衆送信権侵害に該当するのだろうか。

(3)　インラインリンクと自動公衆送信

同様にリツイート（インラインリンク）の公衆送信権侵害が問題となった前掲知財高判平成30年4月25日は、以下のとおり判示し、インラインリンクによる公衆送信権侵害を否定している。

（A）　HTML等のデータの送信

すなわち、同裁判例はこの点についてまず、「控訴人が著作権を有している

のは、本件写真であるところ、本件写真のデータは、リンク先である流通情報2(2)に係るサーバーにしかないから、送信されている著作物のデータは、流通情報2(2)のデータのみである」として、〈*Case* ⑦〉でいう α アカウントのサーバにのみ画像データが蔵置され β サーバーには画像データがアップロードされていない点を指摘している。そのうえで、同裁判例は、「上記のとおり、公衆送信は、『公衆によって直接受信されることを目的として送信を行うこと』であるから、公衆送信権侵害との関係では、流通情報2(2)のデータのみが『侵害情報』というべきであって、控訴人が主張する『ブラウザ用レンダリングデータ』あるいは HTML データ等を『侵害情報』と捉えることはできない。したがって、『ブラウザ用レンダリングデータ』あるいは HTML データ等が『侵害情報』であることを前提とする控訴人の公衆送信権侵害（送信可能化権侵害、自動公衆送信権侵害）に関する主張は、いずれも採用することができない」としている。すなわち、〈*Case* ⑦〉に即して考えると画像データは β サイトのサーバにアップされないところ、β サイトにもアップロードされている画像データを表示するために必要な HTML 等のデータは、それ自体において著作権侵害を構成する「侵害情報」にあたらないというのである。

(B)　画像データの送信

次に、流通情報画像データのみを「侵害情報」ととらえた場合の公衆送信権侵害の主張についても、前掲知財高判平成30年4月25日は、以下のとおり判示して著作権侵害を否定している。

すなわち、まず自動公衆送信行為の行為主体について「自動公衆送信の主体は、当該装置が受信者からの求めに応じ、情報を自動的に送信できる状態を作り出す行為を行う者と解されるところ（最高裁平成23年1月18日判決・民集65巻1号121頁参照）、本件写真のデータは、流通情報2(2)のデータのみが送信されていることからすると、その自動公衆送信の主体は、流通情報2(2)の URL の開設者であって、本件リツイート者らではないというべきである」と述べて、あくまで自動公衆送信の主体は、〈*Case* ⑦〉でいうAでありBではないとしている。そのうえで前掲知財高判平成30年4月25日は、「著作権侵害行為の主体が誰であるかは、行為の対象、方法、行為への関与の内容、程度等の諸般の事情を総合的に考慮して、規範的に解釈すべきであり、カラオケ法理と呼ば

れるものも、その適用の一場面であると解される（最高裁平成23年1月20日判決・民集65巻1号399頁参照）が、本件において、本件リツイート者らを自動公衆送信の主体というべき事情は認め難い。控訴人は、本件アカウント3〜5の管理者は、そのホーム画面を支配している上、ホーム画面閲覧の社会的経済的利益を得ていると主張するが、そのような事情は、あくまでも本件アカウント3〜5のホーム画面に関する事情であって、流通情報2(2)のデータのみが送信されている本件写真について、本件リツイート者らを自動公衆送信の主体と認めることができる事情とはいえない。また、本件リツイート行為によって、本件写真の画像が、より広い範囲にユーザーのパソコン等の端末に表示されることとなるが、我が国の著作権法の解釈として、このような受け手の範囲が拡大することをもって、自動公衆送信の主体は、本件リツイート者らであるということはできない」として、〈*Case* ⑦〉でいうBにあたる発信者の公衆送信における行為主体性を否定している。前掲札幌地判平成30年6月15日も、「原告は、インラインリンク設定行為によって、同サイトにアクセスした者に対して何らの作為を要求することなく画像A又は画像Bを閲覧させており、画像A又は画像Bの表示に関して強い支配性を有するというべきであるから、インラインリンク設定行為を行った発信者らを著作権侵害の主体として評価すべきであると主張する。しかし、本件写真を改変した画像ファイル（画像A又は画像B）をサーバーに入力し、これを公衆送信し得る状態を作出したのは発信者C又は発信者Dであって、インラインリンク設定行為を行った発信者らは、同行為によって既に公衆送信されている画像A又は画像Bを利用しているにすぎないことからすれば、上記送信の主体は、発信者C又は発信者Dと見るべきであって、インラインリンク設定行為を行った発信者を公衆送信権侵害の主体と見ることはできない」と述べて、これを認められないとしている。さらに、前掲知財高判平成30年4月25日は、「本件リツイート行為が上記の自動公衆送信行為自体を容易にしたとはいい難いから、本件リツイート者らを幇助者と認めることはできず、その他、本件リツイート者らを幇助者というべき事情は認められない」として発信者の幇助による著作権侵害も否定した。

⑷　自動公衆送信にも放送にも有線放送にもあたらない公衆送信

　さらに、前掲知財高判平成30年4月25日は、「控訴人は、自動公衆送信に

も放送にも有線放送にも当たらない公衆送信権侵害も主張するが、前記（ア）のとおり自動公衆送信に当たることからすると、自動公衆送信以外の公衆送信権侵害が成立するとは認められない」として、自動公衆送信以外の公衆送信行為該当性も否定した。

このように、前掲知財高判平成30年4月25日によれば、Bの行為は自動公衆送信行為を含めた直接の公衆送信権侵害にあたらないことになる。

(5) 〈*Case* ⑦〉の検討結果

このように、アップロードしたAは格別、インラインリンクの設定者、すなわち〈*Case* ⑦〉に即していえば、Bは、公衆送信権侵害の主体にあたらないというのが、現在の裁判例である。甲弁護士としては、公衆送信権侵害についてもBに対する追求は断念せざるを得ないと判断した。

8 リンクによるみなし侵害

著作権法113条2項から4項までは、侵害著作物等利用容易化のみなし侵害を定める。いわゆる海賊版サイトなどへ誘導するリーチサイト等によるリンク行為などについても著作権等のみなし侵害が生じる場合がある。

(1) リンク規制におけるウェブサイトの定義

リンク等によるみなし侵害において、ウェブサイト等とは、「送信元識別符号のうちインターネットにおいて個々の電子計算機を識別するために用いられる部分が共通するウェブページ……の集合物……をいう」（著作112条4項）。このようにウェブページの集合としてウェブサイトが定義されているところ、ここでいうウェブサイトを構成する個々のウェブページとは、「インターネットを利用した情報の閲覧の用に供される電磁的記録で文部科学省令で定めるものをいう」と定義されている。そして、個々のウェブページの集合としてのウェブサイトとは、「当該集合物の一部を構成する複数のウェブページであつて、ウェブページ相互の関係その他の事情に照らし公衆への提示が一体的に行われていると認められるものとして政令で定める要件に該当するもの」をいうとされている。一般的なサイトにおいては問題とならないものの SNS アカウントなどではウェブサイトの一個性などが問題となることも想定される。

⑵　侵害著作物等利用容易化ウェブサイト等

そのうえで、著作権法113条2項柱書および1号は、①－1「当該ウェブサイト等において、侵害著作物等に係る送信元識別符号等（以下この条及び第119条第2項において『侵害送信元識別符号等』という。）の利用を促す文言が表示されていること、侵害送信元識別符号等が強調されていることその他の当該ウェブサイト等における侵害送信元識別符号等の提供の態様に照らし、公衆を侵害著作物等に殊更に誘導するものであると認められるウェブサイト等」および、①－2「当該ウェブサイト等において提供されている侵害送信元識別符号等の数、当該数が当該ウェブサイト等において提供されている送信元識別符号等の総数に占める割合、当該侵害送信元識別符号等の利用に資する分類又は整理の状況その他の当該ウェブサイト等における侵害送信元識別符号等の提供の状況に照らし、主として公衆による侵害著作物等の利用のために用いられるものであると認められるウェブサイト等」を同項および119条2項4号において「侵害著作物等利用容易化ウェブサイト等」と定義づける。

⑶　侵害著作物等利用容易化プログラム

また、著作権法113条2項柱書および2号は、②－1「当該プログラムによる送信元識別符号等の提供に際し、侵害送信元識別符号等の利用を促す文言が表示されていること、侵害送信元識別符号等が強調されていることその他の当該プログラムによる侵害送信元識別符号等の提供の態様に照らし、公衆を侵害著作物等に殊更に誘導するものであると認められるプログラム」のほか、②－2「当該プログラムにより提供されている侵害送信元識別符号等の数、当該数が当該プログラムにより提供されている送信元識別符号等の総数に占める割合、当該侵害送信元識別符号等の利用に資する分類又は整理の状況その他の当該プログラムによる侵害送信元識別符号等の提供の状況に照らし、主として公衆による侵害著作物等の利用のために用いられるものであると認められるプログラム」を同条3項および119条2項4号において「侵害著作物等利用容易化プログラム」と定める。

⑷　リンクによる侵害著作物等利用容易化行為のみなし侵害

そして、「『送信元識別符号等』……の提供により侵害著作物等……の他人による利用を容易にする行為（同項において『侵害著作物等利用容易化』という。）

であつて、……『侵害著作物等利用容易化ウェブサイト等』……において又は……『侵害著作物等利用容易化プログラム』を用いて行うものは、当該行為に係る著作物等が侵害著作物等であることを知つていた場合又は知ることができたと認めるに足りる相当の理由がある場合には、当該侵害著作物等に係る著作権、出版権又は著作隣接権を侵害する行為」とみなされることになる（著作113条2項）。

　なお、「送信元識別符号等」とは、「送信元識別符号又は送信元識別符号以外の符号その他の情報であつてその提供が送信元識別符号の提供と同一若しくは類似の効果を有するもの」をいう。また、「侵害著作物等」とは、「著作権（第28条に規定する権利（翻訳以外の方法により創作された二次的著作物に係るものに限る。）を除く。以下この項及び次項において同じ。）、出版権又は著作隣接権を侵害して送信可能化が行われた著作物等をいい、国外で行われる送信可能化であつて国内で行われたとしたならばこれらの権利の侵害となるべきものが行われた著作物等を含む」ものとされる。

⑸　侵害著作物等利用容易化を防止する措置を講じない場合

　また、著作権法113条3項は、「侵害著作物等利用容易化ウェブサイト等の公衆への提示を行つている者……又は侵害著作物等利用容易化プログラムの公衆への提供等を行つている者……が、当該侵害著作物等利用容易化ウェブサイト等において又は当該侵害著作物等利用容易化プログラムを用いて他人による侵害著作物等利用容易化に係る送信元識別符号等の提供が行われている場合であつて、かつ、当該送信元識別符号等に係る著作物等が侵害著作物等であることを知つている場合又は知ることができたと認めるに足りる相当の理由がある場合において、当該侵害著作物等利用容易化を防止する措置を講ずることが技術的に可能であるにもかかわらず当該措置を講じない行為は、当該侵害著作物等に係る著作権、出版権又は著作隣接権を侵害する行為とみなす」と定める。

（A）　ウェブサイト等を用いたみなし侵害の主体から除かれる者

　侵害著作物等利用容易化を防止する措置を講じない場合のみなし侵害行為の無限定な拡大への懸念から「著作権者等からの当該侵害著作物等利用容易化ウェブサイト等において提供されている侵害送信元識別符号等の削除に関する請求に正当な理由なく応じない状態が相当期間にわたり継続していることそ

の他の著作権者等の利益を不当に害すると認められる特別な事情がある場合を除」いて「当該侵害著作物等利用容易化ウェブサイト等と侵害著作物等利用容易化ウェブサイト等以外の相当数のウェブサイト等とを包括しているウェブサイト等において、単に当該公衆への提示の機会を提供しているに過ぎない者」は、「侵害著作物等利用容易化ウェブサイト等の公衆への提示を行つている者」に含まれない。

(B) プログラムを用いたみなし侵害の主体から除かれる者

また、同様に「著作権者等からの当該侵害著作物等利用容易化プログラムにより提供されている侵害送信元識別符号等の削除に関する請求に正当な理由なく応じない状態が相当期間にわたり継続していることその他の著作権者等の利益を不当に害すると認められる特別な事情がある場合を除」いて、「当該公衆への提供等のために用いられているウェブサイト等とそれ以外の相当数のウェブサイト等とを包括しているウェブサイト等又は当該侵害著作物等利用容易化プログラム及び侵害著作物等利用容易化プログラム以外の相当数のプログラムの公衆への提供等のために用いられているウェブサイト等において、単に当該侵害著作物等利用容易化プログラムの公衆への提供等の機会を提供しているに過ぎない者」は「侵害著作物等利用容易化プログラムの公衆への提供等を行つている者」に含まれない。

⑹ 〈*Case* ⑦〉の検討

インラインリンクも「侵害著作物等利用容易化」にあたり得るため、〈*Case* ⑦〉において甲弁護士としては、このみなし侵害の検討も必要となる。

しかしながら、〈*Case* ⑦〉のサイトは通常の SNS アカウントおよびウェブサイトであり、「侵害著作物等利用容易化ウェブサイト等」においてまたは「侵害著作物等利用容易化プログラム」を用いて行う侵害著作物等利用容易化にあたらない。よって、甲弁護士は「侵害著作物等利用容易化」については該当しないと結論づけた。

9 リンクの幇助侵害と幇助行為の差止め

前掲札幌地判平成 30 年 6 月 15 日は、以下のとおり判示してインラインリンクによる著作権の幇助侵害を認めた。すなわち、「発信者 C 又は発信者 D は、

本件写真の著作権者たる原告の許諾なく、本件写真を画像A又は画像Bとして複製し、これらの画像をインターネット上にアップロードすることで、不特定多数の者が閲覧できる状態に置いたことが認められるから、発信者C又は発信者Dには、本件写真の複製権侵害及び公衆送信権侵害が明らかに認められるというべきである」としてまず画像データのアップロード者の著作権侵害を認めた。そして、同裁判例は続けて、「インラインリンク設定行為を行った発信者らは、インラインリンク設定行為によって、閲覧者の何らの作為を要することなく、自身のブログ記事に画像A又は画像Bを表示させ、侵害サイトA又は侵害サイトBを閲覧した者だけでなく、インラインリンク設定型に係る各侵害サイトを閲覧した者も画像A又は画像Bを閲覧することができるような状態を作り上げ、不特定多数の者が画像A又は画像Bにアクセスしてこれを閲覧することを容易にしたものと評価することができる」と述べて、アップロード者のアップロードした画像データへのアクセスを容易にした点を指弾した。そのうえで、同裁判例は、「そうとすれば、インラインリンク設定行為を行った発信者らは、少なくとも発信者C又は発信者Dによる公衆送信権侵害を幇助しているといえ、発信者C又は発信者Dとともに本件写真に関する原告の著作権を侵害していることは明らかであるというべきである。……以上によれば、インラインリンク設定型の各侵害サイトについても、同侵害サイトに係る発信者らによって原告の本件写真に係る著作権（公衆送信権）が侵害されていることは明らかであるというべきである」と判示してインラインリンク設定者の著作権侵害幇助責任を肯定した。同裁判例によればBのインラインリンク設定行為も、著作権の幇助侵害に該当する可能性がある。

　しかしながら、続いて甲弁護士は幇助侵害についても差止めを請求できるか検討した。そうしたところ、著作権法112条に定められた差止請求権は、著作権の直接的な侵害に対して請求できるが、幇助侵害などの間接的な侵害に対しては請求できないという理解が有力であることが判明した。そこで甲弁護士は、Bの行為について幇助侵害による削除請求も難しいと判断した。

10　公衆伝達権侵害（著作23条2項）

　著作権法23条2項は、「著作者は、公衆送信されるその著作物を受信装置を

用いて公に伝達する権利を専有する」と規定する。そうであるところ、前掲知財高判平成 30 年 4 月 25 日は、以下のとおり判示し、インラインリンクによる公衆伝達権侵害を否定している。すなわち、同裁判例は、「控訴人は、本件リツイート者らをもって、著作物をクライアントコンピュータに表示させた主体と評価すべきであるから、本件リツイート者らが受信装置であるクライアントコンピュータを用いて公に伝達していると主張する」とのインラインリンクの実態を適切に評価した主張に対して、「しかし、著作権法 23 条 2 項は、公衆送信された後に公衆送信された著作物を、受信装置を用いて公に伝達する権利を規定しているものであり、ここでいう受信装置がクライアントコンピュータであるとすると、その装置を用いて伝達している主体は、そのコンピュータのユーザーであると解され、本件リツイート者らを伝達主体と評価することはできない」としてインラインリンク設定者の行為主体性を否定したうえで、「控訴人が主張する事情は、本件写真等の公衆送信に関する事情や本件アカウント 3 〜 5 のホーム画面に関する事情であって、この判断を左右するものではない。そして、その主体であるクライアントコンピュータのユーザーが公に伝達しているというべき事情も認め難いから、公衆伝達権の侵害行為自体が認められない。このように公衆伝達権の侵害行為自体が認められないから、その幇助が認められる余地もない」と判示した。

　しかしながら、近時、インラインリンクによる公衆伝達権侵害を認める学説が登場している [4]。インラインリンクによる公衆伝達権侵害は、インラインリンクの実態を適切に評価した至当というほかない学説であり今後有力になっていくことも十分予想される。しかし、著作権法に関する知識のアップデートが十分でなかった甲弁護士は、知識が前掲知財高判平成 30 年 4 月 25 日でとどまっており、公衆伝達権侵害による削除請求を不可能と判断してしまった。そこで、甲弁護士は、インラインリンクしているにすぎない B の行為に対しては、いかなる著作権侵害による削除請求も主張できないと結論づけてしまった。しかし、著作権法は特にデジタル領域において発展が早く、知識のアップデートには十分留意するべき法分野である。インターネットでの著作権事件処理を行う実務

4　谷川和幸『リンク提供行為と著作権法』（弘文堂、2024 年）251 頁以下。

家は、必携ともいえる書籍は手元に置いておくべきであろう。

11 引用（著作 32 条 1 項）

以上の検討を経て、Ｂの行為については著作権侵害を主張できないと判断した甲弁護士は、次に、Ａの行為について権利制限規定による著作権の制限が生じないか検討することになる。もし、権利制限の場面に該当すれば著作権侵害は成立しない。〈*Case*⑦〉でも問題となり、かつ、インターネットの著作権侵害で最もよく主張されるのが引用（著作 32 条 1 項）である。そこで、甲弁護士はこの引用による適法化のおそれがないか検討することとした。

(1) 引用の変容

すなわち、著作権法 32 条 1 項は、「公表された著作物は、引用して利用することができる。この場合において、その引用は、公正な慣行に合致するものであり、かつ、報道、批評、研究その他の引用の目的上正当な範囲内で行なわれるものでなければならない」と定める。

この引用の適用については最高裁判所の判示（最判昭和 55 年 3 月 28 日民集 34 巻 3 号 244 頁）に従って主従関係や明瞭区分性を中心に検討するケースも多かった。しかし、下級審裁判例は近時、主従関係や明瞭区分性を緩やかに判断するか、下記のような総合的考慮によって引用の成立を認めている例が増えている。

(2) 近時の裁判例

たとえば、東京地判令和 3 年 5 月 26 日（令和 2 年（ワ）第 19351 号）裁判所ウェブサイト〔書籍 KuToo 事件〕は、前掲最判昭和 55 年 3 月 28 日を参照したうえで、①「引用して利用する側の著作物と、引用されて利用される側の著作物とを明瞭に区別して認識することができること」、および、②「引用する著作物と引用される著作物の間に、引用する側が主、引用される側が従の関係があること」は、「引用」の基本的な要件を構成すると解するのが相当であると判示している。

さらに、「公表された著作物は、公正な慣行に合致し、報道、批評、研究その他の引用の目的上正当な範囲内で引用して利用することができると規定されているところ（著作権法 32 条 1 項）、他人の著作物を引用して利用することが許されるためには、引用して利用する方法や態様が公正な慣行に合致したもの

であり、かつ、引用の目的との関係で正当な範囲内であること、すなわち、社会通念に照らして合理的な範囲内のものであることが必要であり、引用としての利用に当たるか否かの判断においては、他人の著作物を利用する側の利用の目的のほか、その方法や態様、利用される著作物の種類や性質、当該著作物の著作権者に及ぼす影響の有無・程度などを総合考慮すべきである」と述べる裁判例（知財高判令和5年4月17日（令和4年（ネ）第10104号）裁判所ウェブサイト）もある。

(3)　スクリーンショット引用の事例

　次に、スクリーンショット引用のような本来SNS上予定されていない態様の引用についても、直ちに引用を否定する事情にならないと判示されている。たとえば、知財高判令和5年4月13日（令和4年（ネ）第10060号）裁判所ウェブサイトが規約と公正な慣行との関係について、「本件規約は本来的にはツイッター社とユーザーとの間の約定であって、その内容が直ちに著作権法上の引用に当たるか否かの判断において検討されるべき公正な慣行の内容となるものではない」として直ちに同質性を有するものではないと判示している。そして「他のツイートのスクリーンショットを添付してツイートする行為が本件規約違反に当たることも認めるに足りない」として、規約違反の該当性を否定し、本件引用は、「批評に当たり、その対象とするツイートを示す手段として、引用リツイート機能を利用することはできるが、当該機能を用いた場合、元のツイートが変更されたり削除されたりすると、当該機能を用いたツイートにおいて表示される内容にも変更等が生じ、当該批評の趣旨を正しく把握したりその妥当性等を検討したりすることができなくなるおそれがあるのに対し、元のツイートのスクリーンショットを添付してツイートする場合には、そのようなおそれを避けることができる」と述べて批評ツイートを行ううえでの引用の必要性を強調している。そのうえで同裁判例は、「弁論の全趣旨によると、現にそのように他のツイートのスクリーンショットを添付してツイートするという行為は、ツイッター上で多数行われているものと認められ」、「以上の諸点を踏まえると、スクリーンショットの添付という引用の方法も、著作権法32条1項にいう公正な慣行に当たり得るというべきである」として、必ずしも利用規約に定められた引用方法でないことが、適法な引用利用該当性を否定する事情には

ならないと判示し引用を適法と判断している。

　加えて、知財高判令和4年11月2日（令和4年（ネ）第10044号）裁判所ウェブサイトも、「画像をキャプチャしてシェアするという手法が、情報を共有する際に一般に行われている手法であると認められることに照らすと、本件ツイート1における本件控訴人プロフィール画像の利用は、公正な慣行に合致するものと認めるのが相当である」として引用を適法と認めた。

　すなわち、知財高判令和4年11月2日も「引用リツイートではなくスクリーンショットによることは、ツイッター社の方針に反するものであって、公正な慣行に反する」との主張に対して、「そもそもツイッターの運営者の方針によって直ちに引用の適法性が左右されるものではない上、スクリーンショットの投稿がツイッターの利用規約に違反するなどの事情はうかがえない」として前掲知財高判令和5年4月13日と同様に規約に反していない点、規約が直ちに公正な慣行と同義といえない点を指摘している。そのうえで、知財高判令和4年11月2日も「そして、批評対象となったツイートを示す手段として引用リツイートのみによったのでは、元のツイートが変更されたり削除された場合には、引用リツイートにおいて表示される内容も変更されたり削除されることから、読者をして、批評の妥当性を検討することができなくなるおそれがあるところ、スクリーンショットを添付することで、このような場合を回避することができる」と同様に引用ツイートの必要性に言及した。そのうえで、同裁判例は「そうすると、スクリーンショットにより引用をすることは、批評という引用の目的に照らし必要性があるというべきであり、その余の本件に顕れた事情に照らしても公正な慣行に反するとはいえないから、控訴人らの上記主張は採用できない」などと述べてツイートへの引用を適法と判示している。このように、本来SNSの利用規約に定められていない引用方法についても近時適法とする裁判例が複数登場している。

(4)　〈*Case* ⑦〉の検討の方向性

　このことからも、〈*Case* ⑦〉は、本件投稿1について、①画像の本文における引用利用が、本件投稿2において②文章の本文における引用利用と、③プロフィール画像の引用における映り込み利用が適法とされる可能性がある事案と認識すべきである。このことから引用など権利制限の成否を慎重に検討する

必要がある。そこで、以下、甲弁護士は投稿1および2、それぞれについて詳細に検討した。

12　画像の本文における引用利用（①）

　知財高判令和4年10月19日判時2575号39頁は、以下のとおり述べて、画像の引用利用について適法な引用にあたると判示した。上記のとおり、近年下級審において引用の適用を緩やかに運用する流れがあるが、そのリーディングケースともいえる裁判例である。実際に同事件ではこれまでの運用を踏襲して侵害を認めた原審を取り消して、権利侵害を一転して否定している。

　すなわち、知財高判令和4年10月19日における利用態様は、「本件ツイート1－1における被控訴人のイラストの利用方法をみると、乙1の2イラストと本件被控訴人イラスト1を重ね合わせて表示しているもの（本件投稿画像1－1－2、1－1－3）と、本件被控訴人イラスト1を含む複数の被控訴人作成イラストを並べて表示しているもの（本件投稿画像1－1－4）があり、これらの画像が、乙1の2イラストの画像（本件投稿画像1－1－1）とともに前記（ア）の文言に添付されている」という態様であり、さらに「タイムライン上においては、原判決別紙タイムライン表示目録記載1のとおり表示されるなどしており、上記4枚の画像データは、ツイッターの仕様又はツイートを表示するクライアントアプリの仕様に応じて、その一部のみが表示されているが、各画像をクリックすると、本件投稿画像1－1－1～1－1－4のとおりの画像が表示される」という態様で利用されている事案であった。

　当該事案においてまず知財高判令和4年10月19日は、「本件投稿画像1－1－4は、被控訴人が作成した女性の横顔のイラストを2枚含むものであるが、この2枚のイラストのうち1枚は本件被控訴人イラスト1であり、もう一枚は本件被控訴人イラストと複製又は翻案の関係にあるものと認められるから、本件投稿画像1－1－4をそのまま、本件投稿画像1－1－1（乙1の2イラスト）とともに利用することは、イラストの類似性を検証するために必要であり、かつ、文章のみで表現するよりも客観性を担保できる態様で利用されているということができる」と類似性の検討という引用の目的に照らして必要かつ有用な態様で引用が実施されている点を指摘している。そのうえで、知財高判令和4

年10月19日は、「本件投稿画像1－1－2及び1－1－3は、乙1の2イラストと本件被控訴人イラスト1を重ね合わせた画像であるが、2枚のイラストないし画像の類似性を検討するに当たり、2枚のイラストを、それぞれのイラストが判別可能な態様で重ね合わせ表示するのは検証のために便宜でかつ客観性を担保できる態様で利用されているということができ、加えて、当該画像には下部分に各イラストの色の濃さを操作したことを示唆するアプリケーションの画面部分が記載されており、閲覧者をして、これらの画像が、2枚のイラストを重ね合わせたものであることや、色の濃さが操作されていることが分かるような態様で示されている」として本件引用における工夫に言及している。そして、知財高判令和4年10月19日は、「本件では、本件投稿画像1－1－2では乙1の2イラストの方を濃く表示し、本件投稿画像1－1－3では本件被控訴人イラスト2の方を濃く表示しているが、このような表示方法は、2枚のイラストを重ね合わせた画像において、それぞれのイラストを判別して比較するために資するといえる」と投稿における引用の目的との関係での引用態様の有用性を説いている。「上記利用態様からすると、本件ツイート1－1において、被控訴人が作成したイラストが、独立した鑑賞目的等で利用されているというような事情はなく、本件被控訴人イラスト1と乙1の2イラストを比較検証する目的を超えて利用がされているとはいえない」と述べて、従来の検討では適法となりがたいとも思える引用利用について、引用の適法性を認めたのである。

　〈*Case* ⑦〉に即して検討すれば、本件投稿1も確かにキャラクターイラストを無断利用しているもののパクリ（盗作）か否かの検討という引用の目的と、その検討目的との関係における引用態様の適切さなどから、引用利用として適法と結論づけられる態様のものであった。甲弁護士としては、そこで、本件投稿1については著作権を侵害しないものと結論づけた。

13　文章（言語著作物）の本文における引用利用（②）

　次に、本件投稿2における②文章の本文における引用利用は適法だろうか。

　この点、前掲知財高判令和5年4月13日は、以下のとおり述べて、近時の寛容とも評せる引用要件を踏襲して適用し、ツイートという文章（言語著作物）の引用利用を適法と判示している。

　まず、知財高判令和5年4月13日は、「本件投稿1は、Yが、本件投稿者1及び本件投稿者1と交流のあるネット関係者間で知られている人物（『A』なる人物）を訴えている者であることを前提として、更に多数の者に関する発信者情報開示請求をしていることを知らせ、このような行動をしているYを紹介して批評する目的で行われたもので、それに当たり、批判に関係する原告投稿1のスクリーンショットが添付されたものであると認める余地があるところ、その添付の態様に照らし、引用をする本文と引用される部分（スクリーンショット）は明確に区分されており、また、その引用の趣旨に照らし、引用された原告投稿1の範囲は、相当な範囲内にあるということができる」として、明瞭区分性や主従関係といった従来の判断要素を意識しているともとれる判示をし、批評という引用目的に照らして適切な形態で元投稿が引用されている点を指摘している。そのうえで、同裁判例は、「本件投稿2～4は、本件投稿者2を含むツイッターのユーザーを高圧的な表現で罵倒する原告投稿2、他のツイッターのユーザーを嘲笑する原告投稿3及び他のツイッターのユーザーを嘲笑する原告投稿4を受けて、これらに対する批評の目的で行われたものと認められ、それに当たり、批評の対象とする原告投稿2～4のスクリーンショットが添付されたものであるところ、その添付の態様に照らし、引用をする本文と引用される部分（スクリーンショット）は明確に区別されており、また、それらの引用の趣旨に照らし、引用された原告投稿2～4の範囲は、それぞれ相当な範囲内にあるということができる」として、ここでも明瞭区分性や主従関係といった従来の判断要素を意識しているともとれる判示をし、批評目的との関係で相当な引用であると評価している。そのうえで、同裁判例は、「以上の点を考慮すると、本件各投稿における原告各投稿のスクリーンショットの添付は、いずれも著作権法32条1項の引用に当たるか、又は引用に当たる可能性があり、原告各投稿に係るYの著作権を侵害することが明らかであると認めるに十分とはいえないというべきである」として、権利侵害の明白性を満たさないことから発信者情報開示請求権の発生を否定している。

　〈**Case** ⑦〉における甲弁護士は、本件投稿2の本文引用部分も、公式投稿の内容に対する批評のために必要かつ相当な範囲での引用といえることから、この裁判例などに照らすと適法と判断される可能性が高いと結論づけた。

14　プロフィール画像の引用における映り込み（③）

　では、本件投稿2において、本件キャラクターの公式ツイートをスクリーンショット引用することで、プロフィール画像に設定されたキャラクター画像が映り込んでいる点は著作権法上違法と評価できるのだろうか。

(1)　プロフィール画像引用に係る裁判例

　この点について、前掲知財高判令和4年11月2日は、本件投稿2におけるのと同様に、③プロフィール画像の引用における映り込みが生じた事案について著作権侵害を否定している。すなわち、同裁判例における引用は、「本件ツイート1においては、『X$_1$'さん』『DM画像捏造してまで友人を悪人に仕立てあげるのやめてくれませんかね？』との文言と共に本件投稿画像1が投稿されている」というものであった。そうであるところ、同裁判例において、引用の目的は、「『X$_1$'』は控訴人X$_1$の旧姓であるから（甲81）、同ツイートは、控訴人X$_1$が『DM画像を捏造した』という行為を批判するために、控訴人X$_1$が捏造した画像として、本件投稿画像1を合わせて示したものと推認され、本件投稿画像1を付した目的は、控訴人X$_1$が『DM画像を捏造』してこれをツイートした行為を批評することにあると認められる」と批評に主眼のあるものと認定されている。また、その際における引用態様の適切性について同裁判例は、「上記控訴人X$_1$の行為を批評するために、控訴人X$_1$のツイートに手を加えることなくそのまま示すことは、客観性が担保されているということができ、本件ツイート1の読者をして、批評の対象となったツイートが、誰の投稿によるものであるか、また、その内容を正確に理解することができるから、批評の妥当性を検討するために資するといえる」と評価している。また、同裁判例は、「本件控訴人プロフィール画像は、ツイートにアイコンとして付されているものであるところ、本件ツイート1において、控訴人X$_1$のツイートをそのまま示す目的を超えて本件控訴人プロフィール画像が利用されているものではない。そうすると、控訴人X$_1$のツイートを、アイコン画像を含めてそのままスクリーンショットに撮影して示すことは、批評の目的上正当な範囲内での利用であるということができる」として、引用態様の適切性を強調している。

(2) 引用に関する裁判所判断の変容

そのうえで、「控訴人らは、本件投稿画像1の分量が本件ツイート1の本文の分量と同等であり、主従関係にないから、引用に当たらないと主張する」という従来の判断枠組みを踏まえた主張に対して、同裁判例は、「仮に『引用』に該当するために主従関係があることを要すると解したとしても、主従関係の有無は分量のみをもって確定されるものではなく、分量や内容を総合的に考慮して判断するべきである」と従来の判断枠組みを形式的にではなく実質的に適用すべき旨を示唆している。実際にも同裁判例はその後、「本件では、本件投稿画像1ではなく、本件控訴人プロフィール画像と本件ツイート1の本文の分量を比較すべきである上、本件投稿画像1は、本件ツイート1の本文の内容を補足説明する性質を有するものとして利用されているといえることから、控訴人らの上記主張は採用できない」として、従来の判断枠組みを念頭においた反論を排斥した。さらに「引用の目的上正当な範囲内」といえるかについて同裁判例は、「本件における引用の目的は批評であるところ、本件ツイート1の内容が名誉毀損ないし侮辱に当たるかは別として、控訴人X_1の行為を批評するという引用の目的に照らし、正当な範囲内の利用であるということができる」とし、「本件ツイート1における本件控訴人プロフィール画像の利用は、『引用の目的上正当な範囲内』で行われたと認めるのが相当である」と判示した。名誉毀損や侮辱にあたる違法なツイートに引用することがそもそも引用として法的に正当化されるか疑問も残るものの、最終的に同裁判例は、「したがって、本件ツイート1における本件控訴人プロフィール画像の利用について、控訴人らの著作権侵害が明白であるとはいえない」などと述べて、引用の成立を認めている。

(3) 〈*Case* ⑦〉の検討

このような観点から、〈*Case* ⑦〉における本件投稿2も、侮辱などの成否はおくとしても著作権法上の引用利用としては、公式ツイートのツイート内容を引用することが適切であるなどの事情に照らしても適法化されるものと思料された。

15　付随対象著作物

著作権法30条の2は、下記のとおり定める。

（付随対象著作物の利用）

第30条の2　写真の撮影、録音、録画、放送その他これらと同様に事物の影像又は音を複製し、又は複製を伴うことなく伝達する行為（以下この項において「複製伝達行為」という。）を行うに当たつて、その対象とする事物又は音（以下この項において「複製伝達対象事物等」という。）に付随して対象となる事物又は音（複製伝達対象事物等の一部を構成するものとして対象となる事物又は音を含む。以下この項において「付随対象事物等」という。）に係る著作物（当該複製伝達行為により作成され、又は伝達されるもの（以下この条において「作成伝達物」という。）のうち当該著作物の占める割合、当該作成伝達物における当該著作物の再製の精度その他の要素に照らし当該作成伝達物において当該著作物が軽微な構成部分となる場合における当該著作物に限る。以下この条において「付随対象著作物」という。）は、当該付随対象著作物の利用により利益を得る目的の有無、当該付随対象事物等の当該複製伝達対象事物等からの分離の困難性の程度、当該作成伝達物において当該付随対象著作物が果たす役割その他の要素に照らし正当な範囲内において、当該複製伝達行為に伴つて、いずれの方法によるかを問わず、利用することができる。ただし、当該付随対象著作物の種類及び用途並びに当該利用の態様に照らし著作権者の利益を不当に害することとなる場合は、この限りでない。

2　前項の規定により利用された付随対象著作物は、当該付随対象著作物に係る作成伝達物の利用に伴つて、いずれの方法によるかを問わず、利用することができる。ただし、当該付随対象著作物の種類及び用途並びに当該利用の態様に照らし著作権者の利益を不当に害することとなる場合は、この限りでない。

本件投稿2における、③プロフィール画像の引用における映り込みについては当該規定によっても適法とされる可能性が高いと、甲弁護士は結論づけた。すなわち、前掲知財高判令和4年11月2日の事案は、付随対象著作物について改正法施行によって適用要件が緩和される直前の時点で権利侵害が生じている事案であった。その意味で同裁判例は、滑り込みで提訴がされた事案であっ

た。そこで、付随対象著作物が必ずしも主題とならなかったが、改正後の著作権法30条の2による適法化も十分考えられる事案であり、そうした状況も引用の成否に影響を与えたとも考え得ることには留意が必要である。甲弁護士は、そのような検討もあって、やはり、本件投稿2における、③プロフィール画像の引用における映り込みも著作権を侵害しないものと結論づけた。

16　時事の事件の報道

　東京地判令和5年3月30日判時2577号103頁は、「証拠（甲2）及び弁論の全趣旨によれば、本件投稿1は、『「まとめサイト」でのインラインリンクに著作権侵害幇助の判決！：プロ写真家・A公式ブログ…』との表題及び『インラインリンクは著作権の幇助侵害にあたるという判決が出たそうです。』とのコメントと共に、本件写真が投稿されたものであり、本件写真は、上記にいう著作権侵害幇助の判決（以下「別件訴訟判決」という。）において、著作権侵害の成否が問題とされた写真そのものであることが認められる」という事案において、著作権法41条の適用を認めて侵害を否定したことで注目されている裁判例である。

　前掲東京地判令和5年3月30日は、まず「上記認定事実によれば、本件投稿1は、別件訴訟判決の要旨を伝える目的で本件写真を掲載しているところ、本件写真は、別件訴訟判決という時事の事件において正に侵害の有無が争われた写真そのものであり、当該事件の主題となった著作物であることが認められる。そうすると、本件写真は、著作権法41条にいう事件を構成する著作物に該当するものといえる」としている。

　そして、東京地判令和5年3月30日は続けて「上記認定に係る本件写真の利用目的、利用態様、上記事件の主題性等を踏まえると、本件投稿1において、本件写真は、同条にいう報道の目的上正当な範囲内において利用されたものと認めるのが相当である」と判示した。特に同裁判例は、「『インラインリンクは著作権の幇助侵害にあたるという判決が出たそうです。』との記載は、抽象的に、インラインリンクが著作権の幇助侵害に当たり得るという規範の問題を伝えるにすぎないものであるから、本件投稿1は『報道』に当たらない」との主張に対して、「しかしながら、前記認定事実によれば、本件投稿1は、著作物の利

用に関して社会に影響を与える別件訴訟判決の要旨を伝えるものであって、社会的な意義のある時事の事件を客観的かつ正確に伝えるものであることからすると、これが『報道』に当たることは明らかである」として「報道」の範囲を広くとらえ、個人アカウントによる SNS 投稿も「報道」に該当すると判示している。そのうえで、「以上によれば、本件投稿 1 における本件写真の掲載は、著作権法 41 条により適法であるものと認められる」などとして著作権侵害を否定した。このように個人アカウントの投稿も「報道」にあたるのであれば、〈*Case* ⑦〉における本件投稿 1 および投稿 2 については「報道」としても適法化される余地があり、甲弁護士は著作権法 41 条によって権利侵害が否定される可能性もあると結論づけた。

V　〈*Case* ⑦〉に対する検討結果

　以上、詳述した検討のとおり、甲弁護士は〈*Case* ⑦〉において A の行為、B の行為いずれによっても著作権侵害は成立しないと結論づけた。そこで、この旨を X に伝えるとともに、〈*Case* ⑦〉においては著作者人格権や名誉感情などの人格権侵害を主張できないか引き続き検討すると伝えた。実際にも、甲弁護士は、前掲知財高判平成 30 年 4 月 25 日や同令和 4 年 11 月 2 日などの例のように著作権侵害が否定されたものの、著作者人格権侵害や名誉毀損などの人格権侵害が、肯定された事案もあると指摘した。X は、著作権侵害が生じることは明らかと考えていたため、当初困惑していたが甲弁護士の説明に納得し、最終的には適正な検討を行った甲弁護士に対して信頼を増して、引き続き人格権侵害の検討を要請した。

　〈*Case* ⑦〉は一見して著作権侵害が生じているように思えるが、詳細な検討の結果、公衆伝達権侵害の検討については若干の疑義があるものの、甲弁護士の検討結果としては著作権侵害が否定された。このように、著作権侵害事案においては軽々に権利侵害を認められる前提で依頼者に説明し、事案を進めると法的手続の段階で極めて難航するケースも想定される。著作権は、すでに述べたとおり目に見えない権利であり、加えてインターネット事案では、著作物の保護対象さえもデジタルという形のない情報の形式をとるのが通常である。

すなわち、無体物の上に著作物という無体物を媒介とする権利が成立するのであり、二重に目に見えない権利を対象に事案を進めることになるとさえいえる。近時著作権の侵害主張のしやすさから、安易に著作権侵害を主張する例もあるように思われるが、紛争の実態が名誉毀損であるようなインターネット事案において、軽々に著作権侵害として法的手続を進めるべきではない場合もある。著作権侵害が結果的に否定される事案には、そのような実質的な著作権の濫用的な事案も認められる。また、安易な著作権侵害に基づく法的手続の濫発が裁判所の知的財産権専門部署を疲弊させている向きもある。さらにいえば、たとえば、東京地裁の知的財産権専門部署は、訴訟においては全件合議制がとられるなど、そうした事案に適した裁判所とはいえない側面もある。合議体全員分の主張書面や書証の写しの提出が求められるなど、手続を進める側の負担が大きい点から、安易な著作権侵害訴訟の選択は、申立て側にとっても得策とはいえないケースも多い。まずは、慎重な検討の下、本当に著作権侵害が成立するのか、また、著作権侵害を主張することが適切な事案であるのか厳密な検討を行うことが適正な事案処理の近道になるだろう。

　以上述べたとおり、〈***Case*** ⑦〉においては甲弁護士の慎重な検討の結果、一見して著作権侵害が認められそうな事案であるものの、実際には著作権侵害が生じていない事案であるとの結論が導かれた。その後、甲弁護士は人格権侵害の検討を進めた。

（齋藤理央）

第8章

著作権侵害事件②
——損害賠償請求

Ⅰ　事　例

〈*Case* ⑧〉

　甲弁護士の下に漫画家Ｘから相談があった。Ｘの著作物である漫画(以下「本件作品」という)がインターネット上のウェブサイト（以下「本件サイト」という）に無断転載されているのだという。甲弁護士が確認したところ、本件サイトには本件作品以外にも多数の漫画作品が掲載されていた。また広告が多数設置されていたことから、広告収益を目的として営利的に運営される、いわゆる海賊版サイトであると思われた。

　Ｘとしては、本件作品の無断転載をやめさせるとともに、本件サイト運営者に対してしかるべき損害賠償を請求することを希望している。

Ⅱ　解決への道筋

　海賊版サイトに著作物を無断転載することは公衆送信権（送信可能化権）侵害を構成する（著作23条1項）。著作権者は侵害者に対し差止請求権（同法112

条1項）や損害賠償請求権（民709条、著作114条）を有する。

　法的には何も難しいところはないのだが、問題は、こうした権利をどのように行使するかである。当然であるが、海賊版サイトに運営者の住所氏名は記載されていない。電子メールや送信フォームなど連絡手段が用意されていることもあるが、連絡しても返答のある保証はない。無視されればそれまでである。仮に連絡がとれても、相手方の正体を把握しないまま漫然と交渉を開始しても優位に立つことはできない。海賊版サイト運営者は反社会勢力と接点を有する場合もあり、単にこちらが弁護士であるというだけでは怖気づいてくれない。

　よって、本件サイト運営者をどのように特定するか。特定できない場合、どのような措置をとれるかという点を考えていく必要がある。

Ⅲ　〈*Case* ⑧〉における論点

　〈*Case* ⑧〉において問題となる論点と派生論点は、以下のとおりである。

基本論点①　基本調査
　　　　②　ドメイン名からの調査
　　　　③　支払方法からの調査
　　　　④　損害賠償請求
派生論点①　その他のアプローチ（削除請求、刑事告訴）

Ⅳ　事案経過①──基本調査

1　調査ポイント

　甲弁護士はまず、本件サイトの基本的情報について調査を進めることとした。重要な点として次の3つがあげられる。

　・ドメイン名
　・サーバ事業者
　・広告代理店

(1)　ドメイン名

　インターネット上のウェブページは、URL（Uniform Resouce Locator）により識別される。いわゆる「アドレス」である。URL は https://www.example.com/folder1/file1.html のような文字列からなるが、これは下記のように分解できる。

$$\text{https://}\underset{\text{プロトコル}}{}\underset{\text{ホスト名}}{\text{www}}.\underset{\text{ドメイン名}}{\text{example.com}}/\underset{\text{ディレクトリ}}{\text{folder1}}/\underset{\text{ファイル}}{\text{file1.html}}$$

> https://www.example.com/folder1/file1.html
> プロトコル　ホスト名　　ドメイン名　　ディレクトリ　　ファイル

　ホスト名とドメイン名を合わせたものを FQDN（Fully Qualified Domain Name）という。

　インターネットに接続されたすべての計算機には IP アドレスが付与され、識別されている。しかしこの IP アドレスは数字の羅列（例：192.0.2.0）であり、人間にはわかりにくい。そこで人間に読みやすいアルファベットの文字列により表現したものが FQDN である。FQDN から対応する IP アドレスを検索することを正引き、逆に IP アドレスから FQDN を検索することを逆引きという。FQDN と IP アドレスを相互置換するためのしくみを DNS（Domain Name System）といい、米国の非営利団体 ICANN（The Internet Corporation for Assigned Names and Numbers）を中心として世界中の民間団体の相互協力により維持されている。

　新たなドメイン名を取得したいと希望する者は、ICANN から認定されたドメイン登録事業者（レジストラ）を通じて登録を行う必要がある。日本では「お名前ドットコム」（GMO インターネットグループ株式会社）や「スタードメイン」（ネットオウル株式会社）などがよく知られている。

　そのドメイン名を誰が登録したのかは、ICANN の規則により公開が義務づけられている。これを閲覧するしくみが WHOIS である。WHOIS 検索は多数の事業者から提供されており、誰でも無償で利用できる。

　たとえば、本書の出版社である株式会社ぎょうせいは、gyosei.jp というドメイン名によりウェブサイトを運営している。これを、株式会社日本レジストリサービス（JPRS）が提供する WHOIS 検索により検索した結果が〔図表⑧-1〕の画面である（電話番号について加工している）。名前、住所、電話番号、電子メー

〔図表⑧-1〕　gyosei.jp の WHOIS 検索結果

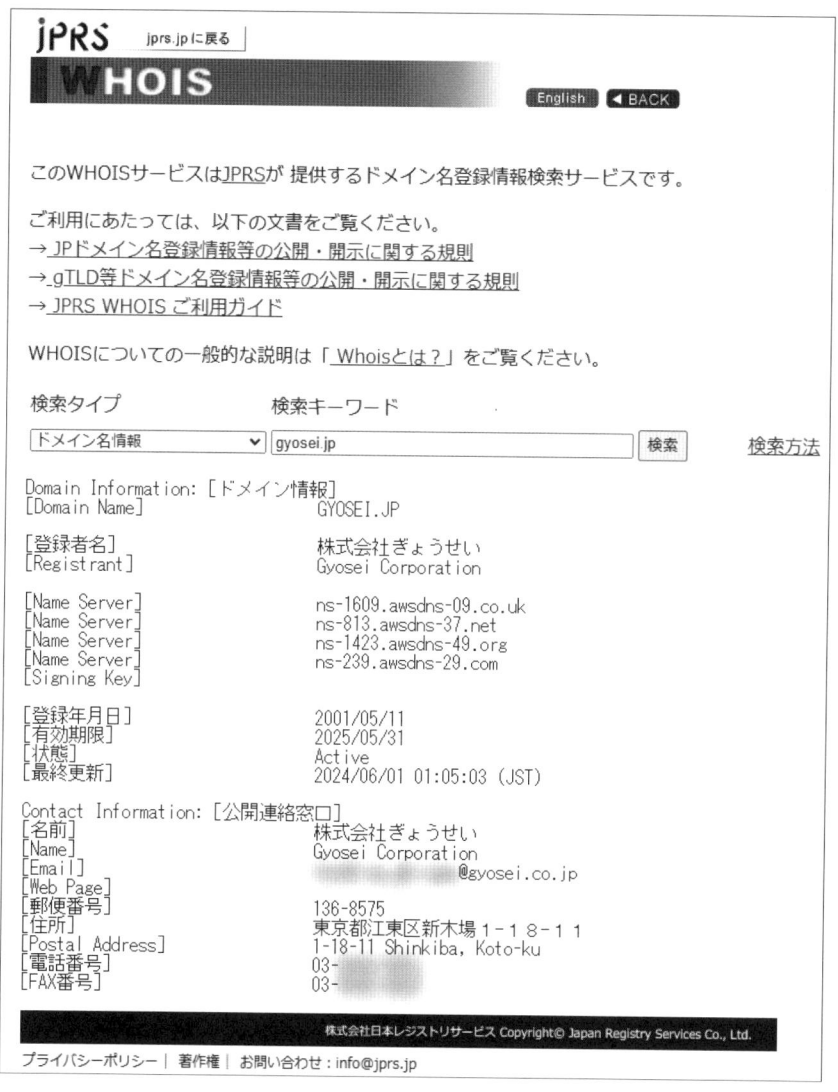

（株式会社日本レジストリサービス（JPRS）が提供する
WHOIS 検索により検索された画面（一部加工））

ルアドレスなどが公開連絡窓口として表示されている。

　海賊版サイトはほぼすべて、専用のドメイン名を取得して運営されている。

　そこで海賊版サイトについてもまずドメイン名を WHOIS 検索してみることになる。これで片付けば楽な仕事であるが、実際には WHOIS のみで海賊版サイト運営者の特定に至ることはほぼない。さまざまな偽装・隠蔽が凝らされているのが通常だからである。たとえば、「お名前ドットコム」では「Whois 情報公開代行」として、本当のウェブサイト運営者の情報の代わりに自社の情報を WHOIS に掲載するサービスを提供している。他のレジストラにも類似のサービスがある。海賊版サイトを含め、多くのウェブサイトではこうしたサービスが利用されており、真の運営者にたどりつくことはできない。

　もっとも、WHOIS が隠蔽されていたからといって、直ちにお手上げというわけでもない。現時点では情報公開代行により運営者の住所氏名がわからないとしても、過去には運営者の本名が出ているという場合があるからである。

　最初から十分な知識をもって悪事を始める者ばかりではない。海賊版サイト開設当初は身元を隠す意識が甘く、うっかり WHOIS 情報公開代行の設定を怠っていたという場合もある。また、運営期間が数年にわたるウェブサイトでは、その間にレジストラの乗り換え手続（移管）を行っていることがある。登録料金がより安いレジストラに乗り換えるなどの都合である。このとき、移管の前後は WHOIS 情報公開代行が解除されるため、真の運営者名が一時的に露出することになる。

　有料であるが、DomainTools〈https://www.domaintools.com/〉などの調査ツールを使えば、過去の WHOIS 情報を調査することが可能である。運に左右されることにはなるが、調査ツールの巡回タイミングと本名が露出したタイミングが合致していれば、そこからウェブサイト運営者を割り出すことができる。このように過去分も含めて洗うことがドメイン名調査の第一歩となる。

(2)　サーバ事業者

　ウェブサイトを開設するには、ウェブサイトのデータを格納し閲覧者に配信するサーバが必要である。理論上は運営者がサーバ筐体を自宅に設置して運営することも可能ではあるが、コストや手間の問題から現実的ではない。ホスティングサービスを利用するのが一般的である。事業者が所有するデータセンター内に設置されたサーバをインターネット経由で貸し出すものである。「さくらのレンタルサーバ」（さくらインターネット株式会社）、「ロリポップ！レンタル

サーバー」（GMO ペパボ株式会社）などがよく知られている。

　ウェブサイトがどのホスティングサービスを利用しているのかも簡単に調査できる。まず FQDN から対応する IP アドレスを正引きし、当該 IP アドレスがどの事業者に割り当てられたものかを WHOIS で検索するという流れを経る。aguse〈https://www.aguse.jp/〉は無料で使える調査ツールであるが、こうした流れを簡単に実施してくれる。

　〔図表⑧-2〕は鳥取県弁護士会のウェブサイト toriben.jp を aguse により調査した画面である。正引きした IP アドレスが 157.7.107.191 であること、その IP アドレスをさらに逆引きした結果が 157-7-107-191.virt.lolipop.jp であることが表示されている。WHOIS に投入してみると、GMO ペパボ株式会社の管理下にあることがわかる（上記の「ロリポップ！レンタルサーバー」である）。

　サーバ事業者が日本国内のものであれば、当該事業者を開示関係役務提供者

〔図表⑧-2〕　toriben.jp の aguse 調査結果

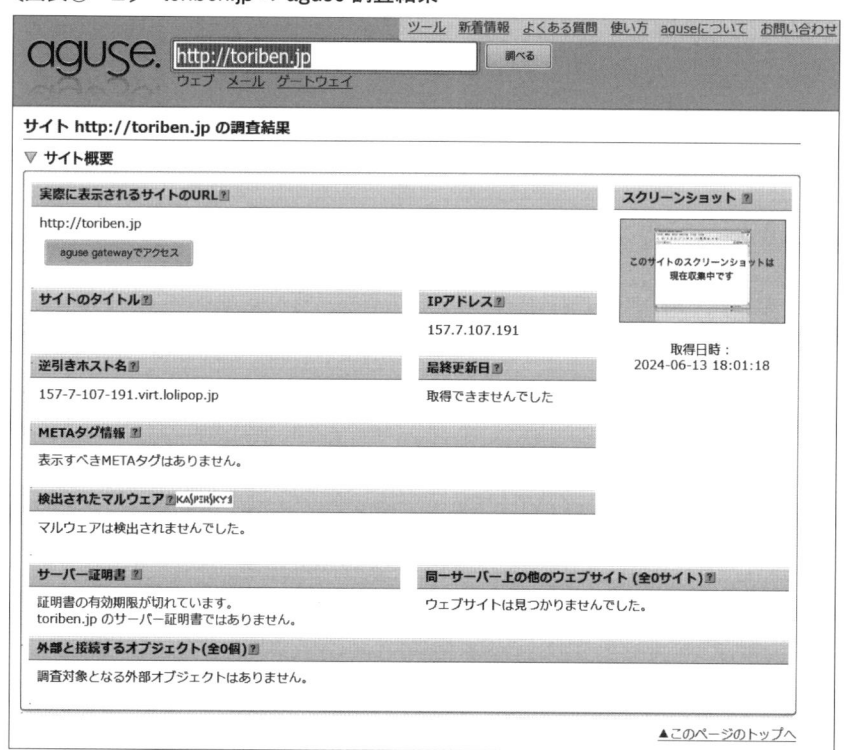

（情報流通プラットフォーム対処法2条7号）として、発信者情報開示請求（同法5条1項）を行うことにより、ウェブサイト運営者を開示させることができる。サーバ事業者が外国のものであっても、主たる事務所または営業所が日本国内にあるなど一定の場合には管轄が認められ（同法9条1項2号）、同様に手続を進めることができる。

　よって、海賊版サイトがどのサーバ事業者を利用しているかを調査することが必要となる。

　もっとも、こうした簡易な調査でサーバ事業者が直ちに判明するとは限らない。特に妨げになるのがCDN（Contents Delivery Network）である。

　海賊版サイトは画像を多く含んでいるため、データ転送量が多い。ホスティングサービスは転送量に応じた課金体系となっていることが多く、普通に運営していたのではサーバ代金が膨大となってしまう。CDNはウェブサイトの元データが蔵置されたサーバ（オリジンサーバ）から、配信用のサーバ（キャッシュサーバ）にデータを複製する。閲覧者をキャッシュサーバに誘導することで、オリジンサーバの負荷を下げることができる。大半の海賊版サイトでCDNが採用されている。特に著名なCDNとしてアカマイ（Akamai Technologies, Inc.）やクラウドフレア（Cloudflare, Inc.）があげられる。

　CDNが採用されている場合、ドメイン名から正引きして出てくるIPアドレスは、サーバ事業者ではなくCDN事業者のものとなる。CDN事業者を開示関係役務提供者として発信者情報開示請求を起こすことも考えられるが（知財高判令和4年2月21日（令和2年（ネ）第10005号）裁判所ウェブサイト）、まだ実務慣行が蓄積していない分野であるため、管轄権の有無を含め慎重な検討を要する。

(3)　広告代理店

　20世紀のインターネットにおいては、広告主とウェブサイト運営者が直接契約して、サイト上に固定的なバナー広告を掲載するようなのどかな光景がみられたが、現代のインターネット広告は著しく複雑化した商流を介して配信される。広告主とウェブサイト運営者の双方に広告代理店がつき、閲覧者がウェブサイトにアクセスするたび一瞬のうちに広告枠を競り売りするというRTB（Real-Time Bidding）のしくみが採用されている。広告主は自社の広告がどの

ウェブサイトに掲載されるかあらかじめ知ることができず、また運営者もどのような広告がウェブサイトに掲載されるのかを知らない。抽象化された広告枠が機械的、自動的に超高速で売買されているのが今日のインターネットの風景である。

　広告主が利用する広告ツールが DSP（Demand Side Platform）、ウェブサイト運営者が利用するものが SSP（Supply Side Platform）である。Demand ／ Supply は広告枠の需要側と供給側という観点からの名称である。DSP は予算あたりの広告効果の最大化をめざし、SSP は広告枠の収益最大化を志向する。DSP と SSP が相互に接続し、競り売りを行っているわけである。

　運営者がウェブサイトに広告を設置する場合、次のような流れを経る。まず、SSP を提供する広告代理店にウェブサイトを登録する。薬物・銃器売買など明らかな違法サイトを除外するため、広告代理店による目視審査を経ることになるが、海賊版サイトはほぼ素通りで審査をパスしてしまう。無断転載であるかどうかわからない、というのが広告代理店の弁である。登録後、SSP から JavaScript コードが発行される。広告を配信し、広告効果を測定するためのプログラムである。これを運営者がウェブサイトを構成する HTML ファイルのソースコードに貼り付けると、ウェブサイトに広告が配信されるようになる。

　広告掲載料を受け取るためには広告代理店に銀行預金口座を登録する。月1回など広告代理店が定めたタイミングで、広告料が集計され、運営者に対して送金される。

　海賊版サイトは営利を目的とするものであるから、ほぼすべてに広告が設置されている。ソースコードをみれば、どの SSP に登録しているかがわかる。SSP から広告代理店を特定できる。広告代理店は運営者の住所氏名や銀行預金口座を把握している。広告代理店が日本国内の事業者であれば、弁護士会照会や調査嘱託などの手段により、運営者の情報を開示させることが可能である。

　ソースコードの読み方や広告代理店の判別方法など、あまりに技術的内容にわたり煩瑣となるため本章では扱わないが、ウェブサイト運営者を特定するにあたり広告は極めて有力な手がかりとなる。

　とはいえ、この手法も万全ではない。海外の広告代理店に対しては弁護士会照会などが使えない。国内の広告代理店であっても、遵法意識が低くなかなか

照会に応じない企業もある。アダルトサイトや海賊版サイトなど、グレーないし違法性の高いウェブサイトを主な取引相手とする広告代理店も存在し、そうした企業は半ば自覚的に違法行為に関与している。弁護士会照会や調査嘱託は公法上の回答義務を伴うが、罰則がないため、悪質な相手には無視されて終わりとなってしまう。有効な回答を得るためには、単に形式的に照会してこと足れりとするのではなく、硬軟織り交ぜて照会先の説得に努めることが肝要となろう。

2 調査結果（〈*Case* ⑧〉）

以上を念頭に、甲弁護士が本件サイトについて調査したところ、以下の各事実がわかった。

- ・ドメイン名：WHOIS は情報公開代行サービスにより隠蔽されており、運営者の住所氏名はわからない。レジストラは日本国内の業者 R である。
- ・サーバ事業者：海外の CDN を利用している。同社に対し、日本の情報流通プラットフォーム対処法に基づく発信者情報開示請求が行われた先行例はない。
- ・広告代理店：SSP を提供しているのは海外の広告代理店である。同社に対し、日本から情報開示を求めて成功した先行例はない。

ほかに、本件サイト内に運営者の身元特定に資する情報はみあたらなかった。甲弁護士は X に基本調査の結果を報告し、さらに調査を進めることとした。

V 事案経過②——ドメイン名からの調査

1 レジストラから開示を受ける

基本調査により、〈*Case* ⑧〉における本件サイトのドメイン名はレジストラ R を通じて取得されたことがわかった。そこで R に対して本件サイト運営者の情報開示を求めることが考えられる。R は日本国内の事業者であるから日本法に基づく手続が使える。

R に対しては情報流通プラットフォーム対処法に基づく発信者情報開示請求

を行うことができない。開示関係役務提供者にあたらないからである。Ｒはドメイン名取得に関与しているにすぎず、サーバなどを提供しているわけではない。よって、他の方法について検討することを考える。

・弁護士会照会（弁護士23条の２）

・調査嘱託（民訴186条１項）

・任意開示

　一般に、レジストラが任意に契約者の情報を開示することは考えがたい。レジストラにとっては顧客であるし、個人情報保護の観点もある。そこで法的手続である前二者に頼ることになる。

　いずれも公法上の回答義務を伴う手続であり、違反しても明示的な罰則がないという点で類似する。しかし弁護士としてはまことに遺憾ながら、実務上の権威は大いに異なる。業者によっては、「裁判所からの要請でなければ応じない」という姿勢をとることも少なくない。

　調査嘱託は裁判外で使えないため、まず形だけでも訴訟提起しなければならない。氏名不詳の海賊版サイト運営者を被告として損害賠償請求訴訟を提起し、その中でレジストラに対し調査嘱託を行うという方法が考えられる（名古屋高金沢支決平成16年12月28日（平成16年（ラ）第99号）判例集未登載）。

　いずれにせよ時間的・金銭的コストを要する手続であるから、事前にレジストラと接触して「どのような情報を保持しているのか」「どのような手続で照会すれば開示できるか」「照会に際して添付すべき資料は」といった条件を調整したうえで手続に進むのが望ましい。もっとも、いきなり知らない「弁護士」から問合せを受けると防御的に身構えてしまう会社も少なくない。レジストラの顧問弁護士がわかれば、顧問弁護士経由で会話するとスムーズである。会社の公式ウェブサイトで顧問弁護士が表示されていることが多い。

　〈*Case*⑧〉では、甲弁護士は、Ｒの顧問弁護士と事前協議のうえ、弁護士会照会により本件サイトのドメイン名の登録者の住所氏名の開示を得ることができた。

２　開示された情報の裏どり

レジストラにはドメイン登録者の身分確認が義務づけられていない。レジス

トラと登録者の間の連絡は主に電子メールでなされるため、電子メールアドレスさえ真正なら、虚偽の住所氏名で登録することもできてしまう。アニメキャラクターの氏名で登録されていることすらある。仮に登録時には真正な住所であったとしても、その後の転居などが反映されていないこともあり得る。

そこで、レジストラから開示された情報についても住民票取得や現地調査によって真偽を確認することが必要である。

〈*Case* ⑧〉において、甲弁護士がRから開示されたドメイン名登録者の住所は、実在するアパートの一室であった。

甲弁護士は職務上請求により住民票または除票の取得を試みたが、いずれも不存在とのことであった。もっとも、一人暮らしの学生など、真の住所と住民票登録が一致していない者は少なくないから、このことをもって直ちに虚偽の住所であると結論することはできない。

そこで次にアパート管理者から情報を得ることを考える。

アパートには自主管理のものと委託管理のものがある。現地調査したり、Google Street View などでアパートの外観写真をみると、「入居者募集中」の看板を目にすることができ、そこから管理会社が判明する。「ホームズ」など賃貸不動産情報サイトに空室が掲載されている場合、そこから管理会社にたどりつくこともできる。自主管理の場合、民事法務協会の登記情報提供サービスを用いてアパートの不動産登記情報をみれば所有者がわかる。

アパートに入居する際の申込書には氏名や電話番号が記載されているし、連帯保証人として親族が指定されていれば実家の住所や親の名前がわかる。退去届には転居先の住所や、敷金返還を受けるための銀行預金口座が記載されている。そこで、管理会社に対して照会することにより、入居者の情報を得ることが可能である。照会の方法や事前交渉については、レジストラに対する照会と同様である。

〈*Case* ⑧〉では、Rから開示された住所のアパートは自主管理物件であったので、甲弁護士はアパート所有者に接触し、事情を話して入居者の心当たりを聞いてみた。所有者によると、該当する氏名の住民は入居していたが数年前のことであり、転居先についても特に聞いていないとのことであった。

レジストラから開示された情報は一応確からしいことが裏付けできたが、そ

の後のドメイン名登録者の足取りをたどることができず、行き詰まってしまった。

Ⅵ　事案経過③——支払方法からたどってみる

1　レジストラへの支払方法

　開示された住所氏名から追跡調査することはいったん保留し、別の手がかりがないかを考えてみる。

　ドメイン登録者はレジストラにドメイン登録料や維持費を支払っている。多くはクレジットカードを用いた決済であるが、銀行振込やコンビニ決済の場合もある。そこで、〈*Case* ⑧〉においてもRに対して再照会し、本件サイトのドメイン名に関する料金の決済方法を得ることが考えられる。

　金融関係は情報の確度が高い。銀行口座を開設するにせよ、クレジットカードを発行するにせよ、厳重に身分確認がなされるため、虚偽の住所氏名で登録することが難しい。もっとも、銀行口座に関しては名義貸しといった問題があるし、クレジットカードにおいても与信審査を経ないプリペイドカードが存在する。海賊版サイトの運営者には反社会勢力と接点のある者も含まれるため、こうした狡猾な身元隠しに遭遇することがないわけではない点に留意する必要がある。とはいえ、基本的に金融情報は有力な手がかりといえる。その反面、開示させるハードルも高く、単に住所氏名だけからは相手が特定できないことを十分に説明することが求められる。

　〈*Case* ⑧〉では、甲弁護士はRとあらためて交渉し、支払方法について開示を求めて弁護士会照会を行った。その際、疎明資料として、従前に開示された住所氏名から調査した顛末を報告書として添付することとした。

　Rの回答により、本件サイトのドメイン名登録者はクレジットカードによりドメイン名取得費用等を支払っていたこと、そのクレジットカード番号および有効期限が開示された。

2　クレジットカード会社への照会

　クレジットカード番号は14桁から16桁の数字で構成されている。右から見て1桁目の数字はチェックデジットとよばれる確認用の値である。左から見て1桁目から6桁目までの数字が発行者識別番号、7桁目からチェックデジット直前までの数字が会員口座番号である。こうした構造は国際規格（ISO/IEC 7812）で標準化されている。発行者識別番号からクレジットカード発行会社を特定できる。

　クレジットカード発行会社に対して照会し、契約者を特定することが可能である。照会の方法や事前交渉については、レジストラに対する照会と同様に考えられる。クレジットカード発行会社と、契約者情報を管理している会社とが別組織である場合もあるため、事前交渉の段階で調整しておくことが望ましい。

　甲弁護士はRから開示されたクレジットカード番号から発行者識別番号を切り出し、それを基に発行会社を特定した。国内の信販系クレジットカード会社Cであった。

　甲弁護士はCと接触を図り、照会先がCでよいか、どのような情報の開示を得られるかについて事前協議を経たうえで、弁護士会照会によりクレジットカード契約者の住所氏名について開示を得た。

　氏名はRから開示されたものと同じであり、住所は異なっていた。

3　開示された情報の裏どり

　レジストラからの開示情報と同様、クレジットカード会社からのものについても裏付け調査を行わなければならない。身分確認を偽装したり、他人名義のクレジットカードを不正利用したりしていることもあるし、開示された氏名・住所が古いものである可能性もある。

　住民票や現地調査により、開示情報を検証する。インターネット関連事件に限らず、一般的な弁護士の調査スキルが役立つ場面である。

　住所が持ち家であればその価値、賃貸物件であれば賃料水準についても調査しておくべきである。後に損害賠償を請求する際に、相手の資力を推しはかる材料となる。一般に「家賃は月収の3割まで」といわれるが、逆算すれば家

賃の３倍程度が月収と考えることができる。地域と氏名をキーワードにして
Google 検索すると、相手方の目立った活動を知ることができる場合もあるし、
Facebook などの SNS アカウントを特定できることもある。勤務先や家族構成
を知ることができれば、交渉において優位に立てる。たとえば、「病気のため
数年前から働いていないから損害賠償金を払えない」といった虚偽の弁解を直
ちに排斥することができるようになる。

　甲弁護士はＣからの開示情報を基に調査を進め、本件サイト運営者Ａの氏名、
現住所、来歴その他の情報について確証を得た。甲弁護士は X に調査結果を
報告し、いよいよ A に対して損害賠償を請求することとした。

Ⅶ　事案経過④——損害賠償請求

1　請求額設定の悩み

　請求にあたり、最も難しいのが請求額の設定であろう。訴外交渉の場合、当
事者間で合意できればいくらでもよいのであるから基準はあってないようなも
のだが、定石としては⒜「もし裁判に訴えたとすれば判決で認められるであろ
う請求額」に⒝「応訴負担や刑事告訴のリスクを加味したプラスアルファ分」
をのせることになる。

　⒜については法律や従来の裁判例に基づき考えればよい。⒝については A
の性格や社会的地位などに影響される。Ａが絶対に民事訴訟も警察沙汰も避
けたい場合には高く設定できるし、逆に好戦的であったり失うものが何もない、
いわゆる「無敵の人」である場合にはゼロに近くなってしまう。高すぎる値を
設定すると、逆上した A が依頼者 X を誹謗中傷し始めるといった二次被害を
招きかねない点にも注意を要する。

　安すぎず高すぎず、依頼者に十分な満足を与えつつ相手の徹底抗戦を誘発し
ない程度の請求額を読むのは弁護士の腕の見せ所であろう。相手方の SNS ア
カウントがわかっていれば、その性格や思考の癖を把握しておきたい。

2 著作権法を用いた損害計算

　ⓐについてはどのように求めるか。本件サイトがＸに与えた損害を直接的に論ずることは難しい。ここで助けとなるのが著作権法114条である。改正頻度が高く、しばしば番号ずれを生じる条文であるため判例や文献を調査するうえで注意を要するが、本稿執筆現在（令和6年）を基準として述べることとする。

　著作権法114条は民法709条の特別法にあたり、著作権侵害の不法行為に関して、損害額の計算方法を提供している。第1項から第3項にかけて「侵害品の譲渡等数量に基づき損害額を算定」「侵害者の得た利益を損害額と推定」「ライセンス料相当額を損害額として請求可」が各々定められている。これらを適用または準用して、海賊版サイトによる損害を算定することが考えられる。

　知財高判令和2年10月6日（令和2年（ネ）第10018号）裁判所ウェブサイト〔同人誌違法サイト事件〕は、著作権法114条1項により海賊版サイトの損害を算定した事例である。海賊版サイト内に表示されたカウンターを手がかりに、無断転載された作品の閲覧回数を推計し、「閲覧回数×1冊あたりの利益×10％」を損害と認めた。

　知財高判令和4年6月29日（令和4年（ネ）第10005号）裁判所ウェブサイト〔漫画村広告代理店事件〕においても、著作権法114条1項の計算が採用されている。こちらは前掲知財高判令和2年10月6日と異なり、個々の作品の閲覧者数を知ることが難しかった。そこで、報道などから知る海賊版サイト全体の閲覧者数を、無断転載した本の冊数で割って「1冊あたりの平均閲覧回数」を求め、それに1冊あたりの利益を乗じるという考え方をとった。

　上記2つの裁判例はいずれも原告が漫画家であり、著作権法114条1項で損害を算定したという点で共通する。

　他方、東京地判令和6年4月18日（令和4年（ワ）第18776号）裁判所ウェブサイト〔漫画村事件〕は著作権法114条3項により損害を算出している。問題とされた海賊版サイト（漫画村）は知財高判令和4年6月29日と同じであるが、原告は出版社である。海賊版サイト全体の閲覧者数から求めた1冊あたりの閲覧回数に、「『販売価額（税込）』欄記載の金額から10％を控除した金額」を乗じて損害と認定した。その結果、17億円という巨額の損害賠償が命じら

れるに至っている。

　従来、著作権法114条3項の計算はやや使いづらいものであった。令和5年改正により、著作権者の販売能力を超える部分についてもライセンス料相当額を請求し得ること、ライセンス料相当額には侵害を前提として通常基準よりも高額のものを設定できることが明示され（いわゆる侵害プレミアム）、格段に請求の幅が広がった。

　〔図表⑧-3〕は令和5年1月の文化審議会著作権分科会法制度小委員会報告書に記載されたイメージ図である。「海賊版被害等の実効的救済を図るための損害賠償額の算定方法の見直し」として、損害賠償を請求し得る幅の拡張を説明している。

　海賊版サイトの閲覧者数などを知るためにはSimilarWeb〈https://www.similarweb.com/〉が有効である。

〔図表⑧-3〕　海賊版被害等の実効的救済を図るための損害賠償額の算定方法の見直し

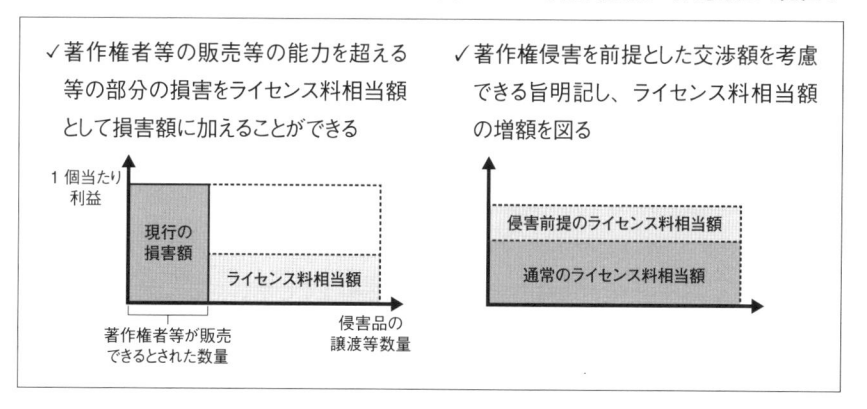

3　Aとの交渉（〈Case⑧〉）

　以上を踏まえ、甲弁護士として妥当と考える請求額N円を定め、その根拠や想定されるリスクを含めてXに説明して承諾を得た。甲弁護士は内容証明郵便を起案し、Aに送付した。内容証明郵便においては、本件作品の掲載を直ちに停止すること、損害賠償としてN円の支払いを求めることを述べている。

　数日後、乙弁護士からAの代理人として本件を受任した旨の受任通知が届いた。甲弁護士は乙弁護士と交渉を重ね、N円のうち@部分については守りつつ、⑥部分についてはある程度の値下げに応じて和解を妥結した。和解条項の骨子は次のようなものである。

・本件サイトから本件作品を削除すること
・損害賠償金を支払うこと
・再発防止誓約
・刑事免責
・守秘義務
・清算条項

　期日どおりに損害賠償金の支払いがあったことを確認し、Xに送金して事件終結である。

　なお、一般に不法行為に基づく損害賠償として受領した金員については課税されないが、著作権など知的財産権の侵害に関して受領した損害賠償金は課税対象となる（消費税法基本通達5-2-5）。依頼者に送金する際、確定申告に含めるよう助言すべきであろう。

Ⅷ　事案経過⑤——例外パターン

　ここまで、本件サイト運営者を特定し、交渉して和解に至った順調なケースについて記述してきた。特定できない、交渉が全く進まない場合にどうするかについても少々考えておきたい。

1　削除請求

　海賊版サイトの運営者が特定できなくとも、サーバ事業者がわかっているのであれば、本件作品の削除を求めることは可能である。

　サーバ事業者が日本国内のものであれば、サーバ事業者に対して送信防止措置請求（情報流通プラットフォーム対処法3条2項）を書面で送付することができる。情報流通プラットフォーム対処法ガイドライン等検討協議会〈https://www.telesa.or.jp/consortium/provider〉に、著作権関係送信防止措置手続の

ガイドラインおよび書式が掲載されているので活用されたい。

　米国のサーバ事業者であれば、デジタルミレニアム著作権法（DMCA）に基づくノーティス・アンド・テイクダウン手続が可能である。事業者がDMCA申請用のフォームを提供している場合があるほか、郵便や電子メールで申請することもできる。

　ただし、こうした手続で削除を行っても、海賊版サイト運営者があらためて転載すれば振り出しに戻ってしまう。これのみでは根本的解決にならない点に注意を要する。

2　刑事告訴

　著作権法違反には刑事罰がある（著作119条）。海賊版サイト運営者との交渉が進まない場合には、警察に告訴して後を委ねるというのも一案である。

　著作権法違反は原則として親告罪であるが（著作123条1項）、平成28年改正により、営利的に有償著作物を公衆送信する場合には非親告罪とされた（同条2項1号）。理論的には告訴を要せず処罰できるが、捜査の端緒として告訴が重要であることには変わりない。

　運営者の情報が揃わないうちに、氏名不詳で告訴しても捜査は期待できない。情報が出揃った段階で告訴に踏み切るべきである。また告訴状をいきなり警察署に持参しても受理される見込みはない。事前に架電してサイバー担当者と会話し、告訴状の案文などについて綿密に調整することを要する。弁護士として丁寧に擬律判断を行い、わかりやすい調査資料一式を添付すると喜ばれる。

　警察は民事事件の交渉材料として告訴されることを嫌う。捜査コストを投じているのだから当然である。交渉の進捗次第で取り下げるというのは好ましくなく、基本的に終局処分まで付き合う意思が必要であろう。依頼者も取調べのために長時間拘束されることになるから、安易な威嚇手段として考えるべきではない。

（平野　敬）

第**9**章

動画販売・
違法ダウンロード・
ファイル共有

I　事　例

〈*Case* ⑨〉

　甲弁護士の下にアニメーション制作会社 Y から相談があった。Y が制作した TV アニメーション番組である動画（以下「本件作品」という）がインターネット上で不正に共有されているのだという。本件作品は地上波の2クール（6か月間）番組として放映されており、毎週1話（30分）ずつ、全 26 話の放映が予定されている。地上波で放送があるたび、直後にその動画をインターネットにアップロードする者が現れ、翌日には広く流通してしまっている。この状況を止めたい、可能ならば損害賠償を請求したいというのが Y の意向であった。

　かつて、このような海賊版アニメの流通には YouTube やニコニコ動画といった動画共有サイトが使われることもあったが、動画共有サイト側で対策が進んだ結果、近年ではサーバを介さない P2P（Peer to Peer）通信による共有が盛んである。本件でも P2P 通信が使用されて

いることがうかがわれた。

Ⅱ　〈*Case* ⑨〉において問題となる論点

〈*Case* ⑨〉において検討すべき論点は、下記のとおりである。

① 被害状況の確認（トラッカーサイトの調査）
② 二次放流者に対するアクション
③ 一次放流者に対するアクション
④ 海賊版製作者に対するアクション
⑤ 風評の監視

Ⅲ　前提知識

1　TV アニメーションの権利関係

　TV 番組は基本的に、視聴者に広告（TV CM）をみせることにより収益を得る。視聴率や想定視聴者像により CM の価格水準が定まる。かつて、TV アニメーション番組は児童など低年齢層を対象とすることが多かったため、自動車や家電などの高単価 CM を挟むことが難しく、主におもちゃ会社をスポンサーとしていた。おもちゃ会社が資金を提供してアニメーションをつくらせ、番組内に登場するロボットや怪獣、変身アイテムなどを玩具として販売し、その売上げから投資を回収するという流れである。

　2000 年前後から、TV アニメーションそれ自体を商品とするプロジェクトが多く組まれるようになった。TV アニメーションを製作する者が自ら TV の放送枠を買い取って放送し、後日そのアニメーションを記録した媒体（DVD、Blu-Ray など）を商品として販売することにより投資を回収する。投資リスクを分散するため、広告代理店やアニメーション制作会社、出版社などが番組ごとに任意組合を結成し、資金や役務を相互に提供して事業にあたる（いわゆる

製作委員会方式）[1]。TV 放送枠として値段の安い深夜帯が好まれることから「深夜アニメ」とよばれ、従来型のキッズ・ファミリーアニメとは収益構造が異なる。

　深夜アニメの著作権は対外的に製作委員会名義で表示されることが多く、しばしば「© ○○製作委員会」と記載されている。もっとも製作委員会は上記のとおり任意組合であり、法人格を有さないから、権利主体となり得ない。実際の権利関係は組合契約をみなければわからない。

　著作権が共有となっている場合、その行使は権利者全員の合意が必要である（著作 65 条 2 項）。侵害への対応は単独で可能であるが、損害賠償請求額は共有持分に応じたものとなる（同法 117 条 1 項）。損害賠償を請求する際に注意を要する点である。

2　P2P 通信によるファイル共有

⑴　P2P とは

　電気通信の多くはクライアントサーバモデルを採用している。電子計算機を、機能を提供するサーバ（Server ／給仕）と、提供を受けるクライアント（Client ／客）とに分け、サーバを中心として通信網を構成する考え方である。インターネットのウェブサイトはまさにこのクライアントサーバモデルに乗っ取っており、ウェブサーバがウェブサイトの内容を蓄積・配信する役目を担っている。

　他方、通信網に接続した電子計算機同士が、対等のピア（Peer ／同輩）として、サーバを介さず通信を行うのが P2P（Peer to Peer）である。IP 電話や Skype、暗号資産などに応用されている。技術的な制約も多いが、サーバを必要としないという点に利益がある。サーバはサイバー攻撃や法的な差押えの標的となるからである。たとえば暗号資産の BitCoin は取引台帳を保管する専用のサーバを用意せず、P2P 通信により多数人が取引台帳を分散保有するという構造を採用し、これにより「公権力を含め、誰も BitCoin の取引台帳を修正することができない」という特性を実現している。

1　ジャーゴン（専門用語）であるが、この文脈では衣付きの「製作」は製作委員会に、衣なしの「制作」は実際にアニメーション動画を作成するスタジオ（制作会社）に割り当てられるのが通常である。

(2)　ファイル共有ソフト

2000 年前後から、P2P 通信による違法なファイル共有の試みが多数なされるようになった。第 8 章の海賊版サイトに関して述べたように、サーバを利用して違法行為を行う場合にはどうしても、そのサーバの契約名義などから犯人の身元が割れてしまう。P2P ならばそうしたリスクを低減できる。膨大なデータを蓄積・配信するサーバを立てるとなると費用も膨大になってしまうが、P2P ならばそれも必要ない。

最初に有名になったのは米国の Napstar（1999 年）であり、主に音楽データを不正に共有する趣旨で用いられた。Napstar が著作権団体や警察の注視を受けるようになると、同様のコンセプトで開発された WinMX や Winny が広く使われるようになった。Winny は日本人が開発者ということもあって国内で広く使われ、ゲームや映画などの海賊版、違法なポルノ、警察や自衛隊の機密情報までもが大いに流通した。その結果、本格的な摘発を受け、開発者の金子勇も著作権法違反幇助容疑により逮捕されるに至っている（故意なしとして無罪確定、最判平成 23 年 12 月 19 日刑集 65 巻 9 号 1380 頁）。

Winny の利用者は減少したが、今日、代わって広く使われているのが BitTorrent である。

(3)　BitTorrent

BitTorrent（ビットトレント）は P2P 通信によるファイル共有の規格（プロトコル）である。米国の技術者ブラム・コーエンが 2001 年頃から開発してきたもので、当該規格に基づきファイル共有を行う公式ソフトウェアも同じ名称で BitTorrent とよばれている。プロトコルが公開されているため、互換ソフトウェアも多数存在する。BitComet、qBitTorrent などがよく知られている。

Torrent は急流を意味する英語である。BitTorrent の規格は通信速度を重視しており、そのためにいくつかの巧妙な制度を導入している。

P2P ファイル共有でしばしば問題となるのは、皆が欲しがる人気の高いファイルを 1 人だけが保有している場合である。ダウンロード希望者からのアクセスが特定少数の端末に殺到するため、そこで処理能力や回線帯域のボトルネックが生じてしまう。BitTorrent においては、ダウンロード希望者が一方的にダウンロードだけ行うことを禁止し、必ず同時に他へのアップロードを行うこ

ととした。ダウンロード量に対するアップロード量（共有比）が可視化され、共有比が低い端末はコミュニティへの貢献がないとしてダウンロードに制限を受けることもある。こうした制度により、人気の高いファイルほど高速に拡散するしくみがつくられている。

　Winny など他の P2P ファイル共有では、端末の IP アドレスを隠蔽するなど匿名化のための手段が充実していたが、BitTorrent には原則として匿名化機能がない。自身の IP アドレスが露出する。これは通信高速化のための割り切りでもあり、また違法なファイル共有に対する抑止という役割も果たしている。もっとも、実際には、匿名化されていなくてもかまわずに違法なファイルを共有する者は多い。

　P2P ファイル共有で課題となるのが、「誰がどのファイルを保有しているか」という情報の管理である。BitTorrent ではトラッカー（Tracker ／追跡機）というサーバを用いることによりこれを解決している。

　ファイルのダウンロードを希望する者は、まずトラッカーのウェブサイトにアクセスし、目的とするファイルに対応する鍵となるデータ（Torrent ファイル。MetaInfo ファイルともよばれる）を入手する。これを自身の BitTorrent ソフトウェアに投入すると、トラッカーとの通信が開始され、どの IP アドレスから欲しいファイルをダウンロードできるかといった情報が通知される。自身がそのファイルのダウンロードを開始したという情報もトラッカーに通知され、他の端末へのアップロードが行われるようになる。

　目的ファイルを保有して配布している者をシーダー（Seeder ／種まく人）、ダウンロードしている者をリーチャー（Leecher ／蛭）という。同一の目的ファイルをめぐるシーダーとリーチャーの総体をスウォーム（Swarm ／群）という。一次放流者、すなわち最初に目的ファイルを配布し始めた者がいなくなっても、目的ファイルを求めてスウォームに参入する者がいる限り、目的ファイルの拡散は続くことになる。

　BBC ニュースによれば、2006 年時点でインターネットのトラフィックの約3 分の 1 が BitTorrent 関連であった。2012 年の Sandvine 社のレポートにおいても、BitTorrent はアジア太平洋地域のトラフィックの 36% を占めるとされている。近年の統計は不明であるが、管見の限り、依然として BitTorrent

〔図表⑨‑1〕　BitTorrent における通信

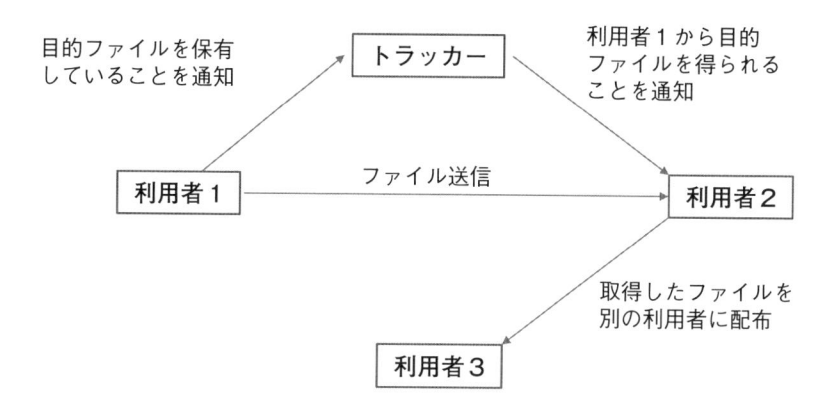

上で違法ファイル共有が活発に行われている。

　BitTorrent のしくみ自体も日々改良が進められており、トラッカーを介さずにスウォームの情報をやり取りするトラッカーレス方式も実用化されている（Magnet Link）。もっとも、速度や利便性の点から、従来のトラッカー方式が広く使われている。

　⑷　**海賊版ファンコミュニティ**

　日本の TV アニメーション番組は国際的に人気が高い。ディズニー等のアニメーション（Animation）と区別された独自ジャンルの作品として、日本風にアニメ（Anime）と呼称することもある。かつて Anime は放映権料が安かったため、1970 年代頃からヨーロッパの TV 局などが番組編成の穴埋め的に Anime を放映し、それに親しんで育った世代が今や大人となっている。

　インターネットの普及前、Anime 愛好家は各国・地域ごとに固まって存在し、日本の友人などから入手したビデオカセットを相互に貸し借りしていた。Anime は当然ながら日本語であるので、愛好家が自分で吹き替えや字幕加工（subtitled）を施し、流通させることもあった。むろん無許諾の違法行為である。とはいえ、こうした活動経験者が、後にアニメーション制作や流通の場に正式に参入していく例もめずらしいものではない。

　2000 年頃から ADSL や光回線といった常時接続型の高速インターネットが普及し、こうした Anime 愛好家の活動の場はオンラインに移り、組織化も進

んだ。

　まず日本国内にいる者が、放送された TV アニメーションを録画し、原動画データを作成する。これを翻訳担当者に渡して吹き替えや字幕加工を行い、BitTorrent などの P2P ファイル共有により流通させるわけである。放送に基づく原動画データは「raw（無加工）」、吹き替えは「dubbed」、字幕は「subbed（subtitled）」とよばれる。一般に英語圏では字幕映画は好まれないが、Anime に関しては声優のファンも多いため、吹き替えより字幕が好まれる傾向にある。こうした活動は「ファンサブ（fansub ／ファンによる字幕付け）」とよばれている。

　ファンサブはれっきとした海賊版であり、違法行為であるが、「Anime を世に広めたい」「日本人だけが Anime を独占しているのはおかしい」といった（権利者にとっては筋違いな）使命感をもって活動している者も少なくない。権利者側も手をこまねいているばかりではなく、インターネット上の動画配信サービスを通じて正規版を安価に流通させるなどして対抗しているが、正規版よりもファンサブのほうが翻訳の品質がよいといった逆転現象が生じることすらあり、根絶が難しい。

　一部のファンサブは収益化されている。P2P には低画質のデータを流し、高画質の動画データを希望する者は有料会員制のファイルストレージに誘導するといった方法である。

　日本国内にいて TV 放送を受信でき、日本語を解する者にとっては、こうした海賊版への需要は高くないはずであるが、諸々の理由から手を出す者が後を絶たない。上記のとおり、今日では TV アニメーションそれ自体が商品であるので、海賊版の流通は権利者の収益を直撃する。

IV　被害状況の確認

　対応を決めるにあたり、まずは被害状況を確認せねばならない。

1　調査の際の心構え

　P2P に限った話ではないが、こうした被害調査ではインターネットの中でも治安の悪いアンダーグラウンド領域に出入りすることになる。閲覧者の情報

を抜くためのフィッシングサイトに誘導されたり、コンピュータウイルスに感染したりといった危険は非常に高い。弁護士の業務用パソコンやスマートフォンは機密情報の塊であり、万一こうした被害に遭ったときのダメージは計り知れない。ウイルス対策ソフトなどにより防御を固めることは当然であるが、それで守り切れるとは限らない。ふだん起案などに利用しているパソコンを用いてそのまま調査を行うのではなく、調査用のパソコンを別途用意し、アカウントも切り分けて、仮に乗っ取り等に遭っても被害を最小化できる状態で調査に臨むべきであろう。

　また、こうしたウェブサイトの基本的な使用言語は英語であるが、近年は中国語もよく使われている。动画（アニメ）、下载（ダウンロード）、软件（ソフトウェア）といった頻出の語彙を押さえておくと便利である。

2　トラッカーサイトの調査

　さて上記のとおり、2024年現在、P2Pファイル共有の主流はBitTorrentである。Google検索などを用いて「作品名＋Torrent」等のキーワードで検索すると、トラッカーに到達できる。〔図表⑨-2〕は代表的なトラッカーサイトである「Nyaa」の画面である。

　左列から順に、分類（Category）、ファイル名（Name）、TorrentファイルやMagnet Linkを入手するためのハイパーリンク（Link）、目的ファイルの容量（Size）、一次放流の日時（Date）、シーダー数（↑）、リーチャー数（↓）、転送完了数（✓）が表示されている。

　〔図表⑨-3〕は、〔図表⑨-2〕画面の最も上にあるファイル名をクリックして遷移した画面である。当該ファイルの詳細情報が表示されている。あるTVアニメーション番組の1話分が、ファンサブ集団「LoliHouse」によって中国語の字幕を付されたものであることがわかる。「1080p」「HEVC」といった文字は動画の画質やデータ形式を示している。2024年6月29日18時21分に一次放流がなされた。筆者が当該画面にアクセスしたのは2024年6月29日の19時頃であるが、わずか30分のうちに151人がダウンロードを完了し、95人がシーダーとなって活発に拡散されている。

　Google検索やトラッカーサイトの検索機能により、いかなるファイルがど

〔図表⑨-2〕　代表的なトラッカーサイトの画面

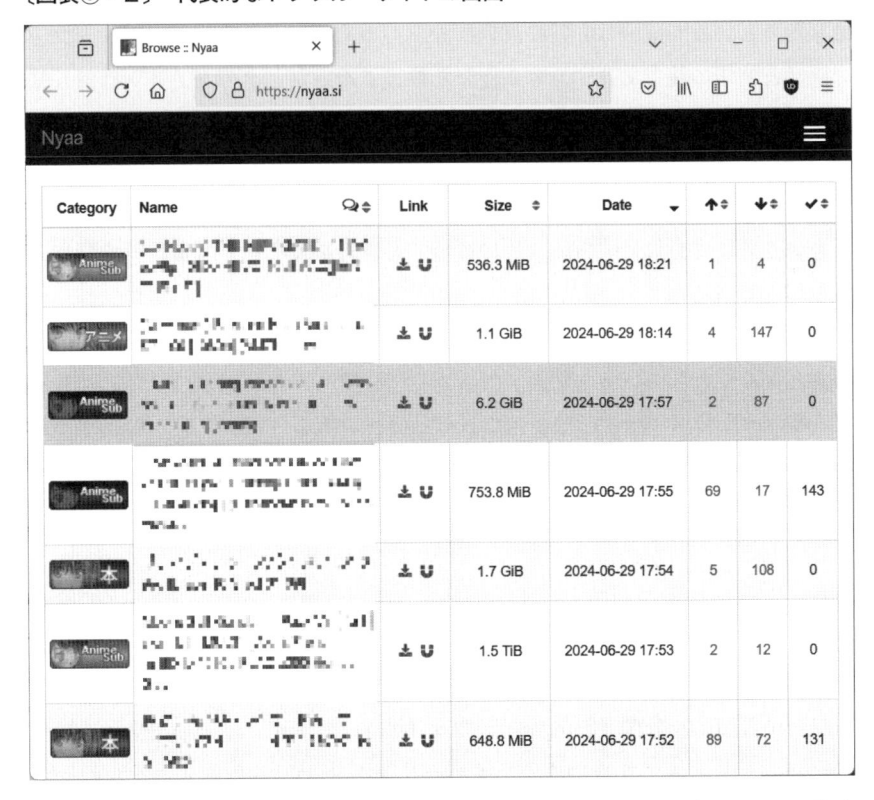

のように共有されているかを調査し、記録し、証拠化していく。Google 検索の場合、検索欄に「作品名 site: トラッカーサイトのドメイン名」と入力すればトラッカーサイト内を横断的に検索できる。人気作品の場合、多数のファンサブ集団が原動画データの入手や字幕作成のスピードを競い合うようにして公開するため、似たようなファイルが重複して複数のスウォームを形成していることもめずらしくない。

<h2>3　実際にダウンロードしてみる</h2>

BitTorrent 上で共有されているファイルは、必ずしも表記どおりの物であるとは限らない。ダミーデータや悪意あるマルウェアが含まれていることもあり得る。このため、実際にダウンロードして確認してみないことには、著作権

〔図表⑨-3〕　ファイル詳細画面

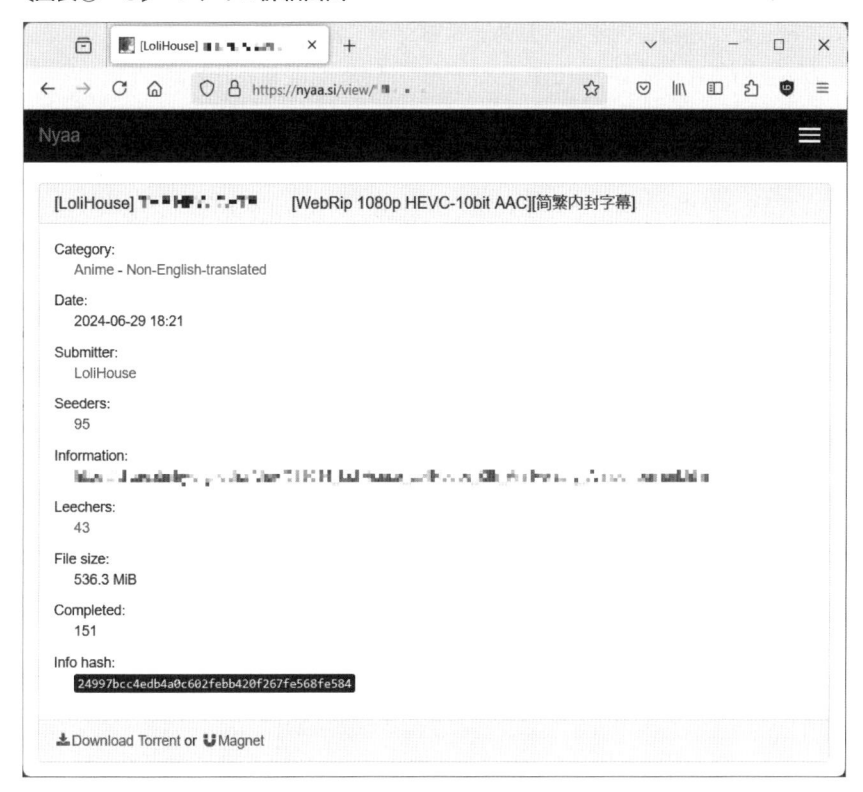

　を侵害する違法な海賊版データであると主張立証することができない。

　後に裁判等に発展する可能性を考えたとき、「BitTorrent 上で共有されていたファイルはこれであり、これは確かに本件作品の著作権を侵害するものであった」と言えるだけの証拠を揃えておかなければならない。

　そこで、自ら BitTorrent ソフトウェアを起動してスウォームに参加し、共有されているファイルを入手してみる必要がある。

　もっとも、先に述べた BitTorrent の性質上、共有されているファイルをダウンロードするということは、自身が海賊版の拡散に加担するということにもなってしまう。当然ながら、調査に先立ち、事情を説明して権利者の許諾を受けることが必要であるが、BitTorrent ソフトウェアの設定を調整してアップロード速度に強い制限を設けるなど被害極小化のための工夫が求められる。

　トラッカーサイトから Torrent ファイルを入手し、BitTorrent ソフトウェアに投入して通信を開始し、目的とするファイルのダウンロードを完了する。この一連の流れを動画で撮影しておくと、将来的に裁判等で証拠として使いやすい。

　なお、BitTorrent 上のファイルはしばしば圧縮されている。圧縮形式としては RAR（拡張子 .rar）が好まれる。7-zip などの圧縮・解凍ソフトウェアを用意しておくことが望ましい。動画データについては、あまり一般的でない符号化方式（コーデック）が使用されていることもある。ダウンロードしたファイルが単に再生できないからといって「ダミーデータである」と決めつけてはならない。

4　正規版との比較対照

　ダウンロードした目的ファイルを正規版と比較する。一般に、電磁的記録の同一性を簡易に確認する手法としてハッシュ値やファイルサイズの比較が知られているが、海賊版動画についてはそうした方法が使えない。TV 放送で流れた動画を再度データ化し、字幕などの加工を施したものであって、最初から正規版とのビット単位の同一性を有していないからである。正規版動画と海賊版動画を実際に画面上で再生して目視確認するほかない。

　再生中の画面を要所要所で静止画撮影し、証拠化しておくと、後々の裁判等で資料として援用しやすい。

V　対応方針の検討

1　基本的な枠組み

　前項で行った被害調査に基づき、今後どのように動いていくかを検討する。大きく分けて、①二次放流者に対するアクション、②一次放流者に対するアクション、③海賊版制作者に対するアクションと整理することができる。

　〈*Case* ⑨〉において述べたとおり、権利者の要望としては「海賊版が自由に流布している状況を止めたい、可能ならば損害賠償を請求したい」というも

のであることが多い。最大の目的は正規品の流通が阻害されることのないようにすることである。

　調査・対策の費用には限度があり、また無限に手間暇をかけるわけにもいかない。対策のために費消するコストが対策によって得られる売上げ上昇分を上回ってしまっては本末転倒であろう。TVアニメーションの人気サイクルは短いから、本件作品の売上げが見込める旬の時間は限られている。数年後に結果が出るような施策ではあまり意味がない。〈*Case* ⑨〉に限らず多くの法律相談に共通するテーマではあるが、迅速に、簡易に、効果的な手を打つということを念頭において顧客に提案する必要がある。

2　二次放流者に対するアクション

(1)　性　質

　BitTorrent 網に最初に目的ファイルを投入した者を一次放流者、一次放流者を含む他のシーダーからダウンロードしてシーダーとなった者を二次放流者という。一次放流者は、身元を隠すため、スウォームが形成されるとまもなく回線を切断して離脱するのが普通である。よってスウォームを調査して出てくるのは基本的に二次放流者ということになる。

　二次放流者の中にも、自身のダウンロードが終わればすぐにスウォームから離脱する者（いわゆる「即切り」）、長期間シーダーとしてファイルの拡散を続ける者など行動の違いがみられる。前者は常習的な海賊版愛用者が多く悪辣であるが、権利者の被害の大きさを考えたときは後者が無視できない存在となる。

(2)　二次放流者の特定

　上記のとおり、BitTorrent には原則として匿名化機能がない。通信相手のIPアドレスやポート番号は丸見えとなっている。Torrent ファイルを入手してスウォームに参加した者は誰でも、現在どのIPアドレスがどのようなファイルを共有しているかがわかる。

　代理人が実際に BitTorrent ソフトウェアを動かすことでも二次放流者のIPアドレス等を知ることはできるが、これを自動化してくれるサービスとして「P2P Finder」が存在する。以前はクロスワープ株式会社から提供されていたが、2024年現在、株式会社 Flow に事業譲渡されて運営されている。

　P2P Finder は、一定のキーワードでトラッカーサイトを検索し、キーワードに該当するスウォームに参加してログを保存するツールである。取得したログは TSV（タブ区切りのテキストファイル）として出力することができ、Microsoft Excel などの表計算ツールに取り込んでさまざまに利用できる。〔図表⑨-4〕に使用状況を示す。

　一般社団法人テレコムサービス協会は日本国内の多くのインターネットサービスプロバイダ（ISP）が所属する連絡団体である。同協会内に設置された情報流通プラットフォーム対処法（旧プロバイダ責任制限法）ガイドライン等検討協議会では、プロバイダ責任制限法に基づく発信者情報開示についての考え方をまとめて公開している。ガイドラインに拘束力はないが、事実上、多くの事業者の判断に強い影響を及ぼしている。

　同協議会の「プロバイダ責任制限法発信者情報開示関係ガイドライン」は、P2P ファイル共有に関する発信者情報開示について、次のように定めている[2]。

> 　いわゆる P2P 型ファイル交換ソフトについては、請求者において、著作権その他の権利を侵害するファイルを送信可能状態に置いていたユーザの IP アドレス、当該 IP アドレスと組み合わされた接続元（送信元）ポート番号、接続先 IP アドレス、タイムスタンプ等をプロバイダ等に提示する。加えて、請求者において、これらを特定した方法が信頼できるものであることに関する技術的資料等を提出し、プロバイダ等は当該資料に基づき当該特定方法の信頼性の有無を判断する。ただし、請求者が、本協議会が特定方法の信頼性が認められると別途認定したシステム（以下「認定システム」という。）を用いてこれらを技術的に特定し、プロバイダ等が確認した場合には、当該資料の提出を要しない。

　これに基づき、実務上、認定システムの検出に基づく発信者情報開示請求については、任意開示に応じる事業者が多い。2024 年 6 月現在、プロバイダ責任制限法ガイドライン等検討協議会の認定を受けたシステムは P2P Finder のみである（2016 年 4 月 21 日認定）。

　以上から、P2P Finder で検出した二次放流者についてプロバイダ責任制限

2　プロバイダ責任制限法ガイドライン等検討協議会「プロバイダ責任制限法発信者情報開示関係ガイドライン」（第 9 版：令和 4 年 9 月）〈https://www.isplaw.jp/vc-files/isplaw/provider_hguideline_20220831.pdf〉9 〜 10 頁。

〔図表⑨- 4〕　P2P Finder 使用状況

監視 - コンテンツ管理	×	+					–	⬜	×

← → C ⌂　　◯ 🔒 https://cs.crosswarp.com/Pf/Monitor/ContentManage　　☆ ♡ ⬇ ⊙ ⚙ ≡

🐾 P2P FINDER

ホーム	統計	監視	検知条件	広域

監視 - コンテンツ管理

検索条件	⊖

検証日	☐ - ☐
侵害状態	○侵害している ○侵害していない ◉無指定
ファイル存在	○有り ○無し ◉無指定
IPアドレス	☐ - ☐

P2P	☐ BitTorrent
検知タイトル 全て解除 名前順 / 新しい順 全て表示 / 有効の み	☐無効 [2030年01月 - 2030年01月] ☑ ███ [2021年03月 - 2031年03月]

ダウンロード日	☐ - ☐
ファイル名	☐
ハッシュ	☐
完全ファイル	☐ファイルが存在する

[検索]

1 2 3 4 5 6 7 8 9 10

Total: 22694
TsvDownload
TsvDownload(UTF-8)

ファイル	保存	詳細	P2P	検知タイトル	検証状態	IP Port ▲ ▼	DL状態	DL日時 ▲ ▼	ハッシュ ▲ ▼
🖫	✖	☐	🔎	BitTorrent		未検証	███	未完了	06/24 14:26:21	███
🖫	✖	☐	🔎	BitTorrent		未検証	███	未完了	06/24 13:33:17	███
🖫	✖	☐	🔎	BitTorrent		未検証	███	未完了	06/24 13:33:11	███
🖫	✖	☐	🔎	BitTorrent		未検証	███	未完了	06/24 12:56:28	███
🖫	✖	☐	🔎	BitTorrent		未検証	███	未完了	06/24 12:56:27	███
🖫	✖	☐	🔎	BitTorrent		未検証	███	未完了	06/24 12:56:26	███
🖫	✖	☐	🔎	BitTorrent		未検証	███	未完了	06/24 12:56:25	███
🖫	✖	☐	🔎	BitTorrent		未検証	███	未完了	06/24 12:56:24	███
🖫	✖	☐	🔎	BitTorrent		未検証	███	未完了	06/24 12:56:23	███
🖫	✖	☐	🔎	BitTorrent		未検証	███	未完了	06/24 12:56:23	███

法に基づく発信者情報開示請求を行い、各人に対して差止めや損害賠償を求める という方策が考えられる。開示請求訴訟を要しないので、監視着手から発信者への連絡までさほどの時間は要しない。もっとも、P2P Finder の利用には費用を要するので、見積りを得たうえで権利者と予算感を協議することが必要である。

　発信者情報開示請求の流れ自体については誹謗中傷等を理由とするものと同様である。もっとも数百件から時には数万件のログデータを扱うことになるため、工程を効率化することが欠かせない。可能な限り機械化・定式化しないと、労力も膨大となるしミスも増える。たとえば、開示請求すべき相手方のプロバイダを特定するには、検出された IP アドレスを逆引き[3] することになるが、数万件の IP アドレスを手作業で逆引きするのは現実的ではない。筆者は次のようなプログラム（Ruby）を組んで機械的に置換を実施している。

```ruby
require 'socket'
ip_address = ["192.0.2.1","192.0.2.2","192.0.2.3"] // 対象 IP アドレス
ip_address.each do |addr|
        begin
                addr_info = Addrinfo.tcp(addr, 0)
                p addr_info.getnameinfo[0]
        rescue => e
                p e
        end
end
```

　発信者情報開示請求が可能なのは、原則として日本国内のプロバイダに限られる。海外のプロバイダについては個別の発信者を特定することが困難であるため別の方法を考える必要がある。一案として、各プロバイダの Abuse 窓口への通報が考えられよう。必ずしも実効性ある解決が得られるとは限らないが、通信帯域を濫費する BitTorrent ユーザに対してはプロバイダ側も苦々しく思っていることが多く、一時的な帯域制限などの対応が得られることもある。

3　第8章Ⅳ1 (1)参照。

　BitTorrent の性質上、即切りするリーチャーばかりではスウォームを維持することが難しい。シーダーとしてスウォームにとどまり続ける者を必要とする。長期間ファイルの送信を続ける存在感の大きいシーダーを重点的に潰していくことにより、スウォームを萎縮させることが期待できる。

3　一次放流者に対するアクション

　一次放流者は海賊版流通に決定的な役割を果たしているから、これを特定して損害賠償等を請求することができれば抑止効果は大きい。しかし上記のとおり、スウォーム形成後は速やかに離脱していることが多く、足取りを追うのが著しく困難である。

　P2P Finder 等の自動ツールを用いてトラッカーサイトを監視していれば、最初にファイル共有を始めた者の IP アドレスを特定することは理論的には可能であろう。そこから二次放流者と同様にして発信者情報開示請求や Abuse への通報につなげることも考えられる。もっとも、VPN（Virtual Private Network ／ 仮想専用通信網)などを用いて IP アドレスが偽装されていることも多い。

　一次放流者を確実に捕捉する簡易迅速な手段を見出しがたいのが現状といわざるを得ないが、スウォームを形成する二次放流者が減れば一次放流者の利益も減少する。徐々に「この作品に手を出すのはわりにあわない」という気運を醸成するという中長期的な対応も視野に入れ、考える必要があろう。また一次放流者はファンサブ集団の一員であることが多いから、後述する海賊版制作者との交渉の一環として抑止を模索することも可能である。

4　海賊版制作者に対するアクション

　ファンサブ集団は自己顕示欲が高く、動画データの名称や付属文書の中に集団名を明記することが多い。時には TV アニメーションのオープニング／エンディング画面を編集して、自分たちの名前をクレジットとして挿入することすらある。ファンサブ集団はインターネット上で活動しており、フォーラム（掲示板）などで情報交換している。よって、海賊版動画から、その海賊版制作者らを特定して接触するのは容易である。

　上記のとおり、ファンサブ集団には独特の文化や価値観があるため、ただ権利者代理人を名乗って居丈高に振舞うだけでは反発を受ける可能性も高い。掲示板で交わされている会話などを基に人間関係を見極め、慎重に交渉を開始する必要がある。

5　風評の監視

　誹謗中傷など他のインターネット問題と比較したとき、P2Pファイル共有固有の難しさとして、同時に数人から数十人、時には数百人を相手取ることになるという点があげられよう。

　P2Pファイル共有の利用者は横のつながりが強い。5 ch をはじめとする匿名掲示板や、X（旧 Twitter）などの SNS において情報が交換されている。どのプロバイダの規制が強まった、権利者から開示請求訴訟を提起された、示談条件としてこのようなものを提示されたといった事情が投稿されることもある。中には逆恨みを募らせて、弁護士や権利者への個人攻撃を煽動する者が現れることもある。

　常にインターネット上の風評を監視し、こちらの施策がどこまで知られているか、侵害者らの状態が加熱しすぎていないか等の把握に努めることが肝要である。

（平野　敬）

第**10**章

知的財産権侵害事件

Ⅰ 事 例

〈*Case* ⑩〉

　東京で法律事務所を構える甲弁護士の下に鹿児島在住の囲碁解説系 YouTuber X（40歳男性）から ZOOM を介してのインターネット法律相談の要請があった。囲碁の対局を放送する事業者 Y から YouTube を運営する Google LLC に対して X のアップロードした動画が著作権侵害をしている旨の申告があったという。そして、申告を受けて、X がアップした対局解説動画、題号「徹底解説！若手強 VS 若木至『若々兄弟対決！』囲碁タイトル戦！！」が YouTube 上から削除されたのだという（削除された該当動画を「本件動画」という）。X は、有名若手棋士「若手強」と人気若手棋士「若木至」のタイトル戦での対局について動画で解説していたものの、放送された番組の映像その他番組の内容は動画に一切使っていなかった。しかし、本件動画で解説したプロ同士の対局について対局の経過、いわゆる棋譜に相当する情報は用いていた。また本件動画の題号に上記のとおり「若手強」と「若木至」の名前を使っていた。さらに、「若手強」と「若木至」は「若々兄弟」というユニット名で活動しておりマスメディアなどの露出も多く著名であったところ、上記のとおり本件動画の題号には「若々兄弟対決！」とのユニット名を利用したタ

イトルが付されていた。また、上記のとおり本件動画題号にはタイトル戦である「囲碁タイトル戦」の名称を利用していたところ、「囲碁タイトル戦」はＹの親会社において商標を取得していた登録商標であった（「囲碁タイトル戦」は本事例のための仮称であるが、たとえば将棋における「王将戦」など現実のタイトル戦の名称については実際に商標登録されている例がある）。

　なお、YouTube において動画の拡散性を向上することなど目的に、動画の説明欄などにハッシュタグを付すことができる。しかし、Ｘは、本件動画の説明欄にはＸのチャンネルのチャンネル名のみをハッシュタグとして表示しており「囲碁タイトル戦」はもとより「若手強」「若木至」「若々兄弟」のいずれについてもハッシュタグによる表示は付していなかった。

II　解決への道筋

　まず、甲弁護士としては、YouTube を運営する Google LLC に対して著作権侵害申告に対する異議申立てを検討することになる。しかし、異議申立てがされた場合、Google LLC から事業者Ｙに対して提訴が促される。すなわち、Google LLC は提訴したうえで期限を定めて提訴したことの証明を求めてくるため、このことが誘因となって実際に訴訟が提起される事態も懸念される。このとき、著作権侵害申告が根拠を欠けば格別、著作権を含めた何らかの知的財産権などの権利侵害を含むものであれば、甲弁護士の異議申立ては相談者であるＸに対する認容される可能性の高い損害賠償請求訴訟を誘発することになりかねない。そこで、甲弁護士は異議申立てを行うにあたって著作権侵害申告が著作権その他の知的財産権等の権利侵害を含まないものであるかまず検討することになる。

III　〈*Case* ⑩〉で問題となる論点と派生論点

　〈*Case* ⑩〉において問題となる基本的な論点と、派生論点は以下のとおり

である。

基本論点① 棋譜の利用と知的財産権侵害

② 不正競争防止法違反の検討「権利侵害の告知と信用毀損行為」

③ 一般不法行為の成否（法律上保護される利益）

④ 不正競争防止法と一般不法行為の関係性

⑤ 主張する人格的利益の性質

⑥ 公共設備の利用妨害と自由の侵害

⑦ 自由の侵害と人権規定の間接適用

⑧ 損害賠償額の算定

派生論点① 商標権侵害の成否

② ハッシュタグと商標的利用

③ パブリシティ権侵害の成否

④ グループ名とパブリシティ権

⑤ 法律上保護される利益と確立されていない利益の立証責任

⑥ 情報伝達利益と自然権の関係性

⑦ 動画削除の場合の逸失利益

⑧ 異議申立費用の賠償

⑨ 慰謝料の算定

Ⅳ 〈*Case* ⑩〉において前提となる論点・派生論点の解説

1 棋譜の利用と知的財産権侵害

まず、甲弁護士としては本件プロ同士の対局の経過、いわゆる棋譜に該当する情報を利用したことが何らかの知的財産権侵害を導かないか検討することとなる。

〈*Case* ⑩〉においてXは、何らYの放送を利用していない。強いていえば、XはYの放送から把握できる対局経過に基づいて動画を構成している。そこで、この対局経過や、これをまとめた棋譜に著作物性、その他何らかの知的財産該当性が認められるかが問題となる。この点、大阪地判令和6年1月16日（令

229

和4年（ワ）第11394号）裁判所ウェブサイトは、「棋譜は、公式戦対局の指し手進行を再現した『盤面図』及び符号・記号による『指し手順の文字情報』を含むものと認められるところ（乙2）、本件動画で利用された棋譜等の情報は、被告が実況中継した対局における対局者の指し手及び挙動（考慮中かどうか）であって、有償で配信されたものとはいえ、公表された客観的事実であり、原則として自由利用の範疇に属する情報であると解される」と判示し、棋譜は現在の法制上著作物を始めとした何らの知的財産に該当せず、パブリック・ドメインに帰属する情報であると明示したと理解できる。そのうえで、同裁判例は「本件動画は被告の著作権を侵害するものではなく、その他、原告が、被告の配信する棋譜情報を利用することが不法行為を構成することを認めるに足りる事情はない」と判示している。実際に、アーティスティックスポーツと異なり、最も勝利に近い一手を指すべき将棋において、指手に選択の幅は広くないはずであり対局経過に著作物性は肯定しがたい。まして、棋譜に著作物性は認めがたいというべきである。実際にも公表された客観的事実まで知的財産権の客体として権利者に独占させることは、情報の保護と利用の調和を欠き権利保護としていきすぎであるように思われた。甲弁護士は、棋譜の利用に著作権を始めとした知的財産権侵害は存在しないと結論づけた。

2　他の知的財産権侵害の成否

東京地判令和5年8月25日（令和4年（ワ）第7920号）裁判所ウェブサイトは、「本件通知は、著作権侵害の通知をするフォームを利用したことに伴う記載はあるが、著作権対象物のタイトルとして氏名のみが記載され、その補足情報の記載が上記のようなものであることからすると、通知者が自らの氏名が対象動画のタイトルに利用されていることによるパブリシティ権侵害があると通知するものであると理解できるものである」と述べて、著作権侵害申告フォームを利用していてもパブリシティ権侵害申告の趣旨である場合があることを認めた。そのうえで、同裁判例は「前記のとおり、ユーチューブにおいて、グーグルに対し権利侵害の通知を行うことは、その内容や態様により、投稿者の法律上保護される利益を害する違法な行為となる場合があるといえる」としながら、「原告は、本件の請求の原因を上記のとおり主張して被告Aが著作権侵害

の有無を調査すべき義務があったと主張するところ、本件通知の内容や態様が上記のようなものであったことに照らせば、通知者である被告Aに原告が主張するような著作権侵害の有無を事前に確認する義務があったとは認められず、同義務違反により原告の法律上保護された利益が侵害されたことを理由とする原告の請求には理由がない」と判示して権利侵害を否定した。

このように、著作権侵害を伴わない著作権侵害申告も他の知的財産権侵害等の権利侵害を伴えば、直ちに違法とはならないことがある。また、もし本件動画に何らかの知的財産権侵害が含まれていれば、すでに述べたとおり異議申立ては相談者であるXに対する認容される可能性の高い損害賠償請求訴訟を誘発することになりかねない。そこで、甲弁護士は、本件動画に他の知的財産権侵害も存在しないことを確認しようと考え、他に本件動画に知的財産権侵害が存在していないかを検討することとした。

3 商標権侵害の成否

本件動画には、「囲碁タイトル戦」というY親会社の登録商標が動画タイトルに含まれている。この点について、X動画は第三者の商標権を侵害していないかが問題となる。ところで商標法 26 条 1 項 6 号は、「需要者が何人かの業務に係る商品又は役務であることを認識することができる態様により使用されていない商標」には商標権が及ばないと定めている（商標的使用）。

この点について、一般的に書籍の題号などに商標を利用する行為は商標的使用にあたらないとされている。東京地判平成 21 年 11 月 12 日（平成 21 年（ワ）第 657 号）裁判所ウェブサイトも、「商標の使用が商標権の侵害行為であると認められるためには、登録商標と同一又は類似の第三者の標章が、単に形式的に指定商品又はこれに類似する商品等に表示されているだけでは足りず、その商品の出所を表示し自他商品を識別する標識としての機能を果たす態様で使用されていることを要するものと解すべきである」として、この点を確認している。そして、「朝バナナ（標準文字）」との商標につき商標権を有し、当該商標を題号の一部として付した書籍を出版・販売する出版社である原告が、「朝バナナダイエット」などを題号として付した書籍を出版・販売する被告に対し書籍の販売の差止めや損害賠償を求めた同事案において、同裁判例は、「前記 1

で認定したところによれば、被告書籍の内容は、『朝バナナダイエット』とい
うダイエット方法を実行し、ダイエットに成功するために、著者が成功の秘訣
と考える事項を 40 項目挙げるというものであり、題号の表示も、被告書籍に
接した読者において、書籍の題号が表示されていると認識するものと考えられ
る箇所に、題号の表示として不自然な印象を与えるとはいえない表示を用いて
記載されているといえる」として商標を含んだ題号について自然なものである
と評価している。そのうえで、同裁判例は、「そうすると、被告書籍に接した
読者は、『朝バナナ』を含む被告書籍の題号の表示を、被告書籍が『朝バナナ
ダイエット』というダイエット方法を行ってダイエットに成功するための秘訣
が記述された書籍であることを示す表示であると理解するものと解される」か
ら、「被告書籍のカバーや表紙等における被告標章の表示は、被告標章を、単
に書籍の内容を示す題号の一部として表示したものであるにすぎず、自他商品
識別機能ないし出所表示機能を有する態様で使用されていると認めることはで
きないから、本件商標権を侵害するものであるとはいえない」と判示し商標権
侵害を否定している。

　上記の商標法 26 条 1 項 6 号や、東京地判平成 21 年 11 月 12 日の論理から演
繹すると、〈*Case* ⑩〉における「徹底解説！若手強 VS 若木至『若々兄弟対決！』
囲碁タイトル戦！！」との題号における「囲碁タイトル戦」との登録商標の表
記も、動画の解説内容を示す題号の一部として表示したものであるにすぎず、
自他商品識別機能ないし出所表示機能を有する態様で使用されていると認める
ことはできないから、商標的使用といえないというべきだろう。甲弁護士は商
標権を侵害しないと結論づけた。

4　ハッシュタグと商標的使用

　〈*Case* ⑩〉においてXは動画にハッシュタグで「囲碁タイトル戦」と表示
していなかった。しかし、大阪地判令和 3 年 9 月 27 日判時 2523 号 117 頁にお
いて、ハッシュタグの利用を商標的利用と判示して以降、同様の判断が続いて
いる。すなわち同裁判例において「オンラインフリーマーケットサービスであ
るメルカリにおける具体的な取引状況をも考慮すると、記号部分『#』は、商
品等に係る情報の検索の便に供する目的で、当該記号に引き続く文字列等に関

する情報の所在場所であることを示す記号として理解される」としたうえで、「このため、被告サイトにおける被告標章1の表示行為は、メルカリ利用者がメルカリに出品される商品等の中から『シャルマントサック』なる商品名ないしブランド名の商品等に係る情報を検索する便に供することにより、被告サイトへ当該利用者を誘導し、当該サイトに掲載された商品等の販売を促進する目的で行われるものといえる」としてハッシュタグについて販売促進目的で付されると評価している。そのうえで同裁判例は、「そうすると、当該利用者にとって、被告標章1の表示は、それが表示される被告サイト中に『シャルマントサック』なる商品名ないしブランド名の商品等に関する情報が所在することを認識することとなる」のであるから、「これには、『被告サイトに掲載されている商品が「シャルマントサック」なる商品名又はブランド名のものである』との認識も当然に含まれ得る」としている。そして、同裁判例は、ハッシュタグによる表示について、「被告サイトにおける被告標章1の表示は、需要者にとって、出所識別標識及び自他商品識別標識としての機能を果たしているものと見られる」として出所識別標識および自他商品識別標識としての機能の発露を認めた。したがってハッシュタグによる使用は、「需要者が何人かの業務に係る商品又は役務であることを認識することができる態様による使用すなわち商標的使用がされているものと認められる」とした。

　これに対して大阪地判令和4年9月12日判時2563号46頁は、HTMLで記載されたメタタグ等については「原告が問題とする本件ウェブページのhtmlファイル中のタイトルタグ及び記述メタタグに記載された内容は、検索サイトYahoo！において『セレモニートーリン』をキーワードとして検索した際の検索結果において基本的に各タグに記載されたとおり表示されると認めることができるが、その内容は、いずれも本件サービスサイトの名称が明記された見出し及び説明文と相まって、原告の運営するウェブサイトとは異なることが容易に分かるものと評価できる上、一般に、検索サイトの利用者、とりわけ現に葬儀の依頼を検討するような需要者は、検索結果だけを参照するのではなく、検索結果の見出しに貼られたリンクを辿って目的の情報に到達するのが通常であると考えられるところ、需要者がそのように本件ウェブページに遷移した場合には、前記のとおり、被告が運営する本件サービスサイトの一部として本件

ウェブページを理解するのであって、やはり、被告標章を本件ウェブページの各タグ内で使用することによって、原告と被告の提供する商品または役務に関し出所の混同が生じることはないというべきである」としてそれだけでは視認性がないことなどを考慮したのか、商標的使用該当性を否定している。

〈*Case* ⑩〉において、YouTube 上のハッシュタグ利用は、視認性もあることから商標的利用に該当する可能性もあった。しかし、Xは、本件動画の説明欄にはXのチャンネルのチャンネル名のみをハッシュタグとして表示しており「囲碁タイトル戦」はもとより「若手強」「若木至」「若々兄弟」のいずれについてもハッシュタグによる表示は付していなかった。よって、甲弁護士はハッシュタグとしての知的財産権侵害は存在しないものと結論づけることができた。

5　パブリシティ権侵害の成否

著名人の氏名、芸名、肖像に成立するいわゆるパブリシティ権について、最高裁判所（最判平成 24 年 2 月 2 日民集 66 巻 2 号 89 頁）は、いわゆるピンク・レディ事件（以下「ピンク・レディ事件最判」という）において、以下のとおり述べて肯定している。すなわち、「人の氏名、肖像等（以下、併せて「肖像等」という。）は、個人の人格の象徴であるから、当該個人は、人格権に由来するものとして、これをみだりに利用されない権利を有すると解される」として肖像権の保護を確認しながら「そして、肖像等は、商品の販売等を促進する顧客吸引力を有する場合があり、このような顧客吸引力を排他的に利用する権利（以下「パブリシティ権」という。）は、肖像等それ自体の商業的価値に基づくものであるから、上記の人格権に由来する権利の一内容を構成するものということができる」とし、「そうすると、肖像等を無断で使用する行為は、①肖像等それ自体を独立して鑑賞の対象となる商品等として使用し、②商品等の差別化を図る目的で肖像等を商品等に付し、③肖像等を商品等の広告として使用するなど、専ら肖像等の有する顧客吸引力の利用を目的とするといえる場合に、パブリシティ権を侵害するものとして、不法行為法上違法となると解するのが相当である」と判示している。

このように、ピンク・レディ事件最判によると、もっぱら肖像等の有する顧

客吸引力の利用を目的とするといえる場合に、パブリシティ権を侵害する。本件動画は、「若手強」、「若木至」という棋士名および「若々兄弟」というグループ名をタイトルに記載した動画を投稿している。これが、ピンク・レディ事件最判のいう「②商品等の差別化を図る目的で肖像等を商品等に付」す行為に該当する（第2類型によるパブリシティ権侵害）かが検討されなければならない。すなわち、〈*Case* ⑩〉のＸは自らの動画タイトルに「若手強」、「若木至」および「若々兄弟」と付すことで、投稿の差別化を図りもっぱら棋士ユニットの有する顧客吸引力を利用した動画投稿を行っているともいえる。しかし、本件使用は動画の内容として「若手強」、「若木至」および「若々兄弟」をタイトルに記載しているにすぎない。ピンク・レディ事件最判も、「他方、肖像等に顧客吸引力を有する者は、社会の耳目を集めるなどして、その肖像等を時事報道、論説、創作物等に使用されることもあるのであって、その使用を正当な表現行為等として受忍すべき場合もあるというべきである」と述べて、著名人がある程度論説などで話題にされることは受忍すべきことも前提にしている。まして棋士の対局が論説の材料となることは市民の知る権利にも資する。このような観点から〈*Case* ⑩〉の表示は、パブリシティ権の侵害とはいえないだろう。

　このように第2類型に直接該当しないとしても、ピンク・レディ事件最判が3類型と実質的に違法性において同一であるものに例外的にパブリシティ権侵害を拡張する余地を残した「など」に該当する第4類型のパブリシティ権侵害にあたらないか検討が必要になる。

　確かに、ピンク・レディ事件最判によれば、第1、2、3類型以外のパブリシティ権侵害は例外的な場合に限られるとされるところである。しかしながら、そのような例外的な場面の例示として、同最判の調査官解説は、「インターネット上の個人のファンサイト又はブログに肖像写真を多数掲載するような行為が一応挙げられよう。上記肖像写真は3類型にいう『商品等』に該当せず、3類型に該当するものではないものの、インターネットの利用が広く普及して同ファンサイト等の肖像写真をブロマイド等として利用する実態が社会的にも認められるのであれば、ファンサイト等の内容と関連性が低い肖像写真が極めて多数にのぼり、肖像写真をブロマイド等として販売する本人等の営業上の利益を現に害するような場合には、3類型と違法性において同一であり、上記『な

ど』に該当するとして、パブリシティ権侵害を構成するという解釈も成り立ち得る」としている。

〈*Case* ⑩〉において、Xはさまざまな棋士の対局に着目して動画を投稿しており甲弁護士がチャンネルを確認したところ、必ずしも「若手強」、「若木至」および「若々兄弟」のみを取り上げたチャンネル運営がされているわけではなかった。この点から、第4類型によるパブリシティ権侵害も生じないだろうと甲弁護士は結論づけた。

6　グループ名とパブリシティ権

〈*Case* ⑩〉における動画は、「若々兄弟」というグループ名で活動する棋士ユニットについて、グループ名「若々兄弟」を利用している。そもそも、棋士ユニットは、グループ名「若々兄弟」についてパブリシティ権を有するか。

この点について、知財高判令和4年12月26日（令和4年（ネ）第10059号）裁判所ウェブサイトは、以下のとおり述べている。すなわち、同裁判例は「本件グループ名の排他的使用権の根拠としては、いわゆるパブリシティ権が考えられる」としてグループ名にもパブリシティ権が認められるか検討している。そして、同裁判例は、「人の氏名、肖像等（以下、併せて「肖像等」という。）は、個人の人格の象徴であるから、当該個人は、人格権に由来するものとして、これをみだりに利用されない権利を有すると解され、肖像等は、商品の販売等を促進する顧客吸引力を有する場合があり、このような顧客吸引力を排他的に利用する権利（パブリシティ権）は、肖像等それ自体の商業的価値に基づくものであるから、上記の人格権に由来する権利の一内容を構成するものということができる（最高裁平成21年（受）第2056号同24年2月2日第一小法廷判決・民集66巻2号89頁)」として上記最高裁判所の規範を引用している。そして、続いて同裁判例は、「実演家団体に付されたグループ名についても、その構成員の集合体の識別情報として特定の各構成員を容易に想起し得るような場合には、芸名やペンネーム等と同様に、各構成員個人の人格権に基づき、グループ名に係るパブリシティ権を行使できると解される」と結論づけた。そのうえで、同事案においてグループ名に顧客誘引力が認められるとして、「そうすると、一審原告らは、本件グループ名についてパブリシティ権を行使することができる」

と判示した。この理解からすれば、「若手強」と「若木至」は「若々兄弟」というユニット名に対しても顧客誘引力があるといえる状況であったから、パブリシティ権を有すると考えられる。しかしながら、上記のとおり本件の表示は人気棋士の対局ということを示す動画の内容の説明的な利用にすぎない。甲弁護士は、著名人が一定程度の論説を受忍すべき点も加味してパブリシティ権を侵害しないと結論づけた。

Ⅴ　事業者に対する提訴

　以上の検討から、まず、甲弁護士は YouTube を運営する Google LLC に対して、同社の用意しているフォーマットに準拠して異議申立てを行うこととした。そして、甲の異議申立てが奏功して、本件動画は復活し、Xのアカウントに対する制裁も解除された。しかしながら、異議申立てが奏功した甲弁護士だったが、XからYを提訴したいとの相談を受けた。つまり、Xは怒りが収まらずYに対して損害賠償請求などを求めて提訴したいという。そこで、甲弁護士は損害賠償請求訴訟を提起できるかなどYを提訴することについて検討を進めることとした。このとき、甲弁護士は、訴訟において請求する請求内容と、その法的根拠について検討を深める必要がある。

1　不正競争防止法違反の検討「権利侵害の告知と信用毀損行為」

　〈*Case* ⑩〉においては、根拠のない知的財産権（著作権）侵害が申告されている。そこで、まず甲弁護士としてはこのような行為が、不正競争防止法上の信用毀損行為（虚偽事実告知流布行為）に該当しないか検討が必要となる。すなわち、不正競争防止法2条1項21号は、「競争関係にある他人の営業上の信用を害する虚偽の事実を告知し、又は流布する行為」を不正競争行為と定義する。根拠のない知的財産権侵害などの権利侵害の申告は、この信用毀損行為に該当し得る行為の代表例の一つと理解されてきた。インターネット上のプラットフォーマーに対する権利侵害告知という特殊性を除けば権利侵害告知に不正競争行為該当性を認めた裁判例は枚挙に暇がない。そこで、甲弁護士は同様にインターネット上のプラットフォーマーに対する権利侵害告知についても

信用毀損行為として損害賠償などを請求できないかまず検討することとした。

　この点、まず著作権侵害のプラットフォーマーに対する虚偽の侵害申告について、大阪高判令和6年1月26日（令和5年（ネ）第1384号等）裁判所ウェブサイトは、不正競争行為該当性を肯定している。同裁判例は、ECサイトを運営するプラットフォーマーであるアマゾンに対して権利侵害告知がされた事案であった。同裁判例は、被告から著作権侵害申告のあったうち、「被告サイト上の被告各画像及び商品名のうち、そもそも著作物性が認められるのは被告画像3のみ」であり、「その余については著作物性自体が認められず、一審被告が著作権を有しないから、一審原告がその著作権を侵害した事実はおよそ存在しない」という事案であった。そこで、同裁判例は被告画像3について著作権侵害にあたるか検討している。そして同裁判例は、「その素材の選択・組合せ・配置、光線の調整・陰影の付け方、色彩の配合、素材と背景のコントラスト等において被告画像3と異なるから、被告画像3の表現上の本質的特徴を直接感得させるものとはいえない」から、「一審原告が原告画像3を原告サイトに掲載したことが、被告画像3に係る一審被告の著作権を侵害するものとは認められない」と判断した。そのうえで「以上によれば、一審被告が、本件各申告によってアマゾンに告知した、一審原告が被告サイト上の被告各画像及び商品名についての一審被告の著作権を侵害しているとの本件各申告の内容は、全て虚偽の事実であったということになる」と判示している。これを踏まえて同裁判例は、「一審原告と一審被告は競争関係にあるといえ、また、上記著作権侵害の事実を申告する行為は一審原告の営業上の信用を害する虚偽の事実を告知する行為といえるから、本件各申告は、客観的に不正競争防止法2条1項21号に該当するということになる」と結論づけている。

　では、著作権以外の知的財産権の申告はどうだろうか。たとえば、商標権侵害の虚偽申告につき不正競争行為にあたると判示した大阪地判令和6年3月18日（令和5年（ワ）第893号）裁判所ウェブサイトは、ECプラットフォームアマゾンにおいて商品を販売していた原告が、被告のアマゾン運営者に対する本件各申告が不正競争防止法2条1項21号の不正競争に該当すると主張して、被告らに対し、同法3条1項に基づく、被告商標権を侵害する旨の告知等の差止請求のほか、損害賠償請求を行った事案であった。同裁判例は、「不競法2

条１項21号の『虚偽』とは、客観的事実に反する事実であるところ、本件各申告の内容は、原告各標章を付した原告各商品の販売が被告商標権を侵害するというものであるから、以下、当該内容が客観的事実に反するか、すなわち、原告各標章の使用が被告商標権を侵害しないといえるかにつき検討する」と述べて、原告による被告商標権の侵害を検討した。その結果、原告による商標権侵害を否定し、「原告各標章を付した商品の販売は、被告商標権を侵害する行為に当たらないから、これに反する本件各申告の内容は『虚偽』であると認められる」から、本件「各申告は、不競法２条１項21号の不正競争に当たる」と結論づけている。

また、前掲大阪地判令和６年１月16日および東京地判令和６年２月26日判時2608号67頁が、〈*Case* ⑩〉と同様にYouTubeを運営するプラットフォーマーであるGoogle LLCに対する実態のない著作権侵害申告について不正競争行為該当性を認めて、不正競争防止法違反に基づく損害賠償請求などを認容している。

以上のとおり、虚偽の権利告知は、不正競争行為として違法となり得る。そして、囲碁解説系YouTuber Ｘと、囲碁の放映を行うＹは、同様の囲碁系コンテンツ配信事業者として競業関係にあると一応いえる。以上から、甲弁護士は不正競争防止法違反を一つの請求根拠とできるものと考えた。

２　一般不法行為の成否

これに対して大阪高判令和４年10月14日判タ1518号131頁は、被控訴人が、控訴人らに対し、動画共有サービス「YouTube」に投稿した動画を対象とする著作権侵害通知をYouTubeに提出し、YouTubeをして上記動画を削除させた行為が、不法行為にあたると主張して精神的損害、経済的損害等の損害賠償を求めた事案であった。同事案では不正競争防止法違反は主張されていない。しかし、前掲大阪高判令和４年10月14は、虚偽の著作権侵害申告について「本件侵害通知をYouTubeに提出するに当たって、単に自らが著作権者であることや、著作権侵害通知の内容が正確であることについて何ら検討することなく漫然と法的根拠に基づかない本件侵害通知を提出したという点で必要な注意義務を怠った過失があるといえるばかりか、前記のとおり著作権侵害通知制度を

濫用したものということさえできるのであって、これにより本件侵害通知の対象動画の投稿者である被控訴人の法律上保護される利益を侵害したものであるから、控訴人Bが本件侵害通知を提出した行為は、被控訴人の法律上保護される利益を違法に侵害したものとして不法行為を構成するというべきである」と述べて不法行為の成立を認めた。

このように大阪高判令和4年10月14では虚偽の侵害通知によって表現行為を妨害することに対して、民法709条に定められた一般的な不法行為の成立が認められている。

では、この「正当な理由なく当該投稿を削除されない」利益の侵害に対する一般不法行為の成立は、不正競争防止法との関係ではどのように理解すればいいのだろうか。

3　知的財産権侵害と一般不法行為の関係

知的財産権侵害と一般不法行為は、併せて主張される例も多い。また、たとえば、東京高判平成3年12月17日判時1418号120頁のように、知的財産権侵害が成立しないケースでも一般不法行為による損害賠償が認められるケースも存在していた。しかし、最判平成23年12月8日民集65巻9号3275頁以降、下級審の流れは大きく変わったともいわれている。すなわち、前掲最判平成23年12月8日は、「ある著作物が同条各号所定の著作物に該当しないものである場合、当該著作物を独占的に利用する権利は、法的保護の対象とはならないものと解される。したがって、同条各号所定の著作物に該当しない著作物の利用行為は、同法が規律の対象とする著作物の利用による利益とは異なる法的に保護された利益を侵害するなどの特段の事情がない限り、不法行為を構成するものではないと解するのが相当である」と判示した。この、前掲最判平成23年12月8日以降の下級審裁判例については、「北朝鮮事件の最高裁判決後の下級審裁判例においても、知的財産法によって保護されない場合における不法行為の成否が問題になることは少なくないが、そこでは、同判決のフレーズが広く反復されており、結論として不法行為の成立を認めたものは公刊され

ている限り存在しない」などと評される状況である[1]。たとえば、知財高判平成
30 年 6 月 20 日（平成 29 年（ネ）第 10103 号・平成 30 年（ネ）第 10012 号）裁判
所ウェブサイトは、「特許法、意匠法、商標法、著作権法又は不正競争防止法
により保護されていない形状、構造、デザイン等を利用する行為は、上記の各
法律が規律の対象とする利益とは異なる法的に保護された利益を侵害したり、
自由競争の範囲を逸脱し原告に損害を与えることを目的として行われたりする
などの特段の事情が存在しない限り、違法と評価されるものではないと解する
のが相当である」と判示している。このように、前掲最判平成 23 年 12 月 8 日
は、著作権侵害から知的財産権法全般に広く射程を広げてとらえられ、知的財
産権侵害が成立しない場合、一般不法行為もおよそ成立しないかのような向き
もあった。

　しかし、その後令和 6 年において、知的財産権侵害を否定しながら一般不法
行為の成立を認める裁判例が複数出されている。東京高判令和 6 年 6 月 19 日
（令和 3 年（ネ）第 4643 号）判例集未登載は、「採譜したバンドスコアを同人に
無断で模倣してバンドスコアを制作し販売等する行為については、採譜にかけ
る時間、労力及び費用並びに採譜という高度かつ特殊な技能の修得に要する時
間、労力及び費用に対するフリーライドにほかならず、営利の目的をもって、
公正かつ自由な競争秩序を害する手段・態様を用いて市場における競合行為に
及ぶものであると同時に、害意をもって顧客を奪取するという営業妨害により
他人の営業上の利益を損なう行為であって、著作物の利用による利益とは異な
る法的に保護された利益を侵害するものということができるから、最高裁平成
23 年判決のいう特段の事情が認められる」と判示して、著作権法で保護され
ないバンドスコアの模倣行為について一般不法行為の成立を認めた。また、大
阪高判令和 6 年 5 月 31 日（令和 5 年（ネ）第 2172 号）裁判所ウェブサイトも、「原
告商品の商品名自体が不競法上の周知商品等表示と認められず、本件販売行為
が不正競争を構成しないとしても、需要者の誤認を利用するものといえる上記
被控訴人による被告商品の販売態様は、自由競争の範囲を逸脱した違法な販売
態様で控訴人の顧客を奪っているものといえるから不法行為を構成するという

1　上野達弘「民法不法行為による不正競争の補完性──『知的財産法と不法行為法』をめ
　ぐる議論の到達点」パテント 76 巻 29 号（2023 年）15 頁。

べきである」として不正競争防止法違反を否定した行為について一般不法行為
の成立を認めた。

4　一般不法行為と不正競争防止法の関係

　まず、不正競争防止法と一般不法行為は特別法と一般法の関係にある。そし
て、上記のとおり囲碁解説系 YouTuber X と、囲碁の放映を行う Y は、同様
の囲碁系コンテンツ配信事業者として競業関係にあると一応いえる。以上から、
甲弁護士は不正競争防止法違反を一つの請求根拠とできるものと考えた。そこ
で、不正競争防止法として法制化され、特別法に汲み上げられている法益につ
いては不正競争防止法を主張していくことも考えられる。

　しかしながら、甲弁護士には、最判平成 17 年 7 月 14 日民集 59 巻 6 号 1569
頁が思想・良心の自由および表現の自由に基づく人格的利益と述べて（後述）、
前掲大阪高判令和 4 年 10 月 14 日が、表現の自由および営業の利益の観点から
保護されると述べる人格的利益は、営業的・経済的利益のみを汲み上げている
不正競争防止法によって必ずしもそのすべての法益を汲み上げられているわけ
ではないように思われた。

　そこで、甲弁護士は、特別法によって保護法益を汲み上げられている営業上
の利益、経済的利益については特別法である不正競争防止法によって損害賠償
などを請求し、さらに、必ずしもその法益のすべてを汲み上げる特別法が成立
していない人格的利益については、やむを得ず、一般不法行為を主張すること
も検討しなければならないと考えた。

　これは、たとえば、交通事故において、人身傷害については自動車損害賠償
保障法（以下「自賠法」という）で請求し、物的損害については一般不法行為
で請求することもあれば、人身傷害、物的損害双方について一般不法行為で
請求することも許されることとの同質性も見出せる。甲弁護士は、前者、つま
り特別法で汲み上げられている損害は特別法で、必ずしも汲み上げられている
とは思われない人格的利益については一般不法行為で請求していくべきと考え
た。

　実際に、前掲大阪高判令和 4 年 10 月 14 日は、営業上の利益の観点にも言及
している。しかし、当事者から競業関係の主張がない場合、すなわち不正競争

防止法に基づく主張ができない場合に、一般不法行為として自由競争の逸脱といえるほどの営業利益の侵襲が生じているかは疑問も生じる。つまり、前掲最判平成23年12月8日民集65巻9号3275頁を敷衍すれば、特別法である不正競争防止法の保護する法益について一般不法行為の成立は否定されるとも理解できる。そうすると前掲大阪高判令和4年10月14日について特別法である不正競争防止法として吸い上げられている営業上の利益、経済的利益の侵襲を前提に動画の収益に関する逸失利益についても損害賠償請求を認めた点は、誤りであったとの指摘さえもあり得るものと思われる。

　このように、不正競争防止法も含んだ知的財産権を射程としているともとらえられる前掲最判平成23年12月8日との関係で、〈*Case* ⑩〉において一般不法行為を主張できるのか、不正競争防止法違反の主張と一般不法行為の主張の関係性を検討する必要が生じる状況であった。

　しかしながら、不正競争防止法に吸い上げられていない人格的利益の侵襲に対する精神的損害について同様の指摘が妥当するとは思われない。たとえば、慰謝料を例にすると、不正競争防止法違反によって認められるのは、厳密には営業上の利益の侵害によって生じた精神的損害の賠償であり、当該精神損害と人格的利益の侵襲に伴って発生する精神的損害は別物ととらえられるべきである。この点、甲弁護士は交通事故に置き換えるとわかりやすいと考えた。つまり、同一の交通事故について人身傷害部分などの人身損害は自賠法3条に基づく請求ができるものの、物的損害については一般不法行為で請求しなければならない。これは、自賠法が物的損害を法益として汲み上げていないからであり、そもそも、物的損害と人身傷害について各損害賠償請求権は訴訟物としても異なると考えられているところである。つまり、同じ交通事故で高級車が全損し、さらに受傷して治療を受けた場合、物的損害、人身傷害双方に経済的損害を賠償する請求権が発生する。そして、これとともに、物的損害に対する慰謝料請求権（高級車の全損の場合など例外的に物的損害に対する慰謝料請求権が認められる場合がある）と、人身傷害に対する慰謝料請求権（入通院慰謝料など）が生じ得る。甲弁護士は、これは〈*Case* ⑩〉における一般不法行為によるべき人格的利益と不正競争防止法によるべき営業利益の例にも妥当すると考えた。不正競争によって営業上の利益を毀損されたことに対する精神的損害とともに、人

格的利益を侵害されたことに対する精神的損害は両立して成立するというべきであろう。甲弁護士は、営業上の利益の侵襲に対する精神的損害は不正競争防止法に基づいて請求されるべきかもしれないと考えたものの成立する可能性は低いと考えた。しかし、人格的利益に対する精神的損害は、これとは別に不法行為一般に基づいて請求すべきと考えた。すなわち、動画を削除されて営業上の利益を侵害（収益を逸失）され、そのことによって生じた精神的な打撃よりも、虚偽申告によって動画を削除されたことそれ自体によって生じた精神的な打撃こそが本質的な慰謝料の発生原因というべきであると考えた。また、不正競争防止法がそうした人格的利益を保護していると直ちにいえないように思われた。

　以上から、動画を削除されたことによる逸失利益（経済的損害）について、甲弁護士は不正競争防止法で請求しつつ、人格的利益の侵襲に対しては一般不法行為を主張すべきとの印象をもった。しかし、一般不法行為は本当に成立するのだろうか。動画を削除されない利益が「法律上保護される利益」に該当する必要がある。

5　法律上保護される利益

　では、そもそも「法律上保護される利益」が法定された経緯はどういったものだったのだろうか。この点、改正前の旧民法は、「他人ノ権利ヲ侵害シタル」ことを要件とし「法律上保護される利益」を明文で定めていなかった。そして、旧民法下の裁判例は当初、「権利」侵害要件を字義どおり現に承認されている具体的権利の侵害ととらえていた。例えば、大判大正7年9月18日民録24輯1710頁〔雲右衛門事件〕などである。

　その後、最高裁判例をはじめとする裁判例が、「権利」を厳密な意味の法的権利ではなく法律上保護される利益に拡充した。この拡充を受けて不法行為の成立範囲が無限定に拡充することを制限するなど理論的補完も志向する違法性説が通説的理解になった。つまり、「『法律上保護される利益』該当性」は実質的には行為の違法性の判断の問題であるというのが伝統的理解である。

　その後、さらに違法性説を具体化した相関関係理論が発展して強い影響力をもつに至った。そして、相関関係理論を公害訴訟において具体化した受忍限度

論について裁判例の採用するところになった。公害訴訟や相隣関係訴訟で裁判所が採用したといわれる、いわゆる学説において発展してきた受忍限度論は、我妻榮博士の不法行為における違法性の相関関係理論を公害訴訟などに具体化したものといわれる。前掲最判平成23年12月8日は、「法が規律の対象とする著作物の利用による利益とは異なる法的に保護された利益を侵害するなどの特段の事情がない限り、不法行為を構成するものではないと解するのが相当である」と判示している。ところで、前掲大判大正7年9月18日〔雲右衛門事件〕などの後、最高裁判例をはじめとする裁判例が、「権利」を厳密な意味の法的権利ではなく法律上保護される利益に拡充したのは上述のとおりである。そうすると、前掲最判平成23年12月8日判示の特段の事情部分は、法制度化されていない利益も法律上保護される利益として保護される場合があるという自明のことを述べているにすぎないとも解される。このとき、法令上の権利侵害にあたらない場合も、法制化されていない利益を汲み上げることは例外的に許されるというのが条文上も明らかな結論なのであり、重要なのは汲み上げの基準ともとらえられる。このとき、汲み上げの基準については相関関係理論を具体化した受任限度論などが最も参考になる基準の一つとなるだろう。

　そして、相関関係理論を前提に、保護法益が確立されたものではない場合、不法行為を主張する当事者において被侵害利益が法律上保護される利益であることを基礎づける事実を主張する必要があるとの見解もある[2]。実際にも前掲東京地判令和6年2月26日のように、「法律上保護される利益」を十分特定して主張できていないとして、不法行為の成立を認めなかった裁判例も存する[3]。

　そこで、甲弁護士は、動画を削除されない利益が「法律上保護される利益」であることを基礎づける事実を請求原因事実として主張する必要があると考えるに至った。そこで、甲弁護士は、より深くそのような主張が可能か検討すべ

2　窪田充見編集『新注釈民法(15)債権（8）』（有斐閣、2017年）843頁。
3　もっとも同裁判例の解説（判時2608号67頁）において、「本判決は、YouTubeにおける思想、意見等の伝達の利益という新しい人格的利益の成否が問題とされた事案であ」るとの解説が付されている。このように同裁判例においても主張されている法律上保護される利益の内容は明確であったともとらえられる。よって、同裁判例の判示部分は、法律上保護される利益の特定はなされていたものの、その法的根拠付けが不十分であったということを指摘したかった可能性もある。

きこととなる。

6 配信プラットフォームでコンテンツを削除されない利益の位置づけ

　先例の少ない分野について甲弁護士はより検討を深めるべきと考えた。では、〈**Case**⑩〉で問題となっている YouTube で動画を削除されない利益など、配信プラットフォームでコンテンツを削除されない利益は、人格的利益として法律上の保護に値する利益といえるのだろうか。

(1) 最判平成 17 年 7 月 14 日

　より検討を深めるべきと考えた甲弁護士だが、まず想起された裁判例は、前掲最判平成 17 年 7 月 14 日であった。同判例は、公立図書館による書籍の廃棄によって法律上保護される利益が侵害されたかが主要な争点になった。同事案において最高裁判所は、「著作者が著作物によってその思想、意見等を公衆に伝達する利益」について国家賠償法上、法的に保護される利益と認めている。すなわち最高裁判所は、「公立図書館が、上記のとおり、住民に図書館資料を提供するための公的な場であるということは、そこで閲覧に供された図書の著作者にとって、その思想、意見等を公衆に伝達する公的な場でもあるということができる。したがって、公立図書館の図書館職員が閲覧に供されている図書を著作者の思想や信条を理由とするなど不公正な取扱いによって廃棄することは、当該著作者が著作物によってその思想、意見等を公衆に伝達する利益を不当に損なうものといわなければならない。そして、著作者の思想の自由、表現の自由が憲法により保障された基本的人権であることにもかんがみると、公立図書館において、その著作物が閲覧に供されている著作者が有する上記利益は、法的保護に値する人格的利益であると解するのが相当であり、公立図書館の図書館職員である公務員が、図書の廃棄について、基本的な職務上の義務に反し、著作者又は著作物に対する独断的な評価や個人的な好みによって不公正な取扱いをしたときは、当該図書の著作者の上記人格的利益を侵害するものとして国家賠償法上違法となるというべきである」と述べる。このように最高裁は、「著作者が著作物によってその思想、意見等を公衆に伝達する利益」、すなわち「作品」をコントロールする利益について、法的保護に値すると明確に判示している。

　なお、この利益は、前掲最判平成 23 年 12 月 8 日の調査官解説[4]において、著作権法の規律対象とする利益ではない利益の例として、名誉、営業の自由などとともに例示されている。

(2)　大阪高判令和 4 年 10 月 14 日

　次に、同じく YouTube 上の動画が虚偽申告によって削除されたケースに不法行為の成立を認めた前掲大阪高判令和 4 年 10 月 14 日が想起される。

　同裁判例では、「作成した動画を YouTube に投稿する自由は、投稿者の表現の自由という人格的利益に関わるものということができる」とし、「したがって、投稿者は、著作権侵害その他の正当な理由なく当該投稿を削除されないことについて、法律上保護される利益を有すると解するのが相当である」と述べてまず精神的側面から「正当な理由なく当該投稿を削除されない」利益が、「法律上保護される利益」にあたると判示している。

　次に、前掲大阪高判令和 4 年 10 月 14 日は、「また、収益化されたチャンネルにおいては……投稿者は収益を得ることができるから、正当な理由なく投稿動画を削除する行為は、投稿者の営業活動を妨害する行為ということになる」と述べて、経済的な側面にも言及している。そのうえで、同裁判例は「したがって、この側面からも、投稿者は、正当な理由なく投稿動画を削除されないことについて、法的上保護[5]される利益を有すると解することができる」と判示している。

　このように、前掲大阪高判令和 4 年 10 月 14 日は、精神的利益、経済的利益の両面から「正当な理由なく当該投稿を削除されない」利益が、「法律上保護される利益」にあたると判示している。

(3)　東京地判令和 6 年 2 月 26 日

　次に、前掲東京地判令和 6 年 2 月 26 日は、原告が虚偽の事実を告知等されたことによって、経済的損害につき不正競争防止法 2 条 1 項 21 号に基づく損害賠償請求権が発生するほかに、併せて人格的利益を侵害するものとして、別途不法行為に基づく損害賠償請求した事案であった。同裁判例はまず、判決書第 4・1 で「『法律上保護された利益』該当性」と項目を立てている。このこ

4　山田真紀「判解」最判解民〔平成 23 年度〕727 頁以下。
5　原文どおりである。

とから、精神的自由に基づく不法行為の成否に関する主張を「法律上保護される利益」該当性という位置づけで整理したようである。そして、「法律上保護される利益」を十分特定して主張できていないとして、不法行為の成立を認めなかった[6]。

⑷　インターネットという情報の道路と利用妨害

その後公表された前掲東京地判令和6年2月26日の解説によれば[7]、前掲最判平成17年7月14日は最判昭和39年1月16日民集18巻1号1頁を参照し、両判決は「道路」という共通項で結びついているという。

そうであるとすれば〈*Case*⑩〉もまた、インターネットといういわば公道の通行妨害の事案ともいえる。比喩的にみれば人々はインターネットという情報の公道を通して情報を発信し、また、受信している。よって、プラットフォームという私企業の領域において発信を妨害することも、インターネットという公道の利用を妨害することにほかならない。

よって、公道の通行妨害に対して民法710条に定めた「自由」の侵害を認めた前掲最判昭和39年1月16日に照らしても、また同様に公立図書館という公共の情報共有空間での情報利用を妨害した点に違法性を認めた前掲最判平成17年7月14日に照らしても、〈*Case*⑩〉も、表現、思想の伝達の自由による保護されるべきインターネットといういわば情報の行き交う公共空間の利用を妨害したものとして法的保護に値する利益を侵害した事案ともとらえられる。このときYouTubeにおける情報を伝達する利益――言い換えればインターネットという公共空間で情報を伝達する利益を民法709条にいう法律上保護される利益ととらえることはできるだろうか。

7　YouTubeで動画を削除されない利益と自然権

YouTubeで動画を削除されない利益は、情報に対して一定の法律上の保護を与える面がある。では、情報に対して法制化を待たずに法律上の保護を与え

6　しかし、判時2608号67頁以下では、当該判示にかかわらず、同裁判例について「本判決は、YouTubeにおける思想、意見等の伝達の利益という新しい人格的利益の成否が問題とされた事案であ」るとの解説が付されている。

7　判時2608号67頁。

る根拠はあるのだろうか。前掲最判平成 17 年 7 月 14 日が「著作者が著作物によってその思想、意見等を公衆に伝達する利益」を法的保護に値する利益と宣明した点について、その法的保護の源泉はどのようにとらえるべきだろうか。

(1)　情報と自然権

ところで、わが国憲法 13 条は、アメリカ独立宣言前文（1776 年 7 月 4 日）およびその 1 か月前である 6 月 12 日に採択されたバージニア権利章典から影響を与えられているといわれる。この憲法 13 条に影響を与えているアメリカ独立宣言およびバージニア権利章典は、ジョン・ロックの思想から強く影響を受け、自然権の保護を宣明したものといわれている。このように、わが国の法体系においてジョン・ロックの自然権思想が根本思想となっているともいえる。

そうであるところジョン・ロックは、採取した木の実や、狩猟した獲物に対して人は労働の対価として自然法によって与えられる天賦の所有権[8]を得ると説く。そして、ジョン・ロックの思想を基にすれば自身が見聞きした情報を再構成して再構築した情報を「作品」すなわち「コンテンツ」として創作するとき、人はその労働の対価として自然権としての情報に対する所有権を得ると考えることになるのではないだろうか。いわゆる労働所有理論を情報に対しても適用ないし準用できるかが問題となる。

(2)　知的財産権と情報に対する自然権保護

これに対してジョン・ロックの書簡[9]や、そもそも情報に対する専有を認める必要性がないという根本論などからジョン・ロックは著作権をはじめとする知的財産権を自然権ととらえていなかったという見解がある。すなわち、神から与えられた共有資源は有効活用されるべきというジョン・ロックの考え方に照らすと、知的財産を広く開放することでより財として有効に活用されるのであるから自然権は知的財産権の根拠とはできないなどと論ずる[10]。

ところでジョン・ロックは神が人類に与えた世界という共有財産をいかに所

8　ここでいう所有権は法令が定めた物権ではなく、前国家的な排他的支配権能を意味していると解される。

9　1694 年にジョン・ロックがエドワード・クラークに宛てた覚書（Memorandum）など。

10　山根崇邦「知的財産権の正当化根拠論の現代的意義（3）」知的財産法政策学研究 31 号 (2010 年)125 頁以下、第 2 章第 1 節第 3 款 2 項などでこの考え方が紹介されている。

有するようになるか論じている[11]。そこで、ジョン・ロックは、人がその一身に対して絶対の所有権をもつように「彼の身体の労働、彼の手の働きは、まさしく彼のものであるといってよい」と述べ、そこで彼が自然から切り出したものはなんでも、彼が何物かを付け加えたものであって、それは彼の所有になる、と説く[12]。この論理は、人が世界から切り出した情報、すなわちコンテンツについても等しく適用できるように思える。

　また、情報財について物理的に専有できないことは、情報に対する所有権限の発生を否定する論拠とはならないように思われる[13]。すなわち、そもそも現代の法体系は知的財産権という権利を保護している。そうすると知的財産権保護法制の存在を否定するような議論は現に知的財産権が保護されている現実と整合しない。そして、ジョン・ロックの労働所有理論も、物理的な所有状態を適正に根拠づけるためのロジックであるともいえる。そうすると、現に知的財産権保護法制が存在していることを根拠づける論理として、労働所有理論を適用ないし準用することを志向すべきである。つまり、知的財産権保護法制が存在しているという現実を、労働所有理論、言い換えれば情報に対しても自然権が保障されることで説明することができる。自然権が知的財産権保護の根拠になるのではなく、知的財産権保護法制の存在が情報に対して自然権的保護が及ぶことを示唆する一事情ととらえることもできるように思われる。

　このように情報に対する自然権的権利の付与を肯定する立場からは法制化されていない前国家的な情報に対する権利保護を想定しやすい[14]。

11　ジョン・ロック『市民政府論』（1690 年）の「第 5 章所有権について」。邦訳は、鵜飼信成訳『市民政府論』（岩波書店、1968 年）31 頁以下。

12　ジョン・前掲書（注 11）の「第 5 章・27 節」。

13　実際にも知的財産権法制のやろうとしていることの一つは知的労働に対する労働対価性の保護なのだとすると、どうして情報に対する保護を行うかという問いの立て方になる。このとき、労働所有理論の適用ないし準用を否定し得る事情はないように思われる。

14　この情報に対する天賦の自然権を世界人権宣言 27 条 2 項を参照して創作者人格権等と命名することもできるように思われる。この場合、「著作者人格権」（著作 18 条、19 条、20 条等）や「発明者名誉権」（特許法 26 条により直接適用されるパリ条約 4 条の 3）は、作品に対する精神的利益をより一般的に保護する「創作者人格権」を、法令で具体化した権利であるともとらえることになる。

8 思想良心の自由、表現の自由の間接適用

いずれにせよ、情報に対する自然権保護も実務上は憲法 19 条や 21 条を経由することになる。すなわち、わが国憲法典には人権としての特別条項である憲法 19 条や 21 条が存する以上、総則的な人権規定である憲法 13 条よりも、当該利益の法的保護の手がかりを憲法 19 条や 21 条に求めるほうが適切だろう。

このとき憲法上の人権条項は民法などの一般条項を通して間接適用される。

そこで、甲弁護士は民法 709 条の「法律上保護される利益」として、憲法 19 条や 21 条を媒介として情報に対する法的保護を主張することになるだろう [15]。

VI 〈*Case* ⑩〉への対応

甲弁護士は、Y が東京の企業であり、X が九州在住であるものの〈*Case* ⑩〉が不正競争防止法違反を含むことから民事訴訟法 6 条の 2 が定める選択管轄を用いて知的財産権専門部がある大阪地方裁判所に本件を提訴した。第一回口頭弁論について甲弁護士はウェブ審理を要請したものの、「ウェブ審理に対応していない法廷に期日を指定して呼び出してしまったので対応できません」、「ウェブ口頭弁論を希望する場合、法廷準備の都合もあるため前もって言ってほしかった」などと言われ実際に出廷する羽目になったが、その後、ウェブ上での弁論準備手続を用いて順調に審理を進めていた。そうしたところ、大阪地裁から、侵害論の議論は尽くされたので、損害論の主張をしてほしいとの指摘があった。知的財産権専門部では、ドイツの知的財産権訴訟の例に倣って、侵害論と損害論を厳格に分けて審理する場合が多い。また、侵害論で権利侵害を認めない場合、損害論に進まないこともある。不正競争防止法のみについて侵害の心証であるのか、一般不法行為についても侵害の心証であるのか甲弁護士にも図りかねたが、いずれにせよ何らかの権利侵害の心証を裁判所がもったようであった。そこで、甲弁護士は損害論についてより詳細に主張を検討するこ

---

[15] これを創作者人格権とよぶかその名称はおいても、その実態は、知的財産権的人格権というより、知的財産権の存在も論拠に肯定し得る情報に対する自然権というべきであろう。

ととした。

Ⅶ　損害論

　審理が損害論に移ったことから甲弁護士は損害論の詳細な検討を行うこととした。甲弁護士は、主に主張すべきは、①動画削除による逸失利益、②異議申立費用、③慰謝料であると考えていた。そこで、この点について順を追って詳細に検討すべきものと考えた。

1　動画削除による逸失利益

　前掲東京地判令和 6 年 2 月 26 日は、YouTube 上の動画の削除の事例について、「上記原告各動画の内容及び再生傾向等に鑑みると、原告各動画の再生回数は、投稿から 24 時間以内とその 24 時間経過後とは、明らかに異なるものといえるから、投稿から 24 時間以内については、削除されるまでの再生傾向がその後も 24 時間までは継続するものと推定し、他方、投稿から 24 時間経過後については、別紙原告各動画再生回数の推移及び弁論の全趣旨を踏まえると、1 動画につき 1 日当たり 5 回の再生がされるものと推認するのが相当である」と判示している。確かに YouTube などの SNS は、投稿時に一気に再生される傾向が一般的には存在する。

　そして、前掲東京地判令和 6 年 2 月 26 日は、実際に投稿から 24 時間以内に削除された動画については、「投稿から 24 時間までは、削除されるまでの再生傾向がその後も 24 時間までは継続するものと推定した上、投稿から削除までの再生回数を投稿から削除までの時間数で除し、これに 24 を乗じた数を再生回数とするのが相当である」と判示している。つまり、たとえば投稿から 2 時間で削除された動画について 2 時間で 2000 回再生されていたとする。この動画は、削除されるまでの再生回数 2000 を 2 （時間）で割って、1000 を算出する。この 1 時間あたり 1000 回の再生が 24 時間続くと考えて、1000 に 24 を乗じる。そうすると、24 時間の再生数は 2 万 4000 回と算定される、というのである。この 24 時間以内の再生数の算定については、一定程度参考になる。しかし、同裁判例は、最初の 24 時間については実際の再生数に準拠しながら、

翌日2日目からの再生数はすべての動画において一律して1日5回再生というおよそ現実には生じがたい再生数の認定をしている。そこで、甲弁護士は2日目以降の再生数についてはよりきめ細やかな主張を行うべきであると考えた。

　また、前掲大阪地判令和6年1月16日は、実際に削除された動画の再生数だけでなくこれから投稿が予定されていたものの投稿できなくなった動画の再生数から得られる収益の逸失利益も損害として認めている。システム上物理的に投稿できなくなった場合など事情に応じてそうした投稿を予定したものの投稿できなくなった動画についても逸失利益の請求を検討すべきである。

2　異議申立費用

　YouTube において Google の採用しているシステム上、異議申立手続は氏名・住所の開示が必要となる。すると、氏名・住所の開示を避けながら異議申立てするには弁護士等の代理人に手続を依頼せざるを得ず、異議申立費用の負担が必要となる。つまり YouTube の異議申立てシステム（Google LLC 管理のシステム）上、本人か代理人の氏名、住所を記載する必要があり、この氏名、住所は相手方に通知される。したがって、本人が匿名性を維持するためには代理人を選任して異議申立てを行うほかない。そして、匿名表現の自由、プライバシー権、通信の秘密といった人権は、私法の一般規定にも読み込まれることで、不当な人権侵害から保護されるべきである。また、裁判所においても法令が実現しようとする実質的な公平原理である「公共の福祉」（憲法12条、13条）の実現を法令の具体的な適用の場面で志向すべきである。なぜなら、裁判所が法令の適用において「公共の福祉」の実現に失敗すれば、法令が「公共の福祉」の理念の下、適正に行おうとした私人間の人権調整の意義が没却されるからである。ここでは、法令を適用する過程においても、間接的に人権相互の実質的に公平な調整（「公共の福祉」）を実現する観点から、相当因果関係にいう「相当」性の判断に、悪意ある虚偽申告よって侵襲の危機にある匿名表現の自由、プライバシー権、通信の秘密といった人権回復の趣旨も読み込まれるべきである。よって、異議申立費用は、法令（民709条等）が志向する「公共の福祉」の実現、すなわち悪意ある虚偽申告により侵襲された匿名表現の自由、プライバシー権、通信の秘密といった人権の回復の観点からも、「相当」の損害であると評価さ

れるべきである。甲弁護士はこのように考えた。

3　慰謝料

　慰謝料についてはどういった点を増額事由として検討すべきだろうか。甲弁護士は順に増額事由となりそうな点を検討することとした。

(1)　慰謝料の補充機能

　最判平成 6 年 2 月 22 日民集 48 巻 2 号 441 頁は、「上告人らによる本訴請求は慰謝料を対象とするものであるが、物質的損害の賠償は別途請求するというのではなく、かえって他に財産上の請求をしない旨を上告人らにおいて訴訟上明確に宣明し、上告人ら自身これに拘束されているのが本件であることである。したがって、上告人らは、被上告人の安全配慮義務の不履行に起因するところの、財産上のそれを含めた全損害につき、本訴において請求し、かつ、認容される以外の賠償を受けることはできないのであるから、本訴請求の対象が慰謝料であるとはいえ、他に財産上の請求権の留保のないものとして、原審が慰謝料額を認定するに当たっても、その裁量にはおのずから限界があり、その裁量権の行使は社会通念により相当として容認され得る範囲にとどまることを要するのは当然である」と判示して、いわゆる慰謝料の補完機能について明らかにしている。

　そして、〈*Case* ⑩〉においても逸失利益として X が請求できる経済的損害は、やはり、YouTube という性質上、限界がある。そこで慰謝料は、逸失利益として請求している現実に X が被った経済的な収入減以外の、特に具体的な数字で把握困難なものを包含するという考え方もできる。

(2)　慰謝料の算定

　慰謝料の算定においては被害者および加害者の社会的地位・職業・資産・加害者の故意過失の大小・加害行為に対する倫理的非難の程度など諸般の事情を考慮し判断するものとされる。

(A)　被侵害利益の重大性

　まず、甲弁護士は、被侵害利益の重大性があげられると考えた。〈*Case* ⑩〉において Y の虚偽申告によって侵襲された人格的利益は、表現の自由（憲法 21条）という人権の中でも最大限の尊重を要する権利に根差すものであり、その

侵害の悪影響は私人間においても重大というほかない。私人による表現の自由の侵襲によっても、自由かつ円滑な情報の流通が阻害され、国民間の情報の伝達に支障が生じ、国民全体の損失となることは同様である。また、表現活動を阻害されることにより、個人の自己実現という最も重要な精神的価値が大きく毀損される。このように侵襲された法益の重大性、全く動画を配信できなくなるという侵襲の重大性に鑑みれば、Xの受けた侵害は重く受け止められるべきだろう。

（B）　行為の悪質性

次に、甲弁護士はYの行為の悪質性は増額事由になるだろうと考えた。すなわち、YouTube において著作権侵害に対してノーティス・アンド・テイクダウン形式の手続を採用している。この、ノーティス・アンド・テイクダウン手続は、濫用的な利用を予定しておらず、反対をいえばYのように濫用する者が現れれば表現の場に対する重大な侵襲となり得る。制度の濫用による表現の自由への侵害は、この意味で表現伝達の場の秩序維持に重大な影響を与える極めて悪質性の高い行為である。Yの侵害した表現の自由で保護される市民間の情報伝達利益への侵襲の程度は重いといわざるを得ない。

（C）　故意・過失の程度

さらに、甲弁護士はYの虚偽申告行為について故意や、過失の重大性も重大なファクターであると考えた。故意によって虚偽申告をしていた場合、犯罪（偽計業務妨害罪あるいは偽計信用毀損罪（刑233条後段）、電子計算機虚偽情報等業務妨害罪（同法234条の2）、悪戯業務妨害罪（軽犯罪1条31号）など）になり得るような悪質な行為であり慰謝料の増額事由になると考えられる。加えて著作権侵害の事実を確信していないにもかかわらず著作権侵害を理由に動画の削除・配信停止申告を行うような未必的な故意も増額事由になり得るだろう。

特に YouTube 上では著作権侵害による削除通知について虚偽の申立てを禁止することがルールとして明定されている。そうするとあえて虚偽申告を行うような行為はプラットフォーマーが自らの電気通信環境下で整備している秩序維持のための著作権侵害申告制度を故意に濫用した、情報プラットフォームの秩序に反した自力救済行為というほかない。法的に理由がないことを認識したうえで、競合のコンテンツを排斥するという己の営利のみを強調して、虚偽の

著作権侵害申告に基づいて動画の削除を繰り返し行うような虚偽申告は、故意に基づいて行われたプラットフォーマーたる電気通信事業者 Google が構築した電気通信設備の秩序を破壊する自力救済行為である。

　なお、動画の内容を確認しない、題号を確認しないなどの過失の重大性を基礎づける事情があれば増額事由として主張できると考えられる。

（D）　その他の増額事由

　その他の増額事由としては第1に、第三者の名義を冒用していること、つまり削除申告を第三者の名称等を冒用して行うような事情は慰謝料の増額事由になるだろう。

　第2に、虚偽の削除申告の回数も重大な考慮要素になり得る。実際に、削除申告が根拠に基づかないことを異議申立てや、直接の問合せで明示されながら、これを無視して意図的に虚偽申告を繰り返したような場合、その行動態様は悪質と評さざるを得ないというべきである。さらに、虚偽申告の回数が多ければ虚偽申告に対する心理的負担は加速度的に増すというべきであろう。

　第3に、動画が削除されたタイミングや期間、アカウント停止などのアカウントに与えた影響も慰謝料額に影響を与えるように考えられた。特に基本的にYouTube などの SNS 上の動画は投稿日に最も視聴され、またそこで広く拡散される可能性も最も高いものである。よって、投稿初日などに動画を削除された場合、削除された動画にとって最も重要な時期、機会を奪われているといえる。

　第4に、動画の長さや内容なども慰謝料の考慮要素になると考えられる。

　第5に、当事者の社会的地位や役割も考慮要素になるだろう。たとえば、本件動画でいえば、Yが囲碁将棋業界において高い地位を有する事業者であるなど権威性をもつのであればXの活動に与える影響も大きく慰謝料の増額事由として加味してもよいものと思われる。

　第6に、通信の秘密・匿名表現の自由を毀損することも増額事由となろう。虚偽申告行為により訴訟提起することは匿名チャンネルの運営者であることを広く公開させる。このように、虚偽申告は事実上控訴人の匿名表現の自由を侵害したといえるケースも存在する。

　第7に、Yの行為発覚後の態度も重要であろう。不正な削除申請後、メール

での問合せなどの適正な連絡を無視された場合、被害者は異議申立手続によっ
て権利を回復するしかなくなる。しかし、第三者名を冒用して濫用的削除申請
をしていたような虚偽申告者の場合、被害者は安易に氏名・住所を相手に開示
できないという一進一退の状況におかれる。このような点からも、虚偽申告後
の行為態様の悪質性は、慰謝料の増額事由と評価されるべきである。

Ⅷ　補論と顛末

　その後前掲大阪地判令和6年1月16日の控訴審である大阪高判令和7年1
月30日（令和6年（ネ）第338号）裁判所ウェブサイトは、1審原告の1審被
告に対する営業権侵害を認めて1審原告の請求を全部棄却とする逆転判決を下
した。前掲東京地判令和5年8月25日と同様に著作権侵害がない場合も何ら
かの不法行為が成立する場合、削除申告に違法性がないという論理を採用した
とも解せる。また前掲東京地判令和6年2月26日の控訴審である知財高判令
和7年2月19日（令和6年（ネ）第10025号等）は、原告、被告双方の控訴を
棄却したものの営業上の損失を除くYouTuberの利益についても例外的に法
律上保護される場合があると判示した。甲弁護士も本件は新しい問題であり帰
すうが必ずしもすべて読めるわけではないことをXに説明し、訴訟準備を進
めている。なお、知財高判令和7年1月30日（令和6年（行コ）第10006号）は、「特
許権は天与の自然権ではなく……特許法に基づいて付与されるものであ」る、
と判示した。知的財産権ではなく情報に対する自然権の成立を論じる本稿もこ
のような理解と必ずしも矛盾するものではないが、いずれにせよ自然権と知的
財産権、そして情報との関係性があらためて問い直されるべき時代が訪れてい
るように思われる。

（齋藤理央／関口慶太）

第 **11** 章

プロバイダ（情報媒介者）に対する責任追及

I　事　例

〈**Case** ⑪〉

(1)　甲弁護士に、顧問先の出版社であるX社から相談があった。

(2)　X社は、日本の大手出版社で、人気の少年マンガ週刊誌『週刊少年オレンジ』を、紙の雑誌および電子版の雑誌として、発行している。

　週刊少年オレンジは、主に小中学生を対象とするマンガ雑誌であり、毎週月曜日に発売・配信が開始されている（24 時間営業のコンビニエンスストア等での発売や、オンラインでの配信は、月曜日の午前0時から開始されている）。

(3)　ところが最近、週刊少年オレンジの発売・配信が開始される前の日曜日の夕方頃から、掲載作品の画像ファイルが「無料マンガ読み放題！」というウェブサイト（以下「ウェブサイトZ」という）にアップロードされるようになった。

　ウェブサイトZは、そのトップページに多くのマンガ作品の題号（タイトル）と当該作品のサムネイル画像が表示されており、その中から所望の作品を選択（タップやクリック）すると、その作品の第1話から最新

話までのリストが表示される。そして、その中から所望の話を選択すると、雑誌の１ページを１枚の画像にした形式で、その話が１話分掲載されたウェブページが表示され、その作品を読むことができる。なお、アップロードされている画像は、その態様からすると、紙の雑誌からスキャンしたものであると思われる。

〔図表⑪-1〕　ウェブサイトＺの構造

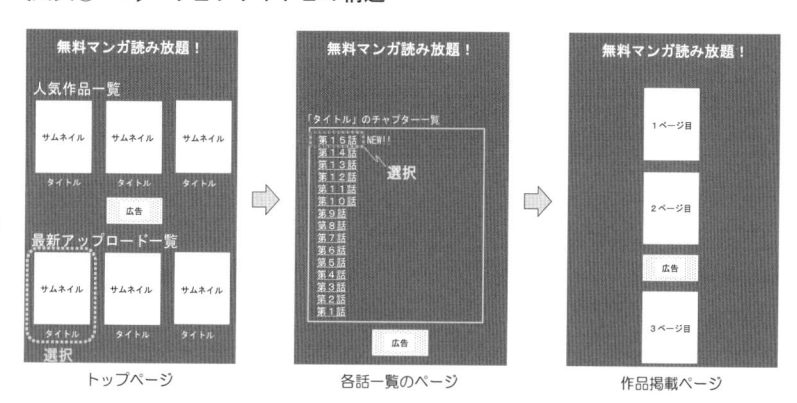

ウェブサイトＺには、週刊少年オレンジに掲載されている作品以外にも、多くのマンガ作品がスキャンされアップロードされており、マンガ作品以外のコンテンツは掲載されていない。各作品の１話から最新話までアップロードされており、人気作品の最新話に関しては、上述のとおり、正規版の雑誌の発売・配信が開始される数時間前に、すでにウェブサイトＺにアップロードされているような状況であった。

⑷　ウェブサイトＺ上にアップロードされている画像ファイルは、「.zip」や「.rar」などの圧縮ファイル形式ではなく、画像ファイルのままアップロードされており、閲覧者はウェブサイトＺにパソコンやスマートフォンのブラウザでアクセスするだけで、無料でマンガが読めるようになっている。ウェブサイトＺには、アダルト動画や怪しげな闇バイトの広告が表示されており、これらの広告料が収入源となっているものと思われる。

⑸　Ｘ社としては、ウェブサイトＺを閉鎖させるなど、違法配信をやめ

させたいと考えている。また、今後同様のウェブサイトが登場しないように、ウェブサイトＺにサービスを提供しているインターネット事業者への対策も含め、できる限りの対策を講じたいと考えている。

II 〈*Case* ⑪〉において問題となる論点と派生論点

〈*Case* ⑪〉における基本論点と派生論点は、以下のとおりである。

基本論点①　インターネット配信に関係する事業者

　　　　②　侵害主体としての責任

　　　　③　幇助者としての責任

　　　　④　特定電気通信による情報の流用によって発生する権利侵害等への対処に関する法律（情プラ法）

派生論点①　幇助者に対する差止請求の可否

　　　　②　発信者情報開示請求

III 前提知識・検討すべき法的論点

1　インターネット配信に関係する事業者

(1)　接続事業者

　パソコンやスマートフォンなどの端末を保有しているだけで、インターネットに接続できるわけではない。たとえばスマートフォンであれば、通信キャリア（携帯電話サービスの提供事業者）などとの間でインターネット通信の利用契約を締結することで、インターネットに接続することが可能となる。

　機種変更をして余った古いスマートフォンなどを、自宅でWiFiに接続して利用している人もいると思われるが、そのWiFiを利用するにも、インターネットサービスプロバイダと利用契約を締結する必要がある。

　このようなインターネットに接続するための通信サービスを提供している事業者を「接続事業者」などとよぶ。

(2)　ホスティング事業者

ウェブサイトを含め、インターネット上に存在するデータは、インターネットに接続されたサーバ（コンピュータ）に記録されており、閲覧者はそのサーバにアクセスして、サーバから送信されるデータを受信して、自身の端末（パソコンやスマートフォン等）でこれを閲覧する。

会社や個人がウェブサイトを開設する場合には、このようなサーバを管理している事業者と契約をして、サーバ上のデータ記録領域を借りて、そこにウェブサイトのデータを記録するのが一般的である。このようなサーバを管理、提供する事業者を「ホスティング事業者」とよび、ホスティング事業者が管理、提供するサーバを「ホスティングサーバ」とよぶ。

(3)　レジストリ、レジストラ

ホスティングサーバや閲覧者の端末など、インターネットに接続されたコンピュータには、インターネット上でコンピュータを識別するための「IPアドレス」という値が割り振られる。たとえば、閲覧者の端末からホスティングサーバにアクセスしてデータを受信する場合、閲覧者の端末はIPアドレスによって接続先のホスティングサーバを識別し、ホスティングサーバもIPアドレスによって送信先の端末を特定する[1]。

このIPアドレスは、12桁の数字（IPv4の場合）や32桁の数字とアルファベット（IPv6の場合）の羅列であるため、コンピュータにとっては識別可能であっても、それを人間が見たときに、どのサーバを指しているのかが一見して理解がしにくい。

そのためインターネット上では、コンピュータを識別するためのIPアドレスが、人間にとっても理解のしやすい住所のような表記に結びつけられており、この住所のような表記を「ドメイン」とよぶ。たとえば、株式会社ぎょうせいのウェブサイトのデータが記録されているホスティングサーバは、「18.239.69.13」というIPアドレスで特定されているが、このIPアドレスには「gyosei.jp」というドメインが結び付けられている（執筆時の情報）。これによって、人間にとっても、「gyosei.jp」というサーバに株式会社ぎょうせいのウェ

---

[1]　ただし、閲覧者側の端末のIPアドレスは通信を行う際に、接続事業者からつど割当てを受けるものであり、固定されているものではない。

ブサイトのファイルが記録されていることが理解しやすくなり、閲覧者はIPアドレスではなく、ドメインを指定することで、株式会社ぎょうせいのウェブサイトにアクセスすることができる。

　この「ドメイン」を管理しているのが「レジストリ」という団体である。ウェブサイトを開設しようとする者は、レジストリに対して希望するドメインの利用申請を行い、登録を受けなければならないが、この利用申請を代理して行うのが「レジストラ」という団体である。

⑷　DNS サービス事業者（DNS レゾルバー）

　上記⑶で説明したとおり、インターネットに接続されたコンピュータは、IPアドレスで特定され、IP アドレスはドメインと紐づけられているが、この IPアドレスとドメインとの紐付けは、DNS（Domain Name System）サーバというサーバに記録されている。

　閲覧者があるドメインを指定してアクセスしようとする際、まず DNS サーバに対して、そのドメインに紐づけられている IP アドレスを問い合わせ、回答を受信する。このやりとりを「名前解決」という。この名前解決によってIP アドレスが特定されることで、所望のサーバにアクセスすることができる。

　このような名前解決のサービスを提供している事業者を「DNS レゾルバー」とよぶ。

〔図表⑪-２〕　名前解決のしくみ

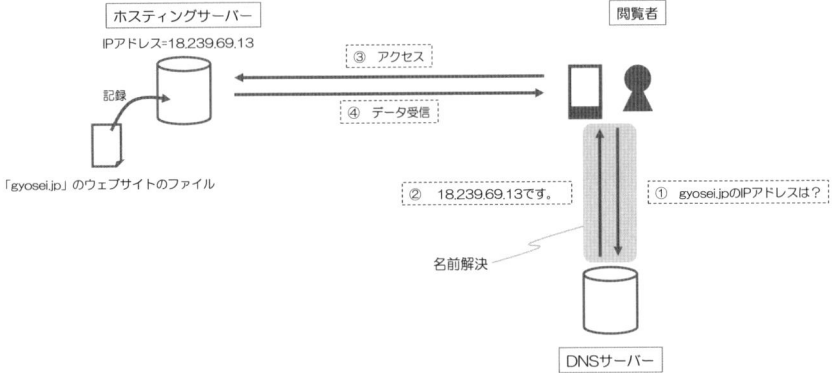

⑸　CDN 事業者

　ウェブサイトのデータは、通常、ホスティングサーバから閲覧者に対して配

信される。しかし、ホスティングサーバから配信できるデータの量には、ホスティングサーバの性能やホスティングサーバの利用契約の内容などによって制約があり、多くの閲覧者が1つのホスティングサーバに同時にアクセスすると、配信速度が低下したり、配信ができなくなってしまう場合がある（このような現象を一般に「サーバが重い」とか「サーバが落ちる」などという）。

　また、インターネットは世界中どこにいてもアクセスすることができるが、アクセスするホスティングサーバが距離的に遠いところに位置する場合、データが遠くから配信されることになり、それによって通信速度が低下するうえ、多くのデータを遠くのホスティングサーバから配信すると通信に要するコストも嵩んでしまう。

　そのような事態を避けるため、近年ではウェブサイトを運営する際に CDN（Contents Delivery Network）というサービスが利用されることがある。CDN事業者は、世界各地に CDN サーバを管理しており、ウェブサイト運営者は、CDN 事業者と契約を締結することで、CDN サーバにウェブサイトのデータを一時複製（キャッシュ）することができる。閲覧者はホスティングサーバではなく、最寄りの CDN サーバにアクセスし、そこからウェブサイトのデータの配信を受けることができる。

　このようなしくみによって、閲覧者のアクセスは1つのホスティングサーバに集中することなく、複数の CDN サーバに分散されるとともに、ホスティングサーバが遠いところに位置していたとしても、閲覧者の最寄りの CDN サーバから配信を行うことができる。

〔図表⑪‐3〕　CDN を利用した配信のしくみ

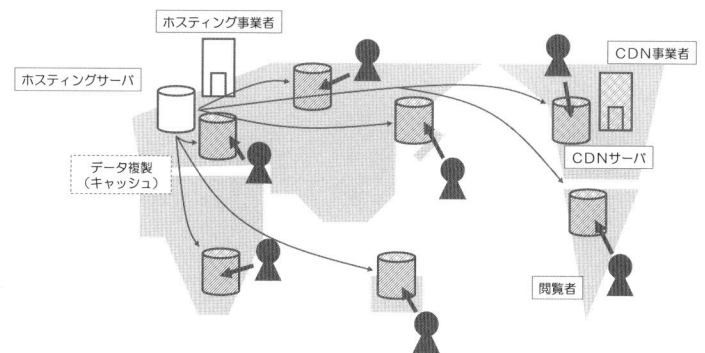

⑹　プラットフォーム事業者

　SNS でアカウントを作成して、記事を投稿する際には、ユーザは自らホスティング事業者やレジストラなどと契約する必要はない。それは、SNS を運営する事業者がホスティングサーバやドメインを用意し、その一部をユーザに利用させている（利用を許諾している）ためである。インターネットショッピングモールにショップを開設する場合や、動画投稿サイトに動画を投稿する場合なども同様であり、ショッピングモールや動画投稿サイトを運営する事業者がホスティングサーバやドメインを用意し、その一部をユーザが利用することで、ユーザがショップの開設や動画投稿をすることができる。

　このような事業者を、本章ではそのようなサービスのプラットフォームを提供しているという意味において「プラットフォーム事業者」とよぶこととする。

　ユーザはプラットフォーム事業者とサービスの利用契約を締結し、インターネット上で情報発信等を行う。ユーザが発信した情報は、プラットフォーム事業者のホスティングサーバに記録され、閲覧者に対して配信されることになる。

⑺　検索事業者

　上記⑶や⑷で説明したように、閲覧者は、ドメイン名を指定して名前解決を行うことで、ウェブサイトのデータが記録されているホスティングサーバにアクセスすることができる。しかし現在では、多くの場合、アクセスするウェブサイトのドメインを手入力するのではなく、インターネット検索サービスを利用し、検索結果として表示されたウェブサイトの中から所望のウェブサイトを選択（クリック）することで、当該ウェブサイトにアクセスしている。このようなインターネット検索サービスを提供している事業者を「検索事業者」などとよぶ。

　検索事業者は、インターネット上に存在する多数のウェブサイトのデータを巡回（クローリングともよぶ）して記録しており、閲覧者が入力したキーワードにマッチするウェブサイトを検索結果として表示する。検索結果には、それぞれのウェブサイトへのリンクが含まれており、このリンクにはウェブサイトのドメインが含まれている。閲覧者がこのリンクをクリックすると、そのウェブサイトのドメインが DNS サーバに送信され、名前解決をして、指定された IP アドレスのホスティングサーバにアクセスすることができる。

2　情報媒介者の責任

⑴　侵害主体としての責任と幇助者としての責任

（A）　責任の所在

上記1のとおり、インターネット上での情報配信には、多くのサービス事業者が関与している。インターネットサービスを提供する事業者は、自らのサービスをユーザに利用させているだけであり、ユーザがそのサービスを用いて侵害行為に及んだとしても、第一次的にはその責任を負うのはユーザ自身である。しかし、サービス事業者も、一定の場合には自らが侵害の主体として、あるいは侵害を幇助した者として、責任を負う場合がある。

（B）　侵害者か幇助者か

民法719条2項で、幇助者は共同行為者とみなして、他の共同行為者と同様に連帯責任を負うとされているため、損害賠償請求との関係においては、侵害の主体として責任を負うのか、幇助者として責任を負うのかを厳密に区別する実益は乏しい。後述する漫画村広告事件でも、幇助者に対して、侵害主体が負うのと同等の額の損害賠償責任が認められている。一方、差止請求との関係では幇助者に対する幇助行為の差止請求が認められるのかについて争いがあるため、侵害の主体であるのか幇助者であるのかによって、差止請求の可否については、結論が異なりうる。

たとえば、著作権侵害の事案について、大阪地判平成17年10月24日判時1911号65頁〔選撮見録事件〕は、以下のとおり述べて、著作権法112条1項の適用は否定しつつ、同項の類推適用により、幇助行為の差止めを認めている。

> 　著作権法112条1項は、著作隣接権者は、著作隣接権を侵害する者又は侵害するおそれのある者に対し、その侵害の停止又は予防を請求することができる旨を定める。
> 　一般には、ここでいう、「侵害」とは、直接に著作隣接権を侵害する行為を意味し、「著作隣接権を侵害する者又は侵害するおそれのある者」とは、著作隣接権を侵害する行為（本件では複製ないし送信可能化する行為）の主体となる者を意味するものと解される。
> 　……

特許法においては、物の発明の特許について、業として、その物の生産にのみ用いる物を製造販売する行為や、方法の発明の特許について、業として、その方法にのみ用いる物を製造販売する行為は、特許権を侵害するものとみなす旨の規定（101条。いわゆる間接侵害の規定）が置かれている。ここで、この特許法の規定においては、そのような間接行為は、侵害行為と「みなす」ものとされているのであり、本来は侵害行為とはいえない行為を、権利侵害に結びつく蓋然性の高さから、侵害行為として法律上擬制しているものである。しかるに、著作権法においては、そのような趣旨の規定は存在しない。なお、著作権法においても、一定の行為については、これらを著作権や著作隣接権等を侵害するものとみなす旨の規定を置いているが（113条）、上記のような間接行為はそこに掲げられていない。

したがって、間接行為が、たとい直接行為と異ならない程度に権利侵害実現の現実的・具体的蓋然性を有する行為であったとしても、直ちにこれを、著作隣接権の侵害行為そのものであるということはできないから、被告商品の販売行為そのものを原告らの著作隣接権を侵害する行為とすることはできない。

　……

侵害行為の差止め請求との関係では、被告商品の販売行為を直接の侵害行為と同視し、その行為者を「著作隣接権を侵害する者又は侵害するおそれのある者」と同視することができるから、著作権法112条1項を類推して、その者に対し、その行為の差止めを求めることができるものと解するのが相当である。

一方、知財高判平成22年8月4日判時2096号133頁〔北朝鮮極秘文書事件〕は、以下のとおり述べて、幇助行為の差止めを否定している。

著作権法113条が、直接的に著作権等の侵害行為を構成するものではない幇助行為のうちの一定のものに限って著作権等侵害とみなすとしていることからしても、同条に該当しない著作権等侵害の幇助者にすぎない者の行為について、同法112条に基づく著作権等侵害による差止等請求を認めることは、明文で同法113条が規定されたことと整合せず、法的安定性を害する

このように、著作権侵害の幇助行為の差止請求の可否については、わが国の裁判例の判断は分かれている。そのため、情報媒介者に対する責任追及、特に差止請求を検討するうえでは、情報媒介者が侵害主体と評価しうるのか、幇助

者にとどまるのかという点には注意が必要である。

(2)　侵害主体としての責任

（A）　サービス事業者の責任

サービス事業者が、自らのサービスを利用して侵害行為が行われていることを知りまたは知ることができたと認めるに相当の理由があるにもかかわらず、これを漫然と放置し、サービスの提供を継続するようなケースでは、サービス事業者も侵害主体として責任を負いうる。

（B）　電子掲示板運営者の責任——東京高判平成 17 年 3 月 3 日

わが国の裁判例では、電子掲示板に、商業出版されている著作物が掲載された事案において、東京高判平成 17 年 3 月 3 日判時 1893 号 126 頁〔罪に濡れたふたり事件〕が、以下のとおり述べて、電子掲示板の運営者も著作権侵害の主体として責任を負うと判示している。

> 自己が提供し発言削除についての最終権限を有する掲示板の運営者は、これに書き込まれた発言が著作権侵害（公衆送信権の侵害）に当たるときには、そのような発言の提供の場を設けた者として、その侵害行為を放置している場合には、その侵害態様、著作権者からの申し入れの態様、さらには発言者の対応いかんによっては、その放置自体が著作権侵害行為と評価すべき場合もあるというべきである。
>
> 　　……
>
> インターネット上においてだれもが匿名で書き込みが可能な掲示板を開設し運営する者は、著作権侵害となるような書き込みをしないよう、適切な注意事項を適宜な方法で案内するなどの事前の対策を講じるだけでなく、著作権侵害となる書き込みがあった際には、これに対し適切な是正措置を速やかに取る態勢で臨むべき義務がある。
>
> 　　……
>
> 本件においては、上記の著作権侵害は、本件各発言の記載自体から極めて容易に認識し得た態様のものであり、本件掲示板に本件対談記事がそのままデジタル情報として書き込まれ、この書き込みが継続していたのであるから、その情報は劣化を伴うことなくそのまま不特定多数の者のパソコン等に取り込まれたり、印刷されたりすることが可能な状況が生じていたものであって、明白で、かつ、深刻な態様の著作権侵害であるというべきである。

> ……
>
> 　以上のとおりであるから、被控訴人は、著作権法112条にいう「著作者、著作権者、出版権者……を侵害する者又は侵害するおそれがある者」に該当し、著作権者である控訴人らが被った損害を賠償する不法行為責任があるものというべきである。

　（C）　ショッピングモール運営者の責任——知財高判平成24年2月14日

　また、商標権侵害に関する事案において、知財高判平成24年2月14日判時2161号86頁〔Chupa Chups事件〕は、インターネット上のショッピングモールに商標権を侵害する物が出品されていた場合について、ショッピングモールの運営者も商標権侵害の主体として責任を負う可能性があると判示している（合理的期間内に侵害状態が排除されていたため、結論において、責任は否定）。

> 　ウェブページの運営者が、単に出店者によるウェブページの開設のための環境等を整備するにとどまらず、運営システムの提供・出店者からの出店申込みの許否・出店者へのサービスの一時停止や出店停止等の管理・支配を行い、出店者からの基本出店料やシステム利用料の受領等の利益を受けている者であって、その者が出店者による商標権侵害があることを知ったとき又は知ることができたと認めるに足りる相当の理由があるに至ったときは、その後の合理的期間内に侵害内容のウェブページからの削除がなされない限り、上記期間経過後から商標権者はウェブページの運営者に対し、商標権侵害を理由に、出店者に対するのと同様の差止請求と損害賠償請求をすることができると解するのが相当である。

　（D）　侵害の態様

　これらの事案においては、著作権や商標権を侵害するコンテンツはサービス事業者の管理するホスティングサーバに蔵置され、そこから送信されている。サービス事業者はサーバから侵害コンテンツを削除することが可能であり、そうすることによって自身の管理するサーバからそれ以上侵害コンテンツが自動公衆送信されないようにすることが可能であるにもかかわらず、侵害を認識した後も漫然と侵害状態を放置しているとすれば、サービスの利用者とともに、自らも侵害情報を送信している主体であると評価しうる。

　このような考え方に照らせば、自らが管理しているサーバから侵害情報を配

信している類型の事業者（ホスティング事業者、CDN 事業者、プラットフォーム事業者）については、同様の責任を肯定することができると思われる。

　一方、接続事業者、レジストリ、レジストラ、DNS レゾルバー、検索事業者などは、自らが管理するサーバから侵害情報を送信しているわけではないので、同様の責任を肯定することができるかについては、なお議論を要するところである。

（E）　海外の判決

　なお日本国内のみならず、海外の判決でも、動画配信プラットフォームの運営事業者およびファイル共有プラットフォームの運営事業者について、当該プラットフォームを通じて著作権侵害が行われていることを知り、または知り得べきであるにもかかわらず、適切な技術的措置を講じない場合には、著作権侵害の責任を負う旨判示したものや（CJEU,2021 年 6 月 22 日，C‐682/18 およびC‐683/18）、CDN 事業者について、同様の判断を示したものがある（ケルン高等裁判所,2023 年 11 月 3 日，6 U149/22）。

（F）　小　括

　このように、インターネットサービスを提供する事業者も、侵害を知りまたは知ることができたと認めるに相当の理由があるにもかかわらず、漫然と侵害状態を放置した場合には、それ以降の侵害行為については、自らも侵害者として責任を負いうることになる。

(3)　幇助者としての責任

（A）　侵害行為の幇助者

　また、著作権侵害の主体とはいえなくても、サービス事業者が提供しているサービスの利用が、侵害行為を容易ならしめていると評価されるような場合には、サービス事業者は侵害行為の幇助者（民 719 条 2 項）として責任を負いうる。

（B）　カラオケ装置リース事業者の責任──最判平成 13 年 3 月 2 日

　カラオケ装置のリース業を営む事業者からカラオケ装置のリースを受けた店舗が、著作権者からの許諾を得ずにカラオケ営業をしていたケースにおいて、最判平成 13 年 3 月 2 日民集 55 巻 2 号 185 頁〔ビデオメイツ事件〕は、以下のとおり述べて、リース事業者の責任を肯定した。

> 　カラオケ装置のリース業者は、カラオケ装置のリース契約を締結した場合において、当該装置が専ら音楽著作物を上映し又は演奏して公衆に直接見せ又は聞かせるために使用されるものであるときは、リース契約の相手方に対し、当該音楽著作物の著作権者との間で著作物使用許諾契約を締結すべきことを告知するだけでなく、上記相手方が当該著作権者との間で著作物使用許諾契約を締結し又は申込みをしたことを確認した上でカラオケ装置を引き渡すべき条理上の注意義務を負うものと解するのが相当である。

　この判決の事案では、カラオケ装置を引き渡す前の時点で、リース事業者に対して、リース先の店舗が著作物の使用許諾契約を締結するかについて確認をすべき義務を認めている。その際同判決は、カラオケ装置で利用される作品の大部分が著作権の対象である（すなわち使用許諾契約を締結しなければ著作権侵害を生じさせる蓋然性が高い）ことや、カラオケ装置を利用する店舗における使用許諾契約の締結率が必ずしも高くないこと、一方でカラオケ装置のリース業者はそのような著作権侵害の蓋然性の高いカラオケ装置を賃貸に供することによって営業上の利益を得ていることや、リース業者において著作物使用許諾契約を締結しまたは申込みをしたか否かを容易に確認することができることなどの事情を認定している。

　侵害に利用される蓋然性が高い場合には、サービス提供前においてすら、このような確認義務が肯定されているのであるから、サービス提供開始後に、現に自身が提供するサービスが侵害行為に利用された段階で、そのことを知りまたは知り得べき状況となった場合には、サービス事業者は幇助者としての責任を負い得るものと考えられる。

　（C）　インターネット広告代理サービス事業者の責任——東京地判令和 3 年 12 月 21 日

　また、東京地判令和 3 年 12 月 21 日判時 2522 号 136 頁〔漫画村広告事件〕は、マンガ海賊版サイトに掲載する広告を募集、出稿していたインターネット広告代理サービスの事業者に対して、以下のとおり述べて、著作権侵害の幇助責任を認めている。

本件ウェブサイトは、その利用者からの支払によりこれを運営するための経費（本件ウェブサイトが使用するサーバ等、その維持管理に必要となる費用や本件ウェブサイトの運営者等の得る報酬等）を賄うことが構造上予定されず、その規模を増大させることにより、本件ウェブサイト上での広告掲載効果を期待する事業主を増加させ、その運営資金源のほとんどを、広告事業主から支払われる広告費による広告料によって賄う仕組みであったことがうかがわれるのであって、当該広告料収入がほとんど唯一のその資金源であったというべきである。このような本件ウェブサイトの運営実態からすると、本件ウェブサイトに広告を出稿しその運営者側に広告料を支払っていた行為は、その構造上、本件ウェブサイトを運営するための上記経費となるほとんど唯一の資金源を提供することによって、原告漫画を含め、本件ウェブサイトに掲載されている漫画の多くを、著作権者の許諾を得ずに無断で掲載するという本件ウェブサイトの運営者の行為、すなわち、原告漫画の公衆送信権の侵害行為を補助しあるいは容易ならしめる行為（幇助行為）といえるものである。

(D)　権利侵害行為を容易ならしめる行為

　カラオケ装置のリース行為や広告の出稿行為は、それ自体権利侵害行為ではないが、権利侵害行為を容易ならしめる行為として幇助責任を負うと判断されている。

　上記(1)でも述べたとおり、インターネットサービス事業者のうち、接続事業者、レジストリ、レジストラ、DNSレゾルバー、検索事業者などは、自らが管理するサーバから侵害情報を送信しているわけではないが、侵害行為への関与の濃淡によっては、これらの者についても、幇助責任を問いうる可能性はありうるように思われる。

3　情報流通プラットフォーム対処法による損害賠償責任の免責

　特定電気通信による情報の流用によって発生する権利侵害等への対処に関する法律（情報流通プラットフォーム対処法。以下「情プラ法」という）3条1項は、一定の電気通信事業者について、一定の要件の下で損害賠償責任の免責を認めている。

　なお同項で免責の対象となるのは、損害賠償責任であり、差止めについては

（仮にサービス事業者に差止義務が認められる場合には）免責の対象とはならない。

(1)　関係役務提供者

　情プラ法において、不特定の者によって受信されることを目的とする電気通信の送信を「特定電気通信」（同法2条1項1号）、その用に供される電気通信設備を「特定電気通信設備」（同項2号）、これを用いて電気通信役務を提供する事業者を「特定電気通信役務提供者」（同項3号）という。

　情プラ法3条1項が免責の対象としているのは、この特定電気通信役務提供者のうち、特定電気通信による情報の流通により他人の権利が侵害された場合の、当該特定電気通信の用に供される特定電気通信設備を用いる特定電気通信役務提供者であり、これを「関係役務提供者」という。

　上記2で示したような情報媒介者に対して、損害賠償責任を追及しようと検討する場合、当該情報媒介者もこの「関係役務提供者」にあたる可能性があるため、情プラ法の観点からの検討も必要となる。たとえば、ホスティングサーバからコンテンツ配信を行うことは「特定電気通信」にあたり、その用に供されるホスティングサーバおよびそれを提供しているホスティング事業者は、それぞれ「特定電気通信設備」および「特定電気通信役務提供者」にあたる。そのため、当該ホスティングサーバから侵害情報が送信されれば、これを提供するホスティング事業者は「関係役務提供者」にあたる。

　一方、侵害サイトに広告を出稿する広告事業者の場合、配信している情報それ自体が侵害情報ではない。そのため、情プラ法3条1項柱書の定める要件のうち「情報の流通により他人の権利が侵害された場合」を充足せず、「関係役務提供者」にはあたらず、同法による免責の対象にはならない。

(2)　免責の要件

（A）　関係役務提供者の免責要件

情プラ法3条1項は、関係役務提供者は

① 　権利を侵害した情報の不特定の者に対する送信を防止する措置を講ずることが技術的に可能であり

② 　関係役務提供者が特定電気通信による情報の流通によって他人の権利が侵害されていることを知っていたまたは、特定電気通信による情報の流通を知っていた場合であって、特定電気通信による情報の流通によって他人

　の権利が侵害されていることを知ることができたと認めるに足りる相当の
　理由がある場合でなければ

関係役務提供者は損害賠償責任を負わないと規定している。

　ただし、この免責規定は関係役務提供者自身が侵害情報の発信者である場合
には適用されない。

〔図表⑪-4〕　**関係役務提供者の免責要件**

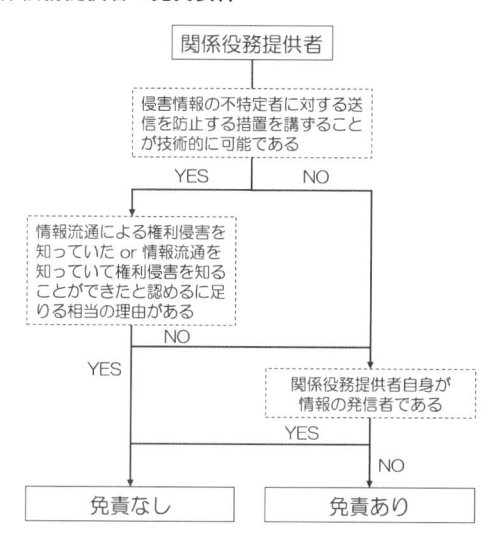

　（B）　要件①の判断基準

　上記（A）の要件①について、侵害情報の送信防止措置を講ずることが技術
的に可能でなければ、そもそも関係役務提供者には結果回避可能性がなく、作
為義務が生じない。技術的に可能か否かは客観的に判断され、通常の技術力を
もつ事業者であれば必要な措置を講じることが可能であれば足りる（すなわち、
通常の技術力をもつ事業者であれば侵害防止措置を講じることが可能であるが、当
該関係役務提供者のシステムの仕様などにより、当該関係役務提供者には侵害防止
措置を講じることができないような場合でも、免責は否定される）。

　（C）　要件②の判断基準

　また上記（A）要件②のとおり、関係役務提供者が情報流通による権利侵害
を認識していた場合はもちろん、（権利侵害の成否はともかく）情報の流通自体

を知っており、権利侵害を知ることができたと認めるに足りる相当の理由がある場合にも免責されない。

「相当の理由」とは、通常の注意を払っていれば知ることができたと客観的に考えられることである。

たとえば、通常は明らかにされることのない私人の住所、電話番号等の情報が流通していた場合であれば、権利侵害を知ることができたと認めるに足りる相当の理由があるといえよう。

名誉毀損における真実性や真実相当性が問題となるような場合に、その真実性等の対象となる事実の内容いかんによっては、外部からは侵害の成否を容易に判断することができないケースもある。

たとえば、インターネット掲示板に書き込まれた会社の労働環境に関する投稿による名誉毀損の有無が問題となった東京地判平成 29 年 2 月 27 日（平成 28 年（ワ）第 18313 号）判例集未登載〔転職口コミサイト事件〕では、真実性に関し以下のように指摘して、結論としてインターネット掲示板の運営者の損害賠償責任を否定している。

> インターネット上の掲示板における投稿については、通常、当該関係役務提供者は発信者ではないため、投稿記事が事実を摘示して他人の社会的評価を低下させるものであったとしても、摘示する事実の真偽について判断することは困難な場合が少なくない。かかる状況において、関係役務提供者について、送信防止措置を講ずるべき義務に違反したとして容易に損害賠償責任を認めることになれば、かかる責任を問われることをおそれるあまり、過度に送信防止措置を行って発信者の表現の自由を不当に侵害することになりかねない。同項は、かかる萎縮的効果等を防止するため、関係役務提供者が損害賠償責任を負う場合を、関係役務提供者が「他人の権利が侵害されていることを知っていたとき」または「他人の権利が侵害されていることを知ることができたと認めるに足りる相当の理由があるとき」に限定したものと解される。

一方、名誉毀損等の事案であっても、外部から権利侵害の有無を判断することが容易なケースもあり、そのような場合には、関係役務提供者も損害賠償責任を負いうる。たとえば、インターネット掲示板に、あるプロの麻雀士に関し、多数の整形を行っていることや男性関係が広範囲かつ多数に及ぶことなどを指

摘する投稿が行われた事案に関する東京地判平成 15 年 6 月 25 日判時 1869 号 54 頁〔プロ雀士事件〕では、以下のとおり、侵害通知後速やかに投稿を削除 しなかったことが不法行為にあたる旨判示している。

〔投稿の違法性について〕

　本件各発言は、原告の名誉を毀損し、又は原告の名誉感情を侵害するものであ るところ、本件各発言は、その内容に照らし、公共の利害に関する事実に係るも のとも、公益を図る目的のものともいえないことが明らかである。したがって、 本件発信者が本件各発言を本件掲示板に書き込み何人も閲覧し得る状態に置いた ことは、原告に対する不法行為になるというべきである。

〔掲示板運営者の責任について〕

　被告は、他人の権利を侵害する発言が本件掲示板に書き込まれた場合、当該発 言を削除するなど、当該発言の送信防止措置を講ずる条理上の作為義務を負うも のであり、本件においては、本件通知により、本件各発言が本件掲示板に書き込 まれたことを具体的に知った上、本件各発言が原告の名誉を毀損し、あるいは原 告を侮辱するものであることを認識し、又は認識し得たものということができる。 したがって、被告は、本件通知後速やかに、本件各発言を削除するなどの送信防 止措置を講ずる義務を負ったものである。しかるに、被告は、……現在に至るま で送信防止措置を講じていないから、被告が送信防止措置を講じなかったことは、 上記作為義務に違反し、原告に対する不法行為になるというべきである。

Ⅳ　相談〜削除申請、発信者情報開示請求

1　法律相談

　甲弁護士の法律事務所に X 社の担当者がやってきた。甲弁護士は、X 担当者 からウェブサイトの状況などの事情を聞くこととした。

甲弁護士：メールを拝見しました。かなり悪質なマンガ海賊版サイトのよ
　　　　　うですね。

X担当者：そうなんです。うちの週刊少年オレンジの全作品が 1 話から最

　　　　　新話まで掲載されていますし、いわゆる「早バレ」といわれる、正規版の発売・配信開始前に、すでに海賊版がアップロードされてしまっている状況です。

甲弁護士：どうやって発売・配信の前の画像を手に入れるのですか。

Ｘ担当者：月曜日に全国の書店で発売するためには、当然のことながら、その前にすでに紙の雑誌はできあがっていて、書店に配本されています。その途中のどこかで、雑誌が流出して、それをスキャンされているのだと思います。

甲弁護士：それは悪質ですね。

Ｘ担当者：ウェブサイトＺでは、全作品が無料で読めてしまい、これでは当然作者への対価還元もされません。表示されている広告も少年マンガの読者には到底ふさわしくないようなものばかりです。こんなサイトで作品がタダ読みされてしまうのは心外です。なんとかして、このサイトを閉鎖させたいのですが……。

甲弁護士：ウェブサイトＺには、運営者の連絡先などは表示されていないようですね。

Ｘ担当者：はい。ただ、私のほうで調査してみたところ、ＩＰアドレスからすると、ホスティングサーバは日本のＰ社のものを使用しているようです。

甲弁護士：では、まずホスティングサーバを管理するＰ社に対して、削除申請と発信者情報開示請求をしてみましょうか。

Ｘ担当者：はい、よろしくお願いします。

２　実務上の問題点（１日目の法律相談の部分）

⑴　ウェブサイト等の調査、証拠の保全

　インターネット上で権利侵害が行われている場合、どの情報（ファイル）が権利を侵害しており、そのファイルがどこのサーバから送信されているのかなどの事実関係を把握することが重要である。また、侵害通知などを行うためにもウェブサイトを調査し、電子メールアドレスやお問合せフォーム、通販サイ

トであれば特定商取引法に基づく表示のページなど、サイト運営者に連絡をとるための手段がないかを確認しておく必要もある。

　また、ウェブサイトは容易に修正、削除が可能であるため、後々法的措置をとる必要が生じた場合に備え、必要なウェブページを保存することで証拠の保全を行う必要もある。どのような投稿が行われたのかなど、ウェブページの見た目から判断できるケースであれば、ウェブページを PDF ファイルなどにして保存しておけば足りるが、ファイルの詳細な情報（ヘッダー情報など）まで保全しておく必要があるような場合には、HTML や MHTML などのファイル形式で保存しておくこともある。〈*Case* ⑪〉の場合、正規版の発売・配信前に海賊版がアップロードされていることを示すためには、ファイルの更新日時などの情報を取得しておくことも考えられる。

　いうまでもなく、ウェブサイト等の調査を行う際には、ウィルス対策ソフトのインストールなど、必要なセキュリティ対策は講じるべきであるし、〈*Case* ⑪〉のような悪質な海賊版サイトなどを調査する場合には、法律事務所の他の機器とはネットワーク上で独立した調査専用のコンピュータを利用したり、コンピュータ上に仮想マシンを構築して、その仮想マシンからアクセスするなど、より高度のセキュリティ対策を講じることも検討すべきである。

(2)　削除申請、発信者情報開示請求

（A）　インターネットを利用した連絡

　インターネットが普及した現代でも、弁護士がやりとりする通知書や警告書などの多くに書面や FAX が用いられている。しかし、インターネット上での権利侵害が問題となるケースにおいては、相手方の氏名や住所が明らかになっていない場合も多く、書面で連絡がとれないことも多い。このような場合には、電子メールやウェブサイト上に設置された運営者へのお問合せフォーム、SNSのダイレクトメッセージなどを用いて連絡を試みることも重要である。

　〈*Case* ⑪〉のような悪質な海賊版サイトの場合はともかくとして、インターネット上の権利侵害のケースでは、匿名での発信が可能であることもあって、安易に侵害行為に及んでいる場合もある。そのようなケースでは、何かしらの方法で連絡がとれれば、それに応じて任意に侵害行為を中止するケースも多い。

(B)　ホスティング事業者等への連絡

インターネット上での権利侵害の特徴として、侵害情報の発信には多くの事業者のサービスが利用されており、情報を発信しているユーザ自身でなくとも、侵害を防止することができる場合がある。特に、上記Ⅲ3で説明したように、自身の管理するサーバから権利侵害情報が送信されている場合（たとえば、ホスティング事業者、CDN事業者、プラットフォーム事業者などの場合）、関係役務提供者として可能な送信防止措置を講じなければ、損害賠償責任の免責を受けることができなくなるおそれがある。

そこで、インターネット上で権利侵害が行われている場合には、情報発信を行っている者（ウェブサイトの運営者や投稿者など）への連絡のみならず、ホスティング事業者等への連絡を行うことも検討すべきである。どの事業者が管理するサーバが使用されているのかは、サーバのIPアドレスから確認することができる。

侵害情報の発信者への連絡とホスティング事業者等への連絡とは、並行して行ってもよい。

ホスティング事業者等へ連絡する際には、送信防止措置を講じることおよび／または発信者情報を開示することを請求することが一般的である。発信者情報開示の請求については情プラ法5条が規定している[2]。

(C)　虚偽の削除申請

ホスティング事業者等に送信防止措置を求める際に注意すべき点としては、実際には権利侵害ではないのに虚偽の申請を行い、これに応じてホスティング事業者等がコンテンツを削除してしまった場合、虚偽申請行為が民法上の不法行為または不正競争防止法2条1項21号の不正競争行為にあたるとして、申請者が責任を負いうるという点があげられる[3]。

2　詳細については、序章を参照されたい。
3　この点の詳細については、本書第10章Ⅴを参照されたい。

V ホスティング事業者、広告事業者への権利行使

1 法律相談

　甲弁護士は、ウェブサイトZが蔵置されているホスティングサーバを管理するP社に対して、削除申請と発信者情報開示請求を行ったが、P社が侵害コンテンツの送信防止措置を講じることはなく、また、発信者情報開示請求訴訟を経てP社から開示された発信者情報には、ウェブサイトZの運営者を特定できるだけの情報は含まれていなかった。

　そこで、次の対応策を協議するため、甲弁護士はあらためてX社の担当者と打合せを行った。

甲弁護士：いや、驚きました。日本では名誉毀損、プライバシーや著作権
　　　　　侵害など、侵害類型ごとに通信事業者がとるべき対応のガイド
　　　　　ラインが制定されていて、日本の多くの通信事業者は、このガ
　　　　　イドラインに沿って送信防止措置などを講じてくれるのですが
　　　　　……著作権関係のガイドラインでは、デッドコピーのような一
　　　　　見して権利侵害が明らかであるような場合には、送信防止措置
　　　　　を講じると書かれています。本件の場合、明らかなデッドコピ
　　　　　ーが掲載されている海賊版サイトですし、いわゆる早バレまで
　　　　　行われているので、権利者の許諾がないことも極めて明白だと
　　　　　思いますが、それでもP社は送信防止措置を講じていませんね。
X担当者：はい。私のほうでも継続的にウェブサイトZの蔵置先のサーバ
　　　　　のIPアドレスを確認していますが、今でも一貫してP社のサ
　　　　　ーバが使用されています。
　　　　　　また、ウェブサイトZを解析してみたら、ウェブサイトZに
　　　　　掲載されている広告は、インターネット広告会社のQ社が広告
　　　　　主を募集して出稿しているものであることがわかりました。こ
　　　　　こから何かとれる手段はないでしょうか。

> 甲弁護士：なるほど。広告を出稿する行為それ自体は著作権侵害行為では
> 　　　　　ありませんが、広告を出稿することでウェブサイトＺの資金源
> 　　　　　となり、著作権侵害を助けているともいえそうです。
> Ｘ担当者：ウェブサイトＺのようなストリーミング型の海賊版サイトの収
> 　　　　　入源は広告なので、収入源を断つことができれば、運営者には
> 　　　　　大打撃のはずです。Ｑ社にもできるだけのプレッシャーをかけ
> 　　　　　てください。
> 甲弁護士：ではＰ社とＱ社に対して、それぞれの責任を追及すべく、訴訟
> 　　　　　を提起してみましょうか。
> Ｘ担当者：ぜひよろしくお願いします。

2　実務上の問題点（2日目の法律相談の部分）

(1)　Ｐ社（ホスティング事業者）の責任追及

(A)　漫然と侵害状態を放置した責任

上記Ⅲ2(2)で説明したとおり、わが国の裁判例では、電子掲示板の運営者やインターネットショッピングモールの運営者が、侵害を知りまたは知ることができたと認めるに相当の理由があるにもかかわらず、漫然と侵害状態を放置した場合に、自身も侵害主体として責任を負う（または負いうる）と判断されている。

これらの者は、当初侵害情報をサーバにアップロードした者ではないとしても、侵害を知りまたは知ることができたと認めるに相当の理由がある場合には、それ以降侵害情報の送信を継続することは、自ら侵害情報を送信していると評価しうる。この理は、自身の管理するサーバから侵害情報が送信されている類型、すなわちホスティング事業者、CDN事業者およびホスティング事業者の場合であれば、同様に妥当しうると思われる。

(B)　免責の可能性

この責任は、侵害主体としての責任であるから、著作権侵害などの場合であれば、当該侵害行為は差止めの対象ともなる（著作112条1項）。

また、損害賠償については、上記Ⅲ3(1)で説明したとおり、関係役務提供者

には情プラ法３条１項による免責が認められているが、関係役務提供者が侵害情報の発信者である場合には免責はされない。また、侵害を知りまたは知ることができたと認めるに相当の理由がある場合であれば、同項１号または２号のいずれかには該当するのが通常であろうから、この点からしても関係役務提供者の免責が認められる余地は乏しいと思われる。

（C）　〈*Case* ⑪〉へのあてはめと予想される反論への準備

以上より、〈*Case* ⑪〉の場合であれば、Ｘ社はＰ社に対して、侵害通知を行った以降の侵害情報の送信（自動公衆送信）について、その差止めと侵害行為によって生じた損害賠償の請求を行うことが考えられる。

なお前述のとおり、この責任は侵害を知りまたは知ることができたと認めるに相当の理由があることを根拠とする。したがって、Ｐ社としては、侵害を知らなかったまたは知ることができなかったという反論をしてくることが予想される。したがって、そのような反論に備え、最初の通知の段階で、侵害の事実が明らかとなるように、必要な事実関係や評価などを丁寧に説明しておくことが重要である。ただし、差止請求との関係では、口頭弁論終結の時点までに侵害を知りまたは知ることができたと認めるに相当の理由があれば足りることから、この点は主として損害賠償責任の始期との関係において問題となる論点である。

（D）　幇助者としての責任

また、上記Ⅲ２⑶で説明したとおり、わが国の裁判例では著作権侵害の幇助行為の差止めを請求することができるか否かについての判断が分かれているが、少なくとも損害賠償責任が認められれば、以後、同様に侵害行為を放置していた場合に損害賠償責任を負う可能性が高まることから、侵害行為の任意の停止も期待できる。

したがって権利者側としては、侵害主体としての責任追及に拘泥する必要はなく、幇助者としての責任も合わせて主張しておくことも検討すべきであろう。

⑵　Ｑ社（広告事業者）の責任追及

（A）　幇助行為の差止めの検討

上記Ⅲ２⑶で説明したとおり、前掲東京地判令和３年12月21日〔漫画村広告事件〕では、〈*Case* ⑪〉と同様、悪質なマンガ海賊版サイトに広告を出稿

していたインターネット広告代理サービスの事業者に著作権侵害の幇助責任を認めている。同事件の事案では、すでに問題となったマンガ海賊版サイトは閉鎖されており、新たに広告が出稿されることはないので、損害賠償請求のみが問題となった。しかし仮に〈*Case* ⑪〉のウェブサイトＺのように訴訟提起時点で、なおサイトが継続している場合、幇助行為の差止めが認められるか否かについては裁判例の判断が分かれているとしても、差止請求も合わせチャレンジしてみる価値はあると思われる（訴額、貼用印紙額との兼ね合いもあろうかと思われる）。

（Ｂ）　損害賠償請求

なお、損害賠償請求を行う場合の損害額について、前掲東京地判令和３年12月21日〔漫画村広告事件〕では、著作権法114条１項に基づく損害算定が認められている。幇助者は自ら侵害コンテンツを配信しているわけではないが、幇助者は共同行為者とみなして連帯責任が課されるのであるから（民719条２項）、侵害主体（ウェブサイトの運営者）が負うべき損害額の算定に従った額を幇助者に対しても請求し得る。

Ⅵ　事案の解決（クロージング）

その後、Ｐ社およびＱ社に対して提起したそれぞれの民事訴訟において、Ｘ社の主張は全面的に認められ、Ｘ社の勝訴判決が確定した。その後、判決の執行も行われ、〈*Case* ⑪〉は無事に解決した。

甲弁護士：なかなか悪質なサイト、事業者でしたが、無事勝訴できましたね。

Ｘ担当者：やはり悪質なサイトを運営しようという人は、自分たちにとって都合のいい、悪質な事業者のサービスを利用するのでしょうね。しかし、今回の判決のおかげで、今後もし権利者の警告を無視すれば、莫大な損害賠償責任を負う可能性が高いことが示されたので、事業者側も安易に権利侵害を放置できないはずです。

　　　　　今後の侵害対策にとっても重要な、価値のある判決をとって
　　　　いただいたと心から感謝します。

甲弁護士：それは何よりです。ただ今回は日本の事業者だったので、まだ
　　　　よかったかもしれません。海外の事業者だと、会社の実体を把
　　　　握するのも大変ですし、日本で裁判ができるのかという問題や、
　　　　日本で判決を取得してもその国で執行ができるのかという問題
　　　　もあります。

Ｘ担当者：そうですね。海外にはまだまだ悪質な業者もいますので、注視
　　　　していかないといけません。

　　　　　もちろん私たちの会社もインターネットを活用して、いろい
　　　　ろな商売をしています。インターネットは便利で、自由なもの
　　　　ですが、ひとたび侵害が生じたときに、誰がどのような対応を
　　　　すべきなのかという点は、日本だけではなく、世界でも議論を
　　　　続けなければならないと思います。

甲弁護士：本当にそのとおりですね。今回の判決が、議論の一石になった
　　　　のであれば、弁護士冥利に尽きます。

Ｘ担当者：本当にありがとうございました。

（平井佑希）

283

第12章

プラットフォーマーを
めぐる法律関係

I　事 例

〈*Case* ⑫〉

　ある日、甲弁護士の下にXが相談にやってきた。

　Xの話によると、Xは、普段はイラストレーターの仕事をしており、AというSNSに自分が描いたイラストや、自分が買った服や食事の写真を投稿していたところ、いきなり自分のアカウントが凍結されたとのことだった。Xは、Aで設けられているアカウント凍結の異議申立制度を利用して、Aの運営会社B（海外法人）にアカウントの凍結解除を求めたものの、運営会社Bからは、定型文のメールが送られてくるだけで一向にアカウントの凍結が解除されなかった。そのため、何とか自分のアカウントの凍結を解除できないかと思い、甲弁護士に相談することにしたという。

　甲弁護士がAのウェブサイト上にある利用規約を確認したところ、犯罪行為に関するものや、ヘイトスピーチ、その他法律に違反するような行為は禁止されているようだった。甲弁護士は、Xが過去にAに投稿したというイラストや写真を確認したところ、Xの投稿内容は、これらの

禁止事項に該当するようなものではなさそうだった。また、凍結された
Ｘのページをみると、「このアカウントは、利用規約違反により凍結され
ています」という表示がされていた。

　Ｘは、もう 10 年近くＡを利用しており、Ａを通じて仕事の依頼を受
けることも増えているという。また、Ｘには、Ａを通じて知り合った友
人が数多くおり、Ａを利用できなくなることで、Ａでのみつながってい
る知人と交流できなくなるとのことだった。

　Ｘは、Ａを利用できなくなることで、今後の仕事の受注や交流が途絶
えてしまうことに強い不安を感じており、何とかアカウントの凍結を解
除したいと考えている。

Ⅱ　SNS アカウントの凍結（利用停止）

　近年では、SNS（Social Networking Service）の利用者が増加しており、個人、
法人を問わずその重要性が日々増している。また、私人だけでなく、公的機関
が、情報発信等のために SNS を利用しているケースもみられる。

　SNS においては、当該 SNS を運営するプラットフォーム事業者は、利用者
が法令や利用規約に違反する行為をしていた場合、その利用を停止する措置（ア
カウント凍結等）をとることが多い。その場合、プラットフォーム事業者の担
当者が自ら利用者らの投稿を確認したうえで、利用規約等に違反しているアカ
ウントについて利用停止措置をとることもあれば、AI や通報制度等により機
械的に利用停止措置をとるケースもあろう。

　プラットフォーム事業者が、重大な利用規約違反をしている利用者に対して、
違反の重大性の程度に応じて SNS の利用の制限を行うこと自体、ある程度は
やむを得ないところがあるだろう。特定電気通信による情報の流通によって発
生する権利侵害等への対処に関する法律（情報流通プラットフォーム対処法）に
基づき SNS 等は誹謗中傷投稿の削除等の対応を義務づけられるところ、その
中で、再発防止措置として一定の対応を行うこと自体は考えられなくもない。
しかし、実際には、利用規約等に違反するような行為をしていないにもかかわ

らず、恣意的に、あるいは誤判断等により SNS の利用が制限されることもある。また、軽微な違反はあったのかもしれないが、それに対して警告等ではなく、アカウントを凍結する等の重大な措置を講じることがある。利用規約等に違反するような行為をしていないにもかかわらず SNS の利用を制限されることは、利用者に大きな不利益をもたらすものであるし、利用者とプラットフォーム事業者との間の契約の債務不履行にもなろう。また、一定の違反に対しては、それに応じた警告や機能制限等のペナルティが科されること自体はあり得るものの、現代人の日常生活や業務において不可欠のプラットフォームとなっているSNS を、軽微な違反だけで永久に利用できなくすることは均衡を失する。そこで、いわゆる「刑罰の均衡」も考える必要がある。

〈*Case* ⑫〉は、X が、A という SNS の利用に際して、法令や利用規約に違反していなかったにもかかわらず、自身の使用していたアカウントが凍結されてしまったという事案である。この場合において、どのような方法により X の要望を実現できるだろうか[1]。

Ⅲ　解決への道筋

1　任意交渉

(1)　異議申立制度の利用

X の希望は、A という SNS で X が利用していたアカウントの凍結（利用停止）の解除である。

これを実現する方法としてまず考えられるのは、A を運営している運営会社Bとの間で任意交渉を行い、アカウントの凍結を解除してもらうという方法である。SNS によっては、異議申立制度を用意していることもあるため、まずは各 SNS が用意している異議申立制度を利用することが考えられる。

1　以下につき松尾剛行＝髙田晃央「X（旧 Twitter 等）の SNS 凍結に対する法的対応」情報ネットワーク法学会第 23 回研究大会報告（2023 年 12 月 9 日）および松尾剛行『サイバネティック・アバターの法律問題』（弘文堂、2024 年）168 頁も参照。

⑵　電話や書面等による任意交渉

　もっとも、異議申立制度が制度としては存在しているものの、あまり機能していない SNS や、そもそも異議申立制度が存在しない SNS も存在する。その場合に考えられる方法としては、書面や電話等による運営会社との任意交渉である。

　SNS の運営会社が対応のための連絡先を公開しているような場合には、電話や FAX、電子メール等を利用してアカウントの凍結解除を求めることになろう。なお、書面の郵送による交渉も考えられるが、各 SNS の運営会社は、その本社が海外に存在することも多く、国際郵便を利用する必要があるなどのハードルが存在する [2]。

　これらの方法によって、依頼者 X の SNS の利用が法令や利用規約に違反していないとして、アカウントの凍結解除を求めることが考えられる。

2　裁判手続の利用

　上記の裁判外の方法によってもアカウントの凍結が解除されない場合、裁判手続を利用せざるを得ない。この場合において、検討すべき論点や派生論点は下記のとおりである。

基本論点①　裁判手続の選択
　　　　②　国際裁判管轄
　　　　③　準拠法
　　　　④　請求原因の選択および要件
派生論点①　無料サービスと有料サービス
　　　　②　準委任契約

2　もっとも、最近はこのような会社も日本において登記し、日本における代表者を定めていることも増えてきているので、そちらに郵送することも考えられよう。なお、各 SNS の運営会社は、日本に子会社を設立していることもあるが、日本子会社は単なる営業部門にすぎないとして、一切対応しない場合もある。

Ⅳ　検討すべき法的論点等

1　裁判手続の選択（基本論点①）

(1)　通常訴訟

一口に裁判手続といっても、複数の手続が存在するため、どの手続を利用するかを検討しなければならない。

まず想定されるのは通常訴訟であろう。もっとも、通常訴訟の場合、内容次第では解決までに1年以上の時間がかかってしまう可能性もある。その間、SNSが利用できないとなると、個人であれば、それまでにSNSで築いてきた人間関係等が断絶されてしまい、コミュニティでの人間関係を通じて得られる利益が失われてしまう。また、事業者の場合、SNSを通じた報道や宣伝の機会が失われてしまう。

(2)　民事保全手続

そこで、より簡便で迅速に結果が得られることを期待できる手続として、民事保全手続（仮地位仮処分）の利用が考えられる[3]。民事保全手続でアカウントの凍結が解除されるのであれば、利用者は、確定判決等による強制執行を待たずして、それを実現したのと同様の目的を達することができる（いわゆる満足的仮処分または断行の仮処分）。そのため、まずは民事保全手続によるアカウント凍結の解除ができないかを検討するべきであろう。

アカウントの凍結解除を求める場合、仮の地位を定める仮処分（民保23条2項。以下「仮地位仮処分」という）を用いることになろう。仮処分が認められるための要件は、被保全権利が存在することおよび保全の必要性である。なお、仮地位仮処分の被保全権利は、「争いがある権利関係」である。この「争いがある権利関係」について検討すべき請求原因等については、下記4で解説する。

仮地位仮処分における保全の必要性とは、「債権者に著しい損害又は急迫の危険を避けるためにこれを必要とする」ことである。すなわち、本案判決の確

3　小倉秀夫「大規模SNSにおけるアカウント凍結に対する司法的救済の可能性」情報ネットワーク法学会第19回研究大会報告。

定を待つのでは、債権者に著しい損害等が生じてしまうため、保全手続によって早急に仮の法的状態を定めることが必要であるということが認められなければならない。

後述する人格権侵害構成の場合、人格権を侵害するような表現が存在することで、時間の経過により人格権侵害による被害が拡大するとして、保全の必要性が認められることが多い。

後述する契約構成による場合、仮処分によらなければ利用者に著しい損害が生じることなどを主張していくことになろう。個人の利用者の場合であれば、利用者がSNSを通じてどのようなコミュニティに属していたのか、SNSアカウントを利用できないことでどれほどの損失が生じるのかなどについて主張する必要がある[4]。また、事業者であれば、SNSを通じて発信や宣伝の機会が失われてしまうこと、特に、発信や宣伝は適時に行う必要性があることから、保全の必要性が認められてよいと考えられる。事業者の場合、たとえば、SNSアカウントを利用できないことで利益に影響が出るような場合には売上げの推移に関する資料等を、SNSアカウントを宣伝等に利用する場合には宣伝すべき商品やサービスの内容、その宣伝時期に関する資料等を疎明資料とすることになろう。

2　国際裁判管轄（基本論点②）

(1)　はじめに

プラットフォーム事業者は海外法人であることも多い。また、多くのSNSでは、利用規約等により、海外の特定の裁判所を第1審の専属的合意管轄裁判所として定めている。そのため、上記1におけるいずれの裁判手続を選択する場合であっても、その手続がどこの国の裁判所で審理をすることが可能かとい

---

[4]　この点について、アカウントが凍結されてもまた新たなアカウントを作成してコミュニティを形成すればよいとの反論も考えられるが（実際にそのような反論がされるケースも存在する）、しかし、特にフォロワー数が多いアカウントなどは新たに同じコミュニティを形成するのは困難（同じ数のフォロワーを新規に獲得することは全く不可能でなくても時間がかかり、また、数が同程度であっても、フォロワーの内容が異なれば、元アカウントで交流していたフォロワーとの交流が新アカウントではできなくなることもある）であるし、SNSによっては、凍結を回避する目的での新たなアカウントの作成を禁止している場合があることに留意する必要がある。

う、国際裁判管轄の問題が生じる。

　利用規約等で海外の裁判所が指定されている場合、海外での裁判に対応できる弁護士に依頼をして海外で裁判をするということも考えられる。しかし、費用や手続にかかる時間、労力等も考慮すると、なるべく日本の裁判所で裁判手続を行いたい。そこで、日本の裁判所に国際裁判管轄が認められないだろうか。

(2)　被告の住所等による管轄権

　民事訴訟法 3 条の 2 第 3 項では、「裁判所は、法人その他の社団又は財団に対する訴えについて、その主たる事務所又は営業所が日本国内にあるとき、事務所若しくは営業所がない場合又はその所在地が知れない場合には代表者その他の主たる業務担当者の住所が日本国内にあるときは、管轄権を有する」と規定している。

　そのため、プラットフォーム事業者の主たる事務所や営業所が日本国内にある場合、事務所や営業所がない、あるいはその所在地が知れず、代表者その他の主たる業務担当者の住所が日本国内にある場合には、日本の裁判所が国際裁判管轄を有することとなる。

　もっとも、プラットフォーム事業者の多くは、海外に主たる事務所や営業所を設けており、日本国内では被告の住所等による管轄権は認められないことが多い。

(3)　日本における事業に関する管轄

　企業が外国での事業展開を図る場合、その手段は営業所の設置だけにとどまらない。子会社の設立、営業担当者の派遣、現地代理店の利用のほか、最近ではインターネットも有力な手段となっている[5]。そこで、民事訴訟法 3 条の 3 第 5 号は、日本において事業を行う者に対する訴えについては、その者の日本における業務に関するものであれば、日本の裁判所に管轄権が認められるとした。

　各 SNS では、日本人に向けた日本語のウェブページが作成され、アカウント利用契約等も日本語のみで締結可能となっていることが多い。そのため、利用している SNS が日本向けに事業を行っている場合、この規定により日本の裁判所に管轄権が認められることとなる。

5　本間靖規＝中野俊一郎＝酒井一『国際民事手続法〔第 3 版〕』（有斐閣、2024 年）49 頁。

⑷　不法行為地管轄

　下記4で解説するように、SNSのアカウントが凍結されたことに対する凍結解除の請求については、不法行為を請求原因とすることも考えられる。

　不法行為に関する訴えについては、民事訴訟法3条の3第8号により、不法行為地が日本であった場合には日本の裁判所に管轄権が認められる。なお、ここでいう不法行為地には加害行為が行われた地と結果発生地のいずれもが含まれると考えられているため[6]、加害行為地と結果発生地のいずれかが日本国内にあれば、日本の裁判所に管轄権が認められる。

　プラットフォーム事業者が、利用者のアカウントを凍結したうえで当該利用者が利用規約等に違反したことを表示していた場合、当該利用者が日本国内に居住しているのであれば、不法行為の結果発生地は日本であるといえ、不法行為地管轄が認められよう[7]。

⑸　消費者契約に関する管轄権

　利用者とプラットフォーム事業者との間の契約が、消費者契約である場合、民事訴訟法に特則がある。

　消費者契約とは、個人（事業としてまたは事業のために契約の当事者となる場合におけるものを除く）と事業者（法人その他の社団または財団および事業としてまたは事業のために契約の当事者となる場合における個人をいう）との間で締結される契約のことをいう（民訴3条の4第1項）。消費者契約においては、消費者を保護するため、消費者から事業者に対する訴えは、訴えの提起の時または消費者契約の締結の時における消費者の住所地が日本国内にあれば、日本の裁判所が管轄権を有することになる（同項）。

　そこで、利用者が消費者である場合、プラットフォーム事業者との間で契約を締結する時、または、訴えを起こす時に日本国内に住所地があれば、日本の

6　東京地中間判平成18年4月4日判時1940号130頁、知財高判平成22年9月15日判タ1340号265頁。
7　なお、日本語で違反を行ったと表示していれば、日本における社会的評価の被害が生じたことがいいやすく、不法行為地管轄が認められやすい。また、凍結の文言が英語であっても平易な内容であれば、なお日本人の多くはこれを理解することができるため、フォロワーに複数の日本人がいるようなアカウントであっても日本における社会的評価の被害が生じたといえるのではないか。

裁判所に管轄権が認められる。

(6)　管轄権に関する合意

　利用規約等により、海外の特定の裁判所が第1審の専属的合意管轄裁判所として定められており、利用者が、この利用規約に合意したうえでプラットフォーム事業者との間でSNSアカウントの利用契約を締結していた場合、管轄権に関する合意があったと認められる可能性がある（民訴3条の7第1項〜3項）。

　しかし、それは定型約款（民548条の2）であることが多いところ、外国管轄合意は、「相手方の権利を制限し、又は相手方の義務を加重する条項であって、その定型取引の態様及びその実情並びに取引上の社会通念に照らして第一条第二項に規定する基本原則に反して相手方の利益を一方的に害すると認められるもの」（同条2項）として組み込みが否定される場合がある。

　また、当該契約が消費者契約である場合、民事訴訟法3条の7第5項の規定により日本の裁判所に国際裁判管轄が認められる余地がある。同項では、以下のように定められている。

民事訴訟法3条の7第5項

　将来において生ずる消費者契約に関する紛争を対象とする第一項の合意は、次に掲げる場合に限り、その効力を有する。

一　消費者契約の締結の時において消費者が住所を有していた国の裁判所に訴えを提起することができる旨の合意（その国の裁判所にのみ訴えを提起することができる旨の合意については、次号に掲げる場合を除き、その国以外の国の裁判所にも訴えを提起することを妨げない旨の合意とみなす。）であるとき。

二　消費者が当該合意に基づき合意された国の裁判所に訴えを提起したとき、又は事業者が日本若しくは外国の裁判所に訴えを提起した場合において、消費者が当該合意を援用したとき。

　これによれば、たとえば、日本に居住している消費者がプラットフォーム事業者との間でSNS利用契約を締結する場合において、日本の裁判所に訴えを提起することができる旨の管轄合意がなされた場合には、当該合意は有効となるが、日本以外の国の特定の裁判所を第一審の専属的合意管轄裁判所とする旨の合意があったとしても、当該合意は無効となる。

(7)　併合請求

1つの訴えで複数の請求をする場合において、日本の裁判所が1つの請求について管轄権を有し、他の請求について管轄権を有しないときは、当該1つの請求と他の請求との間に密接な関連があるときに限り、日本の裁判所にその訴えを提起することができる（民訴3条の6）。ここでいう密接関連性の有無は、実質的な争点の共通性などの事情から、日本における同一手続で審理するのが適当かどうかという観点から判断される[8]。

たとえば、後述する契約構成によるのでは日本の裁判所に管轄が認められないような場合でも、後述する不法行為構成であれば日本の裁判所に管轄が認められる場合において、両者の間に密接な関連があるときには、日本の裁判所に管轄が認められる。そして、両者は、いずれもアカウントの凍結という1つの事実に起因し、実際に利用規約違反があったのかどうかや、アカウントの凍結解除が認められるべきか否かなど、実質的な争点の共通性があることから、日本における同一手続で審理するのが適当であるといえよう。

3　準拠法（基本論点③）

(1)　準拠法の意義

ある国際的私法生活関係に対して、どこの国の法を適用するかを決定する法のことを国際私法という。そして、国際私法によって指定され、適用される法のことを準拠法という。

(2)　契約構成

下記4で解説するように、プラットフォーム事業者に対する訴えの請求原因として、利用者とプラットフォーム事業者との間のSNS利用契約に基づくアカウント利用（凍結解除）請求がある。

このような契約構成による場合、法律行為の成立および効力は、原則として当事者が法律行為の当時に選択した地の法によることとなる（法適用7条）。そのため、利用者とプラットフォーム事業者の間で契約を締結する際に、どこかの地の法を準拠法として選択していた場合、その地の法が準拠法となる。各

8　本間＝中野＝酒井・前掲書（注5）61頁。

SNS では、利用規約等において準拠法の選択について定められていることも多い。しかし、それが裁判管轄条項と同様に定型約款（民 548 条の 2）であることが多いところ、外国準拠法合意は（外国管轄合意と同様に）、「相手方の権利を制限し、又は相手方の義務を加重する条項であって、その定型取引の態様及びその実情並びに取引上の社会通念に照らして第一条第二項に規定する基本原則に反して相手方の利益を一方的に害すると認められるもの」（同条 2 項）となる場合も多いだろう[9]。

　また、消費者契約である場合、当事者の選択した準拠法が消費者の常居所地の法以外の法であっても、消費者がその常居所地法中の特定の強行規定を適用すべき旨の意思を事業者に対し表示したときは、その強行規定も適用されることとなる（法適用 11 条 1 項）。

(3)　人格権構成

　下記 4 で解説するように、SNS アカウントの凍結解除については、人格権構成（名誉権侵害等）を請求原因とすることも考えられる。

　他人の名誉または信用を毀損する不法行為によって生ずる債権の成立および効力は、被害者の常居所地法が準拠法となる（法適用 19 条）。そのため、日本国内に居住している利用者が SNS アカウントの凍結解除を請求する場合、日本法が準拠法となろう。

4　請求原因の選択（基本論点④）

(1)　契約構成

　プラットフォーム事業者に対してアカウント凍結の解除を求めるとして、まず想定されるのは、プラットフォーム事業者と利用者との間の SNS 利用契約（アカウント利用契約）に基づくアカウントの利用（凍結解除）請求だろう。

　契約は、契約の内容を示してその締結を申し入れる意思表示に対して相手方が承諾をしたときに成立する（民 522 条 1 項）ところ、プラットフォーム事業者と利用者との間では、利用者による SNS 利用契約の申込みの意思表示（通

9　なお、仮に、後述の契約構成について当該法律行為の当時に選択した地の法として準拠法が日本国外の地の法になるとしても、これは国際裁判管轄の判断とは異なり、直ちに日本の裁判所への申立てが却下される関係にはないことに留意すべきである。

常は、登録フォーム等を利用したアカウント登録申請等であろう）と、これに対する
るプラットフォーム事業者からの承諾の意思表示（登録完了のメール等）により SNS 利用契約が締結されており、利用者は、この契約に基づいてアカウントの利用請求ができる。

　これに対するプラットフォーム事業者からの抗弁としては、①利用者のアカウントの利用内容が法令や利用規約等に違反している、②利用規約等に記載されている違反行為や利用制限はあくまでも例示であり、プラットフォーム事業者はこれにかかわらず利用者のアカウントを凍結することが認められる、③どのような内容のサービスを提供し、どのような場合にそのサービスの提供を制限するのかについてはプラットフォーム事業者に広範な裁量が認められる、というものが考えられる。

　①について、実際に利用者が、SNS の利用に際して、アカウント凍結という処分に相応する程度の重大な違反行為を行っていた場合には、プラットフォーム事業者側の抗弁も認められる余地があろう。しかし、仮に利用者の行為に何らかの違反があるとしても、その違反内容はさまざまなものがあり、軽微なものから重大なものまで存在する。そして、各 SNS では、利用者の利用制限の態様として、アカウントの凍結以外にも問題となっている投稿の削除、（一定期間の）機能制限（投稿することのみ禁止したり、閲覧も含めてアカウントの利用を禁止したりする等）、他の利用者が検索した際の検索結果への表示の制限などがあり、アカウントの凍結はその中でも最も重い制限である。そのため、違反の内容が、アカウントの利用を停止しなければならない（他の制限方法では目的を達成し得ない）程度に重大なものである必要があると解すべきである。

　②に関し、プラットフォーム事業者は、そのほとんどが、利用規約等において自身の運営する SNS における違反行為等を定めている。そのうえで、プラットフォーム事業者は、各利用者がどのような違反行為をした場合に、どのような利用制限の措置を講ずることを予定しているかを定めていることも多い。

　ところが、プラットフォーム事業者によっては、この規定はあくまでも例示にすぎず、プラットフォーム事業者は、利用者のアカウントを無制限に凍結することができると主張してくる場合がある。しかし、プラットフォーム事業者が、利用規約等において違反行為やそれに対する利用制限措置について明示し

ている以上、利用者は、明示されている利用規約違反行為をしていない場合には、利用制限を受けないものと認識して申込みの意思表示をすることになる。また、プラットフォームにおける利用規約その他のプラットフォーム事業者の表示は、プラットフォーム事業者が、自身がどのようなプラットフォームを形成するか（どのようなコンセプトの SNS にするのか）を想定して策定するものであり、自身が策定したポリシー等の文言に反する、「明示している違反行為はあくまでも例示である」、「プラットフォーム事業者は、利用者のアカウントを無制限に凍結することができる」との主張は、認められるべきではない[10]。

　この点について、ある SNS を利用していた利用者が、プラットフォーム事業者にアカウントを凍結されたために、プラットフォーム事業者に対してアカウントの凍結措置の解除を求めるとともに、損害賠償を請求した東京高判令和 5 年 10 月 19 日判例集未登載[11]（原判決：東京地判令和 4 年 9 月 27 日（令和 1 年（ワ）第 31927 号）判例集未登載）では、債務不履行責任の判断において、被告がアカウントを削除することができるのは、規約違反等の事由があると被告が合理的に確信した場合に限られ、そのような事実がない場合にアカウントを削除することは許されないとの原告の主張に対し、「同規定には被告が理由なくアカウントを削除することができると規定されているのであり、かかる場合に規約違反等の事由を被告が合理的に確信したとの主観的要件を付すことは矛盾である。そもそも上記カの規定には、（ⅰ）ないし（ⅴ）の事由に限定されないとの文言もあるのであって、上記各事由は合理的に確信すべき事由の例示にすぎず、結局、いかなる事由を合理的に確信した場合に削除できるのかは明らかでないから、この主観的要件でアカウントを削除することができる場合を限定することはできない。そうすると、上記カの規定は、被告にアカウントの無制限の削除を認めた規定であると解釈するのが合理的である。そして、上記解釈は、

10　仮に、利用規約中に、プラットフォーム事業者が利用者のアカウントを無制限に凍結できると明示されている場合、当該規定は民法 548 条の 2 第 2 項によって契約に組み込まれず、また、消費者契約であれば、消費者契約法 10 条により無効となる可能性がある。

11　なお、同判決は、アカウントの凍結解除請求権の存否について、アカウントの使用を妨げているのは被告ではなく別法人であり、請求対象である被告はアカウントの利用を妨害していないことから、「被告に対して人格権又は人格的利益に基づく妨害排除請求として本件アカウントの凍結解除を求める請求もその前提を欠き、理由がない」（圏点筆者）と判断した原判決を引用していることに留意する必要がある。

本件旧利用規約の他の規定（前提事実⑵エ（イ）のとおり、被告は、いつでも、被告独自の判断で本件サービスの使用・保存に制限を設ける権利を留保すること、被告がユーザーに責任を負うことなく、本件サービス上のコンテンツの削除、配信の拒否、利用者の資格停止又は終了等をすることができることが定められている。）とも整合するものである」として、利用者の請求を棄却している。

　この裁判例では、プラットフォーム事業者の定める利用規約において、「（ⅰ）ユーザーが本件旧利用規約等に違反している、（ⅱ）ユーザーが被告にリスク又は法的責任の可能性をもたらす、（ⅲ）不法行為によりユーザーのアカウントの削除が必要となった、（ⅳ）ユーザーの長期的不活動によりアカウントの削除が必要となった、又は（ⅴ）被告によるユーザーへの本件サービスの提供が商業的に困難となった（ただし、これらに限定されません）と、被告が合理的に確信した場合、理由の如何を問わず、又は理由なく、いつでもユーザーのアカウントを一時停止若しくは削除するか、本件サービスの全部又は一部の提供を終了することができる」と定められていることを前提としている。しかし、そこでは、具体的にどのような行為が違反行為と定められていたか（当該事案における（ⅰ）の具体的内容）やそれに対しどのような措置を講じるとしていたのかについては判断の対象となっていない。そのため、同様の事案であっても、具体的にどのような行為が違反行為となると定められていたか、違反行為があった場合にどのような措置が講じられる予定であったかが判断の対象となる場合、異なる結論となる余地はあるように思われる。たとえば、利用規約ではかなり抽象的に「迷惑行為」とだけ書かれていても、ガイドライン等の下位規範において、迷惑行為の類型を定めて、それぞれの類型ごとにどのような制裁を課すかを定めている場合、まさにプラットフォーム事業者自身が「自らの手を縛った」のであり、かかるガイドライン等の規定と異なるアカウント凍結は許されないだろう。

　③について、プラットフォーム事業者も結局は私法人であり、どのような内容のサービスを提供し、どのような場合にそのサービスの提供を制限するのかについては広範な裁量が認められる、というものが考えられる。確かに、営業の自由がある以上、プラットフォーム事業者にはサービス内容のあり方について一定の決定権はあるのだろう。しかし、そもそもプラットフォーム事業者自

身が「このような場合にしか凍結をしない」等と示してその決定権を縛った以上、それに拘束されるべきは当然である。また、一般論として特定の重大な違反があれば凍結できると明示した場合でも、アカウント凍結等の重大な結果をもたらす措置を講じるに際しては、利用者がどのような違反をし、それがなぜ当該重大な違反に該当するのかについてプラットフォーム事業者からの十分な説明が必要であると考えられる。

(2)　人格権侵害構成（不法行為構成）

仮に契約構成について具体的事案において難点が存在する場合、「契約」によらない請求原因による請求として、人格権侵害構成（不法行為構成）が考えられる[12]。

(A)　名誉権侵害

SNS によっては、SNS アカウントが凍結された場合、当該アカウントのページに「利用規約違反によりアカウントが凍結されています」等の表示が出る場合がある。

たとえば、A 法律事務所の法律太郎という弁護士が、「@houritsu_tarou_A_Law_Office」というアカウントを用いていた場合、第三者から、それが A 法律事務所の法律太郎のアカウントだということがわかる。そして、そのようなページを第三者、たとえばフォロワーが見た際に当該アカウントの持ち主が利用規約違反行為をしたことによりアカウントが凍結されているという趣旨と理解される。そこで、このような場合に「利用規約違反をしていないにもかかわらず、プラットフォーム事業者が第三者に見える形でこのような表示をすることは、当該 SNS アカウントの持ち主の社会的評価を低下させるものである」と主張するのが名誉権侵害構成である。

名誉権侵害構成の場合、①「利用規約違反によりアカウントが凍結されています」等の表示について、当該利用者に向けられたものだと他の利用者から判断できるか（同定可能性）、②そのような表示で社会的評価を低下させるといえるのか、③この表示に違法性阻却事由が存在しないかを検討する必要がある。

（a）　同定可能性（特定可能性）

12　松尾剛行「プラットフォーム事業者によるアカウント凍結等に対する私法上の救済について」情報法制研究 10 号（2021 年）66 頁。

　名誉権侵害が成立するためには、特定人のもつ人格権の一つである名誉権を侵害したものと評価される必要がある。そのため、誰のことを指しているのかわからない表現や、漠然と集団を指している表現の場合、名誉権侵害は成立しない。このように、名誉権侵害の検討をするにあたり、問題となっている表現が誰のことを指しているのかを同定（特定）できるのか、というのが同定可能性（特定可能性）の問題である。

　この点において、「石に泳ぐ魚」事件の第1審（東京地判平成11年6月22日判タ1014号280頁）では、「原告と面識がある者又は右に摘示した原告の属性の幾つかを知る者が本件小説を読んだ場合、かかる読者にとって、『A』と原告とを同定することは容易に可能である」とし、原告と「A」との同定可能性を認めている。また、同事件の控訴審（東京高判平成13年2月15日判タ1061号289頁）においても同様に被控訴人（原告）と「A」との同定可能性を認めている。長良川事件（最判平成15年3月14日民集57巻3号229頁）では、「被上告人と面識があり、又は犯人情報あるいは被上告人の履歴情報を知る者は、その知識を手がかりに本件記事が被上告人に関する記事であると推知することが可能であり、本件記事の読者の中にこれらの者が存在した可能性を否定することはできない」として、被上告人と週刊誌の記事に掲載されていた人物との同定可能性を認めている。そのため、一般読者の少なくとも一部に一定の情報をもって同定できる人がいれば同定可能性は肯定できるといえよう。

　たとえば、あるSNSでは、アカウントが凍結された場合、当該アカウントのページにアカウントIDと利用規約違反である旨の表示がなされる。この状況において、アカウントIDが単なる数字やアルファベットの羅列である場合、それで同定可能性が認められるかは疑問があることは否定できない。しかし、上記の「@houritsu_tarou_A_Law_Office」のような実名アカウントであった場合には、アカウントのフォロワーからすれば当該アカウントの所有者がどこの誰かは自明であり、同定可能性が認められるべきである。

　また、実名アカウントでなくとも、それまでの投稿内容によれば、当該アカウントをフォローしていたフォロワーという「一般読者の少なくとも一部」の「一定の情報をもって同定できる人」が当該アカウントの所有者がどこの誰であるか容易に同定することができる場合には、同定可能性が認められるべきで

あろう。

　　（ｂ）　社会的評価の低下

　名誉とは、人の品性、徳行、名声、信用等の人格的価値について社会から受ける客観的評価である（最判昭和 61 年 6 月 11 日民集 40 巻 4 号 872 頁〔北方ジャーナル事件・上告審〕）と考えられている。そのため、名誉権の侵害（名誉毀損）が認められるためには、ある表現によって、対象者の社会的評価が低下したことを要する。

　では、社会的評価が低下したかはどのように判断するか。ある表現の意味内容が他人の社会的評価を低下させるかどうかは、一般読者の普通の注意と読み方を基準として判断されるべきものとされている（最判昭和 31 年 7 月 20 日民集 10 巻 8 号 1059 頁、最判平成 24 年 3 月 23 日裁判集民 240 号 149 頁）。

　利用者からは、「利用規約違反によりアカウントが凍結されています」との表示が、この表示をみたフォロワーその他の一般読者からして、利用者が利用規約に違反するような悪質な行為をしたと読み取ることができるものであり、当該表示によって利用者の社会的評価が低下している、と主張することになろう。

　これに対し、プラットフォーム事業者からは、「当該表示は、単に当該アカウントが凍結されているという事実を摘示しているに過ぎず、利用者が重大な契約違反を行うような悪人であるとの事実が摘示されているとは認められない」として、社会的評価の低下を否定してくることがある。

　しかし、一般的に SNS の利用規約においては、犯罪行為の扇動や児童ポルノ、他者への誹謗中傷やヘイト行為等の重大な行為を（少なくともアカウント凍結等がされるような）禁止行為として定めていることが多く、利用規約違反によりアカウントが凍結しているということは、利用者がこれらの行為をした人物であると外部に表示しているものといえ、利用者の社会的評価が低下していると評価できよう。特に、アカウントの凍結は、アカウントに対する利用制限の中でも最も重い制限である。アカウントが凍結されているということは、利用者が単に利用規約等に違反する行為をしたという摘示にとどまらず、重大な違反行為があり、その違反行為の程度がアカウントを凍結しなければならないほどのものであるという事実が摘示されているものといえる。中でも、上記のとお

り多くの SNS 事業者は、重大な違反行為が存在した場合にのみアカウントを凍結すると表示しているのであり、少なくともこのような表示がある SNS 事業者との関係では、「利用規約違反によりアカウントが凍結されている」という摘示はすなわち当該アカウントの所有者について、重大な違反行為が存在するとの摘示なのであって、利用者の社会的評価が低下していると評価することができる。

（ｃ）　違法性阻却事由

　刑事上の名誉毀損罪については、刑法 230 条の 2 第 1 項において、「公共の利害に関する事実に係り、かつ、その目的が専ら公益を図ることにあったと認める場合には、事実の真否を判断し、真実であることの証明があったときは、これを罰しない」と規定されている。

　また、最高裁判所は、「たとい刑法 230 条ノ 2 第 1 項にいう事実が真実であることの証明がない場合でも、行為者がその事実を真実であると誤信し、その誤信したことについて、確実な資料、根拠に照らし相当の理由があるときは、犯罪の故意がなく、名誉毀損の罪は成立しないものと解するのが相当である」（最判昭和 44 年 6 月 25 日刑集 23 巻 7 号 975 頁）として、真実性の証明がない場合でも、名誉毀損罪が成立しない場合があることについて示している。

　一方で、民事上の名誉毀損（名誉権侵害）においては、刑法 230 条の 2 のような規定は存在していない。しかし、最高裁判所は、「民事上の不法行為たる名誉棄損については、その行為が公共の利害に関する事実に係りもっぱら公益を図る目的に出た場合には、摘示された事実が真実であることが証明されたときは、右行為には違法性がなく、不法行為は成立しないものと解するのが相当であり、もし、右事実が真実であることが証明されなくても、その行為者においてその事実を真実と信ずるについて相当の理由があるときには、右行為には故意もしくは過失がなく結局、不法行為は成立しないものと解するのが相当である（このことは、刑法 230 条の 2 の規定の趣旨からも十分窺うことができる）」（最判昭和 41 年 6 月 23 日民集 20 巻 5 号 1118 頁）として、刑法 230 条の 2 を参考に、民事上の名誉毀損についても、刑事上の名誉毀損と同様に判断することを示した。そのため、①公共の利害に関する事実であり（公共性）、②その目的がもっぱら公益を図ることにあり（公益性）、③摘示された真実であるか（真実性）、

④真実と信ずるについて相当の理由があるときには（相当性）、名誉毀損は成立しないこととなる。

　まず、公共性について、プラットフォーム事業者が、ある利用者が利用規約違反行為をしたことなどを公表することについて、その利用者が政治家等公職にある場合でもなければ、そのような事実を公表することが何か公共の利害に関するとは考えがたい。また、公益性についても同様に、当該事実を公表することが、何か公の利益に資するという目的で行われることもまた、想定しがたいだろう。

　公共性および公益性が認められない以上、もはや真実性や相当性を検討する余地はないが、念のために付言すると、プラットフォーム事業者が、利用者が利用規約等に違反していることについて十分に証明することができた場合には、真実性は認められることになる。そのためには、当然であるが、利用規約にどのような規定が存在し、利用者のどの行為が当該規定に違反するかをプラットフォーム事業者側において立証する必要がある。

（B）　名誉感情侵害（侮辱）

　プラットフォーム事業者によっては、利用者のアカウントを凍結する際に、「利用規約違反によりアカウントが凍結されています」等の表示をすることなく、利用者のアカウントのページを削除するなどの対応をすることがある。この場合、利用者が利用規約違反等をしたことが外部に直接的に表示されるわけではないため、利用者の名誉が毀損されたとの主張が認められない可能性がある。しかし、そのような場合であっても、プラットフォーム事業者から利用者に対して、たとえば、「あなたの利用行為が利用規約等に違反しています」というような通知をすることが多い。そこで、プラットフォーム事業者が利用者に対してそのような通知をすること、あるいは、利用規約違反等をしたという認定をすること自体が、利用者の名誉感情を侵害するものであるというのが、名誉感情侵害（侮辱）構成である。

　判例は、名誉とは、人が社会から受ける客観的評価を指すものとしており（前掲最判昭和61年6月11日）、「人が自己自身の人格的価値について有する主観的な評価すなわち名誉感情は含まない」ものとしている（最判昭和45年12月18日民集24巻13号2151頁）。

　もっとも、ある表現が、人の名誉感情を傷つけた場合に、何らの法的保護も認められないわけではない。裁判例上では、名誉感情が侵害された場合についても、不法行為に基づく損害賠償請求が認められている。なお、名誉感情侵害による不法行為が成立するといっても、人の内心が傷つけられれば無制限に不法行為が成立するわけではなく、社会通念上許される限度を超える侮辱行為であると認められる場合に初めて人格的利益の侵害が認められ（最判平成22年4月13日民集64巻3号758頁）、単なる不快感は含まれない。また、法人には感情が存在しないため、法人に対する名誉感情侵害は認められない（東京地判平成25年8月2日（平成24年（ワ）第4976号）判例集未登載）。

　利用規約違反等をしていないにもかかわらず、「お前は利用規約に違反する行為をした」と認定され、それが通知されたり、（利用者本人に対して）表示されたりすることは、適切にSNSを利用していた利用者にとって、「お前は悪人だ」との評価を一方的に下されるものであるから、利用者の主観的な名誉を大きく傷つけることとなろう。そして、そのような一方的な認定は、社会通念上許される限度を超えているものと評価できよう。

　（C）　アカウントの凍結解除まで認められるか

　インターネットの投稿等による人格権侵害が認められる場合、その救済方法の一つとして、人格権に基づく差止請求権としての削除請求が認められている。しかし、利用者が求めているのは、あくまでもアカウントの凍結解除であり、単に「利用規約違反によりアカウントが凍結されています」等の表示だけが削除されたとしても解決にはならない。

　SNSにおいてアカウントが凍結されている場合、一般の利用者からすれば、当該アカウントの所有者に何らかの重大な利用規約違反があったと読み取るであろう。アカウントが凍結された理由の表示の有無にかかわらず、アカウントの凍結が継続する限り、プラットフォーム事業者が、利用者の行為について、「凍結に値するような重大なルール違反を行った者」と認定していることは、一般の利用者にとって明らかである（「凍結に値するような重大なルール違反を行った者」と黙示に表示し続けるのと等しい）。そのため、かかる人格権侵害状態を解消するためには、アカウントが凍結された理由の表示を削除するだけでは足りず、アカウントの凍結解除までが必須である。そこで、「名誉を回復するのに

適当な処分」（民723条）にアカウントの凍結解除を含めて理解すべきである。

(3) その他

これまで検討してきた主張以外にも、利用規約に違反しているという表示をすることが利用者のプライバシー権を侵害しているという主張や、独占禁止法に基づき主張することも考えられる。

5　無料サービスと有料サービス（派生論点①）

アカウント利用契約に基づく凍結解除請求の場面で、プラットフォーム事業者が利用者にアカウントを利用させる義務を負うかどうかの判断の際に、当該SNSが無料でサービス提供されているものなのか、有料で提供されているものなのかが考慮される可能性がある [13]。すなわち、プラットフォーム事業者が私法人であり、無償でサービス提供されていることからすれば、プラットフォーム事業者に、どのような内容のサービスを提供し、どのような場合にサービスの提供を制限するのかについて広範な裁量を認めたとしても不合理ではない、という理屈である。

このような主張は、プラットフォーム事業者のサービスが、事業者の負担により無償で利用者に提供されているものであれば妥当するといえよう。しかし、近年の大規模SNSの収益構造の大部分が、利用者からの利用料によるものではなく、利用者がスポンサーの広告を閲覧したことによる広告収入であることからすれば、この主張は必ずしも妥当であるとはいえない。広告収入による収益モデルにおいては、当該SNSの登録者数やアクティブ利用者数が重要な意味をもっており、無償でサービスを利用している利用者も、当該SNSを利用することで、プラットフォーム事業者の収益に貢献している。そして、プラットフォーム事業者は、各利用者によって利益を上げている以上、完全に自由な裁量で利用者のアカウントの利用を制限することが許されるわけではなく、一定の制限があるというべきである。

また、インターネットが高度に発達した現代社会においてはSNSの重要性

---

[13]　プラットフォーム事業者が、当該サービスが無償で提供されていることを理由に、利用者のサービスの利用に関してプラットフォーム事業者に完全な裁量があると主張した例として、前掲東京地判令和4年9月27日。

が高まっており、一般の個人や企業が利用するだけでなく、政府の機関なども利用するなど、社会生活にも大きな影響を及ぼしている。利用料に関する議論は、もはや社会インフラである SNS の重要性を無視したものであるともいえよう。

6　準委任契約（派生論点②）

アカウント利用契約に基づく凍結解除請求の場面で、プラットフォーム事業者が、利用者とプラットフォーム事業者との間の契約の性質は、利用者がプラットフォーム事業者に対してサービスの提供を委託するという無償の準委任契約であり、準委任契約はいつでも契約を解除することができると主張することがある[14]。

準委任契約とは、法律行為でない事務の委託をすることをいい、委任契約の規定が準用される（民 655 条）。準委任契約は、各当事者がいつでも解除できる（同法 651 条 1 項）が、一定の場合には、相手方に対し損害の賠償をしなければならない（同条 2 項）。

SNS 利用に関する契約は、単なる投稿の表示といった事務の処理ではない。むしろ、交流を可能とするプラットフォームへの参加を認めることに本質がある。その意味では、そもそも準委任契約に該当せず、無名契約と解するべきである[15]。

Ⅴ　事案経過（事案の顚末）

X から相談を受けた甲弁護士は、X から事件を受任し、X の代理人として、A で設けられている異議申立制度から X のアカウントの凍結を解除するよう異議申立てをした。異議申立ての中では、X が A の利用規約に違反するような行為をしていないこと、もしそのような行為をしていると認定されたのであ

14　前掲東京地判令和 4 年 9 月 27 日。
15　仮に準委任契約であるとする場合、契約は各当事者がいつでも解除できることとなる。しかし、利用者に不利な時期に契約を解除したとき（民 651 条 2 項 1 号）には、利用者に対し損害を賠償しなければならなくなる。また、そもそもアカウントを凍結する行為が契約解除の意思表示であるといえるのかなどを個別具体的に検討する必要があろう。

れば、具体的にどのような行為が利用規約違反に該当したのか教えてほしいことを記載した。しかし、運営会社 B からは、特に返答などはなく、アカウントの凍結も解除されなかった。

　甲弁護士が、運営会社 B について調べたところ、A の運営に関する電話や FAX の窓口は設置していないようであった。そこで、甲弁護士は運営会社 B に対し、内容証明郵便にて、X の使用しているアカウントの凍結を解除してほしいという内容の書面を送ることにした。甲弁護士は、書面の送付先をどうするか検討したところ、運営会社 B、運営会社 B の日本子会社である C、運営会社 B の日本における代表者である D を送付先とすることとした。

　甲弁護士は、書面が各送付先に送達されたのを確認し、その後数週間様子をみたが、X のアカウントの凍結は解除されなかった。その間にも、X からは、甲弁護士に対し、今まで A 経由で依頼されていたイラスト作成の仕事がなくなり困っていること、自身が作成したイラストの A での宣伝活動ができていないこと、A を通じて知り合った知人と連絡をとることができずに困っていること、X が利用規約に違反するようなことをしたという噂が流れていること、新しいアカウントを作成しようにも、A では利用規約で「アカウント凍結を回避する目的で新規アカウントを作成する行為」を禁止していることから、新しいアカウントを作成することを躊躇していることなどの相談が届いていた。甲弁護士は、早急に X のアカウントの凍結解除をする必要があると考え、裁判手続を用いることにした。

　甲弁護士は、まず、通常訴訟によることを検討した。しかし、通常訴訟だと、長ければ年単位での時間がかかってしまい、X の要望である早急なアカウントの凍結解除は実現されないこととなってしまう。そこで、甲弁護士は、仮処分であれば、運営会社 B の意見を聞く審尋期日は開かれることになるが（民保 23 条 4 項）、それでも通常訴訟よりは手続が早く進むため、仮処分によって解決できないかと考えた。

　仮処分が認められるためには、被保全権利の存在と保全の必要性が認められる必要があることから、甲弁護士は、それぞれをどのように構成するかを検討した。

　甲弁護士は、被保全権利について、A の利用規約に E 国の裁判所を専属管

轄とするという内容の規定があること、X がイラストレーターという職業とし
ても A を利用していることから事業者と判断される可能性があることを考慮
し、アカウント利用契約に基づくアカウント凍結解除請求だけでなく、不法行
為に基づくアカウントの凍結解除請求も請求原因に加え、不法行為管轄によっ
て日本の裁判所で手続ができないかと考えた。

　また、甲弁護士は、保全の必要性の疎明のため、X が A を通じてイラスト
の仕事を受注していたこと、近いうちに発表する予定のイラストが存在するこ
となどがわかる資料を添付することとした。

　甲弁護士が裁判所に申立てをし、裁判所から運営会社 B に対して書類が送
付されたところ、運営会社 B は、顧問契約をしている弁護士事務所の乙弁護
士を代理人に選任した。その後、乙弁護士から甲弁護士に、X のアカウントを
確認したところ利用規約違反が確認できなかったこと、おそらく AI 等による
誤判断で凍結されてしまったであろうこと、X のアカウントの凍結を解除する
手続をしたことの連絡があった。

　乙弁護士からの連絡を受けた甲弁護士は、X と一緒に、X のアカウントの凍
結が解除されていることを確認した。X が凍結解除の報告の投稿をしているこ
とを見届けた甲弁護士は、その後、X の了承を得て仮処分の申立てを取り下げ
た。

（松尾剛行／髙田晃央）

第**13**章

❖

システム・サイト開発を めぐるトラブル

❖

I　事　例

〈**Case** ⑬〉

　ある日、甲弁護士の下に、大学時代の友人から電話があり、「知り合いのシステム開発を業とするフリーランスであるXさんが、クライアントであるY社と揉めているので、相談に乗ってあげてくれないか」という連絡があり、甲はXと打合せをすることになった。

　Xによれば、令和6年2月1日、衣料品の製造販売を業とするY社から、自社のECサイト（インターネット上で商品を販売するウェブサイト。以下「本件システム」という）の制作を報酬300万円（税込）で依頼され、受注したとのことである。Xは、後述する見積書の作成にあたっての本件システムの要件の聴き取り・整理のほか、設計（注文者が希望する要件を実現するためのシステムの機能や画面などを定義する工程）、プログラミング、テスト（システムが正常に動作しているかを確認する工程）などを経て、同年4月30日に、Y社が指定するサーバにシステムをアップロードすることで納品を完了し、検収が完了したメールをY社から受領した。しかし、Y社は、支払期限である検収の翌月末日が到来しても報酬の支払いを拒

んでいて、さらには、Ｘに対して損害賠償請求まですることのことであった。また、Ｘとしては、Ｙ社からの要望で追加開発した機能についての報酬も請求したいとのことであった。

　甲弁護士がＸからさらに詳しく話を聞くと、次のとおりであった。

- ・本件システムの開発に関する委託契約書は存在しないが、Ｘから、Ｙ社に対し、報酬金額、システム開発期間、本件システムの機能一覧、成果物、開発環境、その他の見積もり条件が記載された見積書（以下「本件見積書」という）が交付され、Ｙ社から電子メールをもって承諾されていた。

- ・本件見積書の機能一覧には、マイページ機能、カート機能、決済機能、受発注管理機能、在庫管理機能、売上管理機能などのＥＣサイトにおいて必要となる一般的な機能が羅列されていて、商品検索機能、問い合わせ機能の記載はあったが、お気に入り機能（顧客が気になった商品を登録しておいて、後から見返すことができる機能）やレコメンド機能（顧客の購入データなどに基づいて、購入商品との類似商品などの購入を推奨する機能）の記載はなかった。

- ・Ｘからの報酬請求に対し、Ｙ社からは、「商品検索機能については、衣類のカテゴリーや価格帯という検索軸はあるものの、発売日という検索軸が足りていないというバグ（不具合）がある」、「問い合わせ機能については、顧客から問い合わせがあっても問い合わせメールがＹ社担当者に届かないというバグがある」、「開発の過程でＸに不信感を抱いたため、商品検索機能や問い合わせ機能を別のシステムベンダに依頼し、30万円支払って制作・プログラム修正してもらったため、その分を損害賠償として支払ってもらいたい」、「これらのバグがあるため、損害賠償が支払われない限り、報酬は1円も支払うことができない」という反論がきている。これに対して、Ｘとしては、「商品検索機能については、本件システム開発の途中で、発売日という検索軸は不要ということで合意がされていたため、バグではない」、「問い合わせ機能については、確かに修正しなければならないものの、問い合わせ機能自体を開発し忘れたわけではなく、

検収まで完了している」、「別のシステムベンダに依頼して支払った
とする金額の損害賠償請求についても、まずは私 X に対して修正を
依頼するべきであって、修正依頼をしなければ損害賠償請求は認め
られないはずである」、「このようなほんの一部のバグがあるだけで、
報酬支払いを拒否できるというのはおかしい」と考えている。

・これらのほか、X は、本件見積書に記載がなかったものの、本件シ
ステムの開発の途中で Y 社から要望があったことから、お気に入り
機能とレコメンド機能も追加開発しているため、追加報酬について
合意していないものの、これらの機能の開発については 100 万円(税
込)の追加報酬が認められるべきであると考えている。

X としては、Y 社に対し、報酬全額およびお気に入り機能とレコメン
ド機能の追加報酬を請求して回収したいと考えている。

II　解決への道筋

　X の希望は、本件見積書記載の報酬全額と追加開発に関する報酬の回収である。

　これを実現する方法として第一に考えられるのは、Y 社と任意交渉して、Y
社から任意の支払いを引き出すことである。その前提として、X の請求が法的
に可能かという点を、本件見積書の記載や本件システムの開発における Y 社
とのやりとり内容、Y 社が主張するバグなるものの位置づけ、お気に入り機能
やレコメンド機能の開発における Y 社とのやりとりなどの事実関係を確認し
たうえで検討することになる。

　しかし、Y 社曰く、開発の過程で X に不信感を抱いているとのことである
ため、Y 社が任意に応じることはあまり期待できず、その場合には、法的手続
を検討することになる。

Ⅲ　〈*Case* ⑬〉において問題となる論点と派生論点

〈*Case* ⑬〉において検討すべき基本論点と派生論点は、下記のとおりである。

基本論点①　報酬請求の可否

②　契約不適合責任（損害賠償請求）の有無・内容

③　同時履行の抗弁権行使の可否・範囲

④　追加開発（仕様変更）に関する報酬請求の可否

派生論点①　代金減額請求権や契約解除

②　システム開発に関するその他の紛争類型

Ⅳ　事案経過①（請求内容および反論内容の検討）

1　報酬請求の可否（基本論点①）

(1)　本件契約の成否

　XのY社に対する報酬請求の法的根拠については、本件システムの開発契約（以下「本件契約」という）に基づく報酬請求ということになるところ、XとY社の間で本件見積書の内容に関する合意がされていることからすれば、本件契約の成立については問題なく認められるだろう[1]。

(2)　本件契約の法的性質

　本件契約の法的性質については、本件システムの開発・納品という仕事の完成が契約の本質的な内容となっているため、請負契約だと解される[2]。

---

[1] 〈*Case* ⑬〉のようにシステム開発が進み納品まで終わっているケースにおいては、何らかのシステム開発に関する契約が成立していると認定されることが通常で、契約の成否が問題となることはほぼない（契約の内容については、当然、問題となることがある）。問題となるのは、契約書の調印などに至らなかったものの、先行してシステムベンダが何かしらの作業をした結果一定のコストが発生している場合で、契約上の報酬請求が認められるかどうかにおいて契約の成否が争われることになる。ちなみに、契約の成立が認められなかった場合、システムベンダは、いわゆる契約締結上の過失に基づく損害賠償請求や商法512条に基づく相当額の報酬請求を検討することになる。

[2] システム開発契約の中には、主に、システムの企画や要件定義の段階や保守運用段階に

このように、本件システム開発契約の法的性質が請負契約である場合、報酬請求をするためには、仕事の完成が必要となる。

(3)　仕事の完成の有無

「仕事の完成」の意義については、裁判例では、仕事が当初の契約で予定していた最後の工程まで終えているか否かを基準として判断するべきと解されている[3]。

本件システムについては、設計、プログラミング、テストなどを経て、納品と検収が完了しているため、本件契約において予定されていた最後の工程まで終えているといえ、報酬請求は認められるといってよいであろう。

これに対し、Y社からは、商品検索機能や問い合わせ機能に関する不具合があるため、本件システムは完成していないという反論が想定される。しかし、裁判例[4]は、システムのバグの存在については、完成、納入後の契約不適合責任で問題とすべき事項であって、仕事の完成を否定させるべき事由ではないと判示しているため、この反論は認められない可能性が高い。

2　契約不適合責任（損害賠償請求）の有無・内容（基本論点②）

上記のとおり、XとY社との間の本件契約の成立およびXによる仕事の完成が認定される場合には、Xによる報酬請求権は発生しているということになる[5]。

もっとも、Y社からは、本件システムのうち商品検索機能と問い合わせ機能についてバグ（不具合）があるという主張がされている。これは、法的には契約不適合責任の主張がされているということになる。

(1)　契約不適合責任に関する民法の定め

本件見積書やXとY社の間のやりとりにおいて、契約不適合責任について

関しては、特定の目的物の完成や引渡しを目的としているものではないことから、準委任契約が選択されることもあるが、最終的な法的性質の決定は、契約書名のみならず、契約全体の構造や規定の内容などによってなされる点については注意が必要である。

3　東京地判平成14年4月22日判タ1127号161頁等。

4　東京地判平成25年5月28日判タ1416号234頁。

5　引渡しは報酬請求権の発生要件ではなく、報酬と同時履行関係に立つにとどまる（民633条）。なお、〈*Case*⑬〉において、Xは、Y社が指定するサーバに本件システムをアップロードすることで納品が完了しているため、引渡しは完了していると評価される。

の特約がある場合には、その特約に従うことが基本になるが、そのような特約がないと仮定した場合、契約不適合責任の内容は民法によって規律されることになり、民法は、請負契約における契約不適合責任について、次のように定めている。

・修補や代替物の引渡しなどの履行の追完の請求（559条、562条）

・代金減額の請求（559条、563条）

・損害賠償の請求（559条、564条、415条）

・解除（559条、564条、541条、542条）

　Y社の言い分からすれば、バグを別のシステムベンダに依頼した際の費用を損害賠償として支払ってもらいたいとのことであるため、損害賠償の請求をしていると考えられるが、この請求は認められるであろうか。

(2)　契約不適合の有無

　Y社による損害賠償請求が認められるためには、Xが納品した本件システムに契約不適合が存在しなければならない。

　旧民法570条は、契約不適合ではなく、「瑕疵」という用語を用いていたが、判例[6]が、納品された成果物が当事者の合意や契約の内容と合致しているかどうかを基準として判断していたことなどから、現行法では「契約の内容に適合しない」との文言が用いられることになった。システム開発契約の文脈でいうと、客観的にみてあるべきシステムと実際のシステムを対比するのではなく、当事者がシステムの内容として合意したものと実際のシステムを対比して、契約不適合の有無を判断するということになる。なお、この基準を貫徹すると、仕様として合意されていない場合、契約不適合が発生する余地がないとも思われるが、裁判例[7]が、「当事者間の特段の合意又は当事者が従うべき慣習がない限りは、当該物の通常の使用者を基準として判断するべき」と判示するとおり、仕様が明確でない場合には、同種のシステムが通常有するべき性質や品質が基準となると考えられる。

　これを本件システムの商品検索機能についてみると、まず、発売日という検索軸を設定することが、当事者がシステムの内容として合意していたのかどう

6　最判平成25年3月22日判時2184号33頁。
7　東京地判平成27年8月26日D1-Law29013248。

かを検討することになる。

　まず、前提として、上記の「当事者がシステムの内容として合意したもの」を、システム開発では「仕様」とよぶことが多い。「仕様」の意味は多義的であり、また、仕様が定義される資料もさまざまであるが、多くは、注文者であるユーザが自身の業務を踏まえてシステムに要求する機能や品質を定義する要件定義書とよばれるものや、画面・機能が整理される基本設計書とよばれるもので定義されることが多いであろう。もっとも、小規模のシステム開発等、これらの書類が整理されない場合も多く見受けられるため、議事録や記事メモ、当事者間のメールやチャットでのやりとりなどで仕様を確定する場合も実務上は多い。

　そして、Xが本件システム開発当初に作成した設計書の中で商品検索機能として発売日という検索軸を設定することが記載されていた場合には、Xが主張するとおり、本件システム開発の途中で設計書が変更され、または、設計書の変更までいかないまでも、仕様の変更に関する打合せでの口頭による合意があり、発売日という検索軸として設定することが不要になったという点を議事録やメールなどで立証できるというのであれば、Xによる商品検索機能の開発は仕様どおりということになり、契約不適合は存在しないということになる。他方で、これらの変更の記録が残っておらず、Xが仕様の変更を立証できないという場合には、契約不適合が存在するという認定になってしまうであろう。

　他方で、問い合わせ機能については、Xが作成した設計書には、単に「問い合わせ機能」とだけ記載され、ECサイト上のどこに配置するのかなどといった簡易な記載しかなかった場合、問い合わせ機能の具体的な仕様はないということになる。もっとも、X自身も不具合を認めているうえ、問い合わせ機能において、そのサイトの管理者、〈*Case* ⑬〉でいうとY社にECサイトの利用者からの問い合わせ内容の連絡が届かないということはその役割を果たしているとはいえず、同種のシステムが通常有するべき性質や品質を欠いているといえ、契約不適合にあたると考えられる。

(3)　損害賠償請求の可否

　上記のとおり、Xが納品した本件システムに契約不適合が存在するとして（説明の便宜上、以下、商品検索機能にも契約不適合が認められたものと仮定する）、Y

社は、Ｘに対して修補請求をせずに、Ｘとは別のシステムベンダに依頼して修正などを対応してもらったうえで、その費用を損害賠償請求してきているが、注文者が損害賠償請求をするにあたっては、請負人に対して修補請求を前置する必要があるのではないかを検討する[8]。

　本件システムのように修補が可能である事案において、注文者が、修補を請求することなく、修補に代わる損害賠償請求をすることができるのかどうかについては、見解の対立がある。

　まず、修補請求を必要とする見解は、修補請求に代わる損害賠償請求は民法415条2項の債務の履行に代わる損害賠償請求であるため、同項3号の解除権発生の要件である民法541条が定める履行（修補）の催告を必要とするべきという理論上の根拠のほか、代金減額請求の際には修補請求の前置が必要となるものの（同法563条1項）、損害賠償請求権と報酬請求権を相殺して実質的には代金減額請求と同じ効果が得られるところ、損害賠償請求において修補請求を不要としてしまうと、代金減額請求の際には修補請求の前置が必要とした趣旨を没却してしまうということ等を理由とする[9]。

　これに対し、現行法の立法担当者は、文言上、修補に代わる損害賠償請求には民法415条2項の債務の履行に代わる損害賠償請求の規定は適用されず、同項3号の解除権発生の要件である履行（修補）の催告は不要であることから、修補請求の前置を不要とする見解に立っている[10]。

　この論点の解決は今後の裁判例や学説の議論に委ねるとして、本章においては、便宜上、立法担当者の修補請求を不要とする見解を前提とする。

　同見解を前提とすれば、Ｘによる「まずは自身に対して修補を請求するべきであった」という反論は認められないことになり、損害の発生や金額の立証の問題はおくとしても、Ｙ社の損害賠償請求は認められることになる。

---

[8]　一部の機能の開発を他のシステムベンダに依頼した場合、その費用が割高になることが多いうえ、他のシステムベンダからの請求書などの裏付資料の真実性を請負人側で判断することが困難であるなどの理由から、その費用に注文者が納得せず、争点化することが多い。

[9]　森田修「改正民法が民事裁判実務に及ぼす影響（9）請負・寄託」判時2423号（2019年）132頁、潮見佳男『プラクティス民法債権総論〔第5版補訂〕』（信山社、2020年）133頁、平野裕之『債権各論Ⅰ契約法』（日本評論社、2018年）351頁。

[10]　筒井健夫＝村松秀樹編著『一問一答民法（債権関係）改正』（商事法務、2018年）341頁。

3　同時履行の抗弁権行使の可否・範囲（基本論点③）

　上記のとおり、Y 社の X に対する契約不適合責任に基づく損害賠償請求が認められるとして、Y 社による、「損害賠償の支払いと引き換えでなければ報酬の支払いは全額拒否する」という主張は認められるのであろうか。

　民法 533 条は、追完（修補）に代わる損害賠償債務と報酬支払債務にも適用されると解されているところ[11]、Y 社の X に対する契約不適合責任に基づく損害賠償請求が認められる場合には、Y 社は、X の Y 社に対する報酬請求に対して、X による損害賠償債務の履行と引き換えでのみ支払うという旨の同時履行の抗弁権を行使することができる。

　そして、判例[12] は、注文者は、原則として、請負人から瑕疵の修補に代わる損害の賠償を受けるまでは、報酬全額の支払いを拒むことができると判示しているため、Y 社は、報酬全額の支払いを拒否することができるのが原則である。

　もっとも、最判平成 9 年 2 月 14 日は、瑕疵の程度や各契約当事者の交渉態度などに鑑みて信義則に反すると認められるときには報酬全額について同時履行の抗弁権を行使することは許されないとしている。裁判例[13] は、データ出力に関するバグについて、簡易な作業で正しく作動させることができ、その作業は同一工事現場では一度のみでよいという瑕疵の軽微性に着目し、報酬支払拒否が信義則に反すると認められると判断している。〈*Case* ⑬〉においても、問い合わせ機能および商品検索機能の契約不適合が軽微であると評価されれば、各契約当事者の交渉態度などに鑑み、Y 社による報酬全額の支払拒否が認められない可能性がある。

4　追加開発（仕様変更）に関する報酬請求の可否（基本論点④）

　X は、本件システムの開発の途中で Y 社から開発の要望があった、お気に入り機能とレコメンド機能の追加開発（仕様変更。以下「仕様変更」に記載を統一する）に関する追加報酬 100 万円（税込）を請求したいと考えているが、こ

11　潮見佳男『新契約各論Ⅱ』（信山社、2021 年）237 頁。
12　最判平成 9 年 2 月 14 日民集 51 巻 2 号 337 頁。
13　大阪地判平成 19 年 7 月 26 日（平成 16 年（ワ）第 11546 号）裁判所ウェブサイト。

れは認められるか。追加開発について追加報酬額を含めた覚書などが調印されていたり、メールなどや口頭でやりとりがされていれば、その定めに従うことになるところ、〈*Case⑬*〉においては、Y社からの仕様変更の要望は受けているものの、追加報酬について合意していないため、問題となる。

⑴　仕様変更該当性

まず、そもそもXによるお気に入り機能とレコメンド機能の追加開発が仕様変更に該当しなければ、Xは追加報酬を請求することはできない。

この点につき、仕様変更に該当するかどうかは、当初のシステム開発契約においてシステムベンダが一定の報酬額で受託した開発内容を確定したうえで、この開発内容にシステムベンダが追加報酬を請求しようと考えている特定の開発業務が含まれているかどうかで判断する。

これを〈*Case⑬*〉についてみると、本件見積書にはお気に入り機能やレコメンド機能の記載はなかったことからすれば、これらの機能の開発は、本件契約においてXが受託した開発業務の中には含まれていないことになる。したがって、これらの機能の開発業務は、仕様変更に関するものであったといえる [14]。

⑵　追加開発（仕様変更）の有償性および報酬額

まず、そもそも、商法512条の商人による相当額の報酬請求 [15] や契約締結上の過失の理論に基づいて損害賠償請求をするなどといった場合を除き、追加報酬の請求のためには、注文者であるユーザと請負人であるシステムベンダとの間の仕様変更に関する契約や合意が必要となる。

---

[14] 開発する予定の機能を具体的に定めていない見積書や契約書の場合には、仕様変更かどうかの判断に困難が伴う場合がある。もっとも、よほど少額のシステム開発でない限り、見積書や契約書の段階で具体化されていなくとも、開発業務着手後の議事録、システム機能一覧などでシステム開発の範囲や内容は特定できることが多い。他方で、特定の機能の中の詳細な仕様（本件システムでいうと、商品検索機能における検索軸の追加や変更）については、設計書などで特定されるものの、その後の変動が頻繁に生じることが多いため、一定の報酬額を定めたシステム開発契約の範囲に収まっているのかどうか、すなわち、仕様変更となっているのかどうかの判断には困難が伴うことがある。なお、補足すると、仕様の詳細化にとどまる場合は仕様変更には該当しないと考えられている。

[15] 東京地判平成19年10月31日2007WLJPCA10318005、東京高判平成30年3月28日2018WLJPCA03286014は契約締結のための作業や他人から委託を受けない作業について商法512条の適用を認めている。

　そして、仕様変更の大半は、ユーザからの要望で発生し、その要望をシステムベンダが承諾して開発業務に着手するという流れを経るため、仕様変更に関する開発業務を遂行する旨の合意は締結できている場合が多いと考えられる。問題となるのは、その合意の際に有償で行うことになっていたのかどうか、有償で行うことになっていたとして、追加報酬金額をいくらにするのかという点が明確に合意されていない場合である。なお、そもそも、仕様変更を、システムベンダのサービスとして行い、無償で行うという合意がされることもあるが、軽微なものに限られると思われる。

　このような場合には、商法512条の商人による相当額の報酬請求を用いて請求を認めることがあるが、この相当額の算定には、種々の方法がある。具体的には、当初締結したシステム開発委託契約において定められた1人月あたりの単価から1人日あたりの開発費用を計算して、その単価金額に仕様変更にかかった開発工数を乗じる方法[16]、当初の開発契約の平均単価に追加、変更仕様の開発にかかった工数を乗じる方法[17]、プログラム1本あたりの単価金額に変更仕様に関するプログラムの本数を乗じる方法[18]、当初の契約の開発期間と報酬額から1月あたりの報酬額を計算し、同金額に追加開発にかかった期間を乗じる方法[19]などが裁判例では認められている。

　これを〈*Case* ⑬〉についてみると、お気に入り機能とレコメンド機能という独立した機能を追加で開発することになるため、軽微なものとはいえ、システムベンダであるXのサービス（無償）で行うということは想定できない。そのため、Xの仕様変更に関する開発業務は有償ということになり、Xとしては、上記のような裁判例における計算方法を参照し、自身が収受すべき相当な報酬がいくらであるのかを主張立証していくことになる。

5　代金減額請求権や契約解除（派生論点①）

　上記のとおり、〈*Case* ⑬〉で、Xは、Y社から契約不適合を理由とした損

16　大阪地判平成14年8月29日（平成11年（ワ）第965号、同第13193号）裁判所ウェブサイト。
17　東京地判平成25年5月31日 D1-Law29026145。
18　東京地判平成17年4月22日 2005WLJPCA04220008。
19　東京地判平成22年1月22日 2010WLJPCA01228004。

害賠償請求を受けたが、Y 社の選択によっては、代金減額請求や契約解除を受けることもあり得た。Y 社が代金減額請求や契約解除を選択した場合にはどうなっていたのか、以下、派生論点として検討する。

(1)　代金減額請求

上記のとおり、代金減額請求の際には修補請求の前置が必要となるところ（民 563 条 1 項）、Y 社は、X に対して修補請求を行ったうえで、相当期間応じなかった場合に初めて代金減額請求をすることができる。

そして、代金減額請求をしたことによって減額される代金額の算定方法は解釈に委ねられているが、立法担当者によれば、実際の納品成果物の価値と契約内容に適合する成果物の価値とを比較して、その割合を代金額に乗じたものを想定している [20]。したがって、代金減額請求によって減額される代金額は、損害賠償として請求した修補に必要となった別のシステムベンダへの支払額と一致しない可能性がある。

なお、代金減額請求権を行使すると、成果物を完成させる債務が減額される代金額に応じて圧縮され、契約の内容に適合したものが履行されたものとみなされるため、これと両立しない損害賠償の請求や解除権の行使をすることはできないと解されている [21]。

(2)　契約の解除

上記のとおり、契約解除の際には履行（修補）の催告の前置が必要となるところ（民 541 条本文）、契約解除をするためには、Y 社は、X に対して修補請求を行ったうえで相当期間応じなかったことが必要となる。

そして、民法 541 条ただし書は、社会通念上軽微な不履行（契約不適合）の場合には解除できないと定めており、立法担当者によれば、この軽微性の判断においては、契約目的の達成・不達成が最も重要な考慮要素となると解されている [22]。これを本件システムの契約不適合である商品検索機能と問い合わせ機能の不具合についてみると、これらの契約不適合があっても、顧客への衣料品

---

[20]　筒井＝村松・前掲書（注 10）279 頁。なお、価値の比較の基準時についても、解釈に委ねられているが、同書によれば、契約時とするのが相当であると解されている。

[21]　筒井＝村松・前掲書（注 10）279 頁。

[22]　筒井＝村松・前掲書（注 10）236 頁。

の販売という、本件契約の成果物である EC サイトである本件システムの目的は達成できるため、社会通念上軽微な契約不適合であるとして解除は無効と判断される可能性がある。

　他方で、仮に解除の有効性が認められる場合、その解除の効果として、注文者である Y 社は未履行債務である報酬支払義務を免れることになるのが原則である。そして、旧法下の建築工事において注文者による完成前解除権が行使された事案に関する判例[23]を受けて明文化された現行民法 634 条の適否を検討すると、Y 社による解除は本件システムが完成していることを前提とする契約不適合責任に基づく解除であるものの、完成前解除を想定する同条 2 号に含めることができると解釈する見解があり[24]、同見解に依拠すれば、Y 社による解除を受けた請負人である X は、同条に基づき、割合的報酬の請求ができる可能性がある[25]。ただし、一般論としていうと、この割合的報酬の請求は、注文者による契約不適合責任に基づく解除の有効性が認められる、すなわち、社会通念上軽微な契約不適合でないということを前提とするため、民法 634 条の要件である可分性および利益性の要件[26]を充足しないという場合も十分にあり得る。

23　最判昭和 56 年 2 月 17 日判時 996 号 61 頁。同判例は「工事内容が可分であり、しかも当事者が既施工部分の給付に関し利益を有するときは、特段の事情のない限り、既施工部分については契約を解除することができず、ただ未施工部分について契約の一部解除をすることができるにすぎない」と判示し、請負人による割合的報酬の請求を認めた。

24　山本豊編集『新注釈民法（14）』（有斐閣、2018 年）198 頁。

25　山本・前掲書（注 24）202 頁によれば、割合的報酬の算定につき、旧法下では、契約解除時点までのコストに利潤を加算する方法や代金に出来高割合を乗じる方法が用いられることが多かった。

26　山本・前掲書（注 24）201 頁によれば、可分性の要件と利益性の要件の区別が曖昧になってきていると解されている。旧法下の裁判例ではあるが、東京地判昭和 45 年 11 月 4 日判時 621 号 49 頁においては、可分性を検討せずに利益性のみを検討して割合的報酬の請求の可否を判断している。システム開発においては、当初開発を担当していたシステムベンダとは別のシステムベンダが開発を引き継ぐのは困難を伴うことがあり、そうすると可分性が否定されることが多いとも思われるが、この裁判例に照らして、注文者が利益を得たのかどうかという利益性の要件に重点をおいて判断するのであれば、引継ぎ困難な事案であっても、システムベンダによる割合的報酬の請求が認められる可能性が出てくるであろう。

6　システム開発に関するその他の紛争類型における対応方法

(1)　システム開発に関する紛争類型

システム開発に関する紛争は、主に、

・システムベンダが納品したシステムにバグが存在していたことを契機とする紛争類型（本件）

・システム開発が頓挫して完了が不可能となったことを契機とする紛争類型

・頓挫までは至らないもののシステムの納期を遅滞したことを契機とする紛争類型

が存在する[27]。

　以下、各紛争類型における主な対応方法について、請負人（または受任者）であるシステムベンダからの視点での対応方法のみならず、注文者であるユーザからの視点での対応方法についても整理する[28]。

(2)　バグが存在していたことを契機とする紛争類型（本件）への対応方法

　〈*Case* ⑬〉のような紛争類型では、上記のとおり、請負人であるシステムベンダは、システムが完成している前提での報酬請求を行う。

　他方で、注文者であるユーザは、バグについての修補請求や発生した損害に関する賠償請求をしつつ、同時履行の抗弁権を活用して報酬支払いを拒否するという対応が考えられる。

(3)　システム開発の完了が不可能となったことを契機とする紛争類型への対応方法

　請負人であるシステムベンダは、システム開発の完了が不可能となった原因はもっぱらユーザ側にある（たとえば、ユーザの協力義務違反[29]）として、危険負

27　各紛争類型が1つの案件の中で複合的に発生することもある。システム開発においては大なり小なりバグの発生が不可避であって、1つのバグもなくシステムが本番稼働することは困難であることからすれば、1つ目の〈*Case* ⑬〉のようなバグを契機とする紛争は大半のシステム開発紛争において潜在していると考えられる。

28　具体的な事例における対応方法は、当然のことながら、その事例における事実関係によるものの、〈*Case* ⑬〉においては、システムベンダとユーザは、システム開発において、いずれも問題となる対応はなかったという事実認識を有しているということを前提とする。

29　システム開発は、ユーザの業務の効率化や事業の拡大の手段として行われるものである

担（民536条2項）を理由とする報酬請求をすることになる。

　他方で、注文者であるユーザは、履行不能を理由とする契約解除および既払金返還請求をしたうえで、結果としてシステムが稼働しなかったことによる損害賠償請求[30]を検討するという対応が考えられる。

⑷　納期を遅延したことを契機とする紛争類型への対応方法

　請負人であるシステムベンダは、納品が遅れた原因はもっぱらユーザ側にある（たとえば、ユーザの協力義務違反）として、履行遅滞の責任を負わない、または、責任を負うとしても、過失相殺の主張をすることになる。また、仮に、納品したにもかかわらず報酬が未払いになっているということであれば、報酬の請求をすることになる。

ことから、システムベンダは、システム開発を遂行するにあたって、システムに関する専門知識のみならず、ユーザの業務の知識や事業に関連する特有の慣行・ノウハウなどを理解している必要がある。また、最終的にどのようなシステムにしたいのかという点については、システムベンダでは決められない事項である。これらの背景から、ユーザ側は、自身の業務や事業についての知識をシステムベンダ側に伝達しなければならないし、また、システムの構想や仕様についての意思決定およびシステムベンダ側への伝達をしなければならないと解されている。そして、これらの義務を総称して、一般的にはユーザの協力義務とよび、裁判例でもその概念が認められている。

　他方で、システムベンダにおいても、システム開発の専門家であることから、適切にプロジェクトの課題やスケジュールを管理し、ユーザによるシステム開発への関与を支援しなければならないとされており、一般的には、この義務をプロジェクトマネジメント義務とよび、裁判例でも、その概念は、請負人としての仕事完成義務とは別個のものとして認められている。

　これらのユーザの協力義務とシステムベンダのプロジェクトマネジメント義務は、直接的には双方の義務内容を画するものであるが、システム開発紛争においては、上記のような、危険負担の適否、ベンダ側の履行遅滞責任の免除や軽減のみならず、契約不適合責任の免除や軽減、損害賠償請求の根拠や責任の分担などにおいて用いられることがあり、システム開発紛争の多くで登場する概念である。

30　システム開発が頓挫してしまった場合において、ユーザ側から損害としてよく話に上がるのが、システム開発のトラブルにおいて対応することになった人件費相当額である。しかし、東京地判平成16年4月26日判例秘書 L05931845 が判示するとおり、従業員の人件費はトラブルがあってもなくても発生するものであることから、損害賠償の対象とすることは難しく、他方で、トラブルによって直接発生した残業代やトラブルのために雇用したアルバイトの賃金は損害として認められる場合がある。

　また、システム開発によって見込んでいた増収やコストカットを逸失利益として請求したいという話もユーザ側から上がることがある。しかし、増収やコストカットの効果は、システムだけでは得られず、景気や競合他社の動向などの外的要因、ユーザ側の経営や従業員の対応などの内的要因などによって左右される不確定なものであることから、認められない可能性が高い。

　他方で、注文者であるユーザは、システム完成・納品の催告をしたうえで、納品されないということであれば、履行遅滞を理由とする解除および既払報酬の返還請求をしたうえで、システムの納品が遅延したことによる損害賠償請求[31] を検討するという対応が考えられる。

V　事案経過②（訴訟提起から事案の顛末まで）

　Xは、甲弁護士と相談のうえ、Y社に対し、問い合わせ機能のバグについては認めたうえで、本来は自身において修補できたのであるから費用はかからなかったはずであるとしつつも、早期解決を意図し、本件契約の報酬300万円から10万円を減額した290万円でよいとしたうえで、お気に入り機能とレコメンド機能の仕様変更対応の費用100万円を加算した390万円を請求した。これに対し、Y社は、本件契約の報酬から別のシステムベンダの費用である30万円を控除することは譲れず、また、お気に入り機能とレコメンド機能の仕様変更については、ECサイトの標準機能であるためXのサービス（無償）で開発されるべきであることから、100万円の請求には応じることができない、すなわち、270万円の支払いであれば応じることができるが、これ以上の増額は一切認められないとの回答であった。

　Xは、甲弁護士と協議し、これ以上交渉を続けてもY社から任意の支払いを受けることは難しいし、自身からこれ以上の減額を提案することも合理的ではないという思いから、甲弁護士を代理人として、請負報酬請求訴訟を提起した。

1　手続選択

　Xと甲弁護士は、訴訟という手続を選択したが、システム開発紛争における法的手続としては、訴訟以外に、主に次のような選択肢があげられる。

---

[31]　この場合の損害賠償請求の際の留意点についてはシステム開発が頓挫してしまった場合と同様であるが、履行遅滞の場合、システム開発契約書の中には遅滞について損害賠償請求額の予定などに関する条項を定めることがあるため、契約に基づく損害賠償請求の可否も併せて確認・検討することになる。

① 調　停

　第三者である調停人による支援を受けながら、話合いによりお互いが合意することで紛争の解決を図る非公開の手続であり、最終的に合意が成立しなければ調停は不成立となり終了する。

　調停には、裁判所が行う調停と民間が行う調停がある。前者の裁判所が行う調停のうち、システム開発紛争の解決のために活用できるのは民事調停法に基づく民事調停であり、原則として裁判官1名と民間人2名以上で構成される調停委員会が対応する。後者の民間が行う調停として著名なのは、一般社団法人ソフトウェア情報センター（SOFTIC）の附属機関として設置された「ソフトウェア紛争解決センター」が提供する和解あっせん手続であり、1名または3名のあっせん人[32]が対応し、一定の申立手数料、期日手数料、成立手数料がかかる[33]。

② 仲　裁

　当事者が、合意に基づき、紛争についての判断を中立的な第三者である仲裁人の判断に委ねる非公開の手続であり、仲裁判断は確定判決と同一の効力を有するため、強制執行が可能であるし、仲裁判断について別途訴訟提起することなどはできない。

　日本におけるシステム開発紛争に関する仲裁機関としては、上記のSOFTIC内の「ソフトウェア紛争解決センター」における仲裁手続があげられる。原則1名または3名の仲裁人が対応し[34]、一定の申立手数料、期日手数料、成立手数料がかかる[35]。

　調停や仲裁は、いわゆるADR（裁判外紛争解決手続）とよばれるもので、訴訟と比較して、手間・時間・費用が少なくて済む、多くの裁判官はシステム開発に関する専門知識が不足しているのに対して（特に民間のADRでは）技術的知見を有するあっせん人・仲裁人が関与する、非公開で営業秘密の漏えいリス

32　弁護士などの専門家のほか、技術経験者も含まれ、当事者はあっせん人の選任希望を出すこともできる。
33　詳細は、ソフトウェア情報センターのウェブサイトを参照されたい。
34　仲裁においても、和解あっせんと同じく、弁護士などの専門家のほか、技術経験者も含まれ、当事者は仲裁人の選任希望を出すこともできる。
35　詳細は、ソフトウェア情報センターのウェブサイトを参照されたい。

クやレピュテーションリスクを軽減できるなどといったメリットがある。

　他方で、調停や仲裁は、相手方の同意が得られない場合には利用できないという限界がある。また、事実関係も法律関係も複雑なシステム開発紛争においては、調停や仲裁においても、事案の整理に時間がかかり、弁護士などの代理人を選任することもあることから、訴訟との手間・時間・費用の差異は大きくない場合もある。さらには、後述するとおり、裁判官の専門的知識を補う訴訟上の制度もあるうえ、営業秘密漏えいなどのリスクについても訴訟記録の閲覧制限の申立てによって一定程度軽減できる。

　以上のとおり、調停や仲裁などのADRと訴訟手続の差異の多くは大きくないと評価できるが、訴訟手続には年単位の膨大な時間を要することが多いという差異は大きなものといえよう。

　当事者は、上記のメリット・デメリットを踏まえて、いずれの手続を選択するのか検討することになる。

　本件システムに関する紛争については、バグも少なく、争点も明確で、高い専門的な知見を要する事案ではないため、訴訟という選択肢は合理的であると考えられるが、紛争金額が数百万円と高額とまではいえず、双方の提示金額の差異も120万円にとどまっていることから、早期解決を優先して、ADR（特に裁判所が行う民事調停）を選択するという判断もあり得たと考えられる。

2　システム開発訴訟の特徴・ポイント

　システム開発訴訟は、事実関係が複雑で専門技術的な内容となっているうえ[36]、同じく専門訴訟といわれている建築訴訟や医療訴訟とは異なり、確立された開発手法がなく、想定している関係資料を収集できないことがあるなどといった特徴を有する。

　以下、このようなシステム開発訴訟の特徴を踏まえたうえで、システム開発

36　〈**Case** ⑬〉は、解説書という性質上大幅に事例を簡略化しており、この特徴はあてはまらない点には留意されたい。本件システムのような小規模なECサイトではなく、販売、顧客管理、在庫管理、経理、人事、生産管理に関する企業の定常的な業務を処理するための情報システム、いわゆる基幹システムの開発の場合、開発期間は数か月から年単位になるのが通常で、システムベンダが受け取る報酬金額も数千万円から数億、数十億と高額となり、紛争化した場合は、まさしく上記の特徴があてはまることになる。

訴訟における主張および立証のポイント並びに専門家の関与について概説する[37]。

(1)　主張におけるポイント

システム開発に関する専門用語は、難解であるのみならず、システムベンダごとに意味が異なることがあるため、裁判官の理解を促進するために、平易な説明を付することはもちろんのこと、明確に定義づけすることが望ましい。

また、システム開発紛争は事実関係が複雑であることが多いため、必要に応じて、時系列表を作成し裁判所の理解を促進するということも検討に値する（なお、裁判所の訴訟指揮で作成を指示されることもよくある）。

このほか、東京地方裁判所の裁判官が作成したシステム開発訴訟に関する手引き[38]においては、以下の事実関係を早期に確定することが事案の全体像を把握して今後の審理計画を立てる際のポイントになると述べられていることからすれば、当事者としても、以下の事実関係を早期に主張することが重要となるであろう。

・開発に関与した各社の関係

　注文者であるユーザ企業、並びに請負人・受任者であるベンダの元請、下請および孫請等（当事者以外でも開発に関与した関係会社全体を明示するのが望ましい）

・開発対象に係る情報

　ユーザの主な事業、開発対象たる業務の概要、開発を委託したシステムの概要、パッケージソフト[39]を利用しているか否か、開発したシステムの

37　システム開発訴訟の特徴や留意点の詳細については、東京地方裁判所プラクティス委員会第二小委員会「ソフトウェア開発関係訴訟の手引」判タ 1349 号（2011 年）4 頁を参照されたい。なお、本章における説明の多くは同誌の記載を参照している。

38　東京地方裁判所プラクティス委員会第二小委員会・前掲論文（注 37）10 頁。必要な範囲で加筆、抜粋している。

39　汎用的なソフトウェアのことを指し、同ソフトウェアと導入先企業の業務が合わない場合、ユーザの業務をパッケージに合わせる、またはパッケージに追加開発（アドオン）をするかを選択することになる。財務管理や給与計算に関するパッケージがイメージしやすいが、そのほかにも、分析、マーケティング、顧客管理などのパッケージもあり、SAP やOracle などといった企業の基幹業務全体を統括して処理する ERP パッケージが多くの大企業で導入されている。パッケージ選定（コスト、機能、保守等）がポイントとなり、一から独自にシステムを構築する手法である「スクラッチ」よりも早期かつ安価に導入でき

現状（ユーザによる使用継続の有無）

・開発体制に係る情報

　　ベンダのシステム開発経験の概要（特に本件業務と同業種のシステム化に関して経験・実績を有するか否か）、ユーザおよびベンダの各窓口担当者（それぞれのプロジェクトチームの体制図があるとよい）、ユーザ窓口担当者のシステム開発や業務の知識・経験の程度

・開発の時系列的情報

　　開発計画の動機やコンセプト、基本契約と各個別契約の締結の経緯、システムの仕様確定作業の経緯（いつ、どのような形で仕様を確定したか）、仕様変更の経緯（いつ、どのような形で仕様を変更したか）、納品・検収の経緯、内金の支払状況、紛争に至る経緯、その後の展開等

・その他の情報

　　既存システムの改良か、新規システムの開発か、新規開発の場合は、書類ベース業務のシステム化か・旧システムとは別系統の新システムの開発か、ユーザとベンダとの従前の取引関係の有無

　以上のほか、本件システムのようにバグの存在を契機とする紛争類型の中でも、ユーザから主張される契約不適合が多数の場合、裁判所からの訴訟指揮で（または訴訟指揮を待たずに）、契約不適合一覧表を電子データで作成することが一般的である。契約不適合一覧表の項目については、概要としては、契約不適合責任を追及するユーザ側で「あるべき状態（仕様）」とそれと一致しない「現状」を記載して、システムベンダ側で契約不適合ごとに反論を記載し、必要に応じて、証拠の引用や修補にかかる見込み金額などを記載することが通常である[40]。

ることが一般的ではあるが、アドオン開発が多くなり、結局スクラッチ並みの開発期間や開発費用となってしまうケースもある。

[40]　その他、契約不適合の有無・内容に関する争点整理において、準備書面や口頭で当事者から説明を受けても、裁判所がバグの内容をイメージできず理解ができない場合、当事者のパソコンなどでバグを再現・説明する実演会・説明会が実施されることもある。なお、これを後述する専門委員、鑑定人、専門家調停委員に立ち会わせるとより効果的な争点整理や立証が期待できる。

(2)　立証におけるポイント

システム開発関係訴訟の基本的な証拠（書証）には、主要なものとして、ユーザからのシステム開発に関する提案依頼書（RFP）、契約書・見積書・注文書・注文請書、要件定義書（機能一覧）、基本設計書、納品書・検収書、テスト仕様書・計画書、テスト結果報告書、工程表、バグ管理表、課題管理表、変更管理表、打合せ議事録などがある[41]。また、システムベンダが実装したプログラムの存在・内容を立証するために、ソースコード（プログラミング言語で書かれたテキストデータでシステム処理を実行する基となるもの）を必要な範囲で書証として用意することもある。

そして、資料の形式としては、書面や独立した電子ファイルで作成されていないことがあり、電子メール、チャットツール、SNSのメッセージなどのさまざまなコミュニケーションツールの画面で残されていることも往々にしてあるため、争点と見込まれる事項については、これらを含めて必要な証拠を漏れなく確認・整理する必要がある。

なお、システム開発訴訟特有の専門的事項についての立証方法として鑑定があげられるが、この点は後述する。

(3)　専門家の関与

システム開発訴訟特有の契約不適合の有無・内容、出来高や相当報酬の算定などの専門的事項については、専門家の専門的知見を活用することがある。そ

---

[41] いわゆるウォーターフォールモデルを念頭においている。ウォーターフォールモデルとは、システム化企画・構想、要件定義（現行の業務とシステム上の課題を分析し、新業務フローやシステム化の方針・範囲を決定したうえでシステム要件とセキュリティやレスポンスなどの非機能要件を定義する作業）および基本設計（要件定義で決定した要件を実現するためのシステムの機能を決定する作業）とよばれる上流工程から、詳細設計（基本設計を基にして、すべての処理（プログラム）と流れを決定する作業）およびプログラミング（コーディング）という下流工程に移行し、その後、単体テスト、結合テスト、総合テストによってクラスやモジュールとよばれる最小単位の機能、一連のシステム機能が正常に動いているか、非機能要件を充足しているか確認しながら上流工程に戻り、最終的には、ユーザが主体となる受入テストを経て、システム開発完了となる開発モデルのことである。基幹システムなどの比較的大規模なシステム開発で用いられる手法である。
　なお、近年は、スピーディーなシステム開発が要求され、その中の代表的なシステム開発手法がアジャイルで、短期間（1か月程度）で一定の機能群ごとに開発（企画、設計、プログラミング、テスト）を繰り返す方法である。アジャイルは、ユーザの変化するニーズにスピーディーに対応できる反面、詳細な書面化・記録化が省かれることがあり、紛争となったときに証拠が揃いづらいという特徴がある。

の方法としては、専門委員、鑑定、職権による付調停の３つの制度が用意されており、それぞれ特色がある。当事者および裁判所においては、これらの特色を踏まえて事案にあった適切な方法を選択することになる。

（A）　専門委員

専門委員制度とは、争点もしくは証拠の整理または訴訟手続の進行に関し必要な事項の協議をするにあたり、訴訟関係を明瞭にし、または訴訟手続の円滑な進行を図るための制度であり（民訴92条の２参照）[42]、鑑定とは異なり、その説明内容が証拠資料となるものではなく、証拠調べにおいて証人などに対して直接質問させたり、和解に関与させたりする場合は、当事者の同意を得なければならないことになっている（同条２項・３項）。

他方で、鑑定とは異なり、迅速かつ機動的な活用が可能であること、当事者の求めに応じて種々の質問に答えたり、実験・再現に立ち会ってもらうなど柔軟な運用の余地があること、弁論準備期日や証拠調べ期日に立ち会ってもらうことにより即時にその場で疑問点についての説明が受けられること、費用がかからないことなどの特色がある。また、感情的に対立する当事者が調停を望まないような場合でも活用できるという特色もある。

（B）　鑑　定

鑑定は、専門委員とは異なり、その専門的知見を証拠資料として利用できる。また、感情的に対立する当事者が調停を望まないような場合でも利用できるという特色もある。

他方で、鑑定は必ずしも機動的な制度ではないため、専門家の意見を聴取しながら契約不適合の主張を取捨選択して絞り込むなどの弾力的な運営は期待できないうえ、当事者に一定の費用を負担させることになるという問題点もある[43]。

---

[42]　田中俊次ほか「ソフトウェア開発関連訴訟の審理」判タ1340号（2011年）10頁においては、このような専門委員制度の目的、および当事者の代理人がシステム開発に関する理解が不十分な場合があることから、被告によって実質的な答弁がされた段階で早期に関与させたほうが適切迅速な争点整理にとって有効であるという指摘がされている。

[43]　東京地方裁判所プラクティス委員会第二小委員会・前掲論文（注37）24頁では、「統計的な裏付けはないものの、この種訴訟で鑑定はあまり多くは利用されていないと思われる」との指摘がある。

（C）　職権による付調停

　職権による付調停は、専門家調停委員は専門的知見に関して意見を述べることや期日間に評議を行うことも予定されているため、より柔軟に専門的知見の利用が可能であることに特色がある。また、鑑定の場合は通常は鑑定事項を整理してから鑑定人に判断を求めるのに対し、調停の場合は争点整理しながらこれと並行して専門家調停委員から争点に対する意見を聴取することができ、機動的・弾力的な争点整理が可能となっている[44]。

　他方で、調停は、話し合いの手続であり、合意による解決をめざすものであるため、感情的に対立する当事者の場合は、付調停にはなじまない。もっとも、鑑定と異なり無償であること、上記のとおり柔軟に専門的知見を利用できることからすれば、感情的に対立する当事者間の事件においても、積極的に活用するべきという考え方もあり得る。

3　事案の顛末

　Xによる訴訟提起後、第1回口頭弁論期日において、Y社も代理人弁護士を通じて、答弁書を提出した。裁判所は、本訴訟を弁論準備手続に付し、第1回弁論準備手続期日において、Y社から、基本論点①から④までを争点として答弁書および第1準備書面によって反論がされた。なお、同期日において、裁判所から、契約不適合が問題となっているものの、問題となっているバグが2つのみであるため、契約不適合一覧表は作成せず、準備書面での主張で足りる旨の示唆があった。

　その後、Xは、「商品検索機能として発売日という検索軸は不要である」という趣旨のY社担当者からのLINEメッセージを証拠提出し、本件契約の報酬金額を費やした工数で除した単価金額をお気に入り機能・レコメンド機能の稼働工数に乗じて算出した金額が約100万円になるという主張などをした。他方で、Y社からは、上記LINEメッセージ後に「商品検索機能として発売日という検索軸がないことは疑問である」という趣旨のY社担当者からXへの

44　本案訴訟と調停は別個の手続であるところ、調停が不成立の場合において調停による争点整理の成果を本案訴訟に引き継ぐために、調停委員会において作成された意見書を、本案訴訟において、当事者から書証として提出するという方法をとることになっている。

LINE メッセージが証拠提出され、お気に入り機能・レコメンド機能の実装が容易であり少ない稼働工数で対応できるため、100 万円の報酬請求は認められないなどの反論があった。

　おおよその主張と書証が出揃った第 4 回弁論準備手続期日において、裁判所から、残す審理は人証のみであるとの見解が示された。そして、仕様変更に関する報酬請求については有償を前提とするという心証が示されたうえで、相当額の報酬がいくらかについては専門的知見を必要とするという見解も示された。

　これらを前提として、裁判所からは、本訴訟の金額規模が大きくないこと、早期解決に双方メリットがあることから、和解が勧試され、第 6 回弁論準備手続期日において、Y 社が、和解成立後 2 週間以内に、X に対し、解決金 350 万円を支払うことを中心とする訴訟上の和解が成立し、本訴訟は終了した。

（古賀　聡）

第 **14** 章

SNS 型投資・
ロマンス詐欺被害事件

I　事　例

〈*Case* ⑭〉

　Xは、30 代の独身の男性であるが、いわゆる「婚活」のために、マッチングアプリに登録をしていたところ、素敵な女性Yから、メッセージがきたので、やりとりを開始した。相手の女性Yは、海外の暮らしが長いとのことで、日本語があまり上手ではないと言っていたが、Xとは気があったため、「LINE」のアドレスを交換して、SNS 上で直接のやりとりをするようになった。

　そこで、Xは、Yと LINE でやりとりをする中で、将来、一緒になるなら、資産形成をしたほうがよいとYに進められて、「Z Trading」という、暗号資産投資サイトを紹介された。

　「Z Trading」で、Xは口座を開設し、指定された銀行口座に、合計で 1000 万円ほど入金した。また、Xは、Yから指導されて、国内の暗号資産交換業者（適法な業者）において、口座開設をしたうえで、ビットコインを購入し、「Z Trading」への入金のために、購入したビットコインを指定された口座に、合計で 2000 万円分の送金をした。

　「Z Trading」のサイトにログインすると、Xが入金した資金の運用は
うまくいっており、合計で１億円になったので、引き出そうとすると、
引出手数料として、500万円が必要とのことであったので、Xは、追加
で、銀行振込で500万円を指定の口座に振り込んだ。なお、Xが振り
込む口座は、毎回、異なる個人・法人の名義であった。

　Xは、500万円の手数料を払ったので、再度、引き出しの要請をする
と、今度は、税金として2000万円が先にかかるとして、引き出しがで
きなかったため、そこで、Xは、これは詐欺ではないかと考え、弁護士
に相談することとした。

Ⅱ　前提知識

1　ロマンス詐欺類型の概要

　近時、「ロマンス詐欺」、「SNS型詐欺」および「ニセ広告詐欺」とよばれる
詐欺が、被害額および件数として、著しく増加している。

　ロマンス詐欺については、国民生活センターが、注意喚起を継続的[1]にして
おり、令和6年には、警察庁が初めて、統計を公表し、年間約455.2億円の被
害が発生しているとの報告[2]をしている。

　これらは、「ロマンス詐欺」の流れであり、被害者が、勧誘を受ける入口が
変わるだけで、LINEに引き込み、そこから、詐欺サイトを紹介し、送金する
という流れは、ほとんど同じである。

　この種の事案の解決は、現時点では決済手段から対応するしかなく、「口座
振込型」・「暗号資産型」の2類型に分かれる。

　しかしながら、「暗号資産型」は、追跡は可能なものの、現時点までで回収

---

[1]　国民生活センターウェブサイト「ロマンス投資詐欺が増加しています！──その出会い、
　仕組まれていませんか？──」（2022年3月3日）〈https://www.kokusen.go.jp/news/
　data/n-20220303_2.html〉。
[2]　警察庁ウェブサイト「令和5年中のSNS型投資・ロマンス詐欺の被害発生状況等について」
　〈https://www.npa.go.jp/news/release/2024/20240311001.html〉。

につながった事例はこの種の類型では皆無であり、仮に「暗号資産型」の追跡を受任する際には、回収につながることはほぼないことを説明することが必須である。なお、別項で述べるが、回収可能性について、依頼者に虚偽を述べて受任する弁護士の存在が、大きな問題となっている。

　本項では、これらの類型の詐欺について、何がどこまでできるのか、また何ができないのかについて説明する。

　なお、回収が一部可能である、「口座振込型」については、前提となる知識は、

・弁護士会照会の基礎知識

・振り込め詐欺救済法の基礎知識

・仮差押え、本案の実務上の運用

などである。

2　典型的な手口

　典型的な手口を図示すると〔図表⑭ - 1〕のような流れをたどる。

〔図表⑭ - 1〕　ロマンス詐欺の典型的な手口

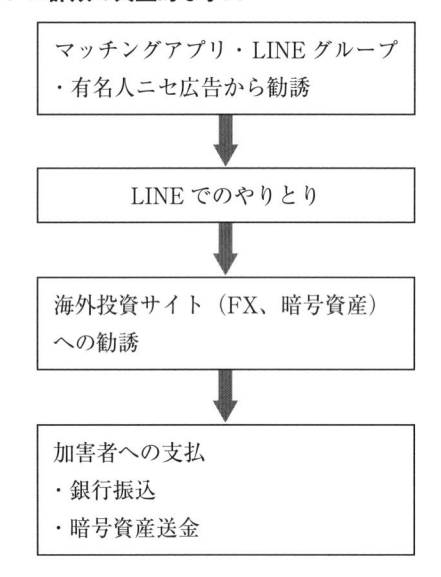

まず、ほとんどの場合、マッチングアプリでの勧誘が端緒となる。よってマッチングアプリ詐欺というほうがこの種の詐欺が登場した初期の頃は、呼称とし

て適切であった。使用されるマッチングアプリは、大手企業が運営するマッチングアプリが多いが、中小企業の運営によるアプリの場合も散見される。

そこから、ほとんどのケースでマッチングアプリ上でのやりとりではなく、LINE での個別のやりとりに誘われる。「国際ロマンス詐欺」といわれるのは、やりとりする相手が機械翻訳を使った明らかな外国人であるケースが多いことが理由の一つとされる。

また、ほとんどのケースで、海外の投資サイトへの誘導がなされる。誘導されるサイトは、FX 投資や暗号資産投資が多く、ほぼ金融庁の無登録業者であり実態があるものはゼロといってよい。したがって、サイトの実態の有無については、検討する必要がない。

サイト上では投資結果の残高が増えていくようにみえるので、追加投資によって被害が拡大してしまう。

しかしながら、サイト上では残高が増えているものの、引き出しの手続をとろうとすると引き出せない。さらに、引き出しには税金を払う必要があるとしてさらなる支払いを要求してくるというのが典型例である。

あるいは撒き餌として、最初の投資だけは残高からの引き出しを可能にすることで、購入者を安心させるというケースもある。

海外投資サイトへの送金とその決済手段は、金融機関への振込みと暗号資産送金がある。振込みは従前どおり個人の口座名義を借りて行われるケースが多く、この対処方針は変わらないが、暗号資産送金が用いられる点が国際ロマンス詐欺の大きな特徴である。そして、この暗号資産を利用した決済方法が、加害者の追跡を困難にしている。

Ⅲ 〈*Case* ⑭〉において問題となる論点と派生論点

〈*Case* ⑭〉における論点は、以下のとおりである。

① 加害者の追跡——コミュニケーションツールからの追跡
② 加害者の追跡——決済手段からの追跡
③ 被害の回復——金融機関口座からの回収

Ⅳ　事案の分析

　国際ロマンス詐欺等については、加害者が関与したコミュニケーションツール、決済ツールから加害者をたどっていくことになるが、対応方法としては、〔図表⑭ - 2〕のような流れが考えられる。

〔図表⑭ - 2〕　国際ロマンス詐欺の対応方法

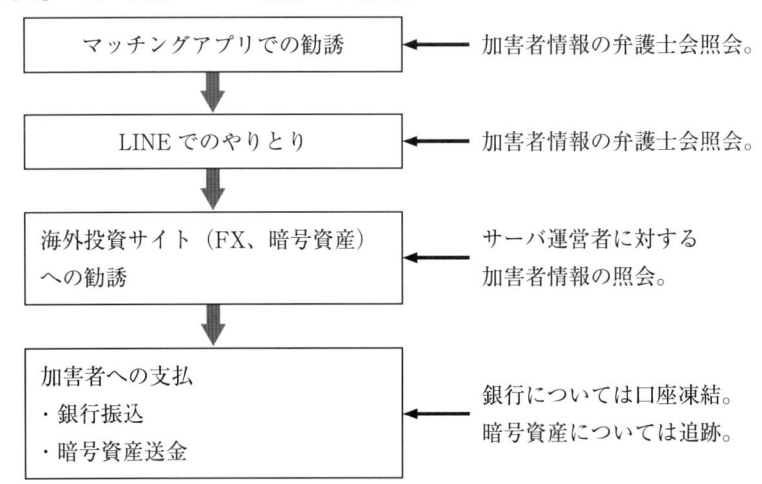

　まず、マッチングアプリによる勧誘がなされることから、その運営会社が加害者の一定程度の情報をもっているはずである。ここに対して加害者情報の開示を請求することが考えられる。通常は、弁護士会照会を行うことになる。

　次に、ほとんどのケースが LINE でのやりとりを経て、詐欺サイトに誘導されるが、LINE においても加害者が登録する際に個人情報を登録させるため、LINE に対して開示を求めることが考えられる。

　さらに、やはりほとんどのケースで海外 FX サイトに誘導されるため、海外 FX サイトがおかれているサーバに対する開示請求をすることが考えられる。国によっては、外国における開示請求手続をとることが考えられる。

　加害者への支払い方法が金融機関口座への振込みの場合には、従前どおり、振り込め詐欺救済法（犯罪利用預金口座等に係る資金による被害回復分配金の支払等に関する法律）に基づく口座凍結が考えられる。一方で、暗号資産投資に

よる場合には、どのように追跡し被害回復を図るか大きな課題がある。

　以下、被害回復の方法について、〈***Case***⑭〉を基に、どのような対応が可能で、また、課題があるのかを検討する。しかし、これらの類型は、原則として損害の回収が困難であり、各弁護士が、日々、さまざまな工夫を重ねている実情にある。

Ｖ　コミュニケーションツールからの追跡

1　入口（マッチングアプリ）

　まず、マッチングアプリの運営事業者に対する開示請求について検討する。

　問題としては2つある。まずは、開示するかどうか。続いて、開示された情報の質の問題である。

　そもそも、開示するかどうかについては業者ごとにケースバイケースであるが、東京投資被害弁護士研究会では、マッチングアプリ運営事業者および団体に、被害防止への対応と弁護士会照会に応じるよう申入れを行っており、これをウェブ上で公開[3]している。

　弁護士会照会ではなく、任意の照会でも応じるところがあるため、証拠を適切に付けて、問合せをしてみることも検討に値する。

　続いて、開示される情報の内容については、真正な住所氏名が開示されることはあまりない。年齢確認はしているものの、外部委託をしており、確認資料自体は保存していないケースが見受けられる。インターネット経由での本人確認なので、偽造も容易に行われうる。

　実際に開示される情報としては、決済情報であり、クレジットカード等の情報が開示されることがある。マッチングアプリについて、個別メッセージの送信は有料としているところもあるため、その送信のための費用をクレジットカード等で支払うケースでは、クレジットカード番号が開示されることもある。ただし、盗難カードが使われている場合もあり、加害者の特定に至らないケー

3　東京投資被害弁護士研究会ウェブサイト「ロマンス詐欺に関する申し入れ」（令和3年8月2日）〈https://tokyotoushihigai.net/info/20210805.html〉。

スもある。

　その他開示される情報として、ログイン IP やタイムスタンプの開示が受けられれば、アクセスが国内であれば加害者の特定が可能なケースもある。ただし、特定電気通信による情報の流通によって発生する権利侵害等への対処に関する法律（情報流通プラットフォーム対処法）は、情報の流通による権利侵害があったことが開示請求の要件となっており（同法 5 条）、捜査機関に情報提供のうえで捜査を依頼する必要がある。従前、証拠保全の申立てによる開示を受ける方法も検討されていたが、通信の秘密に該当するため、証拠保全の方法による開示もできなくなり、民事上での開示請求の途は閉ざされている[4]。

　また、最近のマッチングアプリの多くは SMS 認証を要求している。SMS とはいわゆるショートメールで、電話番号宛てにメッセージを送信するものである。マッチングアプリの登録に際して電話番号を入力させ、電話番号宛てにパスコードを送って、電話番号と利用者を紐付けるしくみである。

　したがって、SMS 認証をしている場合、少なくとも電話番号は明らかになる。電話番号がわかれば、弁護士会照会で登録者の住所氏名が明らかになる。ただし、データ通信専用の電話番号であった場合には、本人確認義務がなく、最近では SMS 認証代行などを行っている業者や個人もあり、実際には加害者の特定に至らないこともある。一方、SMS メールアドレス、つまり電話番号がマッチングアプリ業者から開示され、弁護士会照会で MVNO（格安 SIM を提供している事業者）を追ったところ、外国籍のパスポートが開示されるケースもある。開示されたパスポートについて出入国在留管理庁に問い合わせることで渡航履歴がわかるが、日本への渡航履歴がない場合、このルートからの追跡は困難が伴うことになる。

　なお、犯罪抑止の観点からは、そもそもマッチングアプリの運営会社において、海外 IP アドレスからのアクセスを拒否するか、より慎重な入会審査を行うことで、被害を相当数減らすことができると考える。利用者の保護だけでなく、プラットフォームの健全性を高めることは利用者数を増やすことにもつながり、マッチングアプリ運営会社側の利益にも資するのではないかと考える。

4　最決令和 3 年 3 月 18 日民集 75 巻 3 号 822 頁（検証物提示命令に対する抗告棄却決定に対する許可抗告事件）。

2　入口（有名人ニセ広告）

　最近多い有名人ニセ広告については、有名人らが自らニセ広告が出されている SNS プラットフォーマーを提訴したり、国会に陳情に行くなどの動きがあるが、詐欺の被害者側からは別の検討が必要である。

　まず、ニセ広告が出されている SNS プラットフォーマーは、ニセ広告を出している広告主の情報をもっているはずである。この点、ニセ広告が出されている SNS プラットフォーマーは、弁護士会照会などには、非協力的[5]である。

　また、ニセ広告が出されている SNS プラットフォーマー自体の責任を問うことも検討しうる。すなわち、ニセ広告の類型（出稿内容や、広告主の属性等）からの検知可能性などから、予見可能性を立証することで、責任追及はしうるが、本書執筆時点では、判決が出た事例は存在しない。

3　LINE の開示請求

　ほぼすべての事案が LINE 経由でのコミュニケーションを経て詐欺サイトに誘導されるため、加害者の LINE の登録情報から加害者を追跡することが考えられる。

　この点、LINE を運営する LINE ヤフー株式会社は、以前は弁護士会照会に応じなかったが、日本弁護士連合会の意見書[6]および内閣府消費者委員会の本会議での議論[7]以降は、応じるケースが増えてきていたが、その後、開示に消極的な姿勢に変化しているとのことである。

　具体的な照会の方法であるが、ID が把握できているケースでは、ID による特定でよいが、ID がわからない場合でも、アプリ上で「通報」を行ったうえで、その通報に係る相手を特定する方法が LINE 側で可能である。

　具体的手順としては、「トーク履歴」を開いて、左側に表示される相手のトー

5　日本弁護士連合会ウェブサイト「SNS を利用した詐欺行為等に関する調査・対策等を求める意見書」（2023 年 3 月 16 日）〈https://www.nichibenren.or.jp/document/opinion/year/2023/230316_5.html〉。

6　日本弁護士連合会ウェブサイト・前掲意見書（注 5）。

7　内閣府ウェブサイト「第 406 回消費者委員会本会議議事録」〈https://www.cao.go.jp/consumer/iinkai/2023/406/gijiroku/index.html〉。

クをタップして長押しすると、「通報」という項目が表示され、これをクリックすると通報ができる。

　この通報画面をスクリーンショットで保存し、自分の ID と通報時間を控えたうえで、これを基に弁護士会照会を行うという手順である。

4　サーバの開示請求

　投資先として、海外投資サイトや代替としての FX 投資サイトなどがあり、ここでアカウントを作成させられ、振込みや暗号資産で送金すると、サイト上で残高が増え、投資が成功しているようにみえる。しかし、これは単なる表示上の操作であり、実態は伴っていない。

　国内サーバにこれらのサイトがおかれていることはほとんどないが、サーバがアメリカにある場合、サーバの運営会社等に管理者情報の開示の申立てをすることが考えられる。

　従前の例でいえば、漫画村についてアメリカでクラウドフレアに対してサピーナという開示手続を行った例が有名である。

　著作権侵害の場合、デジタル・ミレニアム著作権法（DMCA）に基づき、簡易な手続で開示ができるケースもあるが、〈*Case* ⑭〉は著作権侵害ではないため、通常の開示請求手続が必要となり、それなりに費用がかかる。

　アメリカであれば、サーバ運営会社が保有する情報は出てくるが、氏名住所が登録されていない場合もある。IP アドレスや決済情報が開示された場合には、そこからさらに追跡することが可能である。

　しかし、やりとりや手続が海外で完結している場合や、全く決済情報等が出てこない場合もあり、費用をかけた結果、無為に終わることもある。非常に難しい側面であるといえる。

VI　決済手段からの追跡

1　金融機関への振込み

　続いて、被害にあった際の決済手段について説明する。決済手段としては、

金融機関への振込みもしくは暗号資産の送金、またはその両方が使用されることがほとんどである。

まず、金融機関への振込みについては特段新しいものではなく、対応方法としても従前どおりである。

振込先としては、海外投資サイトへの入金といいつつ、海外の金融機関などが指定されることはなく、国内金融機関の個人口座が振込先として指定されることがほとんどである。

対応方法としては、従前どおり、振り込め詐欺救済法に基づく口座凍結をすることがまず考えられる。移転先口座についても口座凍結の対象となり、金融機関によって対応は異なるものの、移転先口座の凍結が功を奏することもある。資金移転がある場合には、「適切な措置を講じていただきたい」旨を書面に記載する等の工夫も考えられる。

口座凍結後は、残高を確認し、仮差押えなどの対応をしていく。口座名義人への訴訟を行うに際しては、弁護士会照会や調査嘱託を行い、口座名義人の住所氏名を確認する。

凍結された口座の場合、口座名義人の住所氏名の開示を求める弁護士会照会については、従前は金融機関が適切な対応をすることが多かったが、近時、開示を拒む金融機関があるようである。

この場合でも、残高は別として、訴訟等を提起するために住所氏名を開示することに限定して再度求めると、開示されるケースもある。

2　暗号資産

続いて、詐欺の被害者が暗号資産投資を名目に送金させられた場合に、加害者をどのように特定するのか、そもそも特定が可能かということについて説明する。

⑴　暗号資産の種類

暗号資産には多数の種類があるが、ほとんどの場合、利用されるのはビットコインとイーサリアムの2種類である。まれにリップルという暗号資産が利用されることもある。

被害者が送金する際には、国内の暗号資産交換業者（ビットフライヤーやコ

インチェックなど）に口座を開設するよう誘導される。そして、開設した自分の口座に入金をし、ビットコインやイーサリアムを購入させられる。

(2)　暗号資産の追跡

ビットコイン（BTC）の特徴としてよくあげられるのが「ビットコイン（BTC）がどこからどこに移動しているかは、ブロックチェーン上で公開されている履歴を調べれば、追跡が可能である」という点である。

ビットコイン（BTC）がどのように移動しているかを調べる際には、「ビットコインアドレス」を手がかりにして移動の履歴を調べていく。

ビットコインアドレスとは、ビットコイン（BTC）の取引をする際に受け渡しをする「口座番号」のようなもので、金融機関で送金する際は相手の預金口座番号を指定するが、それと同じように、ビットコイン（BTC）を送金する際は相手のビットコインアドレスを指定する。

一般的なビットコインアドレスは20文字程度の英数字を組み合わせたもので、判読が困難な文字列で構成されている。これは、自分しか知らない「秘密鍵」から生成した「公開鍵」に一方向の暗号学的ハッシュ化を施すことで生成されるためである。

そして、実際に送金先を把握するためのツールをビットフライヤーなど各暗号資産交換業者が公式に提供している。それが、BTC.comなどのツールである。

暗号資産の追跡については、BTC.com等で、ビットコインアドレスの文字列を入力すると、追跡ができる。実際のブラウザの画面をみてみると、検索窓に先ほどの30文字程度のビットコインアドレスを入力すると、そのビットコインアドレスを介して行われたすべての取引が確認できる。

たとえば、海外投資サイト上で送金先として表示されたビットコインアドレスを、BTC.comの検索窓に入力すると、取引のインプットとアウトプットが表示される。

さらに、アウトプット先のビットコインアドレスについても同様に検索窓に入力することで、そこから先の送金先も調査することが可能となる。

しかし、一見暗号資産の追跡は簡単にみえるが、そうではない。

これらのビットコインアドレスは、誰が管理しているかという情報がBTC.comからは全く出てこないため、暗号資産の匿名性が担保されている。ビッ

トコインアドレスであれば送金先はわかるが、そのビットコインアドレスの管理者が誰なのかはわからないのである。

　ビットコインアドレスの中には、暗号資産交換業者と紐付くものと紐付かないものの2種類が存在する。暗号資産交換業者に紐付くビットコインアドレスであれば、そのビットコインアドレスについて暗号資産交換業者が口座名義人の住所氏名などの情報を確認しているため、何らかの方法で照会することで加害者にたどり着くことができると思われる。一方で、暗号資産交換業者に紐付かないビットコインアドレスであれば、そのビットコインアドレスの所有者の情報を特定することは困難である。

　しかし、加害者が詐取したビットコインを現金化するためには、どこかで暗号資産交換業者を経由する必要があるため、どこかの段階で暗号資産交換業者に流れているはずである。

　海外投資サイト上で直接送金先として表示されているビットコインアドレス、すなわち「加害者が送金先として指定したビットコインアドレス」については、加害者が身元を隠すため「暗号資産交換業者と紐付かないもの」としている可能性が高い。

　しかし、いくつかのビットコインアドレスを迂回しても、ほとんどのビットコインアドレスが一つのビットコインアドレスに集約されている場合が多い。

　ビットコインアドレスを追跡するためのツールはインターネット上にいくつも存在するが、正確性には難がある場合もある。有料のツールもあるが、金融機関や政府向けであり、個人の被害者が利用するのは難しい。

　また、実際に追跡を行った事例では、海外の暗号資産交換所にはたどり着けることが多いものの、そこからの開示請求や凍結手続は難しく、回収につながらないことが多い。

(3)　暗号資産交換業者が特定された場合の対応

　送金先ビットコインアドレスを管理している暗号資産交換業者が特定された場合の対応としては、業者が国内企業か国外企業かによって異なる。海外業者の場合、直接の問合せは難しく、国内にグループ会社があればそこに対する照会を行うことが考えられる。それ以外の場合は、捜査機関に情報提供して問合

せを依頼することが現実的である[8]。

　送金先の口座がわかっている場合、海外であっても口座凍結の手続をとれば回収可能性が上がるが、海外の暗号資産交換業者の特定や対応は難しい。

　一方、国内の暗号資産交換業者の場合、弁護士会照会を行うことで住所氏名や出金先金融機関口座等の情報を得ることができる。

　しかし、弁護士会照会に応じない大手の国内暗号資産交換業者も存在し、この点は非常に問題である。金融庁の事務ガイドラインや交換業協会の規則には、弁護士会照会に対して適切な判断を行う体制を整備するように記載されているため、本来は開示すべきである。

(4)　小　括

　総括すると、〈*Case* ⑭〉のような類型の詐欺事案は、海外の暗号資産交換所に送金されていることまでは追跡できるが、そこから先の解決につながらないため、国際ロマンス詐欺や類似事例では、暗号資産送金の被害回復事案は 1 件も報告されていないことに注意を要する。

　また、暗号資産送金型にもかかわらず、あたかも被害回復ができるかのように喧伝する弁護士や、探偵の二次被害が、近時は大きな問題となっている。

Ⅶ　金融機関口座からの回収

1　振り込め詐欺救済法の基礎知識

(1)　手続の概要

　初歩的なところだが、制度の概要から説明する。振り込め詐欺救済法によれば、以下の①②が可能となる。

①　FAX 1 枚で口座凍結が可能

②　凍結された口座の残高について、

　・WEB で一定期間公告し、口座名義人等からの届出がなければ失権させ

　・失権させた残高を被害者で分配する

8　海外の事例については、世取山茂「SNS 型投資・ロマンス詐欺対策として講ずべき措置について──諸外国の先行実務に学ぶ」警察政策 27 巻（2025）144 頁以下が詳しい。

　「振り込め詐欺救済法」は、正式名称を「犯罪利用預金口座等に係る資金による被害回復分配金の支払等に関する法律」という。また、主務省令として「施行規則」がある。

〔図表⑭-3〕　被害回復分配金の支払等に関する手続の流れおよび預金保険機構の業務

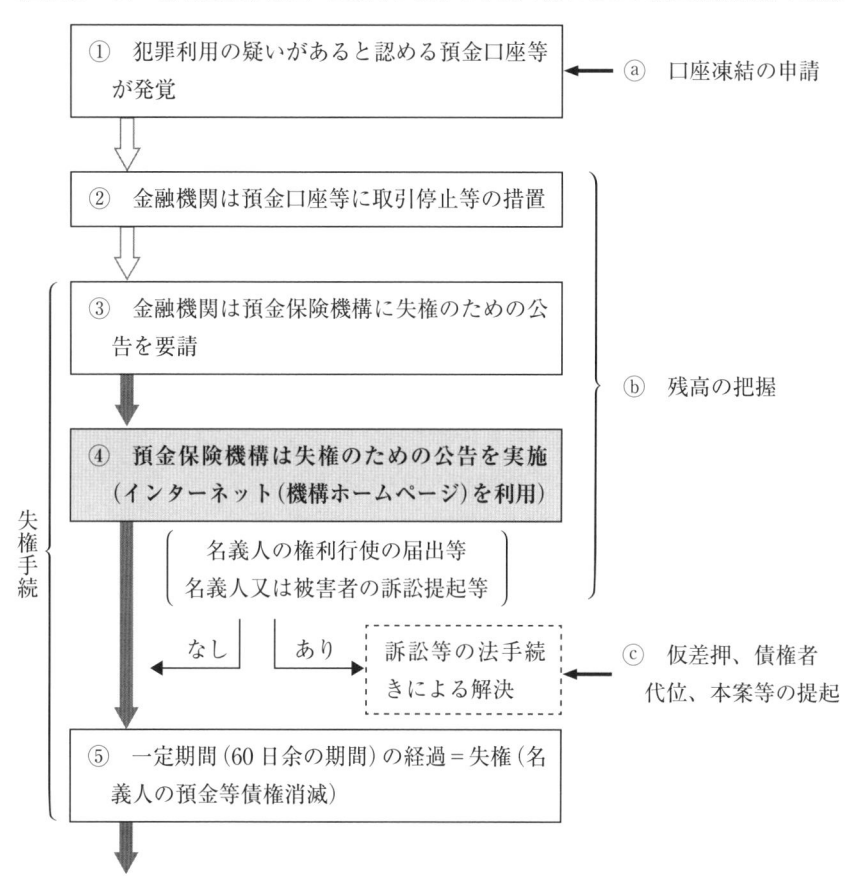

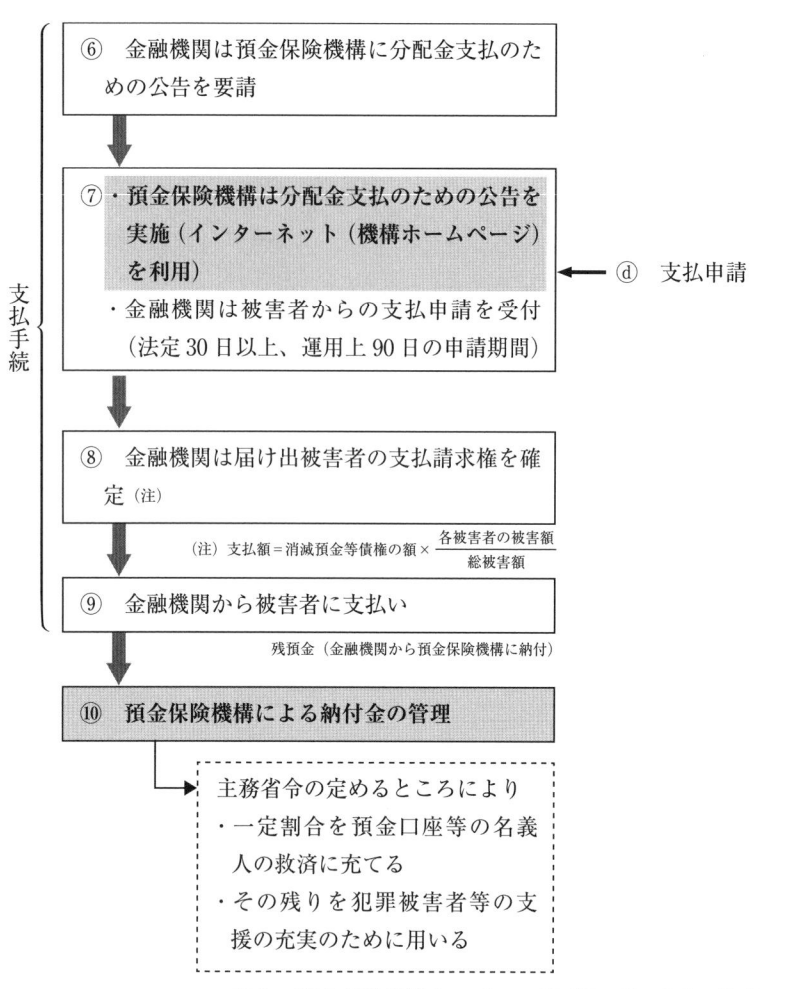

出典：預金保険機構ウェブページ（ⓐ～ⓓの矢印は筆者による）

　手続の流れを概観する。〔図表⑭‐3〕は、預金保険機構のウェブページからの引用である。

　①～⑩が振り込め詐欺救済法の口座凍結の流れであり、右側の矢印に続く説明が弁護士がこの流れの中で関与する部分である。

　まず、図の左側について、①として犯罪利用の疑いがある口座、すなわち被害者が振り込まされた加害者もしくは加害者の関係者の口座がある。

　次に、②として金融機関が預金口座に取引停止等の措置を行う。これが口座凍結であり、①と②の間に弁護士が口座凍結の申請をすることになる。

　口座凍結後は、失権手続と支払手続に大きく分かれる。まず失権手続では、口座名義人の金融機関に対する債権を消滅させる。そして、消滅した後、支払手続として消滅した残高を被害者で分配する。

　このように、振り込め詐欺救済法は凍結、失権手続、支払手続の3つを定めている。失権手続については、金融機関が預金保険機構のウェブページで当該口座について公告し、一定期間経過することで凍結された口座の名義人の権利が失権する。

　その後、支払手続についても公告され、被害者はその公告を確認して支払申請を行う。

　弁護士が対応すべきタスクとしては、ⓐ口座凍結の申請、ⓑ残高の把握、ⓒ仮差押え、債権者代位、本案等の提起、ⓓ支払申請がある。ⓐとⓓはすでに説明したとおりである。

　ⓑとⓒについては、失権手続が行われ、支払手続となると、複数の被害者がいた場合は口座残高を按分して分けることになる。しかし、失権する前に仮差押え等の手続をとると、失権手続が停止し、口座残高を全額回収できるようになる。

　したがって、仮差押え等の手続をするかどうか、また手続に先立って残高をどのように把握するかが検討事項となる。

⑵ **条　文**

　手続全体の流れを説明したが、次に条文の確認を行う。まず、口座凍結についてどのように定められているかを確認する。

　振り込め詐欺救済法3条1項は、以下のとおり定められている。

第3条　金融機関は、当該金融機関の預金口座等について、捜査機関等から当該預金口座等の不正な利用に関する情報の提供があることその他の事情を勘案して犯罪利用預金口座等である疑いがあると認めるときは、当該預金口座等に係る取引の停止等の措置を適切に講ずるものとする。

　2　（略）

次に、2条は定義規定である。

第2条　1項・2項　（略）

3　この法律において「振込利用犯罪行為」とは、詐欺その他の人の財産を害する罪の犯罪行為であって、財産を得る方法としてその被害を受けた者からの預金口座等への振込みが利用されたものをいう。

4　この法律において「犯罪利用預金口座等」とは、次に掲げる預金口座等をいう。

一　振込利用犯罪行為において、前項に規定する振込みの振込先となった預金口座等

二　専ら前号に掲げる預金口座等に係る資金を移転する目的で利用された預金口座等であって、当該預金口座等に係る資金が同号の振込みに係る資金と実質的に同じであると認められるもの

5　（略）

要するに、「犯罪利用預金口座等である疑い」が要件となり、金融機関が自ら判断するという立て付けである。

(3)　振り込め詐欺救済法の凍結申請の主体

それでは、口座凍結申請をする主体は誰か。金融機関に情報提供する主体は、通常は、警察か弁護士である。そして、弁護士が口座凍結をする場合の具体的方法としては、日本弁護士連合会の統一用紙を利用してFAXを送信する。

書式は、日本弁護士連合会の統一用紙であり、会員ページをたどると掲載されている。送付先については日弁連会員ページで確認できる（執筆時点では、「会員ページ」＞「事件処理」＞「民事・家事」＞「消費者問題関係」＞「振り込め詐欺等不正請求口座情報提供及び要請書の活用について（お願い）」）。

また、警察および各金融機関の連絡先は、上記ページに警察・金融機関の連絡窓口一覧が記載されているため、そちらから確認できる。

口座凍結は弁護士の責任で実施することが明記されている。すなわち、統一用紙には、凍結要請をした弁護士が、クレームに対する責任をとる旨が記載されており、要件の確認は慎重に行う必要がある。また、「参考書類」として、振込票や振込指示のLINE等があれば添付するようにする。

⑷　口座凍結の要件と注意事項

　振り込め詐欺救済法2条3項によれば、「詐欺その他の人の財産を害する罪の犯罪行為」の振込先、または移転先口座であることとされている。すなわち、「財産犯であること」が要件となっており、詐欺・恐喝、ヤミ金（出資法違反）等が該当する。一方で、これらに該当しない単なる不法行為のみである場合には、振り込め詐欺救済法の要件にあたらないので注意が必要である。

　また、弁護士に対する訴訟事案も存在する。

　東京地判平成24年9月13日判時2167号46頁は、弁護士に対する損害賠償請求訴訟の事案である。これは棄却されているが、判断要素について抜粋する。

> ⑴　法3条1項の措置を講ずるよう求め、本件停止措置を講じさせた被告の行為の違法性について
>
> 　被告は、Cからの電話相談を受けた後、三度にわたって直接Bと面談し、事実経過を把握するとともに、Bが所持していた資料や面談後新たに入手した資料を精査し、その内容やBの認識していた事実との整合性を確認し、Bの供述の正確性を確かめており、その調査に不十分な点があったとはいえない。
>
> 　そして、Bの供述する事実経過や被告が収集した各種資料を総合すると、本件口座が犯罪に利用されていると考えるにつき合理的な理由があったというべきであるから、被告が法3条1項に基づく措置を求め、本件停止措置を講じさせた行為は違法とはいえない。
>
> 　原告は、被告が、Bへの融資に関与した登録貸金業者や司法書士に対し、原告による詐欺の有無等について、問合せ等を行うべきであったと主張する。しかし、そのような調査を行えば、本件口座の名義人に察知され、預金を引き出されるなどの手段が講じられて、法3条1項の措置による被害回復が不可能となるおそれがあるから、被告が上記の調査を行うべきであったとはいえない。

　このように、口座凍結の際には、適切にヒアリングを行い資料の確認がされていない場合、弁護士自体が損害賠償請求を受ける可能性があるため、十分注意する必要がある。

　FAXを送付した場合の金融機関の対応について、ほぼ即日で口座凍結の対応をしてくれる。金融機関としては、弁護士からのFAXで凍結することについては、原則責任を負わないとした裁判例（東京地判平成24年10月5日判タ1389号208頁）がある。

> ……弁護士から日弁連の統一書式により情報提供等がされた場合には、……当該情報提供が明らかな客観的事実と齟齬しているなど、その内容が虚偽であることが一見して明らかになるような特段の事情がない限り、振り込め詐欺救済法3条1項に従った適法なものというべきである。

(5)　口座凍結後の流れ（失権手続）

　口座凍結した後の流れについては、失権手続に入ることとなる。失権手続の公告は預金保険機構のウェブサイト[9]で行われ、検索窓に口座番号を入力すると失権手続の開始が公告され残高がわかる。

　具体例として、〔図表⑭-4〕のように残高が表示される（一部加工している）。金融機関名、残高、カタカナ名義等が表示されるが、住所や漢字氏名は公表されない。

〔図表⑭-4〕　失権手続の開始が公告（預金保険機構ウェブサイト）

9　預金保険機構ウェブサイト「振り込め詐欺救済法に基づく公告」〈https://furikomesagi.dic.go.jp〉

　このページは月２回更新される。凍結から公告までの期間は金融機関によってばらつきがあり、ネットバンクは早いところで２週間、メガバンク系は公告開始まで３か月以上かかる場合もある。

　公告から60日の間に「権利行使の届出」がなければ失権、すなわち口座名義人の権利が消滅することになる。

⑹　権利行使の届出

　失権手続を止める「権利行使の届出」とは何かを確認する。

　「権利行使の届出」をすると失権手続が止まるが、何のために「権利行使の届出」をするのか。失権後の支払手続では、被害者が加害者の口座の残高を按分して分配することになる。弁護士が振り込め詐欺救済法の手続に関与する意義は、被害者が口座残高の全額を取得することにある。

　具体的には二段階あり、まずは失権手続を止めること、そしてこの間に口座の差押えまで行い、回収することである。

　失権手続を止めるために必要な手続が「権利行使の届出」である。具体的方法としては、以下の３つが考えられる。

・口座に対する仮差押え
・金融機関に対する債権者代位訴訟
・口座名義人に対する本案訴訟＋金融機関への通知（金融機関により対応は異なる）

　仮差押えを行えば、「権利行使の届出」に該当し、失権手続が止まることに疑義はない。また、債権者代位訴訟（これは金融機関を被告とするもの）についても失権手続が止まることに疑義はない。一方で、口座名義人に対する詐欺等の不法行為を理由とする損害賠償請求訴訟については、「権利行使の届出」とするかどうか、金融機関ごとに判断が分かれている。

　口座名義人に対する詐欺等の不法行為を理由とする損害賠償請求訴訟を提起し、訴状を金融機関にFAXすることで「権利行使の届出」として認めてくれる金融機関もいくつか存在するが、そうでない場合には、仮差押えか債権者代位訴訟を行う必要がある。

　仮差押えの担保金を用意できない場合は、口座名義人への訴訟提起に加えて金融機関への債権者代位訴訟を提起し、口座名義人に対する本差押え後に取り

下げることも考えられる。これは金融機関の応訴の負担が増えるだけであるため、口座名義人に対する本案をもって「権利行使の届出」と認める運用が望ましいと思われる。

　取扱いは流動的であり、上記のとおり金融機関の対応も変わる可能性があるため、実際に事件を扱う際には逐次確認が必要である。

　また、本案と債権者代位訴訟を併合して提訴した場合、配点された部によって債権者代位訴訟の印紙代を求められるか否かについても、扱いが流動的であるが、本来は、経済的利益が同一であるとして追加の印紙は不要であると解すべきである[10]。

「権利行使の届出」について、実務的には、運用が分かれているため、条文を確認しておきたい。まず、失権手続については、振り込め詐欺救済法4条に定められている。

第4条　金融機関は、当該金融機関の預金口座等について、次に掲げる事由その他の事情を勘案して犯罪利用預金口座等であると疑うに足りる相当な理由があると認めるときは、速やかに、当該預金口座等について現に取引の停止等の措置が講じられていない場合においては当該措置を講ずるとともに、主務省令で定めるところにより、預金保険機構に対し、当該預金口座等に係る預金等に係る債権について、主務省令で定める書類を添えて、当該債権の消滅手続の開始に係る公告をすることを求めなければならない。

　一～四　（略）
2　前項の規定は、次の各号のいずれかに該当するときは、適用しない。
　一　前項に規定する預金口座等についてこれに係る預金等の払戻しを求める訴え（以下この章において「払戻しの訴え」という。）が提起されているとき又は当該預金等に係る債権について強制執行、仮差押え若しくは仮処分の手続その他主務省令で定める手続（以下この章において「強制執行等」という。）が行われているとき。
　二　（略）
3　（略）

---

[10]　東京高決昭和 56 年 7 月 20 日判タ 453 号 89 頁（手数料の還付申立却下決定に対する即時抗告事件）は、「詐害行為取消請求はこれと併合された手形金等請求と経済的利益を共通にするもの」との判示をしている。

払戻しを求める訴え、預金債権の執行や仮差押え、そして主務省令で定める手続のときは、失権公告をしないものとされている。

「権利行使の届出」という言葉は、預金保険機構が公告をする際の条文である。振り込め詐欺救済法5条1項5号で、「対象預金口座等に係る名義人その他の対象預金等債権に係る債権者による当該対象預金等債権についての金融機関への権利行使の届出又は払戻しの訴えの提起若しくは強制執行等（以下「権利行使の届出等」という。）に係る期間」として定められている。なお、失権自体は、「対象預金等債権について、第5条第1項第5号に掲げる期間内に権利行使の届出等がなく、かつ前条第2項の規定による通知がないときは、当該対象預金等債権は消滅する。この場合において、預金保険機構は、その旨を公告しなければならない」（同法7条）として消滅が定められている。

権利行使の届出の一つである主務省令で定める手続として、振り込め詐欺救済法施行規則5条で「訴えの提起（払戻しの訴えの提起を除く）」とあり、口座名義人に対する訴訟がこれにあたるかどうか解釈について各金融機関で運用が分かれている。

⑺　残高の把握

口座凍結後は、仮差押えを行うか、公告を待つか、その判断は残高がどれくらいあるのかによって変わる。したがって、残高の把握が重要な要素となる。

残高の把握方法としては、以下の3つがある。

① 失権公告を待つ
② 弁護士会照会をする
③ 警察経由で問い合わせる

失権公告が出れば残高はわかるが、時間がかかるうえに、先に他の被害者が権利行使を行う可能性がある。そのため、金融機関に対して弁護士会照会を行う方法や、警察経由で問い合わせる方法も考慮するべきである。

⑻　分配手続

権利行使の届出をしない場合、失権のうえで支払手続に移行することになる。

預金保険機構の公告ページをきちんと確認し、失権手続や支払手続を定期的に確認しておく必要がある。

統一用紙で口座凍結申請をしておくと、金融機関によっては支払手続の書類

が送付されてくるが、送付されない金融機関もあるので注意が必要である。

　なお、支払手続の申請書は預金保険機構のウェブサイトに掲載されており[11]、申請書に必要事項を記載すれば特段問題なく分配される。

2　仮差押えに関して

(1)　漢字氏名と住所の開示

　弁護士会照会での開示について、凍結口座に関して弁護士会照会を行うと、本案・仮差押えのために最低限の住所や漢字氏名が開示される。このため、権利行使の届出を行うためには、弁護士会照会を先行させる必要がある。

　口座番号とカタカナ氏名を当事者目録に記載して申立てとともに調査嘱託で金融機関に対して漢字氏名と漢字住所を照会する方法もある。

　ただし、これは本案の場合にのみ使えるやり方であり、仮差押えの場合は弁護士会照会を先行させるよう求められるケースが多い。

　現状では、弁護士会照会で漢字氏名と住所が開示されるが、従前は、開示しない金融機関もあった。このようなケースでは、金融機関に対して債権者代位訴訟をそのつど提起せざるを得なかったが、開示するように変わっていったケースもあり、金融機関の対応は時期によって変化がある。

(2)　残高、取引履歴、移転先口座の開示

　次に、残高、取引履歴、移転先口座の開示について触れる。これらの開示についても、各金融機関で取扱いが異なる。ただし、弁護士会照会をして住所等を求めるのであれば、残高、取引履歴、移転先口座の開示も求めておくべきである。移転先口座が開示され、移転先口座を凍結したり、移転先口座の関係者から回収に成功したケースも報告されている。

　近時、国際ロマンス詐欺や有名人ニセ広告による詐欺などでは、被害者は、加害者の10口座も20口座もの口座に振り込んでいることがあり、すべてで訴訟するのは大変な手間であり、費用倒れになることもある。したがって、残高がどの程度あるのかは非常に重要な関心事となる。

11　預金保険機構ウェブサイト〈https://furikomesagi.dic.go.jp/pat01doc.html〉。

(3)　警察経由での照会

残高を確認するための方法として、警察経由での照会も一つの方法である。警察経由で口座を凍結した場合、金融機関は警察からの残高照会に応じ、被害者に残高を教えるケースがある。それはメガバンクであっても同様である。

そのため、まずは被害者が警察に行って口座の凍結申請を実施してもらうよう努め、警察が口座を凍結してくれない場合には弁護士による凍結を行うというのも一つの選択肢である。

(4)　担保金

仮差押えの場合の担保金であるが、振り込め詐欺救済法に基づき、口座が凍結されているケースでは、通常の仮差押えよりは担保金が安くなるべきであるが、この点については、申し立てた裁判官と適切に協議する必要がある。

3　本　案

振込名義人を訴えた際に「口座を騙し取られた」や「ハッキングにあった」と主張される場合がある。もちろん、そんなことはあり得ないが、適切に反論する必要がある。

対応としては、まず金融機関への調査嘱託で残高や明細を確認し、履歴からもともと使用していた口座かどうかを確認することが考えられる。また、ワンタイムパスワードの利用の有無、電話番号やメールアドレスの登録の変遷も確認する。そして、各金融機関のサイトから制度を確認し、本人の関与がなければ口座を譲渡できないことを立証していくことになる。

初期資料として手元にあるものについて確認し、その設定についても確認して設定メールが届いているかどうか、メールアドレスへのログインなどを確認する。口座の購入者は、口座を買う際に「こう主張すると責任が逃れられる」と、口座を売った者から指導されていることが多いので、適切に反論する必要がある。

また、口座名義人のその他の口座を調べると、ほかにも口座が凍結されていたりすることがあり、相手方は、ハッキングされたと主張しているが、他の口座もすべてハッキングされたのかという点で矛盾が生じることがある。このように、矛盾点をついて反証していくことが重要である。

（葛山弘輝）

第 **15** 章

✦

不正アクセス禁止法違反、不正指令電磁的記録に関する罪

✦

I　不正アクセス禁止法違反の事例

1　事　例

〈*Case* ⑮-1〉

　甲弁護士は、過去の依頼者からAを紹介され、刑事事件についての相談を受けることとなった。

　Aは、不正アクセス禁止法違反の容疑で、警視庁○○警察署から呼び出しを受けており、同署での取調べを受ける前に、甲弁護士のアドバイスがほしいとのことだった。

　甲弁護士は、Aから次の内容を聴取した。

　すなわち、Aは、株式会社Bのプログラマーとして令和6年4月1日から勤務を開始した者であるところ、株式会社Bは、スマートフォン用アプリケーションソフトαを開発・運用しており、αの業務に関しては、株式会社Bの従業員であったC1人に担当させていた。

　Cが、令和6年3月20日に株式会社Bを退職したため、Aは、Cが担当していたαに関する業務を引き継ぐこととなり、株式会社Bは、Aに対してαのアップデートに関する業務を担当するように命じた。

　Aは、αの不具合を改善するために、αのプログラムに関する資料を探したものの、必要な資料がみあたらなかったため、株式会社Bのサーバに残されていた履歴を通じて、前任者であるCが管理していたであろうαの資料を入手しようと考えた。

　Aは、Cが操作したであろうコマンドを、上記履歴の中で発見し、当該コマンドの内容となっているβというサーバの中に、αに関連する資料が保管されているのではないかと考えた。

　Aは、βにログインするに際して、Cが過去に株式会社Bで利用していたメールアドレスをユーザ ID として入力し、ユーザ ID と同じ文字列をパスワードとして入力したところ、βにログインすることができた。

　Aは、β内でαに関連する資料を確認することができたため、β内に保管されていた全データをダウンロードし、αに関する不具合の解消に向け、業務に従事していたところ、○○警察署から呼び出しを受けたとのことだった。

2　〈*Case* ⑮-1〉において問題となる争点と派生論点

〈*Case* ⑮-1〉において問題となる論点と派生論点は、以下のとおりである。

基本論点①　不正アクセス禁止法の枠組み

　　　　②　不正アクセス行為の種別

　　　　③　アクセス制御機能等

　　　　④　識別符号

　　　　⑤　退職者のアカウントの使用

派生論点①　パスワードの精度

　　　　②　故意

　　　　③　正当業務行為

3　前提知識・検討すべき法的論点

(1)　不正アクセス禁止法の枠組み（基本論点①）

(A)　処罰対象となる行為

不正アクセス行為の禁止等に関する法律（以下、「不正アクセス禁止法」という）は、その名のとおり、不正アクセス行為に対して刑事罰を科すことを中心とする法律であり、不正アクセス行為に対して、3年以下の懲役または100万円以下の罰金を科している（同法3条、11条）。

また、不正アクセス禁止法12条は、不正アクセス行為自体ではなく、その前段階の行為と考えられる行為等を対象に、1年以下の懲役または50万円以下の罰金に処する旨を定めているところ、同条の罪が適用される内容としては、不正アクセス行為に及ぶ際に必要となる識別情報の不正取得（同法4条違反）、当該識別情報の入力を不正に要求する行為[1]（同法7条違反）等がある[2]。

(B)　アクセス後の行為の影響を受けないこと

以上のとおり、不正アクセス禁止法は、不正アクセス行為の準備段階とも評価し得る行為に対しても刑事罰を科しているものの、不正アクセス行為の未遂犯を処罰する規定は設けられておらず、未遂犯は処罰されていない。

また、不正アクセス禁止法は、不正アクセス行為自体を規制するものであって、アクセス後の行為を処罰する趣旨のものではない。そこで、サーバに不正アクセスをした段階で、不正アクセス行為の罪は既遂に達し、アクセス後の行為に何らの違法性が認められない場合であっても正当化されることはない。

たとえば、〈*Case* ⑮-1〉において β 内に保管されていた資料について、株式会社Bの従業員であるAに利用権限があった場合や、Aが β 内のデータに一切手を付けなかった場合でも、β に対するアクセスが不正アクセスと認められる場合には、不正アクセス行為の罪が成立することとなる。

1　いわゆるフィッシング行為を処罰するための規定である。フィッシング行為とは、銀行や大手企業からのメッセージであることを装い、電子メールやSMS（携帯電話同士で電話番号を宛先にしてメッセージを送受信するもの）を送信して、カード番号やパスワードの入力を求めるなどして、当該情報を詐取する行為の総称である。
2　ほかに、5条は不正アクセスを助長する行為、6条は不正に取得した識別情報を保管する行為を禁じている。

　逆に、インターネットバンキングに関して、他人のアカウントに不正にアクセスし、当該他人名義の口座から自身の口座に金銭を送金させた場合のように、アクセス後の行為に違法性が認められる場合には、刑法246条の2が定める電子計算機使用詐欺等の罪等、不正アクセス禁止法違反の罪以外の罪の成否も検討する必要がある。

（C）　保護法益

　以上のように、アクセス先のアカウントの名義人らに何らの損害も生じていない場合であっても、不正アクセス行為の罪が成立する理由を理解するためには、不正アクセス禁止法の保護法益を理解する必要がある。

　不正アクセス禁止法違反の罪に関する保護法益については、さまざまな学説上の対立はみられるものの[3]、同法1条が「……電気通信に関する秩序の維持を図り、もって高度情報通信社会の健全な発展に寄与すること」を目的とする旨を定めていることなどを理由に、<u>ネットワークを利用する際のアクセス制御機能に対する社会的信頼を内容とする社会的法益</u>が保護法益であるものと一般的には理解されている。

　したがって、個人的法益を保護するものではないため、〈*Case* ⑮ - 1〉において、甲弁護士がC等と示談を成立させたとしても、法益を回復させたことにならず、違法性を減少させることには直結しない。

　もっとも、公然わいせつ罪（刑174条）等のように、個人的法益を保護法益としない犯罪類型であっても、実質的な被害を被ったと解される者と示談を成立させることは、検察官による終局処分や裁判における量刑に一定の影響を有するものであり、甲弁護士として、C等との示談交渉に着手することを躊躇する必要はない。

⑵　不正アクセス行為の種別（基本論点②）

（A）　識別符号窃用型

　〈*Case* ⑮ - 1〉では、Aのβに対するアクセス行為が不正アクセス行為といえるかが問題となる。

3　紙幅との関係でその詳細には踏み込まないが、不正アクセス禁止法違反の罪に関する保護法益論については、西貝吉晃『サイバーセキュリティと刑法——無権限アクセス罪を中心に』（有斐閣、2020年）218頁が詳しい。

　不正アクセス行為については、不正アクセス禁止法2条4項によって定義されているところ、同項は、不正アクセス行為を、1号ないし3号に定める3つの種類に分け、そのいずれかの内容に該当する行為を不正アクセス行為と定めている。

　不正アクセス禁止法2条4項1号は、「アクセス制御機能を有する特定電子計算機に電気通信回線を通じて当該アクセス制御機能に係る他人の識別符号を入力して当該特定電子計算機を作動させ、当該アクセス制御機能により制限されている特定利用をし得る状態にさせる行為（当該アクセス制御機能を付加したアクセス管理者がするもの及び当該アクセス管理者又は当該識別符号に係る利用権者の承諾を得てするものを除く。）」を、不正アクセス行為と定めている。

　不正アクセス禁止法2条4項1号は、「他人の識別符号を入力」する方法でのアクセス行為について定めている点で、2号や3号と態様を異にするところ、このような態様による不正アクセス行為は、識別符号窃用型の不正アクセス行為とよばれている。

　　(B)　セキュリティ・ホール攻撃型

　不正アクセス禁止法2条4項2号は、「アクセス制御機能を有する特定電子計算機に電気通信回線を通じて当該アクセス制御機能による特定利用の制限を免れることができる情報（識別符号であるものを除く。）又は指令を入力して当該特定電子計算機を作動させ、その制限されている特定利用をし得る状態にさせる行為（当該アクセス制御機能を付加したアクセス管理者がするもの及び当該アクセス管理者の承諾を得てするものを除く。次号において同じ。）」を不正アクセス行為と定めている。

　すなわち、本来的には識別符号を入力等しなければアクセスできないサーバに対して、攻撃用プログラム等を用いて、識別符号の入力なしにアクセスするような類型を定めており、このような類型をセキュリティ・ホール攻撃型とよぶ。

　不正アクセス禁止法2条4項3号も2号と同様にセキュリティ・ホール攻撃型について定めている。両者は、アクセス制御機能がアクセスの対象となる特定電子計算機に設定されているか（2号）、その他の特定電子計算機に設定されているか（3号）で区分される。

（C）　小　括

以上のとおり、不正アクセス行為は、識別符号窃用型とセキュリティ・ホール攻撃型に分類することができる。

〈**Case** ⑮ - 1 〉においては、他人のユーザ ID やパスワードを用いてログインしていることから、識別符号窃用型の不正アクセス行為に該当するかどうかを検討することになる。

もっとも、Aが入力した ID 等が識別符号にあたらないと判断された場合でも、「アクセス制御機能による特定利用の制限を免れることができる情報（識別符号であるものを除く。）又は指令」を用いたと評価できる場合には、セキュリティ・ホール攻撃型の不正アクセス行為にあたる可能性は残されるため、その場合には2号や3号該当性についても、検討しなければならない。

⑶　アクセス制御機能等（基本論点③）

（A）　特定電子計算機の特定利用

不正アクセス行為を定義する不正アクセス禁止法2条4項では、他の条項で定義されている文言も多く用いられているため、それぞれの定義についても確認する必要がある。

まず、特定電子計算機とは、電気通信回線に接続している電子計算機のことであり（不正アクセス禁止法2条1項）、特定利用とは、当該特定電子計算機について電気通信回線を通じて利用することとされている（同項）。

したがって、文書作成ファイルを用いて文書を起案するような電子計算機の使用の仕方は、特定利用に該当しないものの、通常のコンピュータやスマートフォン等の操作のうち、電気通信回線が利用される行為は、「特定電子計算機の特定利用」にあたるものといえ、この要件が争点となるケースはあまり想定されないように思われる。

もっとも、不正アクセス禁止法4条の定める識別符号の不正取得に関する罪との関係では[4]、ショルダーハッキング[5]やスキャビンシング[6,7]のように、電気

4　問題となり得る行為態様について、高田裕之「不正アクセス禁止法の概要と運用状況」警察公論71巻9号（2016年）27頁参照。

5　隣席の画面やキーを操作する手指等を観察して、パスワード等を盗み見る行為の総称である。

通信回線を使用しない行為についても、犯罪が成立する可能性が残る点に留意されたい。

(B)　アクセス制御機能

次に、アクセス制御機能については、不正アクセス禁止法2条3項が、「特定電子計算機の特定利用を自動的に制御するために当該特定利用に係るアクセス管理者によって当該特定電子計算機又は当該特定電子計算機に電気通信回線を介して接続された他の特定電子計算機に付加されている機能であって、当該特定利用をしようとする者により当該機能を有する特定電子計算機に入力された符号が当該特定利用に係る識別符号……であることを確認して、当該特定利用の制限の全部又は一部を解除するもの」をいうと定めている。

つまり、外部からのアクセスを防ぐすべてのシステムがアクセス制御機能となるのではなく、識別符号の入力によって、アクセスの可否を判別する機能のみが、不正アクセス禁止法で定めるアクセス制御機能にあたることとなる。

したがって、識別符号の入力を求める方法以外の方法で第三者によるアクセスを防ぐファイア・ウォール等の機能については、当該ファイア・ウォールを無効化してアクセスされた場合であっても、不正アクセス禁止法が定めるアクセス制御機能を免れているわけではないので、識別符号窃用型だけでなく、セキュリティ・ホール攻撃型の不正アクセス行為にも該当しない。

(4)　識別符号（基本論点④）

(A)　アクセス管理者

識別符号とは、不正アクセス禁止法2条2項で定義されており、「特定電子計算機の特定利用をすることについて当該特定利用に係るアクセス管理者の許諾を得た者（以下「利用権者」という。）及び当該アクセス管理者（以下この項において「利用権者等」という。）に、当該アクセス管理者において当該利用権者等を他の利用権者等と区別して識別することができるように付される符号」であって、同項1号ないし3号に該当するか、各号に該当する符号とその他の符

6　他人が廃棄した情報から情報を抜き出す行為の総称である。
7　このように電子通信回線を介することなく、識別符号等の情報を入手する行為をソーシャルエンジニアリングとよぶ。ほかに、盗み聞きや秘密情報が管理されている場所への不法侵入等の手法が考えられる。

号を組み合わせたものをいうものとされている。

　上記定義規定の中の文言のうち、アクセス管理者については、不正アクセス禁止法2条1項で定義されており、特定電子計算機の特定利用につき当該特定電子計算機の動作を管理する者をいうと定められている。通常は、ISP（インターネットサービスプロバイダー）やウェブサイトを開設・管理している人間がアクセス管理者となる。

　アクセス管理者によってアクセスが許可されている場合には、不正アクセス行為にあたらないことから（不正アクセス禁止法2条4項1号・2号）、個々の事案においてアクセス管理者が誰なのかを確認する必要がある。

　たとえば、WEB会議システムとの関係で考えると、当該システムのプロバイダがアクセス管理者となり、会議のホストが利用権者となることが多いように思われる。そして、ホストから当該会議に参加するためのパスワード等を通知されている参加者は、利用権者からアクセスを承諾されたものにあたるものの、不正アクセス禁止法2条2項における利用権者ではないため、原則的には他の参加者のアクセスを承認できる地位にない。そうすると、そのような参加者からパスワード等を入手し、ID等を入力して会議に参加するような行為は、不正アクセス行為になり得ることになろう[8]。

　　(B)　各号該当性

　識別符号といえるかどうかを判断するための最後の要件は、不正アクセス禁止法2条2項各号に該当するかどうかである。

　このうち、2号については、「当該利用権者等の身体の全部若しくは一部の影像又は音声を用いて……作成される符号」と定めているとおり、指紋や音声による識別を前提としている。指紋や声音がそのまま識別符号になるのではなく、アクセス管理者が定める方法によって、当該情報を数値化する等して作成される符号が識別符号となる。

　3号も同じように、「署名」によって作成される符号を識別符号と定めている。3号も文字の羅列自体ではなく、筆圧や表記方法等を含めて、数値化された結

8　無関係の者や参加を禁じられた者が勝手に参加するような場合を除き、通常の会議体に関しては、利用権者による明示的または黙示的な承諾があったとして、不正アクセス行為にはあたらないケースが多いものと思われる。

果として作成される符号が識別符号となる。

　2号も3号も、本人確認手段としてこれまで用いられてきた内容を前提とするものであるため、イメージしやすいように思われるが、その精度については、確実に万人を区別できるものでなくても、利用権者かどうかを一定程度区別できるものであれば十分であると解されている。

　最後に、〈*Case* ⑮ - 1〉において問題となりそうなのが、不正アクセス禁止法2条2項1号である。1号は、「その内容をみだりに第三者に知らせてはならないものとされている符号」と定められており、いわゆるパスワードを想定している。

　パスワードは他人と重複する可能性があり、その文字列自体に他人と識別する機能を有さないため、他の利用者と区別するための「その他の符号」であるID等と組み合わせたものが識別符号になる。

4　予想される法的な争点

⑴　パスワードの精度（派生論点①）

　〈*Case* ⑮ - 1〉においてAは、βにアクセスする際に、Cが設定していたパスワードを事前に把握していたわけではなく、そのパスワードを不正に取得したわけでもない。にもかかわらず、Aがβにアクセスすることができたのは、CがIDと同じ文字列をパスワードとして定めていたことに起因する。

　このようなずさんな内容として定められたパスワードでも、識別符号として保護されるのかという点が問題となり得る。

　〈*Case* ⑮ - 1〉は、東京高判平成15年6月25日判時1846号155頁（以下、「裁判例①」という）の事案を参考にしており、同判決および第1審判決（東京地判平成14年12月25日判時1846号159頁）は、識別符号該当性の判断に際して、パスワードとIDが同じであることを特に問題視することなく、被告人の行為を不正アクセス行為と認定している。

　パスワードの内容がずさんであったとしても、アクセス制御機能として保護する必要性を全く欠くことにはならないため、IDと同じ文字列であることを

理由に、識別符号に該当しなくなるとはいえない⁹。

　他方で、素人でも容易に推測できるようなパスワードが用いられた場合、そのようなアクセスを許した原因は、パスワードの設定方法によるものであって、アクセス制御機能自体の信頼が損なわれるわけではないため、不正アクセス禁止法の保護法益が侵害されないと解する余地はある¹⁰。

　とはいえ、裁判例①が特段この点について問題視していないことを踏まえると、当事者がずさんなパスワードの設定方法について争点として顕在化させていないことを差し引いても、「1111」、「User」のような文字列であっても、パスワードの内容自体から識別符号性が直ちに否定されるとは考えにくい。

　パスワードが公開されているようなケースは、「みだりに第三者に知らせてはならないもの」にあたらず、識別符号性が否定されることになるが、パスワードの内容のずさんさを理由に識別符号性が否定されるのは、IDやパスワードの保管・運用状況等に関する間接事実と併せて、素人でも容易に推測可能であり、公開されている場合に準じて考えられるような限定的な事例に限られるように思われる。

⑵　退職者のアカウントの使用（基本論点⑤）

　〈*Case*⑮-1〉は、Aが無関係の第三者のアカウントを用いたわけではなく、前任者であるCのアカウントを用いた点に特徴がある。

　〈*Case*⑮-1〉では、相談段階においてβの管理者が誰なのか明らかになっていないところ、株式会社Bによって管理されているサーバだとすると、Aは株式会社Bの業務に従事する過程でβにアクセスしているため、アクセス管理者または利用権者である株式会社Bの承認を得てアクセスしたものと解する余地が生じる。

　もっとも、CのID等は、Cを利用者として識別するための識別符号であって、Aを利用者として識別するための識別符号ではない。

　また、Cに対して付与したID等は、Cの退職によって、継続して利用され

9　同旨。西貝吉晃「不正アクセス罪（1）」宍戸常寿編『新・判例ハンドブック情報法』（日本評論社、2018年）221頁。

10　鎮目征樹＝西貝吉晃＝北條孝佳編『情報刑法Ⅰサイバーセキュリティ関連犯罪』（弘文堂、2022年）113頁。もっとも、同書も、IDと同じ文字列であることだけで、パスワードの識別符号性を否定するものではない。

ることが予定されていない符号となるため、Cの退職以降は、βへのアクセスを許可する識別符号ではなくなっている。

そうすると、退職者であるCに付与された、すでに無効であるはずのID等を用いてβにアクセスする行為は、識別符号以外の情報を入力して行う不正アクセス行為といえ、セキュリティ・ホール攻撃型の不正アクセス行為となる。

Aによるβのアクセスを正当なものと考えるためには、株式会社Bによってβが管理されている事実だけでなく、株式会社Bが、Cという特定の人物にID等を付与したのではなく、αの担当者に当該IDやパスワードを付与した等の事情が求められる。

そのような事情が認められない場合、〈*Case* ⑮-1〉においては、株式会社Bの業務としてアクセス行為に及んだことを理由に、不正アクセス行為該当性を否定することは困難といえる。

(3) 不正アクセス行為の罪に係る故意（派生論点②）

βがCやCの契約する業者等のように、株式会社B以外の者によって管理されているサーバであった場合、株式会社BがAにβへのアクセスを許可していたとしても、アクセス管理者等による承認と評価することはできない。

裁判例①も、〈*Case* ⑮-1〉におけるβのようなサーバが、社外のサーバであることが証拠上明白な事案であった。そこで、裁判例①における弁護人は、問題となるアクセス行為が客観的には不正アクセス行為にあたるとしても、勤務先の会社が管理していたと誤信していたことから、不正アクセス行為の故意を欠くとして、無罪を主張した。

裁判例①は、被告人がアクセスする際に用いたドメイン名等の文字列に、被告人が従事していた会社の名前が含まれておらず、当該文字列を使用していた被告人は、アクセスしたサーバが社外のものであることを認識していたなどとして、「被告人が本件サーバにアクセスする権限をその管理者から付与されていたと誤解する積極的な根拠は何ら存在せず、アクセスが制限されていることを知りながら、管理者の承諾を得ずに入手したIDと勝手に推測したパスワードを使用してアクセスしているのであるから、被告人の不正アクセスの故意に欠けるところはない」として、Aの故意を認めた。

裁判例①の被告人および〈*Case* ⑮-1〉におけるAは、業務の引継目的で

アクセスをしており、違法性を強く認識したうえで犯行に及んだものではない。

　しかしながら、上記3⑴（B）で述べたとおり、不正アクセス禁止法は、アクセス行為自体に着目して定められたものである。そうすると、アクセス先のサーバに業務上必要な資料が保管されており、当該資料について会社に著作権が認められているなどの事情は、アクセス後の行為を一定程度正当化する事情になり得るとしても、アクセス行為自体を正当化するものではない。

　同様に、サーバの管理者が勤務先の会社ではないことの認識があれば故意は認められ、アクセス後の情報を利用する権利があるとの認識は、故意を否定する事情とはならないといえよう。

⑷　正当業務行為として許容される範囲（派生論点③）

（A）　引継業務

　裁判例①においては、引継目的でサーバにアクセスしたにすぎないことから、被告人の行為は正当な業務による行為（刑35条）にあたるのではないかという点も争点となっている。

　この点についても、上述したとおり、不正アクセス禁止法は、アクセス行為自体を問題視しており、特定電子計算機の利用者を正しく識別できるという社会的信頼を侵害している以上、単に業務上の必要性があることを理由に、正当業務行為として違法性が阻却されることはない。

　裁判例①は、「（業務開始から）一か月も経たないうちに不正アクセスをしているのであって、ソースコードを入手するために相当な努力を尽くしたともいえず……業務としての正当性は何ら認められない」と判示している。

　とはいえ、不正アクセス禁止法の保護法益等を踏まえると、相応の努力を尽くしても必要な情報を入手できず、外部のサーバにアクセスするほかに業務を遂行する手段がないと認められる場合であっても、〈*Case* ⑮ - 1 〉のような方法によるアクセス行為を、正当な業務と評価することはできないであろう。

　不正アクセス行為の違法性が阻却されるとすれば、上述したような事情に加えて、アクセス先の情報を直ちに確認しなければならない緊急性が認められるような事案において、緊急避難（刑37条1項）の適用の余地が残る程度ではないだろうか。

（B）　セキュリティ・ホール対策

〈*Case* ⑮-1〉や裁判例①のような事案以外に、正当業務行為が争われ得る事案として、セキュリティ・ホール対策のための不正アクセス行為がある。

アクセス制御機能が適切に機能しているかどうかを確認するためには、不正アクセス行為によるアクセスを遮断できているかを確認する必要がある。不正アクセス禁止法が、アクセス管理者自身による不正アクセス行為を除外しているのも、このような点検作業を可能とするためである（不正アクセス禁止法2条4項1号・2号）。

また、国立研究開発法人情報通信研究機構法18条8項が、同機構によるアクセスについて、条件を付したうえで不正アクセス行為から除外する旨を定めているのも、同様の理由によるものである。

しかしながら、インターネットは全体を管理する者がいないシステムであることから、不正を働こうとするものが圧倒的に有利であり、それを防ぐ側が極めて不利なシステムであるため[11]、上述したような公的な機関に限らず、民間も含めて、社会全体としてセキュリティ・ホール対策に努めることが望ましい。

そうすると、セキュリティ・ホール対策を目的として不正アクセス行為に及んだ場合、正当業務行為として違法性が阻却されるかが問題となる。

この点についての裁判例としては、東京地判平成17年3月25日判時1899号155頁があるものの、同事案における被告人は、セキュリティ・ホールを発見した後、アクセス管理者に3か月以上もの間通知することなく、逆に、システムの脆弱さを示す具体例として当該ウェブサイトを、自身が参加するイベントにおいてプレゼンテーションするなどしていた。

したがって、前掲東京地判平成17年3月25日が「サーバへの攻撃の危険性を高めるような公表行為が許されるはずはな（い）」と判示するとおり、同事案においては正当業務行為としての側面が希薄だったように思われる。

東京地判平成17年3月25日は、「正常な問題指摘活動の限界をはるかに超えるものであり、正常な活動の一環であったとは到底認められない」と判示しており、「正常な問題指摘活動」と評価できる場合には、違法性が阻却される

11　筋伊知朗『サイバー犯罪：現状と対策』（ミネルヴァ書房、2022年）8頁。

余地は残されているものといえよう。

　「正常な問題指摘活動」とは、セキュリティ・ホール対策と評価され得る活動である必要がある。不正アクセスに及んだ後、速やかにアクセス管理者等にセキュリティ・ホールの存在を通知することは、問題指摘活動として違法性を阻却するにあたって最低限求められる内容となろう。

Ⅱ　不正指令電磁的記録に関する罪およびインターネットに関連する犯罪についての捜査手続

1　事　例

〈*Case* ⑮ - 2〉

　甲弁護士は、Aの弁護人として選任され、Aは○○警察署において取調べを受けることとなった。

　○○警察署の警察官は、裁判所から捜索差押許可状の発行を受け、A宅の捜索を行い、A利用に係るノートパソコン1台と、スマートフォン1台を押収した。

　Aは、甲弁護士に対して、ノートパソコンの中に、不正指令電磁的記録に該当する可能性があるプログラムが保管されており、今後の取調べに対してどのように対応するべきかについてアドバイスを求めた。

　具体的には、Aは、押収されたノートパソコンを用いて、自身が開設するウェブサイト上に、利益を得るためにマイニングプログラムを設置しており、閲覧者の許可なく、ウェブサイトを閲覧中、閲覧者のコンピュータを利用してマイニングを行って利益を得ていた。

2　〈*Case* ⑮ - 2〉において問題となる争点と派生論点

〈*Case* ⑮ - 2〉において問題となる論点と派生論点は、以下のとおりである。

基本論点①　不正指令電磁的記録に関する罪の枠組み

　　　　②　反意図性

　　　　③　不正性

派生論点①　価値中立的なソフトウェア

　　　　②　捜査機関に対するパスワード等の提供

　　　　③　インターネット犯罪に関する犯人性

　　　　④　リモートアクセスについて

3　前提知識・検討すべき法的論点

(1)　不正指令電磁的記録に関する罪の枠組み（基本論点①）

(A)　行為類型

　刑法168条の2は、3年以下の懲役または50万円以下の罰金を科する行為として、不正指令電磁的記録を作成・提供する行為（同条1項）、実行の用に供する行為（同条2項）を定めており、同法168条の3は、不正指令電磁的記録を取得、保管する行為について、2年以下の懲役または30万円以下の罰金刑を科する旨を定めている。

　このうち、不正指令を実行する意思がない者によって当該不正指令を実行させ得る状況に不正指令電磁的記録をおくような行為（いわゆるウイルスに感染させるような行為）を供用という[12]。したがって、不正指令電磁的記録を受け取った者が、当該電磁的記録がウイルスであることを認識できている場合には、供用罪は成立せず、提供罪の成否のみが問題となる。

(B)　客　体

　不正指令電磁的記録に関する罪の客体は、「人が電子計算機を使用するに際してその意図に沿うべき動作をさせず、又はその意図に反する動作をさせるべき不正な指令を与える電磁的記録」（刑168条の2第1項1号）および「前号に掲げるもののほか、不正な指令を記述した電磁的記録その他の記録」（同項2号）である。

---

[12]　ウイルスに感染させた場合、実際にそのウイルスによって不正な指令が実行されなかった場合でも、供用の罪は成立する。
　　さらに、不正指令電磁的記録に関する罪には未遂罪の処罰規定も定められているため（刑168条の2第3項）、ウイルスをメールに添付したものの添付ファイルが開かれず、電子計算機がウイルスに感染しなかった場合などについては未遂罪が成立する。吉田雅之「不正指令電磁的記録に関する罪」大塚仁ほか編『大コンメンタール刑法〔第三版〕第8巻［第148条～第173条]』（青林書院、2014年）353頁。

　1号と2号は、人の電子計算機に不正な指令を与え得る状態にあるか否かで分類されている。不正な指令に関する記録であっても、直ちに当該指令を電子計算機に実行させるまでの機能を有さないものが2号にあたる。

　したがって、2号に関しては、そのままでは実行の用に供することができないため、供用罪の客体からは除外されている。

　(C)　目　的

　不正指令電磁的記録に関する罪については、過失犯を処罰する規定がないため、故意がなければ不可罰であることに加え、刑法168条の2は、「人の電子計算機における実行の用に供する目的」という主観的構成要件を定めている。したがって、当該目的の下で、作成・提供等の行為がなされなければ、不正指令電磁的記録に関する罪は成立しない。

　たとえば、自身が提供や供用等に及んだ電磁的記録が、不正指令電磁的記録に該当する旨の認識を欠く場合、故意が否定されることになるところ[13]、故意は認められるものの、目的要件が充足されないと判断されるケースとしては、不正指令電磁的記録の解析等を目的として、研究者間で同プログラムを提供し合うような行為等が考えられよう。

　(D)　保護法益

　不正指令電磁的記録の罪は、不正アクセス禁止法と同様に、提供や供用という行為自体に対して刑事罰が科されており、具体的な損害が生じていない場合であっても、同罪は成立する。

　これは、不正指令電磁的記録の作成・提供等がなされた段階で法益が侵害されたものと解されていることに起因し、不正指令電磁的記録の罪の保護法益は、個人的法益ではなく、電子計算機のプログラムに対する社会一般の信頼[14]という社会的法益が保護法益であると理解されていることによるものである。

13　故意が否定されるのは、プログラムの内容自体を認識できていない場合であって、単に当該プログラムの内容が不正指令電磁的記録に該当しないと考えていたにすぎない場合には、法律の錯誤の問題となり故意は否定されない。もっとも、情報通信技術等の分野においては、技術的な発展が著しく、違法かどうかの判断が難しいケースも考え得る。何らかのガイドライン等に沿ってプログラムを運用していた場合等、違法性の認識をもち得ないことを理由に故意が否定される可能性は残される。

14　杉山徳明＝吉田雅之「『情報処理の高度化等に対処するための刑法等の一部を改正する法律』について」曹時64巻4号（2012年）751頁。

　したがって、不正指令電磁的記録を供用した結果として、電子計算機がウイルスに感染し、電子計算機内に保管された情報に影響が生じた場合、別の罪の成否をも併せて検討する必要がある。

　たとえば、ウイルスに感染したことで電子計算機に記録されていたデータファイルが削除されてしまった場合などにおいて、当該ファイルが公務所の用に供するもの（刑258条）や権利または義務に関するもの（同法259条）と評価できる場合には、それぞれ公用電磁的記録毀棄罪や私用電磁的記録毀棄罪が成立する。

　もっとも、それ以外のデータの破損等については、器物損壊等の罪（刑261条）が「他人の物」という有体物を対象としているため、電磁的記録の破損を理由に直ちに器物損壊罪の成立を認めることはできず、記録媒体であるハードディスク等を「損壊」したと評価できなければ、器物損壊等の罪の成立は認められない。

　この点について、東京高判平成24年3月26日東高刑時報63巻1～12号42頁は [15]、被告人が供用した電磁的記録によってウイルスに感染した結果、電子計算機内のファイルがすべて開けなくなったという事案において、器物損壊罪の成立を認めている。

　同事案においては、ハードディスクを初期化することで、ハードディスク自体の機能は回復することになるため、ハードディスクを「損壊」したことにはならないのではないかという点が争点となった。

　前掲東京高判平成24年3月26日は、「初期化の操作を行った場合……、保存していたファイルについては……全て消失するのであるから、本件ウイルスによってハードディスクの効用が害されたことは明白であり……、本件ウイルスが実行される以前の状態に戻るものではなく……、器物損壊罪が成立する」と判示した。

　データの破損自体が器物損壊に該当しない以上、破損したデータの数が多い

---

[15]　不正指令電磁的記録の罪に関する改正法が施行される前の事件であるため、同罪の成否についての検討はなされていないものの、弁護人の主張に対して、「（器物損壊罪と不正指令電磁的記録作成罪は）構成要件も保護法益も異なっている。したがって、不正指令電磁的記録作成罪の新設は、器物損壊罪の成否に影響しない」と判示されている。

ことを理由に器物損壊罪が成立することはあり得ないようにも考えられる。前掲東京高判平成 24 年 3 月 26 日の存在を前提としても、同種の事案においては、「損壊」にあたるかどうかについて争う余地は十分に残されていると思われる。

(2)　不正指令電磁的記録とは

(A)　コインハイブ事件

不正指令電磁的記録該当性を検討するにあたっては、「その意図に反する動作をさせるべき不正な指令」を与える電磁的記録といえるかどうかが最大の問題となるところ、この点については、最判令和 4 年 1 月 20 日刑集 76 巻 1 号 1 頁〔コインハイブ事件〕の判示を理解する必要がある。

同事件における被告人は、インターネット上のウェブサイトを運営するにあたって、同サイトの閲覧者が使用する電子計算機に仮想通貨の取引履歴の承認作業等の演算を行わせるためのプログラムを、ウェブサイト上に蔵置して保管していた。

同事件は、いわゆる仮想通貨のマイニングツールが問題となった事案であるところ[16]、マイニングツールの利用については、ウェブサイト運営者による収益手段として事件当時から一定程度認知されており、UNICEF（国際連合児童基金）も同種の方法によって寄付を受けるなどしていたようである。

被告人は、自身の運営するウェブサイトを閲覧している最中に限り、閲覧者の電子計算機を用いてマイニングを行う設定としていたものの、ウェブサイト上にマイニングを行う旨の説明文を表記していなかった。

(B)　意図に反する動作（反意図性）（基本論点②）

最高裁判所は、上記事実を前提に、「その意図に反する動作をさせるべき不正な指令」にあたるかどうかのうち、反意図性に関して次のように判示した。

○最判令和 4 年 1 月 20 日刑集 76 巻 1 号 1 頁〔コインハイブ事件〕（抜粋）
　　反意図性は、当該プログラムについて一般の使用者が認識すべき動作と実際の動作が異なる場合に肯定されるものと解するのが相当であり、一般の使用者が

16　仮想通貨のしくみ等についての詳細な説明は省くが、法律家向けに書かれた文献として、高木浩光「コインハイブ事件で情報技術はどう理解されたか」季刊刑事弁護 111 号（2022 年）70 頁がわかりやすい。

> 認識すべき動作の認定に当たっては、当該プログラムの動作の内容に加え、プログラムに付された名称、動作に関する説明の内容、想定される当該プログラムの利用方法等を考慮する必要がある。
>
> 　一般の使用者において、ウェブサイト閲覧中に、閲覧者の電子計算機を一定程度使用して運営者が利益を得るプログラムが実行され得ることは、想定の範囲内であるともいえる。
>
> 　しかしながら、X [17] は、閲覧中にマイニングが行われることについて同意を得る仕様になっておらず、マイニングに関する説明やマイニングが行われていることの表示もなかったこと、ウェブサイトの収益方法として閲覧者の電子計算機にマイニングを行わせるという仕組みは一般の使用者に認知されていなかったことといった事情がある。これらの事情によれば、本件プログラムコードの動作を一般の使用者が認識すべきとはいえず、反意図性が認められる。

　まず、反意図性は、実際に不正指令電磁的記録を供用された特定の者ではなく、一般の使用者の意図に反するかどうかを基準に判断される。

　前掲最判令和 4 年 1 月 20 日の事案は、不正指令電磁的記録の保管罪が問題となっており、ウイルスに感染した第三者が存在しない類型の罪ではあったものの、不正指令電磁的記録の罪が、電子計算機のプログラムに対する社会一般の信頼を保護法益としている以上、供用罪等との関係においても、一般の使用者を基準に反意図性を判断することとなろう。

　最高裁判所は、プログラムの動作の内容、名称、動作に関する説明の内容、プログラムの利用方法等を考慮して反意図性の要件を判断するとしたうえで、被告人がウェブサイト上でマイニングに関する説明をしていないことなどを理由に反意図性を認めた。

　このような理解を突き詰めると、ウェブサイト上に説明がなされていない場合には、プログラムの存在自体を一般の閲覧者は認識できないことから、すべてのプログラムとの関係で、マイニングツールは閲覧者の意図しない動作をするものとして、反意図性が認められてしまいそうである [18]。

17　被告人が運営していたウェブサイトを指す。

18　逆に、ウェブサイト上に説明がある場合や、市販されているソフトウェアの使用説明書に記載がある場合には、実際に当該説明を確認できていなくても、一般の使用者の意図に

　しかし、最高裁判所は、「一般的なウェブサイトにおいて、運営者が閲覧を通じて利益を得る仕組みとして広告表示プログラムが広く実行されている実情に照らせば、一般の使用者において、ウェブサイト閲覧中に、閲覧者の電子計算機を一定程度使用して運営者が利益を得るプログラムが実行され得ることは、想定の範囲内であるともいえる」とも説示しており、広告表示プログラム等、一般の使用者が容認していると評価できる場合には、ウェブサイト上に説明がない場合でも、反意図性を否定する余地を認めている [19]。

　このように、実際に電磁的記録に関与した人間ではなく、一般の使用者の観点で判断されることから、反意図性については、後述する不正性と同様に、法的な評価を含む要素であると理解する必要がある。

　（C）　不正な動作（不正性）（基本論点③）

　次に、「その意図に反する動作をさせるべき不正な指令」という要件のうち、「不正な指令」にあたるかどうかに関する前掲最判令和4年1月20日の判示を確認する。

○最判令和4年1月20日刑集76巻1号1頁〔コインハイブ事件〕（抜粋）

　電子計算機の機能や電子計算機による情報処理に与える影響は、X閲覧中に閲覧者の電子計算機の中央処理装置を一定程度使用することにとどまり、その使用の程度も、閲覧者の電子計算機の消費電力が若干増加したり中央処理装置の処理速度が遅くなったりするが、閲覧者がその変化に気付くほどのものではなかった……。

　また、ウェブサイトの運営者が閲覧を通じて利益を得る仕組みは、ウェブサイトによる情報の流通にとって重要である……本件プログラムコードは、そのような仕組みとして社会的に受容されている広告表示プログラムと比較しても、閲覧者の電子計算機の機能や電子計算機による情報処理に与える影響において有意な差異は認められず……社会的に許容し得る範囲内といえるものである。

　さらに、本件プログラムコードの動作の内容であるマイニング自体は、仮想通

反するとは認められないことになろう（吉田・前掲論文（注12）345頁）。他方で、形式的には説明がなされていても、一般人からはプログラムの動作内容を適切に把握することが困難として、記載箇所や記載方法が問題となることはあり得る。

19　広告表示プログラムのほかに、アクセス解析プログラムやCookie等についても、同様の理由から反意図性が否定されよう（「判批」法律時報95巻10号（2023年）135頁参照）。

> 貨の信頼性を確保するための仕組みであり、社会的に許容し得ないものとはいい難い。
>
> 　以上のような、本件プログラムコードの動作の内容、その動作が電子計算機の機能や電子計算機による情報処理に与える影響、その利用方法等を考慮すると、本件プログラムコードは、社会的に許容し得ないものとはいえず、不正性は認められない。

　最高裁判所は、本件プログラムコードの動作の内容、その動作が電子計算機の機能や電子計算機による情報処理に与える影響、その利用方法等を考慮要素として不正性を判断する旨を判示し、結論として不正性を否定した。マイニング自体が社会的に許容されていることや、閲覧者の利用する電子計算機への影響が小さいことを重視したものと考えられる。

　問題となっているプログラムの社会的な認知度や電子計算機への影響が、どの程度あれば不正性が認められるのかについては、事案ごとの判断とならざるを得ないが、最高裁判所が「社会的に許容し得ないものとはいえず」と判示し、不正性を否定するにあたって、社会的に許容できるとの積極的な評価まで求めていない点には着目すべきであろう[20]。

　前掲最判令和 4 年 1 月 20 日が、重要な利益を侵害するような動作を指令するプログラムでなければ不正性を認めない[21]という解釈を前提としているとまで評価することは困難であるものの、弁護人としては、社会的に許容されていることまで求められていないことを前提に、不正性を争うことになる。

(3) 価値中立的なソフトウェア（派生論点①）

　上述したとおり、不正指令電磁的記録該当性は、その記録の性質だけで判断されるわけではない。コインハイブ事件と同時期に起訴されている事案であるにもかかわらず、仙台地判平成 30 年 7 月 2 日（平成 30 年（わ）第 114 号、平成

20　鎮目＝西貝＝北條・前掲書（注 10）168 頁、坂下陽輔「ウェブサイト閲覧者の同意なくその電子計算機を使用してマイニングを行わせるプログラムコードと不正指令電磁的記録」重判解〔令和 4 年度〕（ジュリ 1583 号（2023 年））140 頁、三重野雄太郎「不正指令電磁的記録に関する罪をめぐる一考察」東京通信大学紀要 5 巻（2022 年）135 頁等も同旨を指摘している。

21　西貝吉晃「技術と法の共振化を企図した法解釈の実践」法セミ 792 号（2021 年）40 頁。

30 年（わ）第 179 号）判例秘書 25560905 [22] は、マイニングを行うプログラムをダウンロードさせた被告人に対して不正指令電磁的記録の供用罪の成立を認めている。

　マイニングについては、実際にマイニングに利用される電子計算機の使用者にメリットがないため、その影響の小ささや、社会的な許容度が問題となったが、社会的に有益な機能を有するものの悪用することも可能である価値中立的なソフトウェアに関しては、使用者に当該プログラムを利用するメリットが存在し得るため、別個の検討が必要となる。

　たとえば、GPS によって位置情報を取得するプログラムについては、子どもの安全を確認する等の有益な使用方法が想定し得るものの、プライバシーを侵害するような不正な使用方法も想定できる。

　供用罪の成否との関係では、使用者に気づかれないようにダウンロードさせた場合、反意図性は認められ、実際のプログラムの動作内容や利用方法を考慮して不正性を判断できるため、価値中立的であることが特殊な争点となることは考えがたい。

　しかし、作成罪との関係では、実際の動作内容や利用方法が使用者によって異なり得るため、不正性や反意図性の判断手法が問題となり得る。

　この点について、東京高判令和元年 12 月 17 日高刑速令和 1 年号 362 頁は、プログラムに悪用される可能性があるだけでは不正指令電磁的記録に該当しないものの、実行者の意図に反する動作をさせる指令を与えることが、客観的、一般的に想定される場合には、不正指令電磁的記録に該当する旨を判示した。

　前掲東京高判令和元年 12 月 17 日では、使用者の位置情報を把握するプログラムが問題となっていたところ、当該プログラムが、浮気調査で使用されることを前提に販売促進活動が行われてきたことなどを理由に、客観的、一般的に実行者の意図に反する動作をさせる指令を与えると想定される電磁的記録であるとして、作成罪の成立を認定した原判決を支持し、弁護人による控訴を棄却した。

22　公訴事実が争われていないため、判決文からは詳細な事実関係を知ることができないものの、使用者に気づかれずにマイニングを行うツールをダウンロードさせた行為について、作成罪と供用罪の成立が認められている。

客観的、一般的に想定できるかどうかについては、プログラムの内容自体だけでなく、その開発経緯や販売方法等も考慮されて判断されることに注意する必要があろう。

(4)　**捜査段階における弁護活動の留意点**

(A)　捜査機関に対するパスワード等の提供（派生論点②）

捜査機関が何らかの事件の捜査に着手する場合、被疑者や関係者による罪証隠滅や逃亡を防ぐため、被疑者と直接かかわらないところから捜査を始めることが多い。たとえば、〈*Case* ⑮ - 1〉では、Cや β 管理者らに対する捜査から始めることが想定される。

一方で、被疑者が使用する電子機器の中にも、証拠価値の高い履歴やメッセージのやりとり等が含まれている可能性が高いため、〈*Case* ⑮ - 2〉のように、被疑者に接触した直後の段階で、電子機器等の証拠が差し押さえられてしまうケースが多い。家宅捜索が直ちに行われない場合であっても、取調べに際して任意の提出を求められることがほとんどである。

一定の容疑が存在する場合、任意の提出を拒んだとしても、当該機器は強制的に差し押さえられてしまう可能性が高い。他方で、差押えを回避することが困難であったとしても、当該電子機器を利用するためのパスコード等を捜査機関に伝えるべきかどうかは慎重に判断する必要がある。

携帯電話等の中には膨大な量の情報が保管されている。仮に、〈*Case* ⑮ - 2〉におけるAから、特に重要な情報は押収された電子機器の中に保管されていないと聞かされていても、予想外に決定的な証拠が発見されてしまう可能性は否定できず、甲弁護士として安易にパスコードを捜査機関に伝えるように指示すべきではない。

特に、東京高判平成 31 年 2 月 19 日高刑速令和 1 年号 116 頁は、黙秘権を告知することなく被疑者から携帯電話のロックを解除するためのパスワードを供述させたという事案について、「捜索差押えの現場で警察官が質問をする際に黙秘権告知を義務付ける規定はない上……警察官が被告人に供述義務があると積極的に誤信させたりした状況はなかったのであるから、本件捜査が違法であるなどとはいえ（ない）」と判示していることから、弁護人としては、事前に、安易に捜査機関にパスワード等を伝えることがないようにアドバイスしておく

必要があろう [23]。

（B）　インターネット犯罪に関する犯人性（派生論点③）

不正アクセス禁止法違反の罪も、不正指令電磁的記録に関する罪も、実際に被害にあった者が使用していた電子計算機を捜査し、当該電子計算機のアクセス先等から被疑者の特定を試みることが多いように思われる。

電子計算機の通信履歴から、IP アドレスを特定できれば、当該アドレスを管理している ISP（インターネットサービスプロバイダ）に対して、契約者情報等を照会することとなる。

もっとも、犯人を特定するためには、このような照会だけでは足りず、さらなる捜査が必要となる [24]。

たとえば、犯罪に利用された無線 LAN を特定できた場合であっても、隣人が当該無線 LAN を利用している可能性を否定できなければ、無線 LAN の契約者が犯人であるとはいいきれないし、犯罪に利用された電子計算機を特定できた場合であっても、当該電子計算機が家族らと同居している居室で発見された場合には、当該電子計算機を他の家族が利用していた可能性を排斥できなければならない。

東京地判平成 29 年 4 月 27 日判時 2388 号 114 頁は、被告人が利用していた電子計算機の中に、犯行に利用された無線 LAN の WEP 鍵情報 [25] が保存され

23　法務省は、刑事手続における情報通信技術の活用に関する検討会を設置し、同検討会が令和 4 年 3 月 15 日付けで公表した取りまとめ報告書の中には、電子データの証拠収集方法として、電磁的記録提供命令を可能とする法改正を提案している（刑事手続における情報通信技術の活用に関する検討会『『刑事手続における情報通信技術の活用に関する検討会』取りまとめ報告書」（令和 4 年 3 月 15 日）〈https://www.moj.go.jp/content/001368581. pdf〉。

同提案の中には、提供を命じられた記録の中に、提供者の犯罪に関する内容が含まれている場合に、命令を拒絶できる旨の規定は含まれておらず、黙秘権や自己負罪拒否特権との抵触が懸念されている（日本弁護士連合会「電磁的記録提供命令の創設を含む刑事訴訟法等の改正に当たり、プライバシーの権利等を保護するための修正を求める意見書」（令和 6 年 3 月 14 日）〈https://www.nichibenren.or.jp/library/pdf/document/ opinion/2024/240314.pdf〉）。

今後、どのような形で法定されるのかは未知数であるものの、捜査機関からパスワード等を確認される場合の対応について、弁護人から行うべきアドバイスに直結する内容であるため注意が必要である。

24　筋・前掲書（注 11）164 頁は「アナログな捜査」も求められる旨を指摘する。

25　無線 LAN 通信の暗号化システムである。

ていることや、遠隔操作ウイルスに感染していない事実まで認定したうえで、被告人の犯人性を認めている。

　目撃者供述等によって犯人性が認定される事案と異なり、インターネット犯罪においては、被告人が犯人であることを示唆する証拠の信用性ではなく、客観的資料から被告人の犯人性をどこまで推認できるかが肝となることが多いものと考えられる。照会事項回答書から明らかとなった事実だけで、犯人性が認定されるわけではなく、遠隔操作による可能性の有無等も含めて、弁護人としては犯人性を争うかどうかの弁護方針を定める必要があろう。

（岡本裕明）

第 **16** 章

❖

わいせつ図画頒布・
児童ポルノ等事件

❖

Ⅰ　事業者からの相談事例

1　事　例

―〈***Case*** ⑯ - 1 〉――――

　甲弁護士は、事業者 A から、同社が運営しているアダルトサイトに、わいせつ画像・児童ポルノ画像があると指摘されたことから、どのような責任が生じるか、相談を受けた。

2　論　点

〈***Case*** ⑯ - 1 〉において問題となる論点は、以下のとおりである。

①　アダルトサイト運営者の刑事責任

・わいせつ電磁的記録公然陳列罪・頒布罪（刑 175 条 1 項）

・URL の掲載・リンク

・「児童」の判断方法

・「性欲を興奮させ又は刺激するもの」の意味

　　・罪数処理
② 　サイト管理者の刑事責任
③ 　ツーショットチャットは公然わいせつか

3 　アダルトサイト運営者の刑事責任

(1)　わいせつ電磁的記録公然陳列罪・頒布罪（刑175条1項）

　公表しているコンテンツが「わいせつ」である場合は、わいせつ電磁的記録公然陳列罪・頒布罪の成立が問題になる。

　この点につき、従来、アルファネット事件決定（最決平成13年7月16日刑集55巻5号317頁）が、わいせつな画像データを記憶、蔵置させたホストコンピュータのハードディスクを「わいせつ物」としたうえで、インターネット上で閲覧可能にした時点で「わいせつな内容を不特定又は多数の者が認識できる状態」となるという法的構成でわいせつ物公然陳列罪（平成23年改正前の刑法175条）となるという判断を示していた。

　その後、平成23年7月14日に刑法175条が改正され、インターネット上のサーバにわいせつなデータを保管することは、前掲最決平成13年7月16日のように「わいせつな電磁的記録に係る記録媒体を公然陳列した」（刑175条1項前段）と構成することも、「電気通信の送信によりわいせつな電磁的記録を頒布した」（同項後段）と構成することも可能となった。

　そこで、「刑法175条1項後段にいう『頒布』とは、不特定又は多数の者の記録媒体上に電磁的記録その他の記録を存在するに至らしめることをいう」としたうえで、「被告人らが運営する前記配信サイトには、インターネットを介したダウンロード操作に応じて自動的にデータを送信する機能が備え付けられていたのであって、顧客による操作は被告人らが意図していた送信の契機となるものにすぎず、被告人らは、これに応じてサーバコンピュータから顧客のパーソナルコンピュータへデータを送信したというべきである。したがって、不特定の者である顧客によるダウンロード操作を契機とするものであっても、その操作に応じて自動的にデータを送信する機能を備えた配信サイトを利用して送信する方法によってわいせつな動画等のデータファイルを当該顧客のパーソナルコンピュータ等の記録媒体上に記録、保存させることは、刑法175条1項後

段にいうわいせつな電磁的記録の『頒布』に当たる」とする判例（最決平成 26 年 11 月 25 日判時 2251 号 112 頁）が出された。

　そうすると、インターネット上のサーバにわいせつなデータを保管するという行為が、わいせつ電磁的記録公然陳列罪となる場合と、わいせつ電磁的記録頒布罪となる場合とが出てくることになるが、両罪は混合的包括一罪の関係になり、どちらの罪名（あるいは両方の罪名）で起訴するかは検察官の裁量になると思われる。実務上は、「『頒布』とは、不特定又は多数の者の記録媒体上に電磁的記録その他の記録を存在するに至らしめること」という前掲最決平成 26 年 11 月 25 日の定義を前提にすると、わいせつデータが相手方の手元に渡ったという証拠がある場合には「頒布罪」、渡ったという証拠がない場合には「公然陳列罪」が適用されるものと思われる。

　なお、かつて、日本で撮影・編集して、海外会社に委託して、わいせつ規制が緩い国からダウンロード販売するというビジネスモデルが見受けられたが、前掲最決平成 26 年 11 月 25 日によれば、「顧客の操作に応じて自動的にデータを送信する機能を備えた配信サイトを利用して送信する方法によってわいせつな動画等のデータファイルを当該顧客のパーソナルコンピュータ等の記録媒体上に記録、保存させる」部分が日本国内で行われる点で、この販売形態にも日本刑法のわいせつ頒布罪が適用されるとする。

(2)　URL の掲載・リンク

　わいせつ画像をサイトに掲載するのではなく、第三者が他のウェブページに掲載して公然陳列した児童ポルノの URL を、その「bbs」部分を「ビービーエス」と改変して掲載した行為（リンクは貼られていない）について、児童ポルノ公然陳列罪にあたるとした判例（最決平成 24 年 7 月 9 日裁判集刑 308 号 53 頁）がある。リンクについても同様の判断になるであろう。

　その後、大阪高判平成 29 年 6 月 30 日判時 2386 号 109 頁〔私事性的画像記録の提供等による被害の防止に関する法律違反、わいせつ電磁的記録記録媒体陳列被告事件〕は、オンラインストレージサービスの公開用 URL を被害者に送った段階では、「公開設定されたデータを第三者が閲覧しうる状態にするには、公開設定に加え、ユーザーが公開 URL を電子メールに添えて不特定多数の者に一斉送信する行為などが必要であるから、画像データを『公開設定』す

るだけでは、わいせつ電磁的記録媒体陳列罪及び私事性的画像記録の提供等による被害の防止に関する法律3条2項後段の『公然と陳列した』には当たらない」と判示している。

(3)　「児童」の判断方法

　児童買春、児童ポルノに係る行為等の規制及び処罰並びに児童の保護等に関する法律（以下、「児童ポルノ法」という）2条1項では「この法律において『児童』とは、18歳に満たない者をいう」とされているので、児童は実在することが要件である。モデルが実在しない場合や、児童の顔の画像と成人の体の画像を組み合わせた場合は児童ポルノにはならない。

　被写体の人定（生年月日）がわからない場合、捜査や裁判の実務では、乳房や陰毛の発育具合から年齢を推定する方法（いわゆるタナー法）で年齢を認定しているが、証明力に問題がある[1]。タナー法の信用性が争われたCG児童ポルノ事件（最決令和2年1月27日刑集74巻1号119頁）の第1審（東京地判平成28年3月15日判時2335号105頁）では、起訴された34画像中、3画像しか児童ポルノと認定されなかった。同様の無罪判決としては、佐賀地判令和2年2月12日D1-Law.com判例体系、大阪地判令和6年4月16日判例集未登載がある。

　取調べでは、児童性の認識を執拗に問われるが、児童にも・児童でないようにも見える画像についていったん自白してしまうと挽回は困難であるから、慎重に対応すべきである。

(4)　「性欲を興奮させ又は刺激するもの」の意味

　児童ポルノの要件として「性欲を興奮させ又は刺激するもの」（児童ポルノ法2条3項2号・3号）が求められる場合がある。これは刑法175条のわいせつ概念（いたずらに性欲を興奮または刺激させ、かつ普通人の正常な性的羞恥心を害し、善良な性的道義観念に反するもの）の「いたずらに」を外して処罰範囲を拡大したものである。一部の少数者の性欲を興奮させまたは刺激するものは、一般人の性欲を興奮させまたは刺激するものでない限り、児童ポルノにはあた

1　吉井匡「児童ポルノ事件における児童性の認定方法に関する考察」井田良ほか編『浅田和茂先生古稀祝賀論文集（下巻）』（成文堂、2016年）365頁、同「児童ポルノ事件とタナー法・再考」宇藤崇『刑事司法の理論と実践（渡辺修先生古稀祝賀論文集）』（現代人文社、2024年）304頁。

らないとされている（京都地判平成 12 年 7 月 17 日判タ 1064 号 249 頁）[2]。

○京都地判平成 12 年 7 月 17 日判タ 1064 号 249 頁（抜粋）

三　判断の方法

　そして、性欲を興奮させ又は刺激するものであるか否かの判断は、児童の姿態に過敏に性的に反応する者を基準として判断したのではあまりにも処罰範囲が拡大してしまうことから、上のとおり、児童ポルノの定義から最高裁判所判例の掲げる「普通人の正常な性的羞恥心を害し」という要件が割愛されているとしても、法の一般原則からして、その名宛人としての「普通人」又は「一般人」を基準として判断するのが相当である。

　もっとも、三号児童ポルノの範囲が拡大すると、表現の自由や学問の自由等の憲法上の権利を制約することになりかねないという懸念もあろう。児童ポルノ法 3 条も、この法律の適用に当たっては、国民の権利を不当に侵害しないように留意しなければならないと定めているところである。

そこで、衣服の全部又は一部を着けない児童の姿態（以下「児童の裸体等」という。）を描写した写真または映像に児童ポルノ法 2 条 2 項にいう「性器等」、すなわち、性器、肛門、乳首が描写されているか否か、児童の裸体等の描写が当該写真またはビデオテープ等の全体に占める割合（時間や枚数）等の客観的要素に加え、児童の裸体等の描写叙述方法（具体的には、①性器等の描写について、これらを大きく描写したり、長時間描写しているか、②着衣の一部をめくって性器等を描写するなどして性器等を強調していないか、③児童のとっているポーズや動作等に扇情的な要素がないか、④児童の発育過程を記録するために海水浴や水浴びの様子などを写真やホームビデオに収録する場合のように、児童の裸体等を撮影または録画する必然性ないし合理性があるか等）をも検討し、性欲を興奮させ又は刺激するものであるかどうかを一般通常人を基準として判断すべきである。そして、当該写真又はビデオテープ等全体から見て、ストーリー性や学術性、芸術性などを有するか、そのストーリー展開上や学術的、芸術的表現上などから児童の裸体等を描写する必要性や合理性が認められるかなどを考慮して、性的刺激が相当程度緩和されている場合には、性欲を興奮させ又は刺激するものと認められないことがあるというべきである。

　参考となる判例として、乳児を沐浴させている画像について、「性欲を興奮

2　森山真弓＝野田聖子『よくわかる改正児童買春・児童ポルノ禁止法』（ぎょうせい、2005年）186 頁。

させ又は刺激するもの」を否定したもの（横浜地判平成 28 年 7 月 20 日（平成 26 年（わ）第 528 号、同第 624 号、同第 755 号、同第 912 号、同第 1549 号、平成 27 年（わ）第 239 号、同第 425 号）D1-Law.com 判例体系 28243152）がある。

> ○横浜地判平成 28 年 7 月 20 日 D1-Law.com 判例体系 28243152（抜粋）
> 第 8　児童ポルノ製造事件について
> 　甲 228 号証及び甲 230 号証の各画像中、一部の画像（甲 228 号証添付資料 12 の写真 1 ないし 17、甲 230 号証添付資料 2 の写真 1 ないし 5、同資料 7 の写真 6 ないし 10、同資料 10 の写真 1、2、同資料 11 の写真 3、同資料 15 の写真 1、2、8 ないし 13 及び 15）については、被害児童が衣服の全部又は一部を着けない状態にはあるものの、通常の沐浴をしている情景としか見られないなど、性欲を興奮させ又は刺激するものに該当しないと判断したため、これらの画像については児童ポルノ製造罪は成立しない。

(5)　罪数処理

　わいせつ電磁的記録公然陳列行為を数回行った場合は包括一罪となる。複数の行為を繰り返しても最高懲役は 2 年であり、罰金の上限は 250 万円である。

　児童ポルノ公然陳列の場合は、1 回の陳列行為ごとに 1 罪とされて、併合罪とされるのが主流である（東京高判令和 4 年 3 月 24 日判例集未登載、大阪高判令和 3 年 3 月 10 日判例集未登載等）。数回行うと、最高懲役 7 年 6 月になり、罰金額は 500 万円×罪数となる。余罪の陳列行為を訴因変更手続で追加された場合には公訴事実の同一性（刑訴 312 条 1 項）に注意が必要である。

> ○東京高判令和 4 年 3 月 24 日判例集未登載（抜粋）
> 第 4　法令適用の誤りの主張について
> 1　論旨は、要するに、同一児童の同一画像を数回にわたり陳列した原判示の公然陳列行為は包括一罪であるのに、併合罪とした原判決には法令適用の誤りがある、というのである。
> 2　原判決は、要旨、次のように説示して、被告人が 3 回にわたり本件動画を公然と陳列した行為は併合罪の関係に立つと判断した。
> 　すなわち、被告人はツイッターのアカウントが凍結されたことを確認した後、新しいアカウントを作成して再び本件動画を投稿しており、アカウント凍結により本件動画は一度公然と陳列された状態ではなくなっていたから、そのような状

態で本件動画を再度投稿するのは、記憶・蔵置されたサーバコンピューターが同一であったとしても、別個の法益侵害を発生させていると評価すべきである。

3　こうした原判決の判断は不合理ではない。

　所論は、児童ポルノ提供罪では社会的法益や反復性を重視して包括一罪とされることが多く、児童ポルノ公然陳列罪でも同様に包括一罪となると主張する。

　しかし、児童ポルノ公然陳列罪は行為の反復・継続がその性質上当然に予定されているということはできないし、被告人は動画の投稿に利用したアカウントが凍結されると新たなアカウントを作成して動画を投稿しており、その都度児童ポルノを公然と陳列する別個の犯意に基づき別個の行為に及んだと認められるから、所論は採用できない。

○大阪高判令和3年3月10日判例集未登載（抜粋）

（2）　公然陳列の罪数に関する所論について

　ア　所論〔主任弁護人〕は、原判決は原判示第1の児童ポルノ公然陳列罪と原判示第2の児童ポルノ公然陳列罪とを併合罪としているが、被告人のこれらの行為は、令和元年5月6日から同年8月22日にかけて、自宅で、反復して児童の裸体画像を公然陳列するところにあり、しかも、陳列したのは1個のサーバコンピュータであり、公然陳列行為の個数はサーバの個数で決まると解するべきであるから、公然陳列行為は1個の行為であって単純一罪ないし包括一罪と評価されるべきであり（1個の公然陳列行為によって、わいせつ物公然陳列罪と児童ポルノ公然陳列罪を充たすので、両罪の観念的競合となる。）、原判決には法令適用の誤りがある旨主張する。

　イ　この点、原判決は、法令適用の罰条において「判示第1の1の所為のうち、児童ポルノ公然陳列の点及び判示第2の所為につき、各画像データごとにそれぞれ児童ポルノ法7条6項前段（2条3項2号、3号）に該当する」としているところ、児童ポルノ法は、児童を性欲の対象とする風潮を防止するという面で児童一般を保護する目的がある一方で、同法1条の目的規定や各個別規定による児童ポルノ規制のあり方に照らすと、当該児童ポルノに描写された個別児童の権利保護をも目的としていると解される。そうすると、被害児童ごとに法益を別個独立に評価して各画像データごとにそれぞれ児童ポルノ公然陳列罪の成立を認めている原判決の罰条適用は正当なものである。所論は（児童ポルノ）公然陳列行為の個数はサーバの個数で決まるというが、同罪の個人的法益に対する罪としての性格を軽視するものであって賛同できない。

その上で、原判決は「判示第 1 の 1 の所為は、1 個の行為が 10 個の罪名（わいせつ電磁的記録記録媒体陳列の包括一罪と 9 個の児童ポルノ公然陳列）に触れる場合であるから、刑法 54 条 1 項前段、10 条により、判示第 1 の 2 のわいせつ電磁的記録記録媒体陳列を含め、1 罪として刑及び犯情の最も重い別表 1 番号 4 の画像についての児童ポルノ公然陳列の罪の刑で処断する」と科刑上一罪の処理をしているところ、これは、複数のわいせつ電磁的記録記録媒体陳列は、社会的法益に対する罪である同罪の罪質に照らし、同一の意思のもとに行われる限り包括一罪として処断され、さらに、児童ポルノであり、かつ、わいせつな電磁的記録に係る記録媒体を公然と陳列したときは、児童ポルノ公然陳列罪とわいせつ電磁的記録記録媒体陳列罪との観念的競合になることから、結局、原判示第 1 の各罪を包括一罪（刑及び犯情の最も重い別表 1 番号 4 の画像についての児童ポルノ公然陳列の罪の刑）で処断したものと考えられるのであり、そのような原判決の法令適用に誤りはない。

ウ　もっとも、そのように包括一罪とされる原判示第 1 のうちの同 2 のわいせつ電磁的記録記録媒体の公然陳列行為と、原判示第 2 の児童ポルノの公然陳列行為とは、同じ日の僅か 4 分の間に続けて行われたものであるから、これらをも包括一罪とする考えもあり得るところで、現に原審検察官の起訴はそのようなものであったが、しかし、児童ポルノ公然陳列罪の個人的法益に対する罪としての性格を重視し、あえてそのような処理をせず、原判示第 1 の罪と原判示第 2 の罪とを併合罪の関係にあるとした原判決の法令適用に誤りがあるとはいえない。

公然陳列の罪数に関する所論も採用できない。

わいせつかつ児童ポルノ画像を、数回公然と陳列した場合には数個の児童ポルノ公然陳列罪（併合罪）が、わいせつ電磁的記録公然陳列罪（包括一罪）によるかすがい現象で、科刑上一罪となる（参考：最決平成 21 年 7 月 7 日刑集 63 巻 6 号 507 頁）。再逮捕・再勾留・追起訴が続く場合には罪数処理の検討を要する。

4　サイト管理者の刑事責任

画像掲示板や委託販売サイトなどで、他人により違法画像がアップロードされた場合にサイト管理者も刑事責任を問われることがある。最近では「プラットフォーム責任」とよばれるようになった。

管理者の刑事責任については、民事責任における「特定電気通信による情報の流用によって発生する権利侵害等への対処に関する法律」（情報流通プラット

フォーム対処法）がないので、刑法総則の共犯規定が適用されているが、正犯か幇助か、ユーザとの共犯か単独正犯かについて裁判例は定まっていない。

　外国における風俗営業の情報交換を目的とした画像掲示板で、被告人が掲示板をチェックしていない状況で、風景写真もわいせつ画像も投稿されていたという事案につき、東京高判平成 16 年 6 月 23 日判例集未登載[3] は、掲示板設置行為が正犯の実行の着手であって、放置した点も含めて、全体として作為による単独正犯として理解すべきであると判断している。

〇東京高判平成 16 年 6 月 23 日判例集未登載 （抜粋）

2　当裁判所の基本的な判断

（1）　本件で問題とされているのは、児童ポルノの陳列であるが、陳列行為の対象となるのは、前記のような児童ポルノ画像が記憶・蔵置された状態の本件ディスクアレイであると解される。

（2）　原審以来被告人の行為の作為・不作為性も問題とされているが、被告人の本罪に直接関係する行為は、本件掲示板を開設して、原判示のとおり、不特定多数の者に本件児童ポルノ画像を送信させて本件ディスクアレイに記憶・蔵置させながら、これを放置して公然陳列したことである。

　そして、本罪の犯罪行為は、厳密には、前記サーバーコンピュータによる本件ディスクアレイの陳列であって、その犯行場所も同所ということになる。したがって、この陳列行為が作為犯であることは明らかである。そして、原判示の被告人の管理運営行為は、この陳列行為を開始させてそれを継続させる行為に当たり、これも陳列行為の一部を構成する行為と解される。この行為の主要部分が作為犯であることも明らかである。確かに、被告人が、本件児童ポルノ画像を削除するなど陳列行為を終了させる行為に出なかった不作為も、陳列行為という犯罪行為の一環をなすものとして、その犯罪行為に含まれていると解されるが、それは、陳列行為を続けることのいわば裏返し的な行為をとらえたものにすぎないものと解される。

　なお、更に付言すると、被告人は、児童ポルノ画像を本件ディスクアレイに記憶・蔵置させてはいないが、前記のように、金銭的な利益提供をするなど、より強い程度のものではなかったとはいえ、本件掲示板を開設して前記のように前記送信を暗に慫慂・利用していたのである。この行為は、陳列行為そのものではないから、

3　奥村徹「プロバイダの刑事責任——名古屋高裁平成 19.7.6 と東京高裁平成 16.6.23」情報ネットワーク・ローレビュー 7 巻 （2008 年） 39 頁。

> 開設行為以外の点は原判決の犯罪事実にも記載されていないが、陳列行為の前段
> 階をなす陳列行為と密接不可分な関係にある行為であるから、これも広くは陳列
> 行為の一部をなすものと解される。そして、これが作為犯であることは明らかで
> ある。

　掲示板の背景画像に児童ポルノ画像を用いて、「ロリータなんでも」と命名
して児童ポルノ画像の投稿を積極的によびかけていた事案につき、名古屋高判
平成 19 年 7 月 6 日判例集未登載[4] は、掲示板設置行為は正犯の実行行為ではな
く幇助行為にすぎないと判断した。

○名古屋高判平成 19 年 7 月 6 日判例集未登載 （抜粋）

1　主任弁護人の控訴理由第 2 （原判示 2 の行為は、幇助ではなく正犯の未遂で
ある。）について

　論旨は、要するに、原判示 2 につき、電子掲示板開設行為は、児童ポルノ公然
陳列罪の正犯の未遂であり、これを公然陳列罪の幇助と認定した原判決には、判
決に影響を及ぼすことが明らかな事実の誤認があり、ひいては法令適用の誤りが
ある、というのである。

　そこで、本件のようにインターネットの電子掲示板を利用しての児童ポルノ公
然陳列罪における電子掲示板開設行為の性質を検討すると、後記 2 で説示すると
おり、電子掲示板に児童ポルノ画像を送信して記憶、蔵置させ、不特定多数のイ
ンターネット利用者に対し、その画像データの閲覧が可能な状況を設定する行為
が、児童ポルノ公然陳列罪の実行行為に当たると解されるところ、①電子掲示板
開設者が児童ポルノ画像をその電子掲示板に送信する場合（原判示 1 の場合）、
電子掲示板開設行為は、自らが行う児童ポルノ公然陳列のための準備（予備）行
為となるにとどまり、また、②投稿者らが児童ポルノ画像を電子掲示板に送信す
る場合（原判示 2 の場合）、電子掲示板開設行為は、実行正犯である投稿者らが
行う上記実行行為を、それ以外の方法で容易にする行為であって、自らのために
するものではないから、幇助行為に他ならない。

　その後、不特定多数にスマートフォン用の画像交換アプリを提供して、アプ
リを運営管理することにより、ユーザがアップロードした画像等をサーバに記
憶、蔵置させたうえ、その中に相当数の児童ポルノまたはわいせつ図画にあた

4　奥村・前掲論文（注 3）40 頁。

る画像等が含まれていることを知りながら、不特定多数のユーザがこれらの画像等をダウンロードし得る状態におき、その一部を有償でダウンロードさせた事案につき、東京高判平成30年2月6日高刑速（平30）号93頁は、単独正犯として児童ポルノおよびわいせつ図画を公然と陳列した場合にあたるが、被告人とユーザとの間に意思の連絡があったとみることはできないとして、被告人とユーザとの間の共謀を認めた第1審判決の判断が是認できないとして、管理者の単独犯としての公然陳列罪を認めている。

○東京高判平成30年2月6日高刑速（平30）号93頁（抜粋）

（3）　被告人の正犯性について

　上記のとおり、被告人らは、わいせつ画像等を公然と陳列することについて、これらをアップロードしたユーザーと共謀したとは認められないが、当裁判所は、被告人らの行為は、それ自体、わいせつ画像等の公然陳列正犯行為に当たると判断したので、以下、その理由を説明する。

　前記2（3）のとおり、被告人らは、「○○」を立ち上げた当初から、Ｆアプリとの差別化を図るため、わいせつ画像等を「○○」に誘導する方策を採っていたものであり、この結果、「○○」はわいせつ画像等に特化したアプリとまではいえないにしても、これに準じる状態を呈していたといえるのであり、「○○」には相当数のわいせつ画像等が、相当に高い割合でアップロードされていたのである。しかも、被告人らは、前記3（1）のとおり、わいせつ画像等のすべてを監視することはできなかったにしても、その主要なものを監視し得たのであり、相応の管理をしていたといえる。さらに、前記2（3）のとおり、「○○」では画像等が有償でダウンロードされることが売上げの増加に直結することから、これを積極的に推進していたものである。確かに、アプリ管理会社からリジェクトされた際や、警察から照会があった際等には、被告人らは、わいせつ画像等やこれを類推させる合言葉を積極的に削除することがあったが、前記2（7）、（8）のとおり、これも一時的な行動であり、事態が収束すれば、ユーザー等から通報のあったものについて、消極的に削除等の対応をするにとどまっていた。これは、わいせつ画像等を積極的に削除すると、直ちにＡ社の収入減をもたらすことになったことによるものと考えられる。

　以上の事実を総合すれば、被告人らは、「○○」を運営、管理することにより、ユーザーがアップロードした画像等を、その中に相当数のわいせつ画像等が含まれていることを知りながら、これらを受け入れてサーバーに記憶、蔵置させた上、

A社が運営していた掲示板等により合言葉が容易に入手し得ることと相まって、不特定多数のユーザーがこれらのわいせつ画像等をダウンロードし得る状態に置き、その一部を有償でダウンロードさせたものであり、概括的、未必的故意をもって、わいせつ画像等を公然と陳列した場合に当たるというべきである（なお、前記のとおり、被告人らが「○○」を運営、管理することにより、ユーザーが本件児童ポルノ等をアップロードするのを、物理的、心理的に支援したとする点は、ユーザーによるわいせつ画像等の公然陳列の幇助犯に当たる行為であるが、被告人らによるわいせつ画像等の公然陳列の準備段階の行為とみられるから、同罪に吸収され、別罪を構成しないと解するのが相当である。）。

なお、被告人らのようなアプリの管理運営者については、アップロードされた画像等の中に、わいせつ画像等が含まれているのを知りながら、これを削除しなかったという、不作為をとらえて、わいせつ画像等の公然陳列に問擬する見解もあり得るところである。しかし、本件は、ほとんどが適法な画像等の中に、たまたまわいせつ画像等が紛れ込んだのを知りながら、これを削除しなかったという場合と異なり、前記のとおり、わいせつ画像等に特化した状態に準じるアプリを運営、管理し、多数のわいせつ画像等を含む画像等を集めた上、これらを積極的に公然と陳列した場合であるから、わいせつ画像等の公然陳列の作為犯ととらえるのが相当である。

違法画像について管理者がどの程度注意して削除していけばよいのかについては、上記の裁判例が参考になると思われる。

なお、URL掲載行為が公然陳列罪になるとする判例を前提とすると、管理するサイトに、児童ポルノ画像のリンクが掲載された場合に、リンク先の画像を確認する必要があるようにも思えるが疑問である。ただし、委託販売サイトに、児童ポルノ画像のURLが出品されていた事例で逮捕された事件（起訴猶予）がある。

5　ツーショットチャットは公然わいせつか

1対1で行われるツーショットチャットでチャットレディが陰部露出等のわいせつ行為を行った場合、視聴者側が入れ替わるなどして不特定多数者になっている可能性があるとして、公然わいせつ罪を認めた判例（東京高判平成23年3月2日判例集未登載）があり、出演者とともに運営者も有罪となっている。

○東京高判平成23年3月2日判例集未登載（抜粋）

第2　事実誤認法令適用の誤りの主張について

　論旨は①原判決は女性出演者がその陰部や自慰行為を撮影した映像を電気通信回線を通じて即時配信して不特定のものに即時閲覧させた行為を公然わいせつ行為と評価しているが、「映像を配信して閲覧させる行為」は174条所定のわいせつな行為に該当しないから、原判決には法令適用の誤りがある、②原判決は本件が公然わいせつ罪に該当するとしているが、本件では不特定又は多数の者が女性出演者のわいせつな行為を認識することができなかったから、公然性を認めた原判決には事実誤認ないし法令適用の誤りがあるというのである。

　そこで原審記録を調査して検討する。

　1　①の点について

　原判決は共犯である各女性出演者による陰部露出や自慰行為が174条のわいせつな行為に該当すると評価しているのは明らかであり、所論は共犯者の行為をことさら捨象するものであって、これが失当であることは論をまたない。

　2　②の点について

　174条所定の公然とは、不特定又は多数の人が認識することのできる状態をいい、現実に不特定又は多数の者が認識することは必要ではなく、不特定又は多数の者が認識できる可能性があれば足りると解すべきである。

　そこで本件について検討すると、本件各犯行において使用されたサイト「○○」のツーショットチャットは、女性出演者が、離れた場所にいる利用客と電気通信回線を利用したインターネットを介して映像や音声等をやりとりする方法で、利用客にわいせつ画像を即時配信して閲覧させるというもので、利用客側が映像等を配信するかどうかは利用客の意思に委ねられており、本件犯行時のように利用者側が映像も音声も配信しない場合には、女性出演者側ではチャットをしている相手方が何人であるのか、相手側が入れ替わっていないかどうかを全く認識することができない上、利用客側が映像を配信する場合でも、映像に映らない範囲で女性出演者の映像を視聴している他の者がいないかどうかは、女性出演者側では認識することができず、女性出演者側においてそのような状況を避けることはできない。このように「サイト名」のツーショットチャットのシステムは、不特定又は多数の者がわいせつ画像を視聴する可能性を排除できないものであるから、本件各犯行時にわいせつ画像を視聴していた者が上記各警察官のみであったかどうかにかかわらず、本件各行為が公然性を有することは明らかである。

　所論は本件で利用されたツーショットチャットは他のネット利用者が介入でき

るようなものではなく、不特定のものを排除する構造であり、不特定又は多数の者による認識可能性は全く存在しないと主張するが、以上に述べたところから失当である。

　なお、原判決が公然性を肯定するにあたり上記と同様の理由の他、本件わいせつ行為が不特定又は多数の者に対して勧誘を行い、反復継続する意図の下になされたことを挙げているが、この点については、風営法が「異性の客の性的好奇心に応じて接触する役務提供する営業を、個室を設けて行う形態のもの（2条6項2号）」と当該役務を行うものを派遣する形態のもの（7条1号）に分類した上、いずれも性風俗関連特殊営業として適法な営業として規制対象としていることとの関連性が問題となる。

　もとより売春防止法や刑法の規定に触れるような行為が許されないことは明らかであり、風営法が刑法174条により禁止されている行為についてその営業方法を規制することによってこれを適法化したものとは解されない（同法1条参照）から、風営法は上記形態の営業は刑法の公然わいせつ行為に該当しないことを前提にしていると言うべきであるところ、これらの営業もまた不特定又は多数の者に対して勧誘を行い、反復継続して行う意図の下になされるものである上、営業として成り立ちうる「異性の客の性的好奇心に応じてその客に接触する役務を提供する営業」とはどのようなものかを考えたときに上記役務に公然わいせつ罪においてわいせつ行為とされる行為が含まれないと解するのは甚だ困難である。

　そうすると、不特定又は多数の者に対して勧誘を行い（勧誘行為を規制するかどうかどのように規制するかは別問題である）、反復継続して行う意図の下にわいせつ行為がなされたとしても行為者において個室において1人を相手にするなど不特定又は多数の者が認識することができない状況を確保した上で当該行為を行う場合には、公然性が否定されるものと解するのが相当である（なお原判決が引用する最決昭和31. 3. 6第三小法廷裁判集刑事112号601頁は、当該事案に照らし上記のような場合について公然性を肯定したものとは言えない）。その意味で所論がいわゆるデリバリーヘルス（風営法2条7項1号）の営業形態と比較して原判決を論難しているのも一理あるものと考えられるが、とはいえ、行為者側において、相手側が不特定又は多数にならないように管理できないシステムである本件において公然性が認められることは先に述べた通りである。

　以上の通りであり、原判決が本件各行為について公然性を肯定したのは、結論において正当である、所論指摘の事実誤認ないし法令適用の誤りはない。

　論旨は理由がない。

Ⅱ　個人からの相談事例

1　事　例

〈*Case* ⑯ - 2〉

　甲弁護士は、Ａから「若い人から自撮り画像を購入したが、その人物は18歳未満かもしれない」とのことで、販売者と購入者の責任について、相談を受けた。

　画像ではなく、18歳未満の女性と性行為をしてその場面を撮影した動画（いわゆる「ハメ撮り」）であった場合には、撮影者は、どのような罪に問われるか。

2　論　点

〈*Case* ⑯ - 2〉において問題となる論点は、以下のとおりである。

①　撮影済みのわいせつ画像を購入した場合の販売者と購入者の責任

②　注文後撮影の場合の販売者と購入者の責任

③　18歳未満の女性との性行為の動画について、撮影に承諾がある場合の撮影者の責任

④　18歳未満の女性との性行為の動画について、盗撮の場合の撮影者の責任

3　わいせつ画像を販売した者・購入した者の刑事責任

⑴　撮影済みのわいせつ画像を購入した場合

　販売者が児童でない場合、販売者はわいせつ電磁的記録頒布罪（刑175条1項）、購入者は不処罰となる。

　販売者が児童である場合は、販売者は児童ポルノ提供罪（児童ポルノ法7条2項・6項）、購入者は、児童ポルノ単純所持罪（同法7条1項）が疑われる。

　地方公共団体の青少年保護育成条例の中には、撮影済み画像の購入等の画像要求行為を処罰するものがある。児童・青少年と知らなくても有過失で処罰さ

れる地域もある。

(2)　注文後撮影の場合

販売者が児童でない場合は、上記(1)のとおりである。

販売者が児童である場合は、児童と購入者との共犯になるという裁判例（広島高判平成 26 年 5 月 1 日判例集未登載、神戸地判平成 24 年 12 月 12 日判例集未登載）もあるが、販売者（児童）の提供目的製造罪（児童ポルノ法 7 条 3 項・7 項）・提供罪（同条 2 項・6 項）を問わずに、注文した購入者のみを児童ポルノ製造罪（同条 4 項）の単独犯にするという処理が一般的である。法文上は製造罪・提供罪の主体には児童自身も含まれるが、実務の運用上は、児童は被害者として扱うべきとされている[5]。

○広島高判平成 26 年 5 月 1 日判例集未登載（抜粋）

なお、被告人の当審公判供述の趣旨等にも鑑み、職権で判断を加えると、原判決が認定、摘示した原判示第 3 の事実の内容は、前記（1）で摘示したとおりである。要するに、原判決は、児童の原判示の姿態を撮影して、その画像データを被告人の携帯電話機に送信し、その携帯電話機の記録媒体に蔵置させるに至らせるという、児童ポルノ製造の犯罪の主要な実行行為に当たるものを行ったのは児童自身であるという事実を摘示しているが、児童が共同正犯に当たるとは明示しておらず、被告人に関する法令の適用を示すに当たっても、刑法 60 条を特に摘示していない。他方、原判決は、本件について間接正犯の関係が成立するという事実を示しているものでもなく、本件の関係証拠に照らしても、間接正犯の成立をうかがわせる事実関係があるとは認め難い。しかし、原判決は、罪となるべき事実として、児童が上記の実行行為を自ら行ったという事実は摘示し、これらの行為は、被告人が、自らの意思を実現するため、児童との意思の連絡の下、児童に行わせたものであるという趣旨と解される事実関係を摘示しているものと理解することが可能であるし、かつ、そうした事実関係を前提に犯情評価等を行っていると見ることができることなどに照らすと、原判決が、被告人と児童との共謀の存在を明示せず、法令の適用に刑法 60 条を挙示していないことが、判決に影響を及ぼすことが明らかな事実誤認ないし法令適用の誤りに当たるとは、いまだいい難いと考えられる。

5　仲道祐樹「児童ポルノ法の判例と理論的課題：自画撮りの問題をめぐって」警察学論集 76 巻 12 号（2023 年）19 頁で理論的な説明が試みられている。

○神戸地判平成 24 年 12 月 12 日判例集未登載（抜粋）

第 1 の 1 の罪に関する主位的訴因について

第 1 の 1 の罪の主位的訴因にかかる公訴事実においては被告人が単独で児童ポルノを製造したとされており、この点、検察官は被告人が自らの携帯電話機に画像データが添付されたメールを受信してそのデータを保存した行為が児童ポルノ製造の実行行為であると主張する。

しかし、当裁判所は証拠上、被告人が製造行為を行ったとはみとめず、従って単独正犯としての被告人の罪責を問うことはできないと判断して、予備的訴因（児童との共同正犯）に基づき有罪と認定した。

その理由は次の通りである。

本件のメールの受信については関係証拠によっても被告人がその受信の際に自己の携帯電話機を用いて何らかの具体的操作を行ったことを示唆する証拠はない。昨今の携帯電話機のメール機能ではサーバーから自動的に個々の携帯電話機にメールデータが保存される設定となっているのが通常であり（これは公知の事実である）、被告人の携帯電話機も同様であったとうかがわれること（甲 5）、からすれば、被害児童が当該画像データを添付したメールを被告人の携帯電話器宛に送信したことにより、その後、被告人において特段の操作を行うことなく、サーバーを介して自動的に同携帯電話機からそのデータを受信し、メールに添付された画像データごと同携帯電話機に保存されたものと推認される。

このように、メールの受信が自動的に行われ、被告人の側で受信するメールを選別したり、受信するかどうかを決定することができない状態であったことを踏まえれば、このような方法で行われるメールの受信（厳密にはメールデータの携帯電話への保存）をもって、被告人による製造行為ととらえることは困難というほかない。

以上の通り、被告人が児童ポルノの製造の実行行為を行ったとは認められず主位的訴因については犯罪の成立を認めることができないと判断した（なお　付言すると、当時 16 歳という被害児童の年齢や、被告人は要求の際に欺罔脅迫等の手段を用いておらず、被害児童が被告人の要求に応じた主たる理由は被告人への好意にあったことなどすれば、本件については証拠上、間接正犯の成立も認めることができない）。

16 歳未満の者に対して、わいせつ画像を要求した場合は、令和 5 年の刑法改正で、画像送信要求罪（刑 182 条 3 項）が設けられている。相手が 13 歳未満

であった場合には、性的姿態撮影罪（性的な姿態を撮影する行為等の処罰及び押収物に記録された性的な姿態の影像に係る電磁的記録の消去等に関する法律（以下、「性的姿態撮影等処罰法」という）2 条 1 項 4 号）が適用されることもある。

　さらに、撮影の要求に際して脅迫がある場合、相手方が低年齢である場合には、不同意わいせつ罪（強制わいせつ罪（刑 176 条後段））で検挙されることがある。わいせつ行為性について、従前は否定する裁判例[6]が続いていたが、最近では、肯定する裁判例[7]が続いている。罰金刑は設けられていないので注意を要する。

〇大阪高判令和 3 年 7 月 14 日高刑速（令 3）号 403 頁（抜粋）

3　第 3 事実の法令適用の誤り（「わいせつな行為」該当性）の論旨について

（1）ア　所論は、被告人が、A に対し、アプリケーションソフトのダイレクトメッセージ機能を使用して、その陰部及び乳房を露出した姿態をとって撮影してその画像データを被告人のスマートフォンに送信するよう要求し、A にそのような姿態をとらせて撮影させたという本件行為は、遠隔地にいる A に裸体を撮影させたにとどまり、性的侵襲は弱く、性的意味合いは皆無か、極めて薄いから、「わいせつな行為」に該当しない、本件行為（被告人が A から同画像を受信し、閲覧した事実は含まれない。）だけでは被告人は性的興奮を得ていないから、「わいせつな行為」に該当せず、該当するとしても、強制わいせつ未遂罪が成立するにとどまると主張する。

　しかし、まず、刑法 176 条の「わいせつな行為」に当たるか否かの判断を行うためには、行為そのものが持つ性的性質の有無及び程度を十分に踏まえた上で、事案によっては、当該行為が行われた際の具体的状況等の諸般の事情をも総合考慮し、社会通念に照らし、当該行為に性的な意味があるといえるか否かや、その性的な意味合いの強さを具体的事実関係に基づいて判断するのが相当である（最高裁平成 29 年 11 月 29 日大法廷判決・刑集 71 巻 9 号 467 頁参照。）。

6　広島高岡山支判平成 22 年 12 月 15 日高刑速（平 22）号 182 頁、大阪高判平成 22 年 6 月 18 日判例集未登載、仙台高判平成 23 年 9 月 15 日判例集未登載、名古屋高金沢支判平成 27 年 7 月 23 日判例集未登載（第 1 審：富山地高岡支判平成 27 年 3 月 3 日判例集未登載）、名古屋高金沢支判平成 27 年 7 月 23 日判例集未登載（第 1 審：福井地判平成 27 年 1 月 8 日判例集未登載）、東京高判平成 28 年 2 月 19 日東高刑時報 67 巻 1 ～ 12 号 1 頁、広島高判平成 28 年 3 月 10 日判例集未登載、大阪高判令和 2 年 10 月 27 日判例集未登載、大阪高判令和 2 年 10 月 2 日判例集未登載。

7　大阪高判令和 3 年 7 月 14 日高刑速（令 3）号 403 頁（児童ポルノ製造罪とは観念的競合）、大阪高判令和 4 年 1 月 20 日判例集未登載（児童ポルノ製造罪とは観念的競合）、札幌高判令和 5 年 1 月 19 日判例集未登載（児童ポルノ製造罪とは観念的競合）、札幌高判令和 6 年

　これを踏まえて検討すると、本件行為は、当時９歳の女子児童であるＡに対してその陰部、乳房等を露出した姿態をとって撮影して被告人のスマートフォンに送信するよう要求し、Ａにそのような姿態をとらせてそれを撮影させたというものであり、撮影させた部位のうち、陰部（性器自体は写っていないものの、その周辺部である。）は性的要素が強く、乳房も性を象徴する典型的な部位である。また、衣服を脱がせる行為（又は衣服を着けない姿態をとらせる行為）は、裸になることを受忍させてその身体を性的な対象として行為者の利用できる状態に置くものであって、単独でも「わいせつな行為」に当たり得るほどの強い性的意味合いを有し得るものであるし、続いてそうした衣服を着けない姿態を撮影する行為も、自ら性的な対象として利用できる状態に置かせた裸体を、さらに記録化することによってまさに性的な対象として利用するものであり、それによって性的侵害性が強まるといえるから、「わいせつな行為」に当たり得るほどの強い性的意味合いを有し得るものといえる。

　イ　本件では、被告人は遠隔地からＡに指示しているから、直接Ａの姿態を目にしていないという点で、面前で行う場合と比べてＡの性的自由を侵害する程度が小さいとはいえるものの、Ａに陰部等を露出した姿態をとらせ、これを撮影させた行為は、Ａに一定の性的行為を行わせ、かつ、その内容を第三者が知り得る状態に置く行為であり、Ａの身体を性的に利用する行為といえる。本件は、行為そのものから直ちに「わいせつな行為」とまで評価できないものの、一定の性的性質を備えていて、「わいせつな行為」に当たり得るものというべきである。なお、本件行為にはＡに撮影させた画像データを被告人に送信させたことや被告人が受信した画像データを閲覧したことは含まれていないが、Ａに陰部等を露出させた姿態をとらせてそれを撮影させたことによって、被告人を含む他人がその画像を見ることがあり得る状態に置かれており、性的侵害性は大きいといえるし、被告人はＡに対して撮影した画像データを被告人に送信することも要求して撮影させており、Ａがこの要求に従って画像データを送信して被告人がこれを見ることになる具体的な危険性も認められるから、撮影させた画像データを被告人に送信させたこと等が含まれていないことが、「わいせつな行為」該当性を否定する事情とはならない。

　さらに、本件の具体的状況等についてみると、被告人は当時53歳の中年男性、Ａは当時９歳（小学３年生）であり、動画配信アプリケーションを通じて知り合

___

３月５日判例集未登載（準強制わいせつ罪・生中継事案）。

い、ダイレクトメッセージ機能を使用してやり取りをしていた関係にすぎず、直接の面識はなく、本件行為は、被告人とＡが性行為をしているかのようなメッセージのやり取りをしている状況においてなされたものである……また、被告人にはかねてから年少の女児を対象とする性的嗜好があった。このような本件行為が行われた際の具体的状況等をも考慮すると、本件行為は性的な意味合いが相当強いものといえるから、「わいせつな行為」に当たるといえる。

　ウ　原判決は、Ａへの身体的接触がなく、被告人が撮影時にＡにとらせた姿態を見ていないという本件行為の特徴を指摘して本件行為そのものが持つ性的性質は不明確であるともいえるとした上で、撮影の対象となった部位が性を象徴する典型的な部位等であること、被告人とＡの関係性や各属性、本件に至る経緯や本件の前後に被告人が送信したメッセージの内容、被告人が自己の性欲を満たす目的を有していたことなどを考慮すると、撮影時に被告人がＡの姿態を見ていなかったことを踏まえても、本件行為の性的な意味合いの程度は相当に強いといえるから、「わいせつな行為」に当たると判断した。原判決は、身体的接触がなく、Ａの姿態を直接見ていない本件行為に「わいせつな行為」該当性を認め得るほど強い性的意味合いがあることについて、本件行為そのものが持つ性的性質の有無及び程度それ自体を判定し、それに着目した説明が十分なされているか疑問があるが、おおむね前述したところと同趣旨の判断をしているものと解され、その結論に誤りはない。

　（2）　所論は、画像送信要求行為（必ずしも明らかでないが、年少者にその裸体等を撮影した上で送信するよう要求する行為を指すものと解する。）について、大阪府青少年健全育成条例が改定されて規制されるなど、独立の犯罪化の動きがあることは、画像送信要求行為を「わいせつな行為」と評価することが困難であるという現時点での社会的評価の表れであり、一つの立法事実であると考えられるなどとも主張する。

　しかし、所論が指摘する大阪府青少年健全育成条例は、青少年に係る児童ポルノの提供を求めることを禁止し、その違反のうち、当該青少年に拒まれたにもかかわらず、提供を求めた場合と、威迫等の方法により提供を求めた場合に限って罰則（罰金）を設けたものであり（同条例42条の2、56条3号）、例えば、青少年に現に自己の裸体等を撮影させることは要件とされていないし、より未熟な13歳未満の青少年との関係でも、当該青少年に拒まれたという事情や威迫等の方法により提供を求めたという事情がなければ処罰の対象とはならないのであり、スマートフォン等を使用して裸体等を撮影して送信するよう要求し（被害者が14歳以上の場合は暴行・脅迫を手段として）、現に被害者に裸体等を撮影させる行

為を強制わいせつ罪として罰することとは、刑罰の対象となる行為や目的、刑の重さの点で大きく異なる。そうすると、青少年に自己に係る児童ポルノの提供を求める行為について条例で罰則を設ける動きがあることは、本件行為が「わいせつな行為」に当たるという解釈を妨げる事情とはいえない。

○大阪高判令和4年1月20日判例集未登載（抜粋）

3　法令適用の誤りの論旨について

　所論は、次のとおり、原判示第1の強制わいせつ罪の成立を認めた原判決には、判決に影響を及ぼすことが明らかな法令適用の誤りがある、というものである。

　（1）　所論は、本件は、被害者を利用した間接正犯になっていなければ、強制わいせつ罪の正犯となり得ないところ、被害者は道具化していないから、間接正犯は成立せず、強要罪か準強制わいせつ罪に当たると主張する。

　しかし、刑法176条前段の強制わいせつ罪は、13歳以上の男女に対し、その反抗を著しく困難にする程度の暴行、脅迫を加えて、被害者に一定の行動や姿態をとることを強いて、被害者がその意思に反してそれらの行動や姿態をとらされ、その身体を性的な対象として利用できる状態に置かされた場合などにも成立するのであり、その際、それ以外の要件として被害者の道具性を検討する必要はない。これと同旨の原判決は正当である。原判決の説示が「わいせつな行為」について意味不明で独自の定義を作出するものであり、理由不備があるとする主張も含めて、所論は独自の見解であって、採用できない。

　関連して所論は、原判決は、画像要求行為と被害者自身の撮影行為の全体をわいせつな行為と解している点で誤っており、全国の都道府県で画像要求行為を独立に処罰化する動きがあることは、同行為をわいせつな行為と評価することが困難であることを示していると主張する。

　しかし、原判決は、被害者をして乳房等を露出した姿態をとらせ、これを撮影させたことを含めて、わいせつな行為とみているのであり、画像要求行為そのものがわいせつな行為に当たると判断しているわけではないから、所論は前提を誤った主張であり、採用できない。

　（2）　所論は、原判示第1の強制わいせつ罪につき、刑法176条の「わいせつな行為」は明確な定義がないし、原判決もその定義を示せていないのであって、漠然不明確であるから、同条項は罪刑法定主義に反して文面上無効であるのに、原判決は、同条項を適用して強制わいせつ罪の成立を認めたと主張する。

　しかし、「わいせつな行為」という言葉は、一般的な社会通念に照らせば、あ

る程度のイメージを具体的に持つことができる言葉であるし、これまでの実務上、多くの事例判断が積み重ねられており、それらの集積からある程度の外延がうかがわれるものである。そして、「わいせつな行為」を別の言葉で分かりやすく表現することには困難を伴う上、定義付けた場合に、かえって誤解を生じさせるなどして解釈上の混乱を招きかねないおそれもある。また、定義付けしても、いわゆる規範的構成要件である「わいせつな行為」に該当するのか否かを直ちに判断できるものでもない。「わいせつな行為」該当性を安定的に解釈していくためには、どのような考慮要素をどのような判断基準で判断していくべきなのかという判断方法こそが重要であり、定義付けが必須とはいえない。所論は、種々指摘して、刑法176条は罪刑法定主義に反しており無効であるというが、独自の見解であって採用できない。

（3）　所論は、原判示第1の強制わいせつ罪につき、被害者に撮影させ、記録させ、送信させて、被告人が受信するまでしていれば、わいせつな行為と評価される余地はあるが、撮影させた行為だけではわいせつな行為に当たらないし、被告人の性的意図を考慮すると強制わいせつ未遂罪にとどまると主張する。

しかし、被告人が被害者を脅迫して、要求どおり裸の写真を撮影させた行為が強制わいせつの既遂に当たることは、上記のとおり明らかである。被害者の意思に反して乳房等を露出する姿態をとらせ、これを撮影させるだけで十分な法益侵害性が認められるから、現実に画像データを送信させる行為は、強制わいせつ罪の成立を認める上で不可欠の要素とはいえない。異なる評価をいう所論は採用できない。

（4）　所論は、接触を伴う強制わいせつにおいては、犯人が被害者の面前にいることが前提とされていることから、非接触の強制わいせつにおいても、犯人が規範的にみて、被害者の目の前にいるといえなければ、わいせつな行為に当たらないと解されるところ、本件では、脅迫行為に遅れて撮影行為がされているから、規範的にみて被害者の目の前にいるといえず、わいせつな行為に当たらないと主張する。

しかし、有形力の行使を伴わない非接触型の強制わいせつの成否を、有形力を伴う接触型という類型を異にする強制わいせつの成否と同様に考える必然性はなく、所論は前提において失当である。規範的にみて被害者の面前にいるとはいえなくても、本件のように、被害者を畏怖させて、強いてその身体を性的な対象として利用できる状況に置き、これを撮影させることで、接触を伴う強制わいせつと同程度の性的侵害をもたらし得ることは明らかである。所論は採用できない。

（5）　所論は、原判示第1の強制わいせつ罪と同第2の児童ポルノ製造罪は、それぞれに該当する行為が、自然的観察の下で社会的見解上1個のものとして評価できる場合であるから、両罪は観念的競合であるのに、原判決は併合罪として処理した違法があると主張する。

　そこで検討するに、本件のように、被害者を脅迫して、被害者にその乳房等を露出する姿態をとらせて、これを撮影させ、その画像データを送信させ、被告人が使用する携帯電話機でこれを受信、記録して児童ポルノを製造した場合、姿態をとらせるための具体的な手段である脅迫が、児童ポルノ法7条4項の児童ポルノ製造罪において必須の行為ではないことを考慮しても、強制わいせつ罪に当たる行為は、上記児童ポルノ製造罪に当たる行為にほぼ包摂され、大幅に重なり合っているといえる。そして、乳房等を露出する姿態をとらせて、これを撮影させること以外にわいせつな行為が存在せず、かつ、当初から被告人が撮影後、画像データを送信するよう要求していた事案であって、ほぼ同時に送信、受信、記録が行われたことを考慮すると、脅迫が必須の手段ではないという上記の点を踏まえても、両行為は通常伴うものということができる。これらのことからすると、両行為は、自然的観察の下で社会的見解上1個のものとして評価できる場合であるから、本件において、両罪は観念的競合であるというべきであり、これを併合罪であると判断した原判決には、所論が指摘するとおり、法令適用の誤りがある。もっとも、併合罪という前提に立った場合の処断刑は、14年以下の懲役であるのに対し、観念的競合という前提に立った場合の処断刑は、11年以下の懲役であって、その差がさほど大きくないことや、原判決の量刑がその依拠する処断刑よりもはるかに低い刑にとどまっていることを考慮すると、この法令適用の誤りは、判決に影響を及ぼすことが明らかであるとはいえない。

○札幌高判令和5年1月19日判例集未登載（抜粋）

　①については、被告人は、Aに要求して、陰部等を露出した姿態をとらせ、これらをスマートフォンで撮影させているところ、その行為は、Aを性的意味合いの強い陰部等を露出した裸体にさせ、Aの身体を性的な対象として利用できる状態に置いた上、これを撮影させて記録化することで、その内容を被告人や第三者が知り得る状態に置くものであって、被告人がAに対して撮影した動画データを被告人に送信することも要求して撮影させており、その撮影させる行為自体にAがこの要求に従って動画データを送信して被告人がこれを閲覧することになる具体的な危険性が認められることも踏まえると、その性的侵害性は大きく、また、

本件が、当時○○歳の男性である被告人が、SNS を通じて知り合いアプリケーションソフトを利用してやり取りをしていたという関係にすぎない当時○歳の女児であるＡに対し、Ａの陰部等を見たいなどというメッセージや男性が自慰行為をしている動画データを送信するなどする中でなされたものであることも踏まえると、その性的意味合いは強いというべきであるから、その行為が「わいせつな行為」に当たり、強制わいせつ既遂罪が成立すると判断した原判決に誤りはない。

　……

　⑤については、本件において、Ａに陰部等を露出した姿態をとらせてこれを撮影させるという強制わいせつ罪に当たる行為は、Ａに陰部等を露出した姿態をとらせてこれを撮影させた上、その動画データを被告人のスマートフォンに送信させて、サーバコンピュータ内に記録・保存させるという児童ポルノ製造罪に当たる行為に包摂されていること、被告人は当初から撮影後に動画データを送信することも要求しており、撮影から送信、保存・記録までがほぼ同時刻に行われていること、一般に本件のような態様のわいせつ行為は、撮影された画像の内容を行為者等が知り得る状態に置くことを意図して行われるものと考えられることも踏まえると、両行為は通常伴う関係にあり、自然的観察の下で社会的見解上１個のものであると評価することができるから、両罪を観念的競合とした原判決に誤りがあるとはいえない（なお、所論指摘の裁判例は、いずれも本件とは事案を異にするものである。）。

4　18歳未満の女性と性行為をしてその場面を撮影した（いわゆる「ハメ撮り」）が、どのような罪に問われるか

(1)　撮影に承諾がある場合

　児童との性行為自体が、青少年保護育成条例違反罪や児童買春罪になるほか、撮影した行為について児童ポルノ製造罪（児童ポルノ法 7 条 4 項）が成立する。故意犯のため、相手が児童と知らなければ処罰されない。

　動画を撮影した罪と性行為の罪とは、併合罪とされることが通常であるが、観念的競合とする裁判例 [8] もある。

---

[8]　児童買春罪と製造罪を観念的競合とするものとして、札幌高判平成 19 年 9 月 4 日判例集未登載、青少年条例違反罪（わいせつ行為）と製造罪を観念的競合とするものとして、東京高判平成 19 年 2 月 27 日判例集未登載。

　同一児童に対する複数回の製造行為は、以前は包括一罪とされることもあったが、最近では併合罪[9]とされることが多い。

　ただし、真剣交際の場合は、違法性が阻却されることがあるとされている（札幌高判平成 19 年 3 月 8 日刑集 63 集 8 号 1105 頁）。

> ○札幌高判平成 19 年 3 月 8 日刑集 63 巻 8 号 1105 頁（抜粋）
> 　そこで、検討するに、なるほど、児童との真摯な交際が社会的に相当とされる場合に、その交際をしている者が児童の承諾のもとで性交しあるいはその裸体の写真を撮影するなど、児童の承諾があり、かつ、この承諾が社会的にみて相当であると認められる場合には、違法性が阻却され、犯罪が成立しない場合もありうると解される。

(2)　盗撮の場合

　まず、行為地の迷惑条例の盗撮罪が検討される。迷惑条例は、本来、公共の場所での行為を規制する趣旨により設けられているため、場所的適用範囲に注意を要する。また、窃視罪（軽犯罪法 1 条 23 号）に抵触するかが論点となる。

　次に、性的姿態撮影罪（性的姿態撮影等処罰法 2 条 1 項 1 号）が成立する。

　さらに、児童ポルノ製造罪については、撮影が児童に隠されて行われた場合にも、性的な姿態をとらせているため、姿態をとらせて製造罪（児童ポルノ法 7 条 4 項）が成立する。「盗撮」行為であることからひそかに製造罪（同条 5 項）とする裁判例も見受けられるが、「前二項に規定するもののほか、ひそかに」という法文からは、姿態をとらせて製造罪が成立する場合にはひそかに製造罪は成立しない。もっとも、最高裁判所は、性的な姿態をとらせている場合も、ひそかに製造罪を適用してもかまわないという救済判決（最判令和 6 年 5 月 21 日（令和 5 年（あ）第 1032 号）裁判所ウェブサイト）を出している。

　並行して行われた性犯罪（不同意わいせつ罪・不同意性交罪）とは、併合罪とされることが多いが、観念的競合とした裁判例（東京高判平成 30 年 1 月 30 日高刑速（平 30）号 80 頁、東京地判令和 4 年 8 月 30 日（令和 2 年合（わ）第 139 号、同第 168 号、同第 191 号、同第 195 号、同第 242 号、同第 302 号、同 332 号、同第 340 号、令和 3

9　武田正 = 池田知史「児童ポルノ法（製造罪、罪数）」判タ 1432 号（2017 年）42 頁。

年合（わ）第 68 号、同第 163 号）ウエストロー・ジャパン 2022WLJPCA08306008）
もある。

○東京高判平成 30 年 1 月 30 日高刑速（平 30）号 80 頁（抜粋）

　判決は、上記罪数判断の理由を明示していないものの、基本的には、被害児童
に姿態をとらせてデジタルカメラ又はスマートフォン（付属のカメラを含む。）等
で撮影した行為が強制わいせつ（致傷）罪に該当する場合に、撮影すると同時に
又は撮影した頃に当該撮影機器内蔵の又は同機器に装着した電磁的記録媒体に保
存した行為（この保存行為を「一次保存」という。）を児童ポルノ製造罪とする
場合には、これらを観念的競合とし（原判示第 7、第 9 から第 11 まで）、一次保
存をした画像を更に電磁的記録媒体であるノートパソコンのハードディスク内に
保存した行為（この保存行為を「二次保存」という。）を児童ポルノ製造罪とす
る場合には、併合罪としているものと解される（なお、原判決が併合罪としたも
ののうち、原判示第 2 の 1、第 5 の 3、5、第 6 の各強制わいせつ行為では、被
害児童に対し緊縛する暴行を加えており、これらについては、このことも根拠と
して併合罪とし、観念的競合としたもののうち、原判示第 7 の強制わいせつ行為
では、被害児童に対し暴行を加えているが、その暴行態様は、緊縛を含まず、お
むつを引き下げて陰茎を露出させた上、その包皮をむくなどしたというものであ
って、姿態をとらせる行為と重なり合う程度が高いとみたとも考えられ、原判決
は、罪数判断に当たり、強制わいせつの態様（暴行の有無、内容）をも併せ考慮
していると考えられる。）。いずれにせよ、わいせつな姿態をとらせて撮影するこ
とによる強制わいせつ行為と当該撮影及びその画像データの撮影機器に内蔵又は
付属された記録媒体への保存行為を内容とする児童ポルノ製造行為は、ほぼ同時
に行われ、行為も重なり合うから、自然的観察の下で社会的見解上一個のものと
評価し得るが、撮影画像データを撮影機器とは異なる記録媒体であるパソコンに
複製して保存する二次保存が日時を異にして行われた場合には、両行為が同時に
行われたとはいえず、重なり合わない部分も含まれること、そもそも強制わいせ
つ行為と児童ポルノ製造行為とは、前者が被害者の性的自由を害することを内容
とするのに対し、後者が被害者のわいせつな姿態を記録することによりその心身
の成長を害することを主たる内容とするものであって、基本的に併合罪の関係に
あることに照らすと、画像の複製行為を含む児童ポルノ製造行為を強制わいせつ
とは別罪になるとすることは合理性を有する。原判決の罪数判断は、合理性のあ
る基準を適用した一貫したものとみることができ、理由齟齬はなく、具体的な行
為に応じて観念的競合又は併合罪とした判断自体も不合理なものとはいえない。

○東京地判令和4年8月30日ウエストロー・ジャパン2022WLJPCA
08306008（抜粋）

　第16　……

　4　同年11月7日午後10時25分頃から同日午後10時40分頃までの間、前
記P方において、同人（当時6歳）に対し、その陰茎を被告人の口腔内に入れる
などし、ひそかにPの陰茎を露出させる姿態、被告人がPの陰茎を手で弄ぶなど
の姿態及び被告人がPの陰茎を口腔内に入れるなどの姿態を前記スマートフォン
で動画撮影し、その動画データ5点を同スマートフォンに装着された前記マイク
ロSDカードに記録して保存し、もって13歳未満の者に対し、口腔性交をする
とともに、児童を相手方とする性交類似行為に係る児童の姿態、他人が児童の性
器等を触る行為に係る児童の姿態であって性欲を興奮させ又は刺激するもの、又
は衣服の全部又は一部を着けない児童の姿態であって、殊更に児童の性的な部位
が露出され又は強調されているものであり、かつ、性欲を興奮させ又は刺激する
ものを視覚により認識することができる方法により描写した電磁的記録に係る記
録媒体である児童ポルノを製造し、

　……

　第18

　Rが13歳未満の者であることを知りながら、同月8日午後11時38分頃から
同月9日午前0時3分頃までの間、東京都内の同人知人方において、R（当時7
歳）に対し、そのズボンを下げさせて陰茎を露出させた上、就寝中の同人の顔面
に射精するなどし、陰茎を露出する姿態をとらせ、これをデジタル機器で動画撮
影し、その動画データ1点を同デジタル機器に装着された前記マイクロSDカー
ドに記録して保存し、もって13歳未満の者に対し、わいせつな行為をするとと
もに、衣服の全部又は一部を着けない児童の姿態であって、殊更に児童の性的な
部位が露出され又は強調されているものであり、かつ、性欲を興奮させ又は刺激
するものを視覚により認識することができる方法により描写した児童ポルノを製
造し、

　……

（奥村　徹）

第 **17** 章

不正送金
（電子計算機使用詐欺）を
めぐる事件

I　事　例

〈*Case* ⑰〉

　Y 町の職員が、1000 万円を、D 銀行 E 支店の Y 町名義の口座から、A 銀行 B 支店の X 名義の普通預金口座に、誤って振込入金した。なお、当該入金の直前において、A 銀行 B 支店の X 名義の口座の預金残高は、10 万円であった。

　この誤振込みは、D 銀行 E 支店から Y 町への電話連絡で発覚した。Y 町から依頼を受けた D 銀行 E 支店は、A 銀行 B 支店に対し、誤振込みの事実を伝えたうえ、組戻し手続（振込手続が完了した後に、依頼内容に誤りがある、または振込みを取り消したい等の理由で振込資金を返却すること）を依頼した。

　被告人 X は、Y 町職員から誤振込みの事実を知らされ、組戻し手続のため、A 銀行 B 支店に同行するように求められた。A 銀行 B 支店は、X の自宅から車で約 2 時間かかる遠方にあり、組戻し手続を完了するため

には、A銀行窓口にXが行くことが必要であると説明を受けている。Xは、いったんはY町職員に連れられてA銀行B支店に赴いた。しかし、その日は組戻し手続を行わず帰宅した。

帰宅後、Xは、貸主Zからお金を借りていたので、携帯電話機を操作して、A銀行のオンラインバンキングを使用して、A銀行の支払い等の事務処理に使用される電子計算機に対し、A銀行B支店の自己の口座から、貸主Z名義の普通預金口座に1000万円の振込みを依頼する旨の情報を与え、貸主Z名義の普通預金口座に送金した。

その後、検察官は、被告人Xを、電子計算機使用詐欺罪（刑246条の2）で逮捕し、起訴した。

被告人Xは、弁護人に対し、上記事実関係が事実であるとしたうえで、「自分が入力した情報は、自分自身の口座情報（口座番号、パスワード等）、振込金額、振込相手先の情報であり、嘘の情報を入力していない」と述べている。

弁護人として、電子計算機使用詐欺罪（刑246条の2）の要件や見通しをどのように説明すればよいか。

Ⅱ　本章の目的

〈*Case* ⑰〉のモデルとなった事案は、いわゆる山口県阿武町4630万円誤振込事件（山口地判令和5年2月28日（令和4年（わ）第69号、同第77号、同第86号、同第98号）裁判所ウェブサイト。以下、「モデル事案」という。なお、本稿執筆時点で上告中）であり、本章の筆者は、実際にモデル事案の弁護人を担当した者である。

〈*Case* ⑰〉において、通常は、被告人Xが貸主Zに振り込んだ金員を返還請求してこの返還を実現することは期待できない。貸主Zは被告人Xに対してXから弁済された金員を返還する義務はなく、Y町も自治体という組織の性質上誤振込金の返金もなしに被告人Xと和解することは議会が許さないと考えられる。弁護人としては、被告人Xの行為に電子計算機使用詐欺罪（刑

246 条の 2）を適用したのは法適用の誤りであると主張し争うことを検討する。

　モデル事案は、その判決の社会的な影響力の大きさから、重要判例として複数の判例評釈が存在し、日本弁護士連合会刑事法制委員会の検討事案に取り上げられる等、電子計算機使用詐欺罪の限界事案として社会的な注目を集めた。筆者は、インターネット実務に携わる弁護士は、モデル事案を通じて電子計算機使用詐欺罪を深掘りすることは実務上有意であると考える。

　そこで、本章では、他の章とは異なり、民事的な紛争の解決の道筋や刑事弁護の手法を解説するのではなく、インターネットを通じた不正送金事件、特に〈*Case* ⑰〉に即して、電子計算機使用詐欺罪に関連する重要な裁判例や学説を紹介することを通じて、電子計算機使用詐欺罪の議論の現在を解説することを目的とする。

　なお、電子メールやショートメッセージサービス（SMS）、メッセージツール等を用いたフィッシングと推察される手口により、オンラインバンキング利用者の ID・パスワード等を盗み、預金を不正に送金されるといった被害の事案については、第 14 章の解決までの流れを参照されたい。

Ⅲ　問題となる条文と論点

〈*Case* ⑰〉において問題となる基本論点と派生論点は、以下のとおりである。

基本論点①　虚偽の情報の意義

基本論点②　誤振込みの場合の預金債権の成否

派生論点①　誤振込みがあった事実を告知する義務の根拠

Ⅳ　電子計算機使用詐欺

1　条　文

〈*Case* ⑰〉において適用される条文は、次のとおりである。

> **刑法第 246 条の 2（電子計算機使用詐欺）**
>
> 　前条に規定するもののほか、人の事務処理に使用する電子計算機に虚偽の情報若しくは不正な指令を与えて財産権の得喪若しくは変更に係る不実の電磁的記録を作り、又は財産権の得喪若しくは変更に係る虚偽の電磁的記録を人の事務処理の用に供して、財産上不法の利益を得、又は他人にこれを得させた者は、10 年以下の懲役に処する。

　本条の行為類型は、前段と後段（「又は財産権の得喪若しくは……」以下）に分けられている。

　前段は、不実の電磁的記録を作成して財産上の利益を得る行為の類型、後段は不正に作成された電磁的記録を使用して財産上の利益を得る行為の類型である。

　前段は、他人の事務処理のために使用される電子計算機に虚偽の情報を与えることにより他人のシステム内において当該電子計算機に接続された磁気ファイル等に真実に反する情報をつくる行為を指し、後段は犯人が保有する真実に反する電磁的記録を、他人の事務処理のために使用される電子計算機において用いる状態におく行為をいう[1]。

　〈*Case* ⑰〉において問題となるのは前段であるので、以下は前段を検討する。

2　電子計算機使用詐欺罪（刑 246 条の 2）の構成要件

　電子計算機使用詐欺罪（刑 246 条の 2）前段の構成要件は、次のとおりである。

① 「人の事務処理に使用する電子計算機に」
② 「虚偽の情報若しくは不正な指令を与え」
③ 「財産権の得喪若しくは変更に係る不実の電磁的記録を作り」
④ 「財産上不法の利益を得た」

　上記の要件のうち、〈*Case* ⑰〉において特に問題になるのが②の「虚偽の情報……を与え」である。

　たとえば、〈*Case* ⑰〉では、被告人 X は、自分自身の口座情報（口座番号、

---

[1]　たとえば、キセル乗車事例における切符の自動改札機への投入行為などを想起されたい。

パスワード等）を入力したのであって、嘘の情報を一切入力していない。これに対して、「犯人が窃取したキャッシュカードの番号やパスワードを入力して電子マネーを取得した場合」はどうか。形式的には（数字的には）、犯人は当該キャッシュカードの番号やパスワードについて正しい情報を入力しているのであるが、このような場合も「虚偽の情報を与えた」といえるのであろうか。

3　「虚偽の情報」の定義にかかわる裁判例

○東京高判平成 5 年 6 月 29 日高刑集 46 巻 2 号 189 頁（抜粋）
　「虚偽ノ情報」とは、電子計算機を使用する当該事務処理システムにおいて予定されている事務処理の目的に照らし、その内容が真実に反する情報をいうものであり、本件のような金融実務における入金、振込入金（送金）に即していえば、入金等に関する「虚偽ノ情報」とは、入金等の入力処理の原因となる経済的・資金的実体を伴わないか、あるいはそれに符合しない情報をいうものと解するのが相当である。

「虚偽の情報」の定義については、立法担当者においても「電子計算機を使用する当該事務処理システムにおいて予定されている事務処理の目的に照らし、その内容が真実に反する情報」との定義に言及しており[2]、前掲東京高判平成 5 年 6 月 29 日においても同定義が判示された。

○最決平成 18 年 2 月 14 日刑集 60 巻 2 号 165 頁（抜粋）
　被告人は、窃取したクレジットカードの番号等を冒用し、……いわゆる電子マネーを不正に取得しようと企て……、携帯電話機を使用して、インターネットを介し、クレジットカード決済代行業者が電子マネー販売等の事務処理に使用する電子計算機に、本件クレジットカードの名義人氏名、番号及び有効期限を入力送信して同カードで代金を支払う方法による電子マネーの購入を申込み、上記電子計算機に接続されているハードディスクに、名義人が同カードにより販売価格合計 11 万 3000 円相当の電子マネーを購入したとする電磁的記録を作り、同額相当の電子マネーの利用権を取得したものである。
　……被告人は、本件クレジットカードの名義人による電子マネーの購入の申込みがないにもかかわらず、本件電子計算機に同カードに係る番号等を入力送信し

2　米澤慶治編『刑法等一部改正法の解説』（立花書房、1988 年）121 頁〔的場純男〕。

> て名義人本人が電子マネーの購入を申し込んだとする虚偽の情報を与え、名義人本人がこれを購入したとする財産権の得喪に係る不実の電磁的記録を作り、電子マネーの利用権を取得して財産上不法の利益を得たものというべきであるから、被告人につき、電子計算機使用詐欺罪の成立を認めた原判断は正当である。

　最高裁判所は、被告人が入力したクレジットカード番号等の情報は（形式的に）正しい情報であるという主張を排斥し、入力した情報を「名義人本人が電子マネーの購入を申し込んだ」と規範的に評価して、「虚偽の情報」を判断した（判断枠組みについては後述する）。「虚偽の情報」は、「電子計算機に文字通り入力されたクレジットカードの番号等のそのものをいうのではなく、その入力で実現しようとする財産的な処分に関する指示の全体及びその主体などをいう」[3]とされる。

　なお、「虚偽情報」といっても、どんな些細なことでもあたるというものではない。電子計算機使用詐欺が詐欺罪の一類型である以上、それは重要な情報でなければならない（最決平成 22 年 7 月 29 日刑集 64 巻 5 号 829 頁等）。

4　虚偽の情報の判断枠組み

　以上のような裁判例を踏まえ、前掲最決平成 18 年 2 月 14 日（以下、「平成18 年決定」という）によって示された「虚偽の情報」の判断枠組みについて、以下のように整理しているものがある[4]。

①　（形式的意味の）入力情報の確定
②　（当該システムにおいて予定されている事務処理の目的に照らした）入力情報の評価・意味づけ
③　入力情報と現実の不一致

　この判断枠組みにより、平成 18 年決定の事案を検討すると、①形式的に入力された情報は、「本件クレジットカードの名義人氏名、番号及び有効期限を入力送信して同カードで代金を支払う方法による電子マネーの購入を申し込

3　藤井敏明「判解」最判解刑〔平成 18 年度〕66 頁。
4　冨川雅満「キセル乗車と電子計算機使用詐欺罪」松原芳博編『続・刑法の判例（各論）』（成文堂、2022 年）177 頁以下。

み」というものである。そして、②クレジットカードの事務処理システムは、入力された氏名、クレジット番号、暗証番号と、事務処理システム内に保存されている対応する情報を比較して、一致していれば取引を承認しているものと考えられる。そして、当該情報の一致を確認することの目的は、「一般にクレジットカード会社の約款では、会員がクレジットカードを他人に譲渡、貸与等することは禁止されており、オンラインによる取引においても、例外は認められていない」[5] としていることからすると、クレジットカード名義人本人による使用であることの確認のために事務処理されているものと考えられる。そのような事務処理の目的に照らして入力された情報を規範的に評価すると、「名義人本人が電子マネーの購入を申し込んだ」という情報が入力されたと評価できるのである。

　そして、③当該評価された情報と、現実を比較すると、「本件クレジットカードの名義人による電子マネーの購入の申込みがないにもかかわらず、本件電子計算機に同カードに係る番号等を入力送信して名義人本人が電子マネーの購入を申し込んだとする虚偽の情報を与え」たとして、情報入力の主体（クレジットカード名義人と情報入力者の人格の同一性）を偽ったとされるのである。

　なお、実際に入力された情報や、実際の事務処理システムを離れて、抽象的に事務処理の目的を設定し、当該抽象的な目的から情報を規範的に評価して虚偽性を判断することは、電子計算機使用詐欺罪の処罰の外延を不明確なものとし、罪刑法定主義に反すると考えられる。

　モデル事案において、弁護人は、平成 18 年決定の判断枠組みを踏まえて、①（形式的意味の）入力情報は、口座番号、暗証番号、振込先、振込金額であることを確認したうえで、②当該事務処理システムが予定されている事務処理として、口座番号と暗証番号を、事務処理システムに保存されている対応する情報と比較して一致すれば、振込先に振込金額を振り込むという振込依頼を受け付けるという処理であると解し、当該口座番号や暗証番号の一致を確認する事務処理システムの目的は、本人確認、すなわち、口座名義人からの振込依頼であることの確認にほかならないことを主張した。そして、当該事務処理シ

5　藤井・前掲判解（注 3）70 頁。

ステムの目的を参照して入力された情報を評価すると、「口座名義人本人（Y）が振込先に振込金額の振込依頼を行う」ということである。そして、③評価された実態と比較すると、実態は、口座名義人本人（Y）が、有効な預金債権（最判平成8年4月26日民集50巻5号1267頁。以下、「平成8年判決」という）の範囲内で振込依頼を行っているのであるから、どこにも虚偽がないことを主張した。

また、平成8年判決が、銀行取引について、「多数かつ多額の資金移動を円滑に処理するため、その仲介に当たる銀行が各資金移動の原因となる法律関係の存否、内容等を関知することなくこれを遂行する仕組みが採られている」と判示していることから、銀行取引を自動化したオンラインバンキングの事務処理手続においても、同様の目的、しくみがとられていることを示し、「銀行が各資金移動の原因となる法律関係の存否、内容等を関知する」こと（本件に即していえば、誤振込みであることを関知すること）は、事務処理の目的に積極的に含まれていないことを主張した。

なお、後述するが、モデル事案である前掲山口地判令和5年2月28日においては、特に根拠を示すことなく、オンラインバンキングにおける振込依頼の情報の入力には、前提として「正当な権利行使」であるという情報も含むと考えられると判示し、「正当な権利行使」ではないのに、「正当な権利行使である」という情報を入力して「虚偽の情報」であるという理屈をたどることとなる。

V　誤振込みの法律関係

1　誤振込み後の法律関係

誤振込みが行われたときの法律関係について整理する。

誤って振り込まれた金銭に対して第三者の差押えがなされた事案において、平成8年判決は、「預金債権の成立に原因関係がかかわらない」と判示した。つまり、最高裁判所は、誤振込みされた金銭であっても、金融機関と受取人との間では、預金債権が有効に成立していると判示した。

したがって、振込依頼人（〈*Case* ⑰〉ではY町）の過誤による誤振込みにお

いて、当該振込指示を受けた送金元である仕向銀行（〈*Case* ⑰〉では D 銀行）から、送金先の銀行である被仕向銀行（〈*Case* ⑰〉では、A 銀行）に振込通知がされ、被仕向銀行において入金記帳がされた段階で、受取人（〈*Case* ⑰〉では X）と被仕向銀行との間には有効に預金債権が成立する。そして、その段階において、振込依頼人の預金債権の減少という損失によって、受取人は、預金債権という利得を得ている。そして、誤振込みであるので原因関係がなく、当該利得には法律上の原因がないから、振込依頼人から受取人に対して、誤振込金相当額についての不当利得返還請求権（民 703 条）が成立する。

　不当利得返還請求は、善意の受益者の場合、つまり、〈*Case* ⑰〉に即していえば、受取人が誤振込みの事実に気づかない場合においては、「その利益の存する限度において」返還すれば足りる（民 703 条）。しかし、自動引き落としとなっている家賃や公共料金等が引き落とされるなど、生活費の支払いにあてられた場合等においては、利益が現存すると解されており、すでに使用してしまった額も含めて返還しなければならない可能性が考えられる。

　また、誤振込みであることを通知されている場合などには、悪意の受益者として、「その受けた利益に利息を付して返還しなければなら」ず、「なお損害があるときは、その賠償の責任を負」わなければならない（民 704 条）。

　したがって、仮に、弁護士が、この段階において X から相談を受けた場合、誤振込金相当額について、振込依頼人に対して不当利得として返還義務があるということ、仮に、何らかの事情により誤振込みに気づかずに当該誤振込金を費消してしまった場合においても、現存利益があるとして返還義務を負う可能性があること、通知を受けた後においては、悪意の受益者として、利息を付して返還し、場合によっては、それ以上の損害賠償請求を受けるおそれがあることを説明し、返金を促すべきである。

2　誤振込みの解決方法

　銀行取引においては、振込契約成立後においても、その依頼を取りやめる組戻しという制度が用意されている。

　具体的には、①振込依頼人が仕向銀行に組戻依頼書を提出する、②仕向銀行は、被仕向銀行に対し、組戻依頼電文を発信する、③すでに被仕向銀行が振込

通知を受信し、入金記帳が終了している場合においては、被仕向銀行において受取人の承諾を得る、④振込資金が振込依頼人に返却されるという流れで行われる。仮に、受取人の承諾が得られない場合においては、振込依頼人と受取人との間で協議することとされている。

　組戻しという制度を使用することが、金融機関を仲介しており安全な解決方法である。また、無関係の第三者への誤送金の場合、振込依頼人において、受取人の情報がわからず、被仕向銀行による仲介を求めざるを得ない。

　しかし、一方で、当該手続は、誤振込みを受けた段階で何ら落ち度のない受取人に対して、被仕向銀行に出頭して面倒な手続を強いるなど、現状において必ずしも使い勝手のよいものではなく、過失のある振込依頼者と受取人の負担の公平な分担の点で疑問も感じられる。

　そこで、振込依頼人と受取人で話し合い、金融機関を除いた二者間での話し合いで簡易な方法で解決することが考えられる。もちろん、組戻手続の実態は、金融機関を仲介とした返金の手続であるので、金融機関を仲介しない形においての解決が排除されるわけではない。また、組戻しは、法定の手続ではなく、応じる法的義務があるわけではない。

　振込依頼人と受取人が継続的取引関係にある場合など従来より信頼関係がある場合、次回取引の際に差し引き精算する、別資金で精算する等の解決が考えられる。

　ただし、返金を依頼してきたものが正当な権利者であると確認できない場合も想定できる。また、誤振込金の返金を騙り無関係な第三者の口座をマネーロンダリングに使用する手法も考えられ、指定された口座に返金することで、知らずに犯罪行為に巻き込まれるおそれもある。信頼できる相手以外からの誤振込金の返金依頼については、組戻手続を利用するほうが安全である。

3　誤振込金の窓口での引き出し

　上述のとおり、誤振込みであろうとも、被仕向銀行と受取人の間には、誤振込金相当額について有効に預金契約が成立する（平成８年判決）。しかし、誤振込みされた預金と知りながら受取人が窓口で払戻しを請求した事案について、最決平成15年３月12日刑集57巻３号322頁（以下、「平成15年決定」という）

は、原因関係の有無にかかわらず預金契約は成立している（平成8年判決）と
しながら、「誤った振込みがあった旨を銀行に告知すべき信義則上の義務」が
あるとし、「誤った振込みがあることを知った受取人が、その情を秘して預金
の払戻しを請求することは、詐欺罪の欺罔行為に当たり、また、誤った振込み
の有無に関する錯誤は同罪の錯誤に当たるというべきであるから、錯誤に陥っ
た銀行窓口係員から受取人が預金の払戻しを受けた場合には、詐欺罪が成立す
る」と判示し、有罪判決を下した。

　民事上有効に成立しているはずの預金の払戻しを請求することが、なぜ刑法
上では違法となるのか。平成8年判決と平成15年決定は、矛盾しているかに
思える。平成8年判決は、実質的に判例変更されたのであろうか。

　その後、最判平成20年10月10日民集62巻9号2361頁（以下、「平成20年判決」
という）が登場する。平成20年判決は、振込依頼人と受取人との間に振込み
の原因となる法律関係が存在しない場合における受取人による当該振込みに係
る預金の払戻請求が権利濫用にあたるかが争われた事案において、「払戻しを
受けることが当該振込みに係る金員を不正に取得するための行為であって、詐
欺罪等の犯行の一環を成す場合であるなど、これを認めることが著しく正義に
反するような特段の事情があるときは、権利の濫用に当たる」としつつも、「受
取人が振込依頼人に対して不当利得返還義務を負担しているというだけでは、
権利の濫用に当たるということはできない」、として平成8年判決の枠組みを
維持することを明らかにした。平成20年判決によって、誤振込事案等振込依
頼人と受取人との間に原因関係がない場合一般において、受取人の払戻請求を
否定する趣旨ではないことが明らかにされたと評価される。

VI　モデル事案に関する裁判例

1　平成15年決定とモデル事案の相違点

　それでは、ここまでの前提知識をもって、〈*Case* ⑰〉をどのように考える
かを検討したい。すでにみたように、平成15年決定は、誤振込みのケースに
おける銀行窓口での払戻請求行為について、信義則上の告知義務を認定し詐欺

罪の成立を肯定した。

　しかし、平成 15 年決定の被告人は、銀行窓口での払戻請求をして詐欺罪の適用が問題になったのに対し、〈*Case* ⑰〉の被告人 X は、オンラインバンキングを利用しており、電子計算機使用詐欺罪の適用が問題となっている。詐欺罪と電子計算機使用詐欺罪では、構成要件が異なるところ、電子計算機使用詐欺罪にいう「虚偽の情報」を与えたと当然に認定できるのか。また、オンラインバンキングでは告知義務の履行が想定されないことから、被告人 X に告知義務の履行を求めて、「虚偽の情報」を認定することはできないのではないか。それ以上の事実関係の相違として、平成 15 年決定の事案では被仕向銀行が誤振込みの事実を知ったのは被告人が窓口で誤振込金相当額の<u>預金債権を処分した後</u>であるのに対し、〈*Case* ⑰〉で被仕向銀行（A 銀行 B 支店）が誤振込みの事実を知ったのは、被告人が誤振込金相当額の<u>預金債権を処分する前</u>である。被仕向銀行がすでに誤振込みの事実を知っていた場合でも、被告人に告知義務を課して、「虚偽の情報」を与えたということはできないのではないか。〈*Case* ⑰〉ひいてはモデル事案は、平成 15 年決定の射程外ではないか。

　ここでは、〈*Case* ⑰〉の基となったモデル事案の第 1 審（前掲山口地判令和 5 年 2 月 28 日）、控訴審（広島高判令和 6 年 6 月 11 日（令和 5 年（う）第 24 号）裁判所ウェブサイト）を続けて紹介したい。なお、各判例の項目立てや下線は筆者による。

2　第１審（前掲山口地判令和５年２月 28 日・抜粋）

　本判決は、①受取人は、誤って受取人口座に金銭が振り込まれた事実を知った後、直ちに当該誤振込みの事実を告知する信義則上の義務（告知義務）を負うところ、②告知義務を果たしていない名義人の権利行使は信義則上許されず、③本件入力行為には正当な権利行使であるとの情報が含まれているので、被告人が入力した情報は「虚偽の情報」であるとするものである。

　本判決は、平成 15 年決定およびその趣旨に依拠したものであり、被仕向銀行が誤振込みの事実を知っていた、オンラインバンキングが利用されていた、といった平成 15 年決定との事実関係の相違はおよそ考慮されているとはいいがたい。

以下、各論点に即して判決文を引用する。

(1)　被告人に告知義務が認められるか

　被告人は、本件送金行為等に及ぶまでの間に、被告人口座に本件誤振込金が振り込まれていることを知っていたのであるから、平成15年判例に従うと、信義則上、被告人には、本件送金行為等の時点でA銀行に対する告知義務があったものといえる。……

　……平成15年判例の趣旨に照らすと、仮に、既に被仕向銀行が受取人口座に誤った振込みがあったことを知っているという事情があったとしても、被仕向銀行としては、関係者間での無用な紛争の発生を防いだり、あるいは、被仕向銀行が振込依頼人と受取人との間の紛争等に巻き込まれないようするために、誤って受取人口座に振り込まれた金銭についてどのように処理をするのが相当かを早期に検討する必要があるといえる。そして、その検討のためには、受取人口座に誤って振り込まれた金銭について、その原因行為の有無等につき受取人がどのように認識しているのかをなるべく早期に被仕向銀行が知る必要がある。そうすると、被仕向銀行が受取人口座に誤った振込みがあることを既に知っていたとしてもなお、受取人には被仕向銀行に対する告知義務があるというべきである。

(2)　オンラインバンキングの利用において告知義務の履行を観念できるか

　前記のとおりの平成15年判例の趣旨に照らすと、受取人口座に誤った振込みがあったことを受取人が知った以上、受取人に告知義務が認められると考えるべきであり、このことは被仕向銀行の窓口で取引する場合であろうと、インターネットを通じて電子計算機に情報を入力して取引する場合であろうと変わりはない。

(3)　告知義務に違反している被告人が本件送金行為等を行うことは許されるか

　平成15年判例が、誤って受取人口座に金銭が振り込まれた場合に、これを知った受取人に告知義務を認めた趣旨に照らすと、受取人は、誤って受取人口座に金銭が振り込まれた事実を知った後、直ちにこれを被仕向銀行に告知しなければならないと解するべきである。……

　……平成15年判例が信義則に基づいて受取人に告知義務を認めたのと同様、告知義務に違反している受取人が、誤って受取人口座に振り込まれた金銭分の預金について権利行使をすることは、信義則に基づき許されないというべきである。

⑷　虚偽の情報と正当な権利行使

> 　本件各入力行為によって入力された情報は、被告人が直接入力した被告人口座の情報等だけでなく、その前提として、本件送金行為等が正当な権利行使であるという情報も含まれているものと解される。そうすると、本件送金行為等が正当な権利行使でないにもかかわらず、本件送金行為等が正当な権利行使であるという情報をＡ銀行の電子計算機に与えているのであるから、本件各入力行為は、電子計算機使用詐欺罪の「虚偽の情報を与えた」に該当する。

3　控訴審（前掲広島高判令和6年6月11日・抜粋）

　控訴審は、第1審よりも銀行実務について敷衍しつつ、信義則上も社会生活の条理上も告知義務が認められるなどとして、第1審を追認、補足するものとなっている。しかし、第1審を実質的に変更したと考えられる点が大きく2点指摘できる。

　1つは、告知義務の内容として、平成15年決定は、「誤った振込みがあった旨を銀行に告知すべき信義則上の義務」とし、錯誤の内容を、「誤った振込みの有無に関する錯誤」としていたところ、控訴審は、「受取人たる被告人が当該振込について誤振込であると認識していること」としたことである。これは、〈*Case* ⑰〉において、Ａ銀行が誤振込みであることをＹ町から伝えられているため、Ａ銀行に「誤った振込の有無に関する錯誤」がないと考えられるため、告知義務の内容を実質的に変更したものと考えられる。また、当該変更された告知義務の内容を前提に、告知された場合と、告知されなかった場合の実質的な差違について論じられている。

　もう1つは、「虚偽の情報」について、第1審は、「正当な権利行使である」という情報を入力したと判示し、控訴審も表向きはこれを追認するものの、控訴審は、「権利行使に何ら制限のない権利者として権利を行使する旨の情報を入力したことになるとみるべき」とし、「原判決が預金契約の原因関係まで取り込んで……判断をしているものでないことは、その判断内容全体の趣旨から明らか」としている。これは、「正当な権利行使」という広範かつ抽象的な情報の入力をしたと認定することによって、およそ原因関係の有無等あらゆる事

情が取り込まれることになり、処罰範囲が広範不明確になるとの批判に対し、一定の配慮をしたものと考えられる。

しかし、「被告人が情報を入力した電子計算機は、利用者が銀行職員等と対面することなく即時に支払委託や振込依頼を行う手続を支えるものであって、そのような手続を安全円滑に機能させるため」という目的を設定し、「所論が指摘する支払委託や振込依頼の各手続は、通常の利用者すなわち権利行使に当たり告知義務が必要であるなどといった何らかの制限を有していない者であることが当然の前提として求められている」と何の根拠もなく事実認定し、「権利行使に何ら制限のない権利者として権利を行使する旨の情報」を入力したと認定する。この認定は、実際に振込依頼という情報入力にこのような情報まで読み込めるのか疑問であるとともに[6]、事務処理システムが処理していない事項について、何ら利用規約等によって制限されてもおらず、システム上も制限がないのに、システム利用者において当然の前提を覚知してシステムの利用を自発的に制限することを刑罰によって強制する議論であり、あまりにも不当なものといわざるを得ない。

以下、各論点に従って、判決文を引用する。

(1) 被告人に告知義務があるか

平成15年判例が指摘するように、このような銀行実務は、普通預金規定、振込規定等の趣旨に沿った取扱いであり、安全な振込送金制度を維持するために有益なものである上、銀行が振込依頼人と受取人との紛争に巻き込まれないためにも必要なものということができ、また、振込依頼人や受取人等関係者間での無用な紛争の発生を防止するという観点から、社会的にも有意義なものであるというべきであり、それ故に、銀行にとって、払戻請求を受けた預金が誤った振込によるものか否かは、直ちにその支払に応ずるか否かを決する上で重要な事柄であり、受取人について、自己の口座に誤った振込があることを知った場合には、銀行に上記の措置を講じさせるため、誤った振込があった旨を銀行に告知すべき信義則上の義務があると解されるのであり、加えて、社会生活上の条理からしても、

6　平成15年決定は、窓口事例においても、振込依頼をするという行為について、このような技巧的な意味づけをすることが困難であったため、信義則による告知義務違反の問題としたのではないか。

誤った振込については、受取人において、これを振込依頼人等に返還しなければならないのであって、誤った振込金額相当分を最終的に自己のものとすべき実質的な権利はないのであるから、そのような告知義務があることは条理上も当然のことというべきである。

そうすると、本件において、振込依頼人であるＹ町や本件仕向銀行から、本件被仕向銀行に対し本件振込が誤振込であるとの申出がなされていても、銀行実務に沿った事務処理を円滑に遂行する必要からして、受取人たる被告人が当該振込について振込であると認識していることを、本件被仕向銀行に対し申し出ていない被告人に、信義則上、また社会生活上の条理からしても、告知義務がなお否定されないことは当然の帰結であると解されるのである。

なお付言するに、誤振込があったことを受取人が告知すれば、被仕向銀行は、直ちに受取人に対し組戻し手続に応じるよう説得でき、受取人がこれに応じず払戻請求等をする場合も、受取人が誤振込である旨認めている事実を踏まえ、組戻し手続に応じさせるための説得に時間をかけて払戻し等に応じる時期を遅らせるとの判断をし、場合によっては受取人の権利行使を拒否するといった判断をすることも可能であるのに対し、振込依頼人から誤振込であるとの申出がされたにとどまり受取人から告知がされないまま払戻請求等を受けた場合、被仕向銀行は、受取人に対し直ちに組戻し手続に応じるよう説得することはできず、振込依頼人から振込の申出がされたということを告げた上で受取人の認識を確かめることができるにとどまると考えられるのである。このように、被告人が誤振込であると告知するか否かで、その後の被仕向銀行が執る手続が質的に異なってくることは明らかであり、原判決も、明示はしていないものの、このような判断を当然の前提としているものと解されるのである。

被告人の告知義務を否定した場合、……被告人が誤振込である旨の認識を有していることを知ることができないまま、被告人から債務不履行責任を追及されるリスクを負担して権利行使を拒否するか、振込依頼人から損害賠償請求を受けるリスクを負担して被告人の権利行使に応じるかの判断を迫られるのである。被告人の告知義務を否定する所論は、むしろ、本件被仕向銀行を振込依頼人と受取人との原因関係をめぐる紛争に巻き込み、振込依頼人や受取人ほか関係者間の無用の紛争を招くものであり、ひいては安全な振込送金制度の円滑な運用を妨げるものであるといわざるを得ないのである。

(2)　オンラインバンキングの利用において告知義務の履行を観念できるか

> 　所論が指摘する支払委託や振込依頼の各手続は、通常の利用者すなわち権利行使に当たり告知義務が必要であるなどといった何らかの制限を有していない者であることが当然の前提として求められているのであって、当該手続内で告知を求められない、告知内容を入力する場面がないといった事情は、告知義務を課せられた者が果たすべき義務を否定する理由にはおよそならないのである。

(3)　虚偽の情報と正当な権利行使

> 　本件において、被告人が情報を入力した電子計算機は、利用者が銀行職員等と対面することなく即時に支払委託や振込依頼を行う手続を支えるものであって、そのような手続を安全円滑に機能させるためには、その利用者は権利行使に当たり告知義務が必要であるなどといった何らかの制限を有していない者であることが当然の前提として求められていると解されるのである。
> 　したがって、被告人が上記電子計算機に振込依頼等をする情報を入力した以上は、権利行使に何ら制限のない権利者として権利を行使する旨の情報を入力したことになるとみるべきであり、原判決が、直接入力した情報等だけでなく、その前提として、本件送金行為等が正当な権利行使であるという情報も含まれていると解し、本件送金行為等が正当な権利行使ではないにもかかわらず本件各入力行為を正当な権利行使であるという情報を与える入力操作をしたと判断したことに誤りはない。

Ⅶ　学説（モデル事案に関する評釈）

　冒頭に述べたとおり、モデル事案には複数の判例評釈が存在する。上記のとおり、第1審と控訴審の判例の論理に重なりがあるため、第1審の判例評釈を紹介することで、控訴審が内包している疑問点を浮かび上がらせることができる。

　そこで、以下、主要な判例評釈を論点に即して紹介する。

1　総　論

　被告人に電子計算機使用詐欺罪の成立を認めた本判決の判断は、①平成15年判例が重要事項性および告知義務の根拠とした、誤記帳・誤発信の調査照会の利益が本判決にはないにもかかわらずそれらを認めた点、②財産犯成立の限界事例であった平成15年判例を超えるような犯罪の成立を認めており、このことは、被害者である銀行にとって却って負担を負わせる側面すらある点、③窓口とインターネットバンキングとでは取引の形態・環境が異なるにもかかわらず窓口取引に課される告知義務をそのまま転用する点で問題がある[7]。

2　告知義務

　平成15年判例を前提としたとしても、すでにC町職員から誤振込みの事実を知らされていたA銀行B支店の職員らに対する誤振込みの事実に関する告知義務というのは無意味ではないだろうか。特に、平成15年判例が、同判例の調査官解説の理解のように、預金口座の名義人に預金債権が発生することのない誤発信や誤記帳の可能性を検討するために告知義務を課しているものだとすれば、被告人に送金行為の時点において、誤発信や誤記帳の可能性がないことを被仕向銀行がすでに認識している本件では、口座名義人の告知義務は意味をなさないであろう。……本判決は……原因行為の有無に関する受取人の認識（知情）等に関する告知義務を要求している。しかし、平成15年判例が要求していたのは誤振込みの有無に関する告知義務であって、誤振込みの認識に関する告知義務ではない。

　いずれにせよ、<u>被告人の本件送金行為の時点では、被仕向銀行であるA銀行B支店の職員らは、誤振込みの事実のみならず、被告人が誤振込みの事実を認識していたこと、さらには直ちに組戻しに応じる意思がないことを知っていたのであるから、受取人の誤振込みの認識等に関する告知義務もまた無意味であるといわざるをえない</u>[8]。

7　品田智史「誤振込みと財産犯——山口地判令和5年2月28日裁判所webによせて」阪大法学73巻3号（2023年）68〜69頁。
8　松原芳博「誤振込金の送金——山口地判令5・2・28LEX/DB25594479」季刊刑事弁護116号（2023年）90頁。

　平成15年判例は、誤振込みの事実をそもそも知らない被仕向銀行に対して、誤振込みである旨を告知する義務のみを認めた判例であり、誤振込みの事実、および、それが振込依頼人の過誤に基づくことを既に被仕向銀行が知っている本判決とでは、事案が異なるのは明らかである。その点は、本判決自身も承知していると思われ、あくまで、「平成15年判例の趣旨」から本件被告人の「告知義務」を導き出している。しかし、平成15年判例が重要事項性、および、社会通念上別個の払戻しを認めた根拠として、預金債権の成立を否定するための誤記帳・誤発信であることの確認の利益の点が決定的とするのであれば、振込依頼人の過誤であることが判明している本判決の事案の場合、重要事項性、および、社会通念上別個の支払いを認めることは極めて困難である [9]。

　本判決のいう告知義務の具体的内容を考えてみると、問題が生じる。素直に考えれば、ここでの告知義務も、平成15年判例と同様、受取人が銀行に身に覚えのない振込みがあった旨を告知する義務のことであり、原因行為がないことを受取人も認識していることが被仕向銀行にとって確定し、同行がどのように処理をするのが相当かの検討を早期にできるという機会を詐欺罪の成立にとって必要な重要事項性を基礎付ける利益と考えているものと解される。

　しかし、そもそも、振込依頼人からの組戻し依頼があり手続が事実として開始され、後は受取人が銀行で必要な手続を採れば組戻しが完了していたという本件の事実関係の下では、被仕向銀行は、「原因関係の有無についての受取人の認識」を受取人の告知がなくとも既に知っており、告知の必要がなかった疑いがある。

　その点を措いても問題は残る。すなわち、この場合に被仕向銀行に存在する上記機会の利益の実質とは具体的に何であろうか。平成15年調査官解説が前提としたような、振込依頼人による組戻し依頼を待つ利益は、本件では既に認められない。そうすると、受取人が組戻しを拒否した場合に、受取人に説得を試みたり、振込依頼人との話し合いを促したりすること（あるいは、それらの処理の検討がなるべく早期にできること）が、振込制度の安全を維持するために銀行の公共的役割として期待されるなどとして、それを詐欺罪の実質的処罰根拠において考慮する重要事項と考えるのであろうか。平成15年判例が言及する組戻しのための調査・照会、および、振込依頼人の組戻し依頼の機会の確保を超えて、このような事実的で曖昧な利益を詐欺罪によって保護すると解することは、既に限界事例

---

[9]　品田・前掲判批（注7）63頁。

にあったと言える平成15年判例の処罰範囲をさらに拡張するものとして、許容することは極めて困難と言えるであろう。

　実質的にも、平成15年判例の限度であれば、誤振込みであることが明らかになれば、振込依頼人に組戻しの機会を与えた上で、あとは当事者間の交渉に委ねることで、銀行を当事者間の紛争から距離をとらせることを本来の趣旨としていたと評価できるのに対し、組戻しに応じるよう説得等を銀行が行うことまでをも銀行の「利益」とし、それを理由に銀行に同対応をとらせようとすることは、却って、銀行が受取人と当事者間の紛争にまさに巻き込まれることとなって、平成8年判例の趣旨にも反するものと解される。確かに、誤振込みの場合、受取人は振込依頼人に返還義務があり、銀行は公共的役割としてそれに協力すべきであると抽象的には言うことはできる。しかし、組戻しの機会の確保をして以降、その協力のために銀行に想定される手段は、受取人に組戻しを承諾させるための銀行の個々の担当者らによる説得や仲立ちというおよそ法的に基礎付けることのできない措置にすぎず、これを事実上行うことを強制される銀行およびその担当者らは、過剰な負担を被っているとすら言えるであろう。したがって、本判決が告知義務の前提とした銀行側の利益を、重要な事項と評価することには問題がある。

　また、銀行が説得等の措置を講じたとしても、受取人が組戻しを拒否し払戻しを要求すれば、結局、銀行は拒むことはできない。その意味で、社会通念上別個の支払に当たるのかという問題も残されており、組戻し依頼がすでに行われている本件では、その時期はさらに短くなっているとも言い得るが、本判決はこの点について全く検討していない[10]。

　預金者は、銀行の財産を保障する義務を負っていないので、詐欺罪や電子計算機使用詐欺罪の解釈として告知義務を導くのは妥当ではない。預金者に一定の協力義務（誤振込に気づいた場合にその事実を告知する義務や、組戻しに協力する義務など）を課して、それに違反する場合に、財産権侵害を伴う詐欺罪や電子計算機使用詐欺罪よりも軽い刑罰を置くという立法に検討の余地があるにすぎない[11]。

　銀行の確認・照会の利益は、あくまで誤記帳・誤通知のため預金債権が成立していないにもかかわらず銀行が受取人の権利行使を認めてしまう事態を防ぐため

427

に認められるものといえる。裏返していえば、すでに誤記帳・誤通知の可能性が排除されており、預金債権の成立が明らかな場合には、銀行の確認・照会の利益は認められないことになる。このような理解を前提にすると、被告人が預金債権を行使した時点で、C 町が誤った振込先を指定して振込入金をした事実を A 銀行は把握しているのであるから、この時点で誤記帳・誤通知の可能性はすでに排除されており、A 銀行に確認・照会の利益を認めることはできない。したがって、本件では、確認・照会の利益を根拠に被告人に告知義務を課すことはできないのである [12]。

3　虚偽の情報

平成 15 年判例が、口座名義人の払戻し請求を態度による欺罔行為ではなく、告知義務違反による不作為の欺罔と構成しているのは、預金債権を有する名義人の払戻し行為に「誤振込金ではない金の払戻しを請求する」との意思表示を読み取ることが困難であるからにほかならない。そうであるとすれば、本件被告人が入力した振込依頼の情報についても、そこから「誤振込金ではない金の送金を委託する」（本判決の論理に即していえば、「自己の認識につき告知義務を果たしていない誤振込金の送金を委託する」）という意思表示を読み取ることができず、「虚偽の情報」に当たらないというべきではないだろうか [13]。

山口地判では、「虚偽」性について「当該システムにおいて予定されている事務処理の目的に照らして」判断されていないのではないか？　一定の情報の有無を確認するシステムを構築していない場合であっても、当該情報の不告知を、「虚偽の情報を与えたこと」と評価できるのか。「虚偽」性の定義から、「当該システムにおいて予定されている事務処理の目的」は、利害関係者の被害当時の主観的な意思ではなく、システム設置者・管理者の客観的な制度目的に照らして判断すべきである。誤振込の事実又は（誤振込の）原因関係等の受取人の認識は、当該「事務処理システムにおいて予定されているシステム」の射程外の情報であり、誤振込によって生じた預金債権であることを告知せずにオンラインカジノサイトで決済情報を入力したことを、「虚偽の情報を与えた」と評価することができない [14]。

12　大関龍一「刑事裁判批評（463）」刑事法ジャーナル 77 号（2023 年）146 頁。
13　松原・前掲判批（注 8）90 頁。
14　佐竹・前掲資料（注 11）。

　本件では、平成 15 年判例を前提にしても、否、むしろそれを前提にすればいっそう、被告人が被仕向銀行に誤振込みの事実を告知せずに誤振込金を振込送金させた行為について、被仕向銀行に対する「告知義務」を認める前提としての「調査手続きを取る利益」や「銀行が振込依頼人と受取人との紛争に巻き込まれない利益」は認められない。

　したがって、本件では、被告人が「本件誤振込金についてデビットカード情報を利用して決済代金の支払委託等をすることが許されないにもかかわらず、デビットカード情報を利用し、……振込を依頼する旨の虚偽の情報を与え」たことや「本件誤振込金について振込依頼等をすることが許されないにもかかわらず、……振込を依頼する旨の虚偽の情報を与え」たことも認められない。

　なぜなら、「虚偽」の前提となる「本件誤振込金についてデビットカード情報を利用して決済代金の支払委託等をすることが許されない」とか、「本件誤振込金について振込依頼等をすることが許されない」といった前提が認められないからである。……たとえば勤務する会社から給与の過剰振込みがあったことに気づきつつ、その旨を被仕向銀行に告知せず金員を払い戻したサラリーマンは、過剰入金額が翌月の給与から差し引かれるという扱いになっていたとしても、銀行窓口での払戻しなら詐欺罪で、ATM での払戻しなら窃盗罪で、借金返済のための振込送金なら電子計算機使用詐欺罪で処罰されることになってしまう。このような深刻な問題を看過した本判決には、重大な過誤がある [15]。

4　オンラインバンキングに絡む問題

　インターネットバンキングでの取引等においては誤振込みの事実（誤振込みに関する名義人の認識）に関する告知義務の履行の機会がシステム上与えられていないことからも、誤振込みの事実の有無（誤振込みに関する名義人の認識いかん）は、当該コンピュータシステムにおいて予定されている事務処理の射程外であって、この点に関する秘匿は電子計算機使用詐欺罪における情報の虚偽性を基礎づけえないように思われる [16]。

　……銀行の窓口でも受取人が一定の負担を課されるのであれば、ATM 利用に関して一定の制約が課されることも過大とまでは言えないと結論づける。この内容

15　松宮孝明『誤振込みと財産犯』（成文堂、2023 年）121 〜 122 頁。
16　松原・前掲判批（注 8 ）90 頁。

はインターネットバンキング利用の場合にも通用するであろう。

　しかし、そのような結論は果たして妥当であろうか。まず、一定の制約と言っても、一定期間待てば払い戻せる窓口と、事実上利用が不可能になる ATM とオンラインバンキングとでは、「一定」の制約の意味に違いがあり、事実上履行不可能な義務を課すことに合理性があるか疑問がある [17]。

VIII　結　論

　モデル事案の裁判例をみてのとおり、電子計算機使用詐欺罪にいう「虚偽の情報」とは、裁判実務上、規範的な要素の強い概念であることに留意すべきである。電子計算機使用詐欺罪の事案に遭遇したとき、被告人に対し、安易に「形式的に正しい情報を入力したのだから虚偽の情報にあたらず、電子計算機使用詐欺罪は成立しない」といった回答をしてはならない。もっとも、〈*Case* ⑰〉のような事案において、被告人 X の行為に対する一定の当罰性が存在することは否定しないが、規範的な要素を強めると、「虚偽の情報」の範囲が際限なく広がりかねず、罪刑法定主義の観点から疑義を呈せざるを得ない。平成 18 年決定で示された判断枠組みに従って、実際に入力された情報、「当該事務処理システムにおいて予定されている事務処理の目的」に照らした情報の評価を説得的に示す必要がある。

　また、仮に控訴審判決を前提とすると、誤振込事案の解決として、詐欺罪という重大な刑罰による威嚇によって組戻し手続を強いる結論となり、誤振込みの受取人に一方的に過大なリスクを負わせる著しく不当なものといわざるを得ない。誤振込みをされた時点では受取人には何ら落ち度がなく他人の過誤に対する対応にもかかわらず、対処を誤ると重罪に処されるおそれがあるのである。

　モデル事案を担当した弁護人としては、誤振込みした振込依頼人、受取人、金融機関の三者において、適切な負担配分が検討されるべきであり、立法的な解決が必要と考える次第である。

（山田大介／関口慶太）

---

[17]　品田・前掲判批（注 7）66 頁。

第 **18** 章

NFT

Ⅰ　事　例

〈*Case* ⑱〉

1　Ａ社は、創立 50 周年の記念事業として、自社のマスコットキャラクターを数種類、制作し、これを限定 1000 個の NFT アートとして発行することを計画した。Ａ社は、そのうち 500 個を、一定の暗号資産と交換することにより一般販売することとし、残りの 500 個は、Ａ社の株主優待権として希望者に交付することとした。Ａ社は、これらの NFT アートをリビール方式で発行し、購入者らは、それを受け取るときまで、どのキャラクターが出るかわからない仕様になっていた。

2　Ａ社は、Ｂ市からの要望で、Ｂ市の特産品キャラクターを組み込んだＢ市限定の NFT アートを、Ａ社と同じブロックチェーンを使用して 1000 個作成し、これをＢ市に納品し、Ｂ市が主体となって販売することとした。このＢ市の NFT を、Ｂ市内の商店街で支払うときに示すと割引が適用され、また、一定数以上の買い物をすると記念品がもらえるクーポン券としても使用できるしくみを企画した。注意すべき点はあるか。さらに、これらの NFT アートを、Ｂ市が販売価格で買い取る保証サービスを付けることは可能か。

3　Ａ社が発行した NFT のホルダーであるＸと、Ｂ市が発行した NFT

のホルダーである Y は、互いに、それぞれが保有する NFT を交換することになったところ、取引時、A 社が発行した NFT のほうが 2 倍の価値があるとして、Y が、X から受け取る A 社の NFT の 2 倍の割合で、B 市の NFT を送受信することとした。

II　解決への道筋

　NFT の取引を理解するためには、まず、NFT のしくみや、その本質について理解することが有益である。

　そのうえで、NFT の販売については、NFT にさまざまな情報を紐付けることができることから、その紐付けされた情報について、リアル取引の適用法令や、NFT の発行について、従前の慣習に倣って検討し、これに加えて、ブロックチェーンを使用したときの機能や、暗号資産についての商法、資金決済法、為替取引法、金融証券取引法などの特別法の適否も、併せて検討するアプローチが有益である。

III　〈*Case* ⑱〉において問題となる論点と派生論点

　〈*Case* ⑱〉における論点は、以下のとおりである。
　①　株主優待としての NFT と STO の関係
　②　リビール方式での販売による賭博罪、景品表示法の抵触
　③　NFT の製作委託契約
　④　NFT と DAO
　⑤　NFT の買取保証と金融商品取引法（金商法）、資金決済法、銀行法上の為替取引の抵触
　⑥　NFT の取引についての課税

Ⅳ　前提となる知識・関連すべき法的論点

1　NFT とは

⑴　取引の対象とすることを可能にするための情報技術

NFT（non-fungible token、略称：NFT）とは、電子計算機において使用される電磁的記録における記号（識別子）の一種であり、暗号技術の応用により、個々の電磁的記録に識別符号を付せる機能を有することから、非代替性トークンとよばれる。

NFT は、本来であれば複製が容易なデジタルデータを、ERC-721 等で生成したトークン ID に紐付けたうえで、スマートコントラクト機能に対応し、分散台帳方式で管理されるブロックチェーンに組み込むことで、極めて複製が困難であり、かつ、代替性に乏しい電子情報群を生成することができる情報技術である。

また、NFT をブロックチェーンのスマートコントラクト機能を使用して移転させる場合、当該 NFT の名称や簡単な説明、作成日、アドレスやライセンス情報などのプロパティ情報等、当該 NFT の出所表示として必須となる情報のほかに、ビジュアルなコンテンツ等が保存されている URL 等を一緒に記録することができ、換言すれば、ブロックチェーンを使用した NFT の取引では、極めて改ざん困難な状態が維持されたまま次の当該 NFT の権利者（ホルダー）に必要な情報を伝送させることができる。

本稿では、このような本来複製が容易なデジタルデータを、極めて複製困難で、代替性に乏しいデジタルデータに変えることを、情報に個性を与えると表現しており、その意味で、NFT は、本来は複製が容易なデジタルデータに個性を付与し、極めて複製困難で代替性に乏しい情報に変えて、取引の対象とすることを可能にするための情報技術ともいえる。

NFT に関する取引行為を理解し、法的に解釈するためには、まず、このような NFT のしくみや機能を理解することが肝要である。

(2)　物権の対象となるべき有体物ではない

NFT によってデジタルデータに個性が付与され、取引の対象にすることができるといっても、それは電磁的記録に質量が与えられるわけではないから、NFT により個性を与えられ、取引の対象になったデジタルデータも、物権の対象となるべき有体物ではない。したがって、物権法定主義を採用するわが国民法上、NFT が物権たる所有権の対象になることはない。

また、ブロックチェーンを使用してNFT を移転することにより、技術的には、直接的、排他的にデジタルデータを使用、収益、処分することができるようになり、その意味で、デジタルデータを独占的に支配できるといえるものの、それは有体物に対する占有の概念になじまないから、占有権も発生しない。

(3)　NFT「ホルダー」

このような意味で、NFT を「所有する」という表現は誤解を招きかねないので、本稿では、NFT に関する権利を保有する者を NFT「ホルダー」とよんでいる。

NFT ホルダーは、ブロックチェーンを使用して移転された NFT に関する権利を保有することにより、NFT に紐付けられた情報を直接的、独占的に使用できるから、そのような状態をもって、当該 NFT に紐付けられた情報について直接、排他的な支配権を観念することができる。

このとき、直接、排他的に支配できる権利の対象となるべきものとは何かということについては、あまり詳細に検討された文献がみあたらないが、有価証券や無記名証券等、従前、書面をもって、財産的価値を表象していたものを参考として、法的なアプローチを試みたい。詳細は後述する。

(4)　NFT に関する権利の移転

上記のとおり、その支配される対象は有体物ではなく、あくまでも電磁的記録たる情報であるから、NFT ホルダーは、そのような電磁的記録たる情報を直接、排他的に使用、収益、処分できるということであり、また、ブロックチェーンを使用してNFT を伝送することにより、その NFT に関する権利についての支配権を移転することができる。

この意味で、NFT を譲渡することは、数量的な情報のみを扱う暗号資産の譲渡とは異なり、また、必ずしも原因関係を必要としないことから既存の債

権譲渡等の特定債権の取引とも異なる。また、物理的には、NFT の移転とは、そのコンテンツとなる電磁的記録を伝送する行為であり、有体物を移転する物権関係とも異なる。

　他方で無体財産権の権利移転でも、情報の移転を伴うことがある。しかし、無体財産権の多くは、その権利の本質となる情報が電磁的記録に固定されているわけではなく、各種の妨害排除請求権や損害賠償請求権が法定されることで、間接的に保護されるというしくみを採用しているところ、NFT には、現在のところ、著作権や特許権のように、特別法によって、そのコンテンツとなる表現やアイデアを特別に保護し、独占権を付与する制度が整備されていないから、無体財産権の権利移転の場面を想定して検討することは、現時点では、あまり適切ではない。

　その結果、NFT ホルダーが、当該 NFT に紐付けられた情報を独占的に使用できるといっても、それは事実上のものであり、また、NFT ホルダーになっても、その紐付けられたビジュアルコンテンツ等の情報について著作権等の知的財産権を取得するわけではないから、NFT に紐付けられたビジュアルコンテンツを勝手に複製したり、自動公衆送信の用に供する権利を得られたりするわけではなく、その直接、排他的な使用に対する侵害行為を排除することが想定された請求権やそれに基づく損害賠償請求権が用意されているわけでもない[1]。

1　NFT に関連付けられるビジュアルコンテンツの多くは著作権や意匠権等の知的財産権や肖像権、パブリシティー権等に似ているも、それら、既存の無体財産権とは異なる。たとえば、画像に関する NFT アートを購入しても、そのビジュアルコンテンツについての著作権や図柄に関する意匠権を取得したことにはならず、そのような著作物等の複製権を取得するものではない。

　もっとも、NFT によって、複製されがたいデジタルデータに関する独占的な管理権を得られるところに、NFT アートの価値があり、ビジュアルコンテンツの著作者であっても、ひとたび自分の著作物たるデジタルアートを NFT として発行してしまえば、その NFT に関する管理権をもたないこととなり、その情報の返還や削除を求めることはできない。このように、NFT に取り込まれた情報は、著作者等の知的財産権の権利者であっても NFT から分離させて、抹消を求めることが、事実上、できない状態になる。このような財産権については、まだ、法的な名前は付されていない。

　本稿では、このようなデジタルアートなどの価値ある情報が NFT に取り込まれることにより、NFT を通じて取引の対象になり、譲受人に有償で移転されたときに支払う ETH などの暗号資産と対価的な意味をもつ私法上の財産権のことを、便宜的に、「情報価値独占権」：ERIV（Exclusivity rights of information Value）とよんでいる。一般的に、NFT

(5)　NFT と暗号資産

　NFT も、BTC や ETH など、すでに暗号資産として取引所で売買されているトークン（ネイティブトークン）と同様に、暗号技術の応用により財産的価値がある情報を取引するものであるから、広義では、暗号資産に含まれる。

　もっとも、BTC などの暗号資産の取引は、すでに資金決済法および金融商品取引法による規制の対象になっており、その取引所を開設するには一定の資格が必要とされており、取引所の情報漏えい等が問題になることはあっても、個々の暗号資産の譲渡の有効性が問題になることはまれである。また、そもそも、暗号資産の取引は、NFT とは異なり、数値的な情報のみを扱い、その取引の方法にもバリエーションがないため、本稿では触れていない。

(6)　第三者に移転しない NFT（SBT）

　近時は、ブロックチェーンの特性を利用し、発行後に第三者に移転することを想定していない SBT（Soul Bound Token）とよばれる NFT も、徐々に利用されているようである。SBT は、その情報技術として、NFT と違いがないが、その使途を限定して、取引の対象にしないようにデザインされ、その代わりにセンシティブ情報などを格納すべく提案されたものであり、そもそも取引の対象ではないため、取引の対象となって第三者に移転すべき NFT を想定している本稿では、SBT に触れていない。

(7)　NFT の類型化

　その他、「ファントークン」等、NFT に紐付けられる情報によって、異なるカテゴリーの NFT として、NFT の種類ごとに区別される場合もある。

　まだ、NFT 自体が法的に明確に定義付けされていないから、このような分類も、誤りではないが、NFT の取引を検討するときには、そこに紐付けた情報によって個々に異なる検討が必要となり、他方で、現時点では、NFT を類

　の取引は、この情報価値独占権とその対価として送信される ETH などの暗号資産との価値的交換という売買類似の交換契約だと考えると、比較的、整理しやすい。

　なお、手形・小切手における創造説は、手形等の有価証券は、それを振り出した段階で、すでに有価証券として財貨的価値を有するものとして成立し、あとは、それが動産類似の物として転々流通すると考えるところ、NFT における情報価値独占権という分析方法も、この有価証券法理における創造説に近いともいえる。いずれにしても、実際の取引の実態に即した法制度の創設が望まれ、新しく NFT の取引について定めた法律が必要だと思える。

型化できるほど、各カテゴリーの概念が定着、固定化していないと考えられ、むしろ、そのようなカテゴリーにとらわれず、当該 NFT に紐付けられた情報により、当該 NFT の取引がどのような影響を受けるのかを個々に検討することが大切であると考えており、カテゴリーにより、その本質を見誤ることも危惧されるから、本稿では、これら「ファントークン」等のカテゴリーによる区別を扱っていない。

(8)　認証ツールとしての NFT

NFT を、ビジュアルコンテンツの取引だけでなく、サークル等の団体員たる資格やその他の地位を示す認証ツールとして使用することで、後述 4 の DAO 等、信頼性の高いコミュニティの形成を促したり、そのメンバー間で、当該 NFT の取引を促したりすることが考えられる。従前型の権利関係でいえば、商店街の利用客やリゾート会員に対し、キャラクターデザインの NFT をプレゼントしつつ、地域振興のためのクーポン券の配布を自動化するツールのようにも使えるが、このようなクーポン券やリゾート会員権の場合、発行体との関係は、多く約款などに規定された規約によるところ、NFT は、そのような規約がなくても機能し、また、本来的にブロックチェーンを使用して権利義務を移転できる流通性を有しているところに特徴がある。

(9)　NFT の移転手数料と保存方法

ブロックチェーンに記述できる情報には、そのデータ量に限界があり、また、NFT をブロックチェーン上で移転するとガス代とよばれる手数料がかかるところ、このガス代は、当該 NFT に保存された情報が多いほど高くなる関係にあるため、多くの NFT は、ビジュアルコンテンツを IPFS（Inter Planetary File Storage）とよばれる分散型ストレージや、Microsoft Azure や AmazonS3 のような一般的なクラウドサービスに保管し、その URL や短縮化されたハッシュ情報だけを NFT に格納する方法（オフチェーン）で紐付けている。

このうち、NFT に紐付けられた情報の保存方法により、それがブロックチェーン上に記録される場合を「オンチェーン」、ブロックチェーンには当該情報の URL 等だけを保存して IPFS やクラウドサービスに保存する場合を「オフチェーン」とよぶ。また、すべての情報が NFT に格納されているものを「フルオンチェーン」の NFT とよぶこともある。

　いずれも、物理的な保存方法の問題にすぎず、当該 NFT を対象とした取引行為において、その法現象としての違いはほとんどないから、本稿では、特に保存方法がオンチェーンであるかオフチェーンであるかを区別せず、いずれの方法でも、NFT に紐付けられた情報をまとめて NFT と表現している。

　以上、本稿では、主として、私法上の取引行為の対象となり、トークン ID およびそれに紐付けられた財産的価値を有する情報を含む NFT がブロックチェーンを使用して取引される場面を念頭におき、その事例を設けて、解説する。

2　NFT に紐付けられる情報

　NFT に紐付けられる情報は多種多様であり、譲渡制限がないものが多いため、基本的にパソコンで扱える電磁的記録であれば、NFT に紐付けることができ、当該 NFT に、どのような情報を紐付けるかは、NFT を作成し、発行する段階で任意にデザインできる。

(1)　個人情報との紐付け

　もっとも、NFT に紐付けられた情報の信用性や財産的価値は、その NFT の発行者や当該 NFT に紐付けられた情報の作者等の信用性に依拠している。

　換言すれば、ある程度、社会的に認知され、信用性のある会社や団体等が発行するか、または、当該 NFT に紐付けられた情報の作成者が著名人であり、高い評価を受ける者でなければ、当該 NFT の真実性や信用性、その NFT の財産的価値が不安定になるだけでなく、当該 NFT に紐付けられた情報の作成名義の真正も不明になるリスクがある。

　また、NFT ホルダーに関する情報についても、現段階では、まだ統一されたルールがないから、個人を特定し得るような情報を NFT に紐付けない限り、当該 NFT に紐付けられた情報によって、当該 NFT ホルダーが誰であるかを特定することはできない。

　したがって、ブロックチェーンを利用して NFT ホルダーになることによって、信頼性の高い取引で、唯一無二の NFT を保有でき得るといっても、必ずしも当該 NFT ホルダーの本人性を担保するものではない。

　なお、反面では、NFT ホルダーが、マイナンバーや旅券番号、住民票や生

年月日、遺伝子情報等などの個人に関する情報を当該 NFT に紐付けるルール
が確立されていれば、非常に高い確率で NFT ホルダーの本人性を担保するこ
とができる。

　この機能だけに着目したものが、移転を想定していない SBT であるといえ
るも、ここまで具体的な個人情報を紐付けると、その個人情報の漏えいリスク
を否定できず、取引の対象とするのに適していない。

(2)　デジタルアートとの紐付け

　現状、NFT は、比較的デジタルアートを紐付けたものが多い。これは、お
そらく、本来は複製が容易なデジタルデータに個性を付与し、極めて複製困難
で代替性に乏しい情報に変え、それらのデジタルデータを取引の対象とするこ
とを可能にする NFT の機能が、デジタルアートの権利者保護に適しているこ
とによる。

　すなわち、デジタルアートに限らず、リアルの絵画や版画なども含む視覚的
な鑑賞になじむ芸術作品は、本来は、その作品について、なるべく多くの人の
目に触れるように展示する必要があり、多くの人に鑑賞されることで世間に膾
炙され、その作者に人気が出る。そのような作者の人気を踏まえて初めて、当
該作者の未公開作品も財産的価値をもつというような段階を踏むことが多い。

　しかし、最初から電磁的記録として制作するデジタルアートの場合、これを
発表するのにオンライン上で公衆送信の用に供すると、多くの場合、そのデジ
タルアートが自由に閲覧される状態になるのと同時に閲覧者のパソコンにコ
ピーされることとなり、この状態になると、事実上、事後的に、その作品のコ
ピーの流出を止めることはできず、さらに、編集ソフトがあれば、誰でも容易
かつ自由にデジタルアートに改変を加えることができてしまうというジレンマ
がある。

　この点、上述のとおり、NFT は、本来であれば複製することの容易なデジ
タルデータを、ブロックチェーンを使用して移転することで、極めて複製困難
で代替性に乏しい状態のまま、次の NFT ホルダーに移転させることを可能と
させる技術であり、あたかもリアルの絵画や版画と同じように、一定の希少価
値をもたせたまま、取引の対象にすることができる。

　また、従前は、デジタルアートを展示するときに、利用者に複製されないよ

うにコピープロテクトを付する場合、そのような専用アプリケーションを同時に開発したり、パスワードを付したりするなど、流通性やユーザビリティを犠牲にする必要があったが、NFT は、イーサリアムなど汎用性の高いブロックチェーンを使用していれば、そのための専用アプリが公開されていることが多く、独自のプラットフォームを用意する必要がない。

　その結果、NFT は、容易かつ自由に複製、改変されるリスクにさらされていたデジタルアートの作成者にとって、NFT を用いることによりデジタルアートの盗用を防止でき、デジタルアートとして展示しつつ、その権利を無断で複製させずに譲渡できるしくみを提供したものであり、その意味で、最もデジタルアートの作成者の権利を保護すべき技術だといえ、もともと、デジタルアートというデータが有していた財産的な価値を、適正に取引の対象にすることができるようにするための情報技術であるといえる。

(3) 資格や地位情報との紐付け

　さらに、4で後述するように、ビジュアルコンテンツのほかにも、自己の資格や地位に関する情報を複数、織り交ぜて、これらの情報を NFT に紐付けることも可能である。

　そして、同じタイプの NFT ホルダーの間では、NFT の取引ができるだけでなく、自己の地位を示す認証ツールとして、当該組織の構成員であることを示す認証ツールとして NFT を使用することもできる。

3　NFT の取引

(1) NFT の取引の特徴

　上記のとおり、NFT は、ブロックチェーンにより創出された新しいしくみであり、まだ、その取引の商慣習は定まっていない。また、NFT の取引といっても、必ずしも、すべての NFT の取引を同じように定型化できるとは限らないことを前提とする。

　また、本稿で扱う、NFT の取引とは、ブロックチェーンのスマートコントラクト機能を利用して NFT を移転する場合を前提としている。

　したがって、NFT をブロックチェーンのスマートコントラクト機能を利用して移転するとき、①安定性、②透明性、③耐改ざん性、④公平性というブロッ

クチェーンの特徴を含んでいる。

(2)　取引の法的性質

　このNFTの取引の多くは、ETHなどのネイティブトークンの暗号資産との交換で実施されるところ、ここで、NFTを、ETHなどの取引市場がある暗号資産で購入すると、暗号資産は通貨ではないから、その法的性質は、通常は、売買ではなく、交換になる。

　そして、交換契約は、有償・双務、諾成の典型契約であるところ、ブロックチェーンのスマートコントラクト機能を使用したNFTの取引では、メタマスクなどのアプリケーションによって対価たるETHなどの暗号資産を送信するのと同時に買主たる次のNFTホルダーにNFTの情報が伝送されるため、要物契約に近い取引とする慣習があるともいえる。

　なお、交換契約には、その対価としての財物を一度、金銭的価値に置き換えて実施する「価値的交換」とよばれる類型があるといわれており、裁判例でも、このような価値的交換である交換契約を売買とみなしたものがある（東京高判昭和28年6月8日東高民時報4巻2号47頁）ことには注意が必要である。

　例えば、NFTの取引で、ETHのような取引場で取引される暗号資産が使用される場合、当然、その暗号資産の評価額を基準として交換される。つまり、ETHは、一度、金銭的価値に置き換えられるため、法形式としては交換契約であるものの、実際には、売買契約と同様に扱われる。

　もっとも、交換は、多く、売買に関する規定を準用（民559条）しており、契約不適合責任や引渡しにおける同時履行（同法533条）が適用されるため、どちらの典型契約に該当するのかによる違いはほとんどないが、売買契約とみなして暗号資産の交付が、代金の支払いとみなされると、金銭債務に履行不能はないから、対価たる暗号資産の送信について、無限の調達義務を負う可能性はある。

(3)　NFT取引への課税

　課税について、電気通信回線（インターネット等）を介して行われる役務の提供は「電気通信利用役務の提供」と位置づけられており、NFTの取引の多くもこの電気通信利用役務の提供に該当するという判定がなされる可能性が高い。そして、平成27年10月1日以後、国外から行われる「電気通信利用役務

の提供」についても、日本で消費税が課税されることとされたため、たとえば、NFT の譲渡は、その対価たる暗号資産の評価額に従って課税されることとなる。また、たとえば、海外の NFT ホルダーとの間で、クロスボーダー取引により NFT と暗号資産を交換するときは、少なくとも、日本における取引について課税対象とされ、さらに、海外の税制によっては、双方の国から課税対象と判断される可能性もあり、特に比較的、高額で取引されている NFT について、国際間で取引をする場合には注意する必要がある。

これと反対に、たとえば、NFT と交換する対価として、財産的価値がないか、不相当な評価の暗号資産をもって支払うと、みなし贈与とされる取引になる可能性があり、これを悪用して、為替取引に類似した国際送金の手段として行う場合は、外国為替及び外国貿易法（外為法）違反や資金決済に関する法令に抵触する可能性もある。

⑷　NFT 取引の法的性質の検討

いずれにしても、NFT の取引には、さまざまな種類があるから、その法的なアドバイスをするに際しては、当該 NFT に紐付けられた情報に着目し、ある程度、その財産的な評価も考慮して行う必要がある。

なお、NFT には、現在のところ、暗号資産のような公的に認証された取引所がない。そのため、その権利移転は DApps や、それに変わる P2P 取引サービスを利用することになる。

したがって、実際に、当該 NFT の取引をどのような法的性質のものと考えるべきかという問題は、形式的には、当該 NFT に紐付けられた情報の種類等によって異なり、個別に検討すべきであるといえ、そのような検討なしに、NFT の取引の法的性質を判断することはできない。たとえば、デジタルアートであれば、NFT 化されたデジタルアートの財産的価値を検討しなければならない。

そのうえで、通常の取引行為と同様に、当該 NFT に紐付けられた情報により、当事者の意思を推知して、NFT の取引の法的性質を判断する必要があることは、当然であり、ここに NFT の取引であることによる特性を加味することとなる。

⑸　財産的評価と契約の法的性質

　NFT の販売について、従前、デジタルアートの使用に関する契約は、電磁的記録の使用権または著作権の一部たる自動公衆送信権等の譲渡とともに著作者人格権の不行使等を組み合わせることで構成されてきたが、NFT を用いることによって、そのような煩雑な処理を省き、単なる NFT の取引と位置づけられるようになった。また、後述のとおり、デジタルアート等、電磁的記録たる芸術作品の作成者が、適切な権利保護を維持しつつ、デジタルアートの展示や販売ができるようになった。これらはブロックチェーンによる取引のメリットといえる。

　たとえば、デジタルアートを紐付けただけの純粋な NFT アートの場合、それをブロックチェーンのスマートコントラクト機能を使用して移転し、譲渡すると、それ以上に履行の問題は残らないから、処分行為と考えることができ、債務不履行の問題は生じがたい。

　なお、販売時において、事前に NFT の評価額を算定することは難しい場合が多いものの紐付けられた情報がデジタルアートである NFT アートは、その販売価格や二次流通においても、デジタルアートの作成者や発行者により、ある程度、合理的な資料によりその財産的評価を検討することができる。

　仮に、全く無名な作者のデジタルアートの作品で、そのデジタルアート自体に財産的評価がつかなければ、単なる電磁的記録であり、これを、実績のない発行者が 1 個 1 億円だとして販売すると、贈与とみなされたり、違法な決済方法であると判断されたりする可能性もあろう。

　他方で、NFT に紐付けられた情報が金銭債権であると、その譲渡は NFT の移転では足りず、原則として、その金銭債権の得喪や対抗要件は、通常の債権譲渡のルールに従うことになり、NFT の移転は、そのような債権譲渡契約を推知させる間接事実にすぎないことになる。

⑹　デジタルアートと構成員たる地位の表象

　その他、このような NFT アートに、4 で後述するような構成員たる地位を表象させることも可能である。

　たとえば、リゾート会員やゴルフの会員権のように、特定の施設で何らかの役務を受けられる権利を NFT に紐付ける場合は、特定債権を表象する無記名

証券に準じて考えるのが妥当である。

また、これらの権利を、適宜、織り交ぜて、複合的な権利をつくることもできる。このような複合的な財産的価値を有するNFTは、デリバティブのような複合的な財産的価値を有するため、その金銭的評価は慎重にしなければならない。

(7) NFTの合意による譲渡

ブロックチェーンのスマートコントラクト機能を使用して譲渡できるNFTを、ブロックチェーンを使用せず、合意をもって譲渡することも可能である。

そのような取引は、NFTに紐付けられた権利の譲渡と何ら違いがなく、NFTは、その契約を証明する徴憑としての意味があるにすぎない。

4 DAO（Decentralized Autonomous Organization）

上記のとおり、NFTは、個性を維持したまま移転可能にするしくみが付与されたデジタルデータであり、そこに紐付ける情報は多種多様である。たとえば、住所、氏名等の個人情報とともに、ある団体の構成員たる資格やリゾート会員権のような何らかの役務の提供を受けられる法的地位を紐付けることも可能である。

このような、法的地位を表象するNFTは、それらのNFTホルダー同士を中心としたSNSのようなコミュニティを構築することができ、その組織およびその構成員たる徴憑としてNFTを使用することができる。

具体的には、個人とその所属する団体に関する情報を紐付けた同種類のNFTホルダーの間では、そのようなNFTにより結びつけられる結社は、DAO（Decentralized Autonomous Organization（分散型自律組織））とよばれ、一種の経済圏のような組織をつくることが可能である。

これにより、たとえば、地方自治体が発行するNFTホルダーにDAOの機能を付与し、デジタル住民として、コミュニティを構築したり、ふるさと納税の返礼品に、ゲームで利用できるオリジナルNFTを発行したりすることもできる。

また、キャラクターグッズの一環としてNFTを販売しつつ、そのキャラクターのファンミーティングを展開するなどの方法も可能である。

　なお、現在、このような NFT を使用したネットワークは、DAO（Decentralized Autonomous Organization）と名づけられているものの、その実態は、上記のとおり、NFT ホルダーの集まりであるから、NFT に紐付けられた情報とは別に当該 DAO の共通ルールが必要となる。そして、その共通ルールを決めるのは、通常、NFT の発行者であり、NFT ホルダーではない。

　したがって「Decentralized Autonomous」といっても、これはブロックチェーンのしくみとして各ノードに情報管理が分散されていることを意味するものと考えられ、これをもって、それによる組織を「分散型自律組織」と名づけるのは、多くの誤解を生じさせているのではないかと思え、また、このような本来の意味とギャップのある名称が NFT 普及の障害になっている部分もあると予想され、WEB 3 も、その名前から、必要以上に内容を推認しがたくなってしまったという同様の問題があるように思える。

5　STO（Security Token Offering）としての利用

⑴　法律上の位置づけ

　企業などが、新株発行などの資金調達の方法として NFT を交付するときは、ST（セキュリティトークン（Security Token））として用いられる。

　このような NFT のセキュリティトークンとしての利用は、1 項有価証券として、金融商品取引法等の規制対象になる（同法 2 条 2 項各号）。

　企業等がブロックチェーン等の分散型台帳技術（DLT：Distributed Ledger Technology）を活用してセキュリティトークン（ST：Security Token）を発行し、資金調達を行う STO（Security Token Offering）については、令和 2 年（2020 年）5 月 1 日に施行された「情報通信技術の進展に伴う金融取引の多様化に対応するための資金決済に関する法律等の一部を改正する法律」により、その取扱いが明確化された。

　企業等が STO によって発行する株式、社債、受益証券、集団投資スキーム持分等が規制対象となり、信託受益権、集団投資スキーム持分等の金融商品取引法 2 条 2 項各号に掲げる権利（2 項有価証券）をトークン[2]に表示したものは、

2　電子情報処理組織を用いて移転することができる財産的価値（電子機器その他の物に電子的方法により記録されるものに限る）。

流通性が高まると予想されることから、金融商品取引法上、新たに「電子記録移転権利」と定義され、従来の 2 項有価証券ではなく「第一項有価証券」として取り扱うこととされ、金融商品取引法上の ST は、「電子記録移転有価証券表示権利等」として分類される[3]。

(2)　資金調達方法としてのセキュリティトークン

　セキュリティトークンは、企業の資金調達の方法として利用することが予定されている。これまでの資金調達は、銀行借入れ・社債発行（Debt finance）と株式発行（Equity finance）がまず検討されて、各方法にはそれぞれメリット・デメリットが存在するところ、STO はこれまでの資金調達手法では満たすことが比較的難しかったニーズを満たす可能性が期待されている。

　たとえば、スタートアップ企業等が、金融機関以外からの資金調達を検討する際、これまでは、主に設立時は VC（ベンチャーキャピタル）やエンジェル投資家から出資を募り、設立後も、第三者割当増資での資金調達を検討するも、多くの場合、投資家の出資目的はキャピタルゲインを追求するところにあり、その企業のファンとして、金銭以外の価値を求める投資家は極めて少数派であるといえ、このような持株比率の変更や株主を増やすタイプの出資を募る手法は、ステークホルダーを増やすことで利害関係が対立しやすく、最悪の場合、単に出資者のいいなりになるためだけの役員が送り込まれることで、強制的に経営方針が変えられてしまったり、解散決議を強いられたり、一定期間内に IPO をめざすという合意を強いられたりする。

　また、セキュリティトークンは、その NFT としての特徴を活かして、情報価値独占権の対象に DAO を組み込んだり、その会社の商品に関するポイントを組み込んだりすることもできるため、新株発行に伴い、出資以外の価値を NFT に組み込んで発行することで、株主優待の役割を兼ねることができ、とりわけ、比較的、小規模な資金調達の募集の場面で、さまざまな投資家層のニーズに沿った投資機会を提供しつつ、資本政策の柔軟性を高めることが期待できる。

　また、セキュリティトークンのほかにも、これまで、クラウドファンディン

3　平田公一「セキュリティトークンに関する現状等について」〈https://www.fsa.go.jp/singi/digital/siryou/20230606/ 2 jstoa.pdf〉。

グ等を活用することが多かったプロジェクトベースの事業での資金調達の場面での利用も期待できる。

　この点、クラウドファンディングは、法律的な整理に曖昧な部分があるところ、STO のような投資型クラウドファンディングを除くと、既存の固定ファンによる支援というムードがあるものの、起業の場面では、まだ、固定ファンがおらず、支援者を集めることが難しい部分があった。

　そこで、興味のあるビジネスや趣味について、NFT を購入することで、新たなファン層を取り込み、また、起業後にその事業が成功した場合には、金銭的なリターンも得ることが可能な設計も可能であり、資金調達とマーケティング・ファンコミュニケーションを両立した DAO を構築する手法にもなり得る。

Ⅴ　〈*Case* ⑱〉の検討

1　〈*Case* ⑱〉 1──発行時の課題

⑴　〈*Case* ⑱〉 1

　都内に本店があるＡ社は、創立 50 周年の記念事業として、自社のマスコットキャラクターを数種類制作し、これを限定 1000 個の NFT アートとして発行することを計画した。Ａ社は、そのうち 500 個を、一定の暗号資産と交換することにより一般販売することとし、残りの 500 個は、Ａ社の株主優待権として希望者に交付することとした。Ａ社は、これらの NFT アートをリビール方式で発行し、購入者らは、それを受けとるときまで、どのキャラクターが出るかわからない仕様になっていた。

⑵　販売方法の決定

　まず、上述のとおり、NFT は、本来であれば複製することの容易なデジタルデータを、ブロックチェーンを使用して移転することで、極めて複製困難で代替性に乏しい状態のまま、次のホルダーに移転させることを可能とする技術であり、あたかもリアルの絵画や版画と同じように、一定の希少価値をもたせたまま取引の対象にすることができる。

　この点、従前は、デジタルアートを展示するときに、利用者に複製されない

ようにコピープロテクトを付する場合、そのような専用アプリケーションを開
発したり、パスワードを付したりするなど、ユーザビリティを犠牲にする必要
があったが、NFT は、ERC-721 など汎用性の高いブロックチェーンを使用し
ていれば、そのような独自のプラットフォームを用意する必要がない。

　A社は、マスコットキャラクターの NFT グッズを販売するのと、ほとん
ど同じように、その NFT を販売することができるも、そのうえで、ここに
NFT の取引であることによる特性を加味することとなり、上述のとおり、通
常、NFT の取引は、ETH などのネイティブトークンによる暗号資産との交換
で、実施される。

　この点について〈*Case* ⑱〉1 では、A社自身で一定の暗号資産で NFT を
販売することとしている。

　上述のとおり、その販売行為の法的性質としては、売買ではなく、交換にな
るところ、実際の NFT の販売では、ブロックチェーンのスマートコントラク
ト機能を使用するため、メタマスクなどのアプリケーションによって対価たる
暗号資産を受信するのと同時に買主たる NFT ホルダーになろうとする者に対
して NFT を伝送することになる。

　このとき、ETH などの、すでに取引場で取引がなされている暗号資産との
交換で販売するときは、対価たる暗号資産の財産的価値が安定しているため、
多くの場合、売買とみなされる（前掲東京高判昭和 28 年 6 月 8 日）と予想される。

　アプリケーションによる NFT の移転では、その契約の要件事実が定型化さ
れており、かつ、その履行についてはプログラムにより自動処理されるから、
契約締結の有無や、当該 NFT の引渡しおよび決済については、ほとんど確実
に実施されるため、従前の法律行為のような、契約締結上の過失や履行上の問
題を考慮することは、あまり考えられない。

(3)　販売価格の決定

　次に、販売価格について、A社は、自社のマスコットキャラクターの NFT
を数種類制作し、これを限定 1000 個の NFT アートとして発行するというの
であり、NFT に紐付けられたビジュアルコンテンツについて、A社が完全な
権利者であることを前提としている。このような場合は、NFT に紐付けるビ
ジュアルコンテンツは、書下ろしのものであるから、その無体財産権の処理に

ついては、あまり考慮すべきものはなく、自由にデザインできる場合であるといえる。自社でデザインしたデジタルアートをNFTとして発行する場合、このようなNFTのメリットを享受し得る場面の一つである。

　NFTの販売において、販売価格を決める場合、基本的には、任意に販売価格を決めることができる。

　もっとも、後述するように、販売方法によっては賭博罪に該当する可能性があることから、合理的な販売価格を検討すべきであるといえる。

　この点、自社でNFTを開発、作成し、販売する場合にも開発研究費やNFTの作成を外部委託とするときの報酬やその後の管理費なども含めて、製造原価を観念することは可能である。

　また、事後的に、販売するNFTの種類を増やす場合や、販売時期によって、ある程度、利益率を変えて販売することにも問題がないと考えられ、基本的には、自社の基準によるとしても、そのような意味で、製造原価に関する参考資料などを、販売価格の妥当性を決めるうえで調査しておくことが望ましいといえる。

⑷　株主優待と STO

　上述のとおり、NFTをセキュリティトークン（ST）として利用するときは、1項有価証券として、金融商品取引法等の規制対象になる（同法2条2項各号）。

　〈*Case* ⑱〉1で、A社は、500個のNFTをA社の株主優待権として希望者に交付することとしており、これが、その配布の方法によってはSTと非常に似た状態となり、その発行がSTOとして取り扱われるときは、1項有価証券として金融商品取引法等の規制対象になる（同法2条2項各号）。

　この点、〈*Case* ⑱〉1は、A社の株主のうち希望者に対し、A社の株主優待権として交付するとしているため、STOとの違いは明瞭であるとも思えるも、これを全株主に対し、その保有する株式数に応じて交付すると、株主割当ての株式分割、新株引受権ないし転換社債の発行と同じように機能させることが可能となり、STOと同じように金融商品取引法の規制対象になる場合があると考えられる。

　さらに、たとえば、〈*Case* ⑱〉2のように、A社が、当該NFTアートを、販売時と同じ対価で買い取ることを保証してしまうと、A社のNFTは、その

販売時の対価と同等の価値が返還されるものになるから、事実上、地方債や社債の発行と同じような機能を有することとなる。

　したがって、NFT を発行する場合は、それが ST ではないとするしくみとし、それを基礎づける資料も用意しておくことが妥当であると考えられる。

(5)　リビール（Reveal）方式での販売と、賭博罪、景品表示法等との関係

　たとえば、NFT をリビール方式[4]でランダムに販売する方法は、いわゆるガチャと同じ射幸性をもつといえ、ガチャによる NFT の販売が賭博（刑185条）に該当するかについては、慎重な検討が必要である。

　この点、判例において「賭博」とは、2人以上の者が、偶然の勝敗により財物や財産上の利益の得喪を争う行為であり、①「偶然の勝敗」により、②「財物または財産上の利益」について、③「得喪を争うこと」が要素とされ、ただし、④一時の娯楽に供するものにすぎないものは、例外的に賭博にならないとされている。

　この点、④の一時の娯楽に供するかについて、判例は、即時娯楽のために費消するような寡少なもの（大判昭和4年2月18日刑集8巻72頁）としており、たとえば、食事や飲み物を賭ける場合が典型である。

　金銭を賭ける場合は、その金額が少額であってもただし書の適用はないとするのが判例の立場である（最判昭和23年10月7日刑集2巻11号1289頁）。

　そのため、金銭や前払式支払手段によるもの、暗号資産、その他の有価証券での購入は、④の例外に該当しないというのが判例の立場といえ、多くの NFT は、④例外的に許される場合には該当しないことになる。

　また、賭博行為の該当性について、①ガチャの発生に関する乱数に偏りがないことを前提としても、そもそも、ガチャとは、その出目の結果がわからないことを本質とするから「偶然の勝敗」によるものといえ、②スタンプ等の画像データに比べて、NFT には高度の流通性があり、それ自体の財産的価値を観念できることから、単なるイラストデータの利用権の販売（著作物の使用、頒布に関する権利等）に比べて相対的に価値が高いといえ、「財産上の利益」に関するものである点も明白である。

4　発行後、NFT ホルダーの手元に伝送された段階で、購入した絵柄がわかる方式をいう。

　問題となるのは、おそらく③だけであり、ガチャによる NFT の販売が、販売元と購入者との関係でも「得喪を争う」ものであるか否かが問題になる。

　NFT ホルダー同士が、金銭を賭ける代わりに NFT を用いて賭け事をするのが賭博になり得る可能性があることは疑いがないが、さらに進んで、一次流通である発行時におけるリビール方式による販売が、財産権の得喪となり、賭博となり得るのかは、明確な基準がない。

　この点、上述のとおり、NFT の販売において、NFT にも製造原価を観念することが可能であり、また、ある程度、NFT によって利益率を変えて販売することにも、何ら問題がないであろう。

　販売行為が、一次流通の購入者との間で「得喪を争う」として賭博を構成するのは、そのような通常の NFT の販売行為の枠を超えて、主として、射幸性をあおることによって利益を得る目的で価格設定をしたといえるなど、かなり限定的な場合に限られると考えられる。

　たとえば、シリーズもののキャラクターの NFT を販売するとして、そのシリーズと関係ないキャラクターを混ぜたり、一見して価値がないとわかるはずれキャラクターを混ぜたりすると、それは、他の NFT と比べて、明らかに財産的価値の劣る NFT となり、得喪を争う状態に近づくといえる。

　したがって、福袋やパッケージ商品と同様に、同程度の財産的価値を有するキャラクターであるとか、その希少価値において、極端な偏りがあるのでなければ、リビール方式での販売も、NFT の「得喪を争う」とはいえず、賭博罪に該当しないと考えられる。

　なお、NFT に紐付けられた情報の価格は、今後は商慣習によって、ある程度、合理的に判断される場合が生じると考えられる。

　その他、リビール方式であるか否かにかかわらず、「絵合わせ」の規制や、優良誤認、有利誤認などの場合に景品表示法の規制の対象になるのは、NFT に限られないため、本稿では割愛するも、当然、問題になる場合がある [5]。

5　参考：消費者庁ウェブサイト「インターネット上の取引と『カード合わせ』に関するQ&A」〈https://www.caa.go.jp/policies/policy/representation/fair_labeling/faq/card/〉。

2 〈*Case* ⑱〉2——発行者の二次流通への関与

(1) 〈*Case* ⑱〉2

　A社は、B市からの要望で、B市の特産品キャラクターを組み込んだB市限定のNFTアートを、A社と同じブロックチェーンを使用して、1000個作成し、これをB市に納品し、B市が主体となって販売することとした。このB市のNFTを、B市内の商店街で支払うときに示すと割引が適用され、また、一定数以上の買い物をすると記念品がもらえるクーポン券としても使用できるしくみにした。注意すべき点はあるか。さらに、これらのNFTアートを、B市が販売価格で買い取る保証サービスをつけることは可能か。

(2) NFT作成の委託契約

　〈*Case* ⑱〉2は、NFTのOEMのような契約関係を想定しており、まず、B市が、A社に対し、B市のオリジナルNFTの作成を依頼し、A社が、〈*Case* ⑱〉1のA社のNFTと同じブロックチェーンを使用して作成したNFT全部を、一度、B市が買い取ってから、B市自身が販売主体となって、NFTを販売するパターンであり、販売主体であるB市が、A社からNFTを買い取っている点で、〈*Case* ⑱〉1との違いがある。

　その場合、A社とB市の間のNFTの譲渡は、ブロックチェーンを使用して伝送されるわけではない。上述のとおり、ブロックチェーンのスマートコントラクト機能を使用して譲渡できるNFTを、ブロックチェーンを使用せずに、合意をもって譲渡することも、もちろん可能であり、〈*Case* ⑱〉2のA社とB市間の取引は、製造物供給契約等、何らかの原因関係たる契約に従うことになろう。

　この場合のA社とB市の法律関係については、NFTに紐付けられる情報等によってケースバイケースであるも、B市からA社に対するオリジナルNFTについての製造物供給契約とともに当該NFTの全部の買取りを予約し、それが完成したときに予約完結権が行使され、NFTに関する権利がB市に譲渡されるとともに、A社を代理店としてNFTの販売について業務委託する等の複合契約になることが多い。

　このほか、A社が、B市のオリジナルNFTの販売主にもなる場合が想定され、

この場合、A社からB市に対するNFTの移転は想定されない。

いずれの方法が適当であるかは、NFTに紐付けられる情報次第のところがあり、慎重に検討する必要がある。

たとえば、〈*Case* ⑱〉2のように、B市の特産品キャラクターを組み込んだデジタルアートであるとき、販売主体が負うべき責任は少ないと考えられるも、そのほかにも複雑な権利や法的地位が当該NFTに紐付けられるときは、そもそもA社がその権利主体になれない場合が多いから、一度、B市にNFTを譲渡し、B市が販売主体になる必要性が高い。

さらに、将来的には、NFTのフォーマット形式やNFT販売時のプラットフォームになるアプリが使用できなくなる可能性も否定できないことからすると、一度、実質的な販売主たるB市が、当該NFTに関する権利を保有したほうが、問題が少ないように思える。

(3) 知的財産権とNFTの発行

上述のとおり、NFTホルダーが、当該NFTに紐付けられた情報を独占的に使用できるといっても、そのビジュアルコンテンツ等の情報について著作権等の知的財産権を取得するわけではないから、NFTに紐付けられたビジュアルコンテンツを勝手に複製したり、自動公衆送信の用に供したりする権利を得られるわけではなく、また、その直接、排他的な使用に対する侵害行為を排除することが想定された請求権やそれに基づく損害賠償請求権が用意されているわけでもない。

〈*Case* ⑱〉2でも、B市から特産品キャラクターのNFTを購入したとしても、当該NFTホルダーは、B市の特産品キャラクターを自由に複製したり、改変を加えられる権利を取得したりするわけではない。

もっとも、上述のとおり、NFTに関する権利を保有すると、物理的に非常に複製されがたいデジタルデータに関する独占的な管理権を得られ、このような機能にNFTアート固有の財産的価値がある。

したがって、NFTを販売した後、事後的に、B市の都合により、一方的に当該NFTやそれに紐付けられた特産品キャラクターを非公開にしたり、改変したりすることは、物理的に制限されることについては注意が必要である。

つまり、著作権等の知的財産権の権利者であっても、ひとたびその著作物を

NFT として発行してしまえば、少なくとも、その NFT に関する管理権をもたないこととなり、物理的に、その情報の返還や削除を求めることはできない。

このように、NFT に取り込まれた情報は、著作者等の知的財産権の権利者であっても NFT から分離させて、抹消を求めることが、事実上できない状態になる。

裏返せば、NFT ホルダーは、当該 NFT に関する環境が当初のとおり稼働している限り、そのような著作権者等からの削除請求にも応じないで済むような財産的権利を保有することになる。これは、ポスターやステッカーなど、従前の著作物でも同じ現象が生じるものの、NFT の場合は、もともと電磁的記録であるので劣化が生じず、その紐付ける情報に関する価値の保存は完全に近く、著作物とは異なる特性があり、また、特許や商標などの産業知的財産権のように情報の陳腐化が少なく、一度、NFT を使用すれば利用し尽くしたともいえないから、消尽論も妥当しがたい。

このような電磁的記録であるために陳腐化しがたく、しかし、複製権等の著作権を伴わない財産権については、まだ、法的な名前は付されていない。

本稿では、このようなデジタルアートなどの価値ある情報が NFT に取り込まれることにより、NFT を通じ、取引の対象になり、非常に複製困難かつ代替性の乏しい情報となることで生じる財産権を、便宜的に「情報価値独占権」（ERIV：Exclusivity rights of information Value）とよんでいる。

一般的に、NFT の取引は、この情報価値独占権とその対価として送信される暗号資産との価値的交換という売買類似の交換契約になる。

この点、〈*Case* ⑱〉2 は、まず、B市が、A社に対し、B市のオリジナル NFT の作成を依頼し、A社が、A社の NFT と同じブロックチェーンを使用して作成した NFT 全部を、一度、B市が買い取ることを想定しており、販売主体は当初からB社であって、A社は、事実上、B市の代わりに、B市の NFT を発行するにすぎないから、一度も、この情報価値独占権を取得しない。

他方で、A社が販売主となるとき、特に、当該 NFT が売れ残ったときなどには、このような NFT 固有の情報価値独占権が、事実上、A社に残る可能性がある点には注意が必要である。

⑷　DAO との関係

　上述のとおり、個人とその所属する団体に関する情報を紐付けた同種類の NFT ホルダー間の関係は、DAO（Decentralized Autonomous Organization（分散型自律組織））とよばれ、一種の経済圏のような組織をつくることが可能である。

　〈*Case* ⑱〉2 では、B 市が、NFT ホルダーが、B 市内の商店街で当該 NFT を示すと割引が適用されたり、また、一定数以上の買い物をすると記念品がもらえるクーポン券としても使用できたりするしくみにしたというのであるから、DAO の一つとして活用するものといえる。

　DAO については、これから広がりをみせると予想される分野であり、現在は、まだ試験運用的に使用されている雰囲気である。今後、DAO としての利用が広がるときの指針として、これが結社の一つであることを念頭におくことは有用であると考えられる。

　すなわち、そのような DAO の構成員となる要件を当該 NFT を取得することとしても、どのような条件で、DAO に加入し、また脱退することができるのか、NFT ホルダーでない者でも参加できるのか、その他、加入した NFT ホルダーの利益と、他の NFT ホルダーの利益調整の問題が生じたり、NFT ホルダーでありつつ、DAO から脱退することを求められたりするのかなど、結社の自由で問題になることは、DAO でも問題になり得る。

　さらに、NFT の場合、それらを NFT の販売を通じ、どのようにして、そのような DAO のルールに拘束力等をもたせるのか等が問題になることが考えられ、また、これらの配慮事項は、WEB 3 とも関係する。

　〈*Case* ⑱〉2 の B 市の場合、NFT ホルダーが、B 市内の商店街で当該 NFT を示すと割引が適用され、また、一定数以上の買い物をすると記念品がもらえるクーポン券として使用するためには、実際には、B 市だけでなく、B 市内の商店街でも、それらに対応する用意をする必要がある。

　さらに、上記のとおり、NFT は劣化せず、また、転々流通する可能性があるため、割引が適用される期間を限定したり、記念品の上限を決めたり、再度、そのようなクーポンを配布するときの告知方法などを検討しておく必要もある。

なお、DAO として使用するとき、当該 NFT ホルダーに関する情報を、発行者である A 社において管理するしくみにすることもできる。その際は、個人情報になるので、個人情報保護法上の措置などが必要なのは、NFT に限られない。

(5)　買取保証と資金決済としての利用

NFT は、発行後に購入者から第三者に転売できるしくみを有しており、二次流通することが想定されている。

したがって、〈*Case* ⑱〉 2 の場合、発行者たる A 社や、販売主体である B 市が買い取ることも、物理的には可能である。

また、二次流通において人気が出ると、発行数により流通する NFT は有限であるから、需要が供給を上回ると、結果的に、事後的に希少価値が発生して販売価格よりも、かなり高額で取引される可能性があり、実際に、そのような現象が発生している。

このような状況で、当該 NFT の発行者が、その販売時に買取りを保証すると、NFT を徴憑として、これを決済手段として使用できる。

たとえば、B 市が、その発行時から 1 年以上経過した後、一定額での発行済 NFT の買取りに応じるとするときは、機能的には地方債と似たものになる。

また、NFT ホルダーが、B 市による買取りを想定して、当該 NFT を現金の支払いの代わりに譲渡することも、事実上、制限することができない。

さらに、当該 NFT ホルダーを日本人以外の者に販売することもできるため、国際送金のために利用することも可能であり、この一連の資金の流れを、統合して観察すると、為替取引に似た現象になるため、注意が必要である。

特に、〈*Case* ⑱〉 2 のような B 市という行政機関において、発行時から買取りを保証するときは、それが資金決済の手段となり、資金決済法に抵触しないか、また、抵触する可能性がある場合は、どのような場合かについて、慎重に検討しておくべきである。

(6)　買取りと違法行為の幇助

その他、A 社や B 市が、当該 NFT の二次流通のプラットフォームを提供する場合は、そのマーケットプレイスで、違法行為の手段として使用されていないかにも注意する必要がある。

　この点、上述のとおり、野球賭博に使用されることを認識しつつ、匿名での
オッズの連絡など、電子メールのやりとりをしたものを、賭博罪の幇助（手助
けによる共犯）とした先例がある（福岡地判平成 27 年 10 月 28 日（平成 26 年（わ）
第 1632 号）判例集未登載）。

　この裁判例を敷衍すると、B 市が、二次流通での買取りを保証するときは、
それを為替取引や資金決済に利用する行為についても、幇助となる可能性もあ
る。

3　〈*Case* ⑱〉 3

⑴　〈*Case* ⑱〉 3

　A 社が発行した NFT のホルダーである X と、B 市が発行した NFT のホル
ダーである Y は、互いに、それぞれが保有する NFT を交換することになった
ところ、取引時、A 社が発行した NFT のほうが 2 倍の価値があるとして、Y が、
X から受け取る A 社の NFT の 2 倍の割合で、B 市の NFT を送受信すること
とした。

⑵　二次流通における問題

　上述のとおり、通常、二次流通における NFT の取引は、ETH などのネイティ
ブトークンによる暗号資産との交換で実施される。

　NFT の二次流通について、現在のところ、暗号資産のような公的に認証さ
れた取引所がないため、その権利移転はメタマスクのような P2P 取引サービ
スを利用することになる。

　もっとも、この NFT の二次流通用のアプリケーションが日本語に対応して
いなかったり、扱える暗号資産が限定的であったりするため、現在のところ、
二次流通を前提とした NFT を発行するツールも、非常に限定的である。

　また、多くのツールは、ウォレットとよばれる暗号資産を保存する機能に組
み込まれており、自由に譲渡することができるとまではいかない。このアプリ
ケーションのユーザビリティの欠如が、事実上、NFT の普及を妨げていると
いう側面は否定できない。

　たとえば、〈*Case* ⑱〉 3 では、取引時、A 社が発行した NFT のほうが 2
倍の価値があるとして、Y が、X から受け取る A 社の NFT の 2 倍の割合で、

B市のNFTを送受信することとしたというのであるから、ＸＹは、両者の合意に従って、ＸからＹへＡ社のNFTを伝送し、ＹからＸへB市のNFTを伝送することになる。

　このようなNFTの交換をするのに、リアルの取引であれば、双方の金銭債権を相殺処理できるところ、NFTの譲渡において、どのような手順を踏むかはアプリケーションの仕様に依存することになり、暗号資産を相殺することができない場合は、ＸＹ間で、方向の異なるNFTの譲渡を、2回に分けて行うことにより、リアルの取引より手間が多く、安全性も高いとはいえないように考えられる。

(3)　C2C 取引の法的性質

　上述のとおり、NFTを、ETHなどの取引場の相場のある暗号資産で購入する場合、暗号資産は通貨ではないから、その取引の法的性質としては、売買ではなく交換になり、その対価としての暗号資産財を金銭的価値に置き換えて実施する「価値的交換」とよばれる類型では、交換契約は売買とみなされる（前掲東京高判昭和28年6月8日）。

　もっとも、交換契約は、多く売買の規定を準用（民559条）しており、契約不適合責任や引渡しにおける同時履行（同法533条）が適用されるため、どちらの典型契約に該当するのかによる違いはほとんどないが、売買契約とみなして、暗号資産の交付が代金の支払いとみなされると、金銭債務に履行不能はないから、暗号資産についても、無限の調達義務を負う可能性はある。

(4)　NFT の課税

　課税について、NFTの取引は、所得税の課税対象になり、それを取得したときは雑所得に区分され、また、譲渡したときに、キャピタルゲインがあれば、譲渡所得に区分される[6]。

　平成27年10月1日以後、国外から行われる「電気通信利用役務の提供」についても、日本での消費税の課税対象になるとされたため、たとえば、海外のホルダーからNFTを購入すると、日本の消費税も課されることとなる。

6　国税庁ウェブサイト「タックスアンサー（よくある税の質問）：No.1525-2　NFTやFTを用いた取引を行った場合の課税関係」〈https://www.nta.go.jp/taxes/shiraberu/taxanswer/shotoku/1525-2.htm〉。

　また、海外の NFT ホルダーとの間で、クロスボーダー取引により NFT と暗号資産を交換するときは、少なくとも、日本における取引について課税対象とされ、さらに、海外の税制によっては、双方の国から課税対象と判断される可能性もあり、特に比較的、高額で取引されている NFT について、国際間で取引をする場合には注意を要する。

（小石川哲）

第 **19** 章

AI とリーガルテック

I　リーガルテックと弁護士法等に関する事例

1　事　例

〈**Case** ⑲ - 1 〉

　リーガルテック企業 A は、① AI を利用して契約をレビューするプロダクト（プロダクト甲）と、②法律相談対応をするプロダクト（プロダクト乙）をリリースしようとしている。

　プロダクト甲は、あらかじめ登録している（各条項レベルの）ひな形のうち、アップロードされた契約と類似するものを類似度順に表示する機能（甲1機能）と、過去の類似案件の条項を類似度順に表示し、選択された条項の表現をアップロードされた契約の表現（たとえば、甲・乙か売主・買主か等）と平仄を合わせる修正をしてアップロードされた契約に貼り付ける機能（甲2機能）を有している。

　プロダクト乙は、自然言語で質問を入力すると、過去のさまざまな書籍・論文や、自組織の回答例等から類似する部分を自動的に検索し、ワンクリックで当該資料に飛ぶことができる形でその類似部分（スニペット）を表示する機能（乙1機能）と、当該検索結果を基に、生成 AI を利用して回答の形にして提示する機能（乙2機能）がある。

2　解決への道筋

　これらのプロダクトをどのように適法にリリースすべきか、Ａの依頼を受けた弁護士としては、それぞれの機能ごとの法的リスクを検討してアドバイスすることになる。

　まず、いずれのプロダクトについても、契約レビューや法律相談を行うところ、それが弁護士法によって弁護士しかできないとされるものではないか、弁護士法72条との関係が問題となる。

　また、乙については、弁護士法以外に著作権法も問題となる。

3　論　点

　〈***Case***⑲‐1〉において問題となる論点は、以下のとおりである。
　①　弁護士法72条とリーガルテックの関係
　②　甲1機能へのあてはめ
　③　甲2機能へのあてはめ
　④　乙1機能へのあてはめ
　⑤　乙2機能へのあてはめ
　⑥　著作権法とプロダクト乙

4　検　討

⑴　弁護士法72条とリーガルテックの関係

　令和4（2022）年6月6日に、法務省はグレーゾーン制度に関する回答において、特定の架空の契約レビューAI、より具体的にいえば、「弁護士のような契約レビューを行うAI」について、弁護士法違反の可能性があるとの見解を表明したことは記憶に新しいところである。もし、「弁護士のような契約レビューを行うAI」が実際に実現すれば、確かに、それはまさしく弁護士法上の懸念があるところであり、法務省の回答内容そのものを間違いとはいえない。しかし、リーガルテック各社は現実には「弁護士と異なる」サービスを提供している。そこで、現実に提供されているリーガルテック各社のサービスにはこの回答は全くといっていいほどあてはまらない。それにもかかわらず、問題の

ある一部の報道もあって、この回答がまるで「既存の AI サービスまで違法（の懸念がある）とするもの」と受け止められてしまった。

そこで、リーガルテック企業は業界団体（AI・契約レビューテクノロジー協会[1]）を設立し、各方面に説明を行った。その結果、令和 4（2022）年 11 月には、規制改革推進会議スタートアップ・イノベーションワーキンググループにおいて、法務省から、事実上当時提供されるプロダクトは適法という発言があった[2]。とはいえ、同ワーキンググループ委員からも、より明確化が必要という声が上がり、法務省としてガイドラインを策定することとなった。

令和 5（2023）年 8 月 1 日には「AI 等を用いた契約書等関連業務支援サービスの提供と弁護士法第 72 条との関係について」[3]（以下、「法務省ガイドライン」という）が公表された[4]。

(2)　各機能へのあてはめ

(A)　甲 1 機能

リーガルテックサービスの鑑定等該当性について、法務省ガイドライン 3(2)イ（イ）は「審査対象となる契約書等の記載内容と、同サービスの提供者又は利用者があらかじめ同システムに登録した契約書等のひな形の記載内容との間で、法的効果の類似性と無関係に、両者の言語的な意味内容の類似性のみに着目し、両者の記載内容に当該類似性が認められる場合に、当該類似部分が表示されるにとどまるとき」には鑑定等に該当しないため、弁護士法 72 条に違反しないとする。

そして、甲 1 機能は、あらかじめ登録している（各条項レベルの）ひな形のうち、アップロードされた契約と類似するものを類似する順番で表示する機能であっ

1　なお、2024 年 1 月 10 日に同協会は「AI リーガルテック協会」へと生まれ変わった〈https://ai-legaltech.org/〉。
2　松尾剛行「リーガルテックと弁護士法——規制改革推進会議議事録公開を踏まえて」NBL1234 号（2023 年）70 頁。
3　法務省大臣官房司法法制部「AI 等を用いた契約書等関連業務支援サービスの提供と弁護士法第 72 条との関係について」（令和 5 年 8 月）〈https://www.moj.go.jp/content/001400675.pdf〉。
4　松尾剛行「リーガルテックを適法化した『法務省ガイドライン』が法律実務に及ぼす影響」NBL1249 号（2023 年）37 頁および松尾剛行「リーガルテックと弁護士法 72 条：『法務省ガイドライン』を踏まえた鑑定等該当性についての検討」一橋研究 48 巻 3・4 号（2023 年）1 頁 <https://hermes-ir.lib.hit-u.ac.jp/hermes/ir/re/82960/kenkyu0480300010.pdf>。

て、まさにこの法務省ガイドライン3⑵イ（イ）のいう「あらかじめ同システムに登録した契約書等のひな形の記載内容との間で」「類似性が認められる場合に、当該類似部分が表示されるにとどまる」。

　なお、技術的には、法的効果の類似性を踏まえた表示を行う余地が全くないとはいえないかもしれない。しかし、現在主流の自然言語処理技術を利用して類似性の処理を行う場合、通常は「法的効果の類似性と無関係に、両者の言語的な意味内容の類似性のみに着目」することになる。たとえば、Google 検索において表記ゆれを踏まえて、（検索ワードと全く同一ではなくても）言語的意味が類似する記載があるサイトが検索結果として出てくるところ、これと同様の技術を利用する場合には、まさに「言語的な意味内容の類似性」に基づきひな形を検索することになる。

　そこで、そのような技術を利用している限り、甲1機能は法務省ガイドライン3⑵イ（イ）の要件を充足し、鑑定等に該当しない、つまり、弁護士法に違反せず提供できることになる。

（B）　甲2機能

　また、法務省ガイドライン3⑵イ（ウ）は以下の場合に鑑定等に該当しないとする。

> 　審査対象となる契約書等にある記載内容について、同サービスの提供者又は利用者があらかじめ同システムに登録した契約書等のひな形の記載内容又はチェックリストの文言と一致する場合や、ひな形の記載内容又はチェックリストの文言との言語的な意味内容の類似性が認められる場合において、
> 　・当該契約書等のひな形又はチェックリストにおいて一致又は類似する条項・文言が個別の修正を行わずに表示されるにとどまるとき
> 　・同システム上で当該ひな形又はチェックリストと紐付けられた一般的な契約書等の条項例又は一般的な解説や裁判例等が、審査対象となる契約書等の記載内容に応じた個別の修正を行わずに表示されるにとどまるとき
> 　・同システム上で当該ひな形又はチェックリストと紐付けられた一般的な契約書等の条項例又は一般的な解説が、審査対象となる契約書等の記載内容の言語的な意味内容のみに着目して修正されて表示されるにとどまるとき

　そして、甲2機能のうち、過去の類似案件の条項の検索・表示については、

上記(1)と同様のことがあてはまるだろう。つまり、「言語的な意味内容の類似性」に基づきひな形を検索しているだけであり、法的な処理をしていない。

そのうえで、「選択した条項の表現をアップロードされた契約の表現（たとえば、甲・乙か売主・買主か等）と平仄を合わせる修正」をすることについては、まさに法務省ガイドライン 3(2)イ（ウ）の、「審査対象となる契約書等の記載内容の言語的な意味内容のみに着目して修正されて表示」されるものである。つまり、もし、契約文言の法的な意味に着目して修正をしてしまえば、鑑定等に該当する可能性は否定できない。しかし、あくまでも、それが甲・乙か売主・買主か等の純粋な言語的な意味内容に基づく修正にすぎないのであれば、これもまた鑑定等に該当しない。

そこで、技術的に言語的な意味内容に基づいている限り、鑑定等該当性が否定される。

（C）　乙 1 機能

法務省ガイドラインは、一義的には契約に関するリーガルテックに関するものであって、法律相談には直接あてはまらない（法務省ガイドライン前文参照）。しかし、上記の、技術的に何を行っているか、すなわち、法的な意味内容（法的効果）を踏まえた処理か、言語的意味内容に基づく処理かに着目する点は、法律相談リーガルテックの適法性の判断においても、参考になるだろう。

少なくとも乙 1 機能のような検索機能であれば、まさに Google 検索と同様の自然言語処理である限り言語的意味に基づく処理として鑑定等該当性が否定される可能性は高いだろう。

（D）　乙 2 機能

乙 2 機能は、相対的にいえば、乙 1 機能よりも、弁護士の法律相談に類似する。しかし、現時点で「回答」として実現しているのは、言語的に質問に対応させた（たとえば、Yes/no で答えるのか、オープンクエスチョンか）形の言語的変更を加えた要約にすぎない。よって、その程度であれば弁護士法上問題となる可能性は低いと思われる。

(3)　グレーゾーン回答

ここで、2024 年（令和 6 年）7 月 22 日に日本で初めてリーガルテックを積極的に適法と認めたグレーゾーン回答が公表された。

464

　このプロダクトは、就業規則等のレビューを行うものである。たとえば、就業規則に「出生時育児休業制度」が盛り込まれているか否かをどのように言語的に判断するかという条件を、ベンダがソフトウェアにあらかじめ記憶させ、盛り込まれていないと判断された場合には、「出生時育児休業制度が盛り込まれていません」といった注意喚起文、関連法令の条文や解説、参考条文例等も準備しておく。ユーザがレビューを開始すると、ソフトウェアが自動的に対象となる就業規則を言語的に解析し、条件を充足した場合には、あらかじめ用意された情報を表示する。

　このようなプロダクトの鑑定等該当性について、法務省は以下のように述べてこれを否定した。

> 　本件サービスは、労務に関する社内規程の種類に応じて定められるべき制度について、規程ひな形の言語情報を解析し、言語的類似性に着目したいわゆる自然言語処理技術に基づく言語条件を充足するかどうかを判定する。出生時育児休業制度を例にとると、「出生時育児休業制度」という文言や、この制度が盛り込まれれば存在すると思われる文言（子どもの出生時から8週間以内に最大4週間まで取得できること、2回に分割して取得できること、など）が含まれているかどうかを、複数のチェックリストと突合して、言語的類似性に着目した自然言語処理技術に基づき判定する。そうすると、本件サービスは、利用者である社労士が作成し又はアップロードした規程ひな形の文言と、照会者においてあらかじめ用意したチェックリストの文言の言語的な意味内容の類似性のみを判定し、これが認められない場合に、一般的・抽象的な表示情報を表示するにとどまることから、通常、「鑑定」には該当しないと考えられる。

　要するに、このグレーゾーン回答は、言語的な処理であれば鑑定ではないという法務省ガイドライン3⑵イ（イ）を、具体的なプロダクトにあてはめ、現に弁護士法72条の観点から適法としたものである。

　ベンダとしては、このようなグレーゾーン回答も併せて参照しながら、弁護士法コンプライアンスを実現していくべきことになる。

⑷　著作権法

　著作権法については下記Ⅱ（《*Case* ⑲-2》）を参照されたいところ、①ライセンスを受ける、②学習等につき30条の4を利用し、出力が元の書籍等の

データの表現上の特徴を直接感得できないようなものとする、③軽微利用（同法 47 条の 5）の範囲にとどめる等が考えられる。

(5)　法律を超えて

以上は法律という観点でいかにコンプライアンスを実現しながらリーガルテックを提供するか、という点に関する考察であった。しかし、いかにリーガルテックが信頼されるものとなるか、という観点から、筆者が代表理事を務める AI リーガルテック協会が業界団体として「リーガルテックと AI に関する原則」を公表している[5]。このような法律を超えた観点も実務上重要である。

5　顛　末

A 社は、弁護士からの弁護士法 72 条および著作権法適合の意見書をもらい、無事プロダクト甲乙をリリースすることができた。

Ⅱ　AI と著作権に関する事例

1　事　例

〈*Case* ⑲ - 2 〉

　A 社は、本件データといわれるデータを保有しているところ、基盤モデルをベースに、① A 社が新たに本件データの一部を利用してファインチューニング（追加学習）してファインチューニング済みモデルを開発し、②入力したプロンプトに応じて本件データの一部を検索し、そのデータを利用して①で作成したファインチューニング済みモデルに基づき回答させる（いわゆる RAG、検索拡張生成）ソフトウェアを開発し、提供したい。本件データには第三者が著作権を有する著作物が入っている。

5　一般社団法人 AI リーガルテック協会ウェブサイト「リーガルテックと AI に関する原則」〈https://ai-legaltech.org/legaltech-ai-principle〉。

2　解決への道筋

　A 社の依頼を受けた弁護士としては、①ファインチューニング、② RAG、および③（回答）生成について、それぞれ法的リスクを検討してアドバイスすることになる。

　すなわち、AI の学習については、一定の場合には著作権法 30 条の 4 が利用することができるところ、これが利用可能であるかや、そうでない場合には、同法 47 条の 5 が利用可能か、そして生成段階における著作権侵害の問題はないか等を踏まえ、最終的には、ライセンスを得たり、第三者が著作権を有する著作物を本件データから除外することも検討が必要となる。

3　論　点

　〈*Case* ⑲ - 2 〉において問題となる論点は、以下のとおりである。
①　著作権法 30 条の 4 の解釈
②　著作権法 30 条の 4 のファインチューニングへのあてはめ
③　著作権法 30 条の 4 の RAG へのあてはめ
④　著作権法 47 条の 5 と RAG
⑤　生成段階の問題

4　検　討

⑴　著作権法 30 条の 4 の解釈

　著作権法 30 条の 4 柱書は、「次に掲げる場合その他の当該著作物に表現された思想又は感情を自ら享受し又は他人に享受させることを目的としない場合にはその必要と認められる限度において、いずれの方法によるかを問わず、利用することができる。」と規定する。そして、2 号が「情報解析……の用に供する場合」とあげるように、学習のために行われる著作物の利用行為は、原則として同条により適法となる。しかし、一定の場合には、著作権侵害となり得る。

　この点につき、立法時点から、「主たる目的が『享受』ではないとしても、同時に『享受』の目的もあるような場合には、本条の適用はない」とされてい

た[6]。ただ、当時は、テレビの画質を比較するため動画を上映する行為や、漫画の技術を学ぶためのカルチャー教室で漫画を模写する場合等が享受目的も併存し、著作権法30条の4を利用することができない場合として例示されており、この段階においては、機械学習の例は示されていない。

(2)　著作権法30条の4のファインチューニングへのあてはめ

文化庁の「AIと著作権に関する考え方について」[7]が、AI時代における学習と享受目的について検討のうえ、その5(1)イ(イ)において、「意図的に、学習データに含まれる著作物の創作的表現の全部又は一部を出力させることを目的とした追加的な学習を行うため、著作物の複製等を行う場合」等には享受目的が併存して著作権法30条の4を利用できない可能性があるとしたことが重要である。

すなわち、特定の基盤モデルに対し、本件データ等の特定のデータを利用したファインチューニング（追加学習）を実施することが実務上よくみられる。そして、通常のファインチューニングの目的は、本件データの領域に属するデータの入力に対してより適切な出力を実現するためである。たとえば、いろいろな画像を出力する基盤モデルに対し、アニメ絵と称される画風の画像についてより適切に出力できるよう、さまざまなアニメ絵を利用してファインチューニングするということは、問題がない（著作権法30条の4が適用され、ライセンスを受ける必要がない）可能性が高い利用である。

しかし、「ある特定の創作的表現」を出力させようとしてファインチューニングするという場合、たとえば、特定のキャラクターがさまざまな姿勢や角度等で描かれている多数の画像を大量に利用して追加的学習をさせ、当該キャラクターの絵の本質的特徴が直接感得できるような画像が出力されるようにする、といった例外的な場合には、著作権法30条の4の適用はなく、学習段階における複製行為等のため、ライセンスが必要となる。

6　文化庁著作権課「デジタル化・ネットワーク化の進展に対応した柔軟な権利制限規定に関する基本的な考え方」（令和元年10月24日）〈https://www.bunka.go.jp/seisaku/chosakuken/hokaisei/h30_hokaisei/pdf/r1406693_17.pdf〉8頁。

7　文化審議会著作権分科会法制度小委員会「AIと著作権に関する考え方について」（令和6年3月15日）〈https://www.bunka.go.jp/seisaku/bunkashingikai/chosakuken/hoseido/r05_07/pdf/94024201_01.pdf〉。

〈*Case* ⑲ - 2〉における、本件データの利用目的が、上記のいずれであるかによって、著作権法30条の4に基づく判断が変わる。もし、本件データの本質的特徴が直接感得できるようなデータを出力しようとして学習させるのであれば、同規定で正当化することはできず、ファインチューニングのための本件データの利用についてライセンスを得るべきこととなるだろう。

(3)　著作権法30条の4のRAGへのあてはめ

「AIと著作権に関する考え方について」5⑴ウは、「RAG等に用いられるデータベースを作成する等の行為に伴う著作物の複製等が、回答の生成に際して、当該データベースの作成に用いられた既存の著作物の創作的表現を出力することを目的としないものである場合は、当該複製等について、非享受目的の利用行為として法第30条の4が適用され得ると考えられる。他方、既存のデータベースやインターネット上に掲載されたデータに著作物が含まれる場合であって、著作物の内容をベクトルに変換したデータベースの作成等に伴う著作物の複製等が、生成に際して、当該複製等に用いられた著作物の創作的表現の全部又は一部を出力することを目的としたものである場合には、当該複製等は、非享受目的の利用行為とはいえず、法第30条の4は適用されないと考えられる」とする。

要するに、RAGであろうがファインチューニングであろうが、著作権法30条の4の適用において、当該著作物の利用の目的が対象となる著作物（本件データ）の創作的表現を出力することを目的としなければ30条の4は適用される（ライセンス不要）ものの、目的としていれば30条の4は適用されない（ライセンスが必要な可能性がある）ということである。

ここで、RAGの具体的な態様にもよるが、ある程度原文の表現を維持したまま、要約等を行い、その結果を出力するものも少なくない。そうすると、本件データの創作的表現を出力することを目的としているとして、著作権法30条の4による正当化ができない可能性がある。

(4)　著作権法47条の5とRAG

RAGについては、仮に著作権法30条の4を利用できなくても、同法47条の5を利用することができる可能性がある。同条では、検索（47条の5第1項1号）または情報解析（同2号）等に付随する軽微利用が認められており、

RAG がこれに該当する可能性がある。

　ここで、「AI と著作権に関する考え方について」5(1)ウは、「法第 47 条の 5 第 1 項に基づく既存の著作物の利用は、当該著作物の『利用に供される部分の占める割合、その利用に供される部分の量、その利用に供される際の表示の精度その他の要素に照らし軽微なもの』（軽微利用）に限って認められることに留意する必要がある。また、同項に基づく既存の著作物の利用は、同項各号に掲げる行為に『付随して』行われるものであることが必要とされているように、既存の著作物の創作的表現の提供を主たる目的とする場合は同項に基づく権利制限の対象となるものではない、ということにも留意する必要がある」としている。すなわち、利用の範囲が軽微であり、かつ、創作的表現の提供が主目的になってはならないという点が問題となり、この要件を具体的に当てはめるべきことになる[8]。

　もし、RAG による利用が、著作権法 30 条の 4 の要件も、同法 47 条の 5 の要件もいずれ満たさなければ、ライセンスを取得すべきことになる。

(5)　生成段階の問題

　ファインチューニングおよび RAG に関する検討は、あくまでも学習段階のものである。仮に学習時においては、著作権法 30 条の 4 （および／または 47 条の 5 ）に基づきライセンスが不要とされても、実際の生成段階において著作権侵害が認められる可能性がある。「AI と著作権に関する考え方について」5(2)アは、「従前の人間が AI を使わずに行う創作活動の際の著作権侵害の要件と同様に考える必要がある」として、AI による著作物の生成については、従来と同様に、類似性と依拠性があれば著作権侵害となるとする。以下では、本件データに類似する、すなわち、既存の著作物の表現上の本質的な特徴が感得できるデータが生成された場合を前提に検討する。

　「AI と著作権に関する考え方について」5(2)イ（イ）は、AI 利用者が既存の著作物を認識しているか、または AI 学習用データに当該著作物が含まれる場合には原則として著作権侵害となる、ただし、当該生成 AI について、開発・学習段階において学習に用いられた著作物の創作的表現が、生成・利用段階に

8　なお、このあてはめに際しては、著作権情報センター『書籍検索サービスに係るガイドラインに関する調査研究報告』著作権研究叢書 28 号（2020 年）等も参考になる。

おいて生成されることはないといえるような状態が技術的に担保されていると
いえ、当該生成AIにおいて、学習に用いられた著作物の創作的表現が、生成・
利用段階において出力される状態となっていないと法的に評価できる場合には
依拠性が否定されるとする。

〈*Case* ⑲-2〉に即していえば、AI利用者が本件データを認識してこれと
類似するデータを出力させようとして当該ソフトウェアを利用し、予定どおり
の出力を得れば、原則として著作権侵害であろう。よって本件データに含まれ
る著作物の著作権者からライセンスを取得していなければ、そのような利用を
禁止すべきであるし、たとえば技術的にそのようなプロンプト（指令文）に対
しては、出力を拒絶するようにすべきである[9]。

そうではない場合でも、学習に利用した本件データと類似するデータが現に
生成されたのであれば原則として著作権侵害となる。このようなデータの生成
の可能性があるのであれば、①ライセンスを取得するか、または、②本件デー
タの創作的表現が、生成・利用段階において出力される状態となっていないと
法的に評価できるよう、技術的措置を講じなければならない。

なお、著作権法47条の5はその付随性・軽微性等の要件を満たす限り生成
段階でも利用可能であることから、生成段階について（も）同法47条の5を
利用することも考えられる。

5　顛　末

A社は、本件データに関して第三者が有する著作権を侵害しない形で、無
事①および②の機能をもつAIをリリースすることができた。

9　たとえば「ミッキーマウスを描いて」というと、2025年のChatGPTは著作権の問題が
　あることから描けないと回答する。

Ⅲ　AI と個人情報保護に関する事例

1　事　例

〈*Case* ⑲ - 3 〉

（1）　ユーザ A は、ベンダ B の提供する生成 AI プロダクトを利用したい。具体的には、①個人名等が含まれる会議録音データを入力して反訳および議事録を作成させ、また、HR テクノロジー（人事に関する技術）に属する生成 AI プロダクトに対し、②エクセルの従業員名簿と異動履歴をアップロードして、各従業員に対するキャリアプランを考えさせたい。

（2）　ベンダ B はインターネット上のデータをクロールして AI を学習させ、完成した AI を提供したい。その場合においては、③クロールするインターネットのデータに要配慮個人情報を含む個人情報が含まれる可能性があり、④提供される AI を通じて出力されるデータにも要配慮個人情報を含む個人情報が含まれる可能性がある。

2　解決への道筋

まず、〈*Case* ⑲ - 3 〉(1)については、個人情報を含むデータを第三者、具体的には AI ベンダに渡すことになる。そこで、そのような場合の利用目的規制、第三者提供規制などについてどのように正当化するかが問題となる。

次に〈*Case* ⑲ - 3 〉(2)については、利用目的規制および要配慮個人情報規制について検討する必要がある。

3　論　点

〈*Case* ⑲ - 3 〉において問題となる論点は、以下のとおりである。

①　個人情報と個人データ

②　利用目的規制

③　第三者提供規制

④　要配慮個人情報規制

4　検　討

(1)　個人情報と個人データ

個人情報の保護に関する法律（以下、「個人情報保護法」という）は、個人情報と個人データをそれぞれキー概念とする。

個人情報（個情2条1項）とは、「生存する個人に関する情報であって」「当該情報に含まれる氏名、生年月日その他の記述等……により特定の個人を識別することができるもの……」（同1号）または「個人識別符号が含まれるもの」（同2号）である。

個人データ（個情16条3項）は、個人情報データベース等（同条1項1号・2号）を構成する個人情報である。

つまり、特定の個人情報を検索できるように個人情報を体系的に構成する[10]等しておらず、個人データとなっていない単なる個人情報であれば、個人情報に対する規律のみが適用される。これに対し、個人データは必然的に個人情報であるから、ある情報が個人データであれば、個人データに対する規律と個人情報に対する規律の双方が適用される（〔図表⑲-1参照〕）。

〔図表⑲-1〕　個人情報と個人データの関係

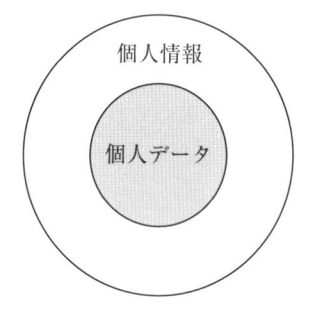

なお、AIとの関係では、「Q&A」1-8が学習済みパラメータ（重み係数）と特定の個人との対応関係が排斥されている限り個人情報に該当しないと説明

10　個人情報保護委員会「『個人情報の保護に関する法律についてのガイドライン』に関するQ&A」（平成29年2月16日・令和6年12月2日更新。以下、本文でも「Q&A」という）〈https://www.ppc.go.jp/files/pdf/2412_APPI_QA.pdf〉1-38等参照。

していることに留意されたい。

(2)　利用目的規制

　まず、ユーザ A、ベンダ B 等の個人情報取扱事業者が個人情報を取り扱うにあたり、利用目的をできる限り特定する必要がある（個情 17 条 1 項）。個人情報を取得した場合は、あらかじめ利用目的を公表している場合を除き、速やかに利用目的を本人に通知または公表しなければならない（同法 21 条 1 項）。実務上はプライバシーポリシーをホームページに掲載すること等により、前もって公表することが多い。加えて、あらかじめ本人の同意を得ないで、利用目的の達成に必要な範囲を超えて個人情報を取り扱ってはならない（同法 18 条 1 項）。

　この利用目的に関する規制と AI については、「個人情報の保護に関する法律についてのガイドライン（通則編）」[11]（以下、「ガイドライン」という）3-1-1（※1）が重要である。すなわち、「本人から得た情報から、本人に関する行動・関心等の情報を分析する場合」（いわゆるプロファイリング）について、本人が予測・想定できる程度に利用目的を特定する必要があるものとし、分析結果をどのような目的で利用するかのみならず、かかる分析処理を行うことを含めて、利用目的を特定しなければならないとされている（Q&A 2-1 も参照）。もともと利用目的規制は「結果」を問題としていたが、ガイドラインは、いわば「過程」であるプロファイリング等の分析についても、その旨を特定する（利用目的をプライバシーポリシーにおいて公表している企業においてはプライバシーポリシーにおいて明記する）ことを求めており、これに従わなければならない。たとえば、〈*Case* ⑲-3〉②であれば「従業員名簿情報や履歴情報等の情報を分析して、キャリアプラン検討のために利用いたします」等という記載が考えられる。

　加えて、個人情報保護委員会は「生成 AI サービスの利用に関する注意喚起等について」[12]（以下、「注意喚起」という）を公表し、「個人情報取扱事業者が生

---

[11]　個人情報保護委員会「個人情報の保護に関する法律についてのガイドライン（通則編）」（令和 5 年 12 月一部改正）〈https://www.ppc.go.jp/files/pdf/240401_guidelines01.pdf〉。

[12]　個人情報保護委員会ウェブサイト〈https://www.ppc.go.jp/files/pdf/230602_kouhou_houdou.pdf〉。

成 AI サービスに個人情報を含むプロンプトを入力する場合には、特定された当該個人情報の利用目的を達成するために必要な範囲内であることを十分に確認すること」としている。たとえば、〈*Case* ⑲ - 3〉①の場合、もともと会議議事録は当該会議の目的（営業会議なら営業等）に利用されることが想定されていた。利用目的がそのようなものであれば、その会議における特定の従業員の発話内容から病気をあぶり出す[13]等、当初の利用目的を超えるような利用は原則として禁止される。

なお、ベンダは、〈*Case* ⑲ - 3〉③等の利用に際して、利用目的を告知すべきであるところ、注意喚起は「利用者及び利用者以外の者を本人とする個人情報の利用目的について、日本語を用いて、利用者及び利用者以外の個人の双方に対して通知し又は公表すること」とした。これは、当時 OpenAI がプライバシーポリシーの言語を英語のみとしていたことに基づくと理解されるところ、本稿執筆時点において、OpenAI のプライバシーポリシーは日本語でも提供されている。

(3)　第三者提供規制

（A）　第三者提供となる可能性があること

最近はローカル LLM といって、1 つのサーバ内で完結する生成 AI も開発されている[14]。そうすると、ローカル LLM を利用して、自社のサーバにおいて個人データを処理すれば、第三者提供をしていないとなるだろう。

これに対し、いわゆるクラウドサービス(SaaS)として提供される生成 AI サービスであれば、ベンダに提供している、つまり第三者提供であることそのものは否定できない。

（B）　スキームの選択肢

個人情報保護法 27 条は、個人データの第三者提供について以下のいずれかの正当化根拠が充足されることを求める。

13　宗未来ほか「"声"だけで、うつ病はどこまで診断可能か？ ～音声感情認識技術にアンサンブル型機械学習モデルを応用したうつ病スクリーニング機能に関する精度の検証」RIETI Discussion Paper Series 16-J-054。
14　松尾剛行『生成 AI の法律実務』（弘文堂、2023 年）の第 1 部コラム参照。

> ・同意（1 項柱書）
>
> ・法令等（1 項各号）
>
> ・オプトアウト（2 項）
>
> ・委託（5 項 1 号）
>
> ・事業承継（5 項 2 号）
>
> ・共同利用（5 項 2 号）

ここで、そもそも個人情報であって個人データでなければ第三者提供の問題は生じない[15]。

これらを参照して、それぞれの場面ごとにどのスキーム利用すべきかが問題となる。

（C）　個人名等が含まれる会議録音データを入力して反訳および議事録を作成する（〈*Case* ⑲ - 3〉①）

〈*Case* ⑲ - 3〉①であれば、「個人データではない」という説明ができる可能性がある。

すなわち、個人情報保護法 27 条が「個人データ」の第三者提供を規制することから、「個人情報」の第三者提供にとどめることで、個人情報保護法上の第三者提供規制を回避することができる可能性がある[16]。

議事録生成 AI の文脈において、「議事録に出席者や発言者の氏名が記載されていても、それは散在情報としての個人情報に過ぎず個人データには該当しないことが通常であるため、その意味でも個人データの第三者提供規制は問題とならない」とする見解もある[17]。

なお、「金融機関における個人情報保護に関する Q&A」Ⅱ - 7 ③が「『個人情報データベース等』から紙面に出力されたものやそのコピーは、それ自体が

15　ただしプライバシーの問題が生じることはある。なお、いわゆるクラウド例外（Q&A 7 – 53）を利用する方法も考えられなくはないが、結論としてはあまり有用ではない。この点につき、松尾剛行「生成 AI と個人情報保護法（クラウド例外を含む個人データの第三者提供を中心に）」一橋研究 49 巻 2 号（2024 年）19 頁〈https://hermes-ir.lib.hit-u.ac.jp/hermes/ir/re/84150/kenkyu0490200190.pdf〉および松尾・前掲書（注 14）の第 4 章参照。

16　松尾剛行『ChatGPT と法律実務』（弘文堂、2023 年）79 頁。

17　岡田淳＝堺有光子「文書要約または文書作成に関する社内ルールの整備」ビジネス法務 2023 年 11 月号 25 ～ 26 頁。

容易に検索可能な形で体系的に整理された一部でなくとも、『個人データ』の『取扱い』の結果であり、個人情報保護法上のさまざまな規制がかかります。『個人情報データベース等』から紙にメモするなどして取り出された情報についても、同様に『個人データ』に該当します」としていることにも留意が必要である[18]。

(D)　エクセルの従業員名簿と異動履歴をアップロードして、各従業員に対するキャリアプランを考えさせる（〈***Case*** ⑲-3〉②）

　この場合には、個人データに係る本人が自社の従業員であることから、同意を得ることができる可能性がある（個情27条1項柱書）。その場合には、記録義務（同法29条）等にも留意が必要である。

　また、ベンダに対し「個人データの取扱いの全部又は一部を委託することに伴って当該個人データ」を提供（個情27条5項1号）し、監督（同法25条）を行うという建て付けを採用することも全く不可能ではないだろう。この点につき、ベンダが入力された個人データを委託業務の目的外で利用しておらず、かつ個人データを区別せずに混ぜて取り扱っていない（Q&A 7-37等）等という委託の限界を超えないかについてベンダの利用規約等で確認し、データ処理契約（Data Processing Agreement）やデータ処理付属文書（Data Processing Addendum）の締結等によってベンダに対する監督を行うことが必要[19]と指摘がされていることにも留意が必要であろう。

　ここで、個人情報保護委員会が令和6年に2つの注意喚起を公表し、クラウドの利用が個人データの委託となることがあり得ることを前提としてその対応について説明している[20]。実務上はこれに準じた対応を検討することになるだ

18　そこで、〈***Case*** ⑲-3〉①の場面と異なり、一度データベース化され、個人データとなった情報について、それを出力した場合に、出力物自体がデータベース化されていないことを理由に個人データに対する規律を免れられると解することは相当ではない。

19　水井大「生成AIと個人情報保護法」会社法務 A2Z2024年7月号26頁。

20　個人情報保護委員会「クラウドサービス提供事業者が個人情報保護法上の個人情報取扱事業者に該当する場合の留意点について（注意喚起）」（令和6年3月25日）〈https://www.ppc.go.jp/files/pdf/240325_alert_cloud_service_provider.pdf〉および同「人事労務管理のためのサービスをクラウド環境を利用して開発・提供する場合及び当該サービスを利用する場合における、個人情報保護法上の安全管理措置及び委託先の監督等に関する留意点について（注意喚起）」（令和6年12月17日）〈https://www.ppc.go.jp/files/pdf/241217_alert_hrms.pdf〉。

ろう。

(4)　要配慮個人情報規制

(A)　要配慮個人情報規制の概要

単に、個人情報（個情 2 条 1 項）を取得するだけであれば原則として本人の同意を取得する必要はない。しかし、取得するのが要配慮個人情報（同条 3 項）であれば事前に本人同意を取得する必要がある（同法 20 条 2 項柱書）。もっとも、ウェブサイト上で本人その他法定の者により公開されている要配慮個人情報（同 7 号）に該当すれば同意取得を要しない。

(B)　要配慮個人情報の取得

〈*Case* ⑲ - 3 〉③において、ベンダがクロールする際に、事前にそれが要配慮個人情報の定義（個情 2 条 3 項）に該当するかや、本人その他法定の者により公開されているものか（同法 20 条 2 項 7 号）等を個別に確認し、本人同意が不要なデータだけを取得するのであれば、特に問題は生じない。そして、実務上も、クロールの際に、特定のワードを含む情報等（たとえば、特定の人が病気であることや、犯罪を行ったことを示すもの等）を取得しないようにする等の努力は行われている。

しかし、実際には、いろいろな要配慮個人情報取得を回避する措置をかいくぐって、一部は要配慮個人情報に該当し、かつ、事前同意取得不要の例外要件をも満たさないものをクロールしてしまうことがある。このような状況を踏まえ、要配慮個人情報を含むデータをクロールする AI 事業者に対し、注意喚起は、以下の 4 点の履行を求めた。

① 収集する情報に要配慮個人情報が含まれないよう必要な取組みを行うこと

② 情報の収集後できる限り即時に、収集した情報に含まれ得る要配慮個人情報をできる限り減少させるための措置を講ずること

③ 上記①および②の措置を講じてもなお収集した情報に要配慮個人情報が含まれていることが発覚した場合には、できる限り即時に、かつ、学習用データセットに加工する前に、当該要配慮個人情報を削除するまたは特定

の個人を識別できないようにするための措置を講ずること

④　本人または個人情報保護委員会等が、特定のサイトまたは第三者から要配慮個人情報を収集しないよう要請または指示した場合には、拒否する正当な理由がない限り、当該要請または指示に従うこと

単にこのような対応をするだけで、①の段階で誤って行った要配慮個人情報の取得が適法になるのか（いわゆる「セーフハーバー」を解釈上明示したものか）は必ずしも明らかではないものの、ベンダとしては、最低限このような対応は行ったうえでさらに要配慮個人情報を保護することができないかの検討をすべきである。

　（C）　AI による要配慮個人情報の生成に伴うユーザによる取得

最後に、〈*Case* ⑲ - 3〉④のとおり、AI がたとえば「X 氏はガンだ」等と、要配慮個人情報を含む回答を生成し、ユーザがこれを取得する可能性がある。

そもそも、ユーザとして、「X 氏は病気に罹患していますか」等の明らかに第三者の要配慮個人情報が取得できるようなプロンプト（指示文）を利用すべきではなく、ベンダとしては、そのような行為を禁止事項としたうえで、マスタプロンプトを利用した回答制限等をかけて、できるだけそのような回答が出力されないように努力すべきである。

ただし、ユーザ・ベンダいずれもが上記のような努力をしたにもかかわらず、なお個人の病歴等の要配慮個人情報が吐き出されてしまう場合も考えられなくはない。ここで、Q&A 4 - 4 が「個人情報を含む情報がインターネット等により公にされている場合、①当該情報を単に画面上で閲覧する場合、②当該情報を転記の上、検索可能な状態にしている場合、③当該情報が含まれるファイルをダウンロードしてデータベース化する場合は、それぞれ『個人情報を取得』していると解されますか」に対し「個人情報を含む情報がインターネット等により公にされている場合、それらの情報を①のように単に閲覧するにすぎない場合には『個人情報を取得』したとは解されません。一方、②や③のようなケースは、『個人情報を取得』したと解し得るものと考えられます」としている。確かに、このような場合は、「インターネット等により公にされている場合」ではないものの、画面上で閲覧をしても、それが要配慮個人情報の可能性があれば、転記やデータベース化をしないよう求めるといった対応が現実的対応と

479

して考えられるだろう[21]。

⑸　その他の問題

その他外国にある第三者への提供（個情 28 条）の問題もあるがここでは詳論しない。また、プロファイリングが不適正利用禁止（同法 19 条）に違反しないかや、要配慮個人情報以外の取得が不適正取得（同法 20 条 1 項）にならないか等も問題となり得るがここでは詳述しない。

5　顛　末

A および B は、弁護士に相談のうえ、個人情報保護法に適合した形で無事AI を利用・提供することができた[22]。

Ⅳ　社内ルール策定に関する事例

1　事　例

〈*Case* ⑲ - 4 〉

　ユーザ A は、社内で ChatGPT 等の AI の利用のニーズが高まったことを踏まえ、社内ルールを策定のうえ、社内ルールに従った形でChatGPT の業務利用を認めたい。どのようなルールをつくるべきか。

2　解決への道筋

どのようなルールづくりをすべきか、ルール策定の方法が問題となる。

3　論　点

〈*Case* ⑲ - 4 〉において問題となる論点は、以下のとおりである。

---

[21]　松尾・前掲書（注 16）69 〜 70 頁参照。

[22]　なお、AI に対応した個人情報保護法の改正動向につき個人情報保護委員会「個人情報保護法の制度的課題に対する考え方について」（2025 年 3 月 5 日）<https://www.ppc.go.jp/files/pdf/seidotekikadainitaisurukangaekatanitsuite_250305.pdf> を参照。

①　業務利用を認めるか

②　業務利用を認める場合の社内規則策定手順

③　入力に関する社内規則のポイント

④　出力に関する社内規則のポイント

4　検　討

(1)　業務利用を認めるか

ChatGPT 等の生成 AI の業務利用をそもそも認めないという扱いをする会社も存在する。特に、初期において ChatGPT のトラブルがニュースを繰り返し賑わせたことから「自社の不届き者の社員が同様のことをしてはならない」等として、早々と業務利用を禁止したところもあるだろう。

この点について筆者は、「社内受容性」とよぶ考えを強調している。すなわち、各社ごとに AI 等の新技術の許容性は異なり得るし、それでよいということである。よって、社内で議論した結果、暫定的には業務利用させないという判断もあり得る[23]。

いずれにせよ、業務利用を認めないのであれば、その旨を通達するという解決もあるだろう。

(2)　業務利用を認める場合の社内規則策定手順

（A）　はじめに

本来は①利用状況調査、②自社で許容する利用の範囲の確定、③抽象的なルールの策定および④具体的なマニュアル等への落とし込みという手順で進めることになる[24]。

（B）　利用状況調査

個人情報保護法の文脈では、どこにどのようなデータがあるかというデータマッピングが行われる[25]。そして、ChatGPT のルール策定においても、実際に

---

[23]　もちろん、未来永劫業務利用させないわけにもいかないと思われることから、どのようにノウハウを蓄積するかは別途考えておく必要がある。たとえば、一部のプロジェクトチームメンバーが業務利用を試行したうえで、自社で利用可能とする範囲を議論するといったやり方もあるだろう。

[24]　以下は、松尾・前掲書（注 16）189 頁以下も参考としている。

[25]　個人情報保護委員会事務局「データマッピング・ツールキット（個人情報保護法関係）

どのような AI が利用され、利用される予定なのか、どのように利用法が想定
されているのか等を理解する必要がある。たとえば、本社の各部門に聞いたと
ころ、あまり強い利用意向はないが公開情報を入力する範囲で ChatGPT を使
うことはあり得る等という情報の収集をし、その前提の下でルールを作成した
後、研究所ではすでに Gemini や Claude 等を利用していることが判明し、研
究所から、そのルールでは困る等のクレームが入る等という状況は容易に想定
可能である。そこで、網羅的に AI の利用状況を確認することが重要である。

(C)　自社で許容する利用の範囲の確定

各社ごとに個人が生成 AI サービスに登録し、業務利用することのみを許容
するのか、それとも会社で契約して利用させるのかや、公開情報のみを入力す
るものとするか、それとも一定範囲で秘密情報を入力することを許すのか等自
社で許容する利用の範囲を決めていく。もちろん、下記(3)、(4)のとおり、どの
ような場合であっても留意すべき点は存在する。しかし、たとえば「セキュリ
ティに留意すべき」という場合であっても、会社ごとに、セキュリティに危惧
があるから公開情報しか入力しないという判断もあれば、セキュリティに留
意するため、会社で何らかのサービス（たとえば、Microsoft Azure OpenAI 等）
を契約したうえで社外秘までは入力してよいこととするという判断もあるとこ
ろである。

(D)　抽象的なルールの策定

少なくとも抽象的なルールは（その内容が禁止であれ、条件付き許容であれ）
どの組織ももっておくべきだろう。会社として何も方針を決めないと「シャドー
IT」等として会社の知らないところで業務情報が第三者のサービスに入力さ
れ、漏えい等が生じる可能性もある [26]。

2022 年 10 月」〈https://www.ppc.go.jp/files/pdf/data-mapping_tool-kit.pdf〉。

26　シャドー IT については、政府の「ChatGPT 等の生成 AI の業務利用に関する申合せ（第
2 版）」〈https://www.digital.go.jp/assets/contents/node/basic_page/field_ref_resources/
c64badc7-6f43-406a-b6ed-63f91e0bc7cf/e2fe5e16/20230915_meeting_executive_outline_03.
pdf〉において「組織の承認を得ずに職員等がクラウドサービスを利用する、いわゆる『シャ
ドー IT』は、規程等に反していることに加えて、誰がどのように使用しているかなどの管
理ができなくなるため、要機密情報の漏えい等のリスクを高めることになる」とされてい
ることが参考になる。

（E）　具体的なマニュアル等への落とし込み

　しかし、このような抽象的なルールだけでは、具体的場面で何をしてよいのかわからない。そこで、具体的な利用状況を踏まえて、一般の従業員が「それをやっていいのか」が判断できるマニュアル等に落とし込むべきである。とはいえ、仮に自社では OpenAI の ChatGPT だけを使うのだ等という形で特定のユースケースに限定することができるのであれば、その場合に即して最初から具体的なルールを策定することにより、ルールとマニュアルという二層構造ではなく、1 つの具体的ルールだけで目的を達することもできるかもしれない。

（F）　アジャイルガバナンス

　いずれにせよ、まずはルールを策定したうえで、実際の利用状況を確認し、たとえば、利用を許可していないプロダクトを利用する動きがあるという場合には当該プロダクトのリスクを評価して禁止したり、それが安全で利用に値するものであれば、そのプロダクトに即してルールをアップデートする等というアジャイルガバナンスの手法の応用はあり得るだろう[27]。

⑶　**入力に関する社内ルールのポイント**[28]

（A）　はじめに

　どの範囲のデータであればリスクが管理可能な範囲にとどまるのか、という点に留意したうえで、自社においてリスクをとることができる範囲のデータ入力にとどまるようにすることが入力に関する社内ルールのポイントである。

（B）　学習に使われてはならないこと

　このような観点から、入力内容が学習に使われないことは「最低ライン」である。もし、入力内容が学習に使われてしまえば、たとえば自社の個人名を含む情報が学習され、他社の全く関係のない人に表示される可能性がある。そのような漏えいの事態を生じさせないよう、学習対象外とすべきことは当然である。

---

[27]　羽深宏樹『AI ガバナンス入門——リスクマネジメントから社会設計まで』（早川書房、2023 年）も参照。

[28]　以下は、松尾剛行「社内ルールの策定・改訂および契約上の留意点」会社法 A2Z2024 年 7 月号 28 頁以下および松尾剛行「新春企画テーマ別企業法務 2025 年の展望 生成 AI 長期及び短期において生成 AI が投げかける挑戦と法務の対応」会社法 A2Z 2025 年 1 月号 36 頁以下も参照のこと。

(C)　秘密情報

　生成 AI に自社の営業秘密を入力することで秘密が漏えいする等のリスクのことである。自社の営業秘密以外でも、秘密保持契約書（NDA）に基づき第三者から提供を受けた情報等は問題となり得る。

　学習機能をオフにしても、生成 AI の利用規約上、入力されたデータは一定期間保管され、法令違反や利用規約違反等に対応するためにベンダはその内容を確認する。

　そこで、自社においてどのレベルまでのデータを入力してよいか、または、入力してはいけないかを明確に定め、そのルールを遵守させるべきである。企業によっては、公開情報しか入力してはいけないと定めるところもあれば、社外秘データは入力可能であるが、それよりも秘匿性の高い情報は入力できない等と定めるところがある。

　NDA に基づき第三者から提供を受けた情報については、それぞれの条項の具体的な文言がどのような内容になっているか次第だが、第三者提供制限違反や利用目的違反と解釈される可能性がある。自社において NDA に基づき第三者から提供を受けた情報を AI に入れたい場合には、その旨を NDA ひな形に反映させることが考えられる[29]。

(D)　個人情報

　個人情報を入力する場合、①個人情報の利用目的に反しないかと、②個人データの第三者提供を適法化する要件を満たすかが主に問題となる。この点は、前記Ⅲを参照のこと。

(E)　その他の問題

　そもそも一定の場合にデータを保管しないゼロリテンションの設定を選択できることがある。なお、ローカル LLM については、前記Ⅲ 4 (3)(D) を参照されたい。このような技術的な対応も併せて検討すべきである。

---

[29]　なお、中崎尚『生成 AI 法務・ガバナンス』（商事法務、2024 年）91 頁は「秘密保持義務違反（ママ）に形式的に違反したとしても、それによって事業者に生じうる損害が限定的であれば、リスクを承知で、生成 AI による処理に踏み切ることも考えられる」としており参考になるが、やや踏み込んでいるという印象も受けるところである。

⑷　出力に関する社内ルールのポイント

（A）　はじめに

AI によって画像、文章、プログラム等を生成すると、生成された画像、文章、プログラムに関する法的問題が生じる可能性がある。

（B）　知的財産

（ a ）　他社の著作権等を侵害するリスク

典型的には、他者の著作権その他知的財産権を侵害するリスクである。この点については、仮に生成 AI 側で学習において問題がないように工夫していても、特定の第三者の著作権が認められる画像や文章を生成しようとしたのであれば、プロンプト（指示文）を通じた依拠性が認められる可能性が高い（前記Ⅱ参照）。よって、類似性が認められれば、複製権または翻案権を侵害する可能性が高いといえる。その意味では、そもそも出力結果が他者の知的財産権を侵害する可能性のあるようなプロンプト（指示文）を入力すべきではない。なお、仮に、そのような意図なく既存の作品と類似する作品が出力されたという場合に、厳密な法的意味において、依拠性がないとして著作権侵害自体は回避できる可能性があるとしても、たとえば、広告目的等でその生成物を利用すべきかについては慎重に検討すべきである [30]。

（ b ）　自社として知的財産権を取得することができないリスク

生成 AI が生成した画像、文章、プログラムについて自社として著作権等の知的財産権を取得できない可能性がある。AI を発明者として特許を出願することができないとする先例もある [31]。この点については知的財産権の類型によっても異なるので、取得したい権利が何かを踏まえながら、人間が十分に修正することで当該修正部分に関する知的財産権を確保する等の対応をすべきである [32]。

30　なお、法律の問題ではないものの、海上保安庁のポスターや、アニメ音楽コンサートのパンフレットに AI を利用したことが批判される等、AI の利用そのものが批判される可能性がある。この点につき、著作権者との間の Win-Win の関係の形成に向けた対応が考えられることは、日本 SF 作家クラブウェブサイト「現状の生成 AI 技術に関する、利用者、運用者、行政・立法、開発・研究者への SF 作家クラブの提言」〈https://sfwj.jp/news/statement-on-current-generative-ai-technologies-japanese-edition/〉を参照のこと。

31　東京地判令和 6 年 5 月 16 日判時 2601 号 90 頁。

32　松尾剛行「AI 時代の知的財産法に関する 2024 年の展望とその先の将来展望」会社法務

（C）　意図しない誤り

Hallucination（幻覚）による意図しない誤りが生じ、それに気づかないまま利用してしまうリスクがある。利用する人間が責任をもって確認し、少なくとも人間が責任をもって誤りのない最終的な成果物とすべきである。

5　顛　末

A 社は、弁護士とも協力しながら、社内ルールを策定し、無事 AI の利用を開始することができた。

（本稿は、松尾剛行『生成 AI の法律実務』（弘文堂、2025 年）の原稿執筆前に執筆したものであり、より詳細な生成 AI の法律実務については同書を参照のこと）

（松尾剛行）

A2Z2024 年 2 月号 18 頁、同「画像生成 AI と実務、個人情報保護・肖像権」映像情報メディア学会誌 78 巻（2024 年）4 号 41 頁参照。

事項別索引

【さ行】

執筆者一覧

（執筆順）

齋藤　理央（さいとう　りお）

弁護士法人 EIC

〒 105-0001　東京都港区虎ノ門五丁目 1 番 5 号　メトロシティ神谷町 4 階

TEL　03（6426）5420

櫻町　直樹（さくらまち なおき）

内幸町国際総合法律事務所

〒 100-0011　東京都千代田区内幸町二丁目 2 番 1 号　日本プレスセンタービル 6 階

TEL　03（5501）7216

田中　一哉（たなか かずや）

サイバーアーツ法律事務所

〒 177-0041　東京都練馬区石神井町一丁目 2 番 21 号

TEL　03（6454）7523

最所　義一（さいしょ　よしかず）

弁護士法人港国際法律事務所湘南平塚事務所

〒 254-0807　神奈川県平塚市代官町 9 番 26 号　M宮代会館 3F 号室

TEL　0463（75）8787

平野　敬（ひらの　たかし）

電羊法律事務所

〒 194-0022　東京都町田市森野一丁目 32 番 12 号　森谷ビル 2 階

TEL　042（860）6256

平井　佑希（ひらい ゆうき）

桜坂法律事務所

〒 107-0052　東京都港区赤坂一丁目 12 番 12 号　榎坂ビル 4 階

TEL　03（5563）1501

松尾　剛行（まつお　たかゆき）

桃尾・松尾・難波法律事務所

〒 102-0083　東京都千代田区麹町四丁目 1 番地　麹町ダイヤモンドビル

TEL　03（3288）2080

髙田　晃央（たかた　あきひさ）

古賀　聡（こが　さとる）

木村・古賀法律事務所

〒 151-0053　東京都渋谷区代々木二丁目 11 番 12 号　南新宿セントラルビル 4 階

TEL　03（6300）6580

葛山　弘輝（かつらやま ひろき）

ひかり総合法律事務所

〒 105-0001　東京都港区虎ノ門二丁目 3 番 22 号　第 1 秋山ビルディング 6 階

TEL　03（3597）8701

岡本　裕明（おかもと　ひろあき）

弁護士法人ダーウィン法律事務所

〒 160-0004　東京都新宿区四谷三丁目 1 番 9 号　須賀ビル 7 階

TEL　03（3354）5330

奥村　徹（おくむら とおる）

奥村＆田中法律事務所

〒 530-0047　大阪府大阪市北区西天満四丁目 2 番 2 号　ODI 法律ビル 203

TEL　06（6363）2151

山田　大介（やまだ　だいすけ）

山田大介法律事務所

〒 753-0048　山口県山口市駅通り一丁目 4 番 7 号　福武ビル 2 階

TEL　083（921）7050

関口　慶太（せきぐち　けいた）

法律事務所 碧（あお）

〒105-0001　東京都港区虎ノ門五丁目1番5号　メトロシティ神谷町4階

TEL　03（6426）5420

小石川　哲（こいしかわ　さとし）

小石川総合法律事務所

〒113-0033　東京都文京区本郷一丁目11番12号　坂詰ビル3階

TEL　03（5577）3920

（所属は、令和7年3月現在）

497

事例大系　インターネット関係事件
——紛争解決の考え方と実務対応

令和7年4月21日　第1刷発行

編　者　インターネット事件実務研究会

発　行　株式会社**ぎょうせい**

〒136-8575　東京都江東区新木場1-18-11
URL：https://gyosei.jp

フリーコール　0120-953-431

ぎょうせい　お問い合わせ　検索　https://gyosei.jp/inquiry/

〈検印省略〉

印刷　ぎょうせいデジタル株式会社　　　　　　Ⓒ2025　Printed in Japan
※乱丁・落丁本はお取り替えいたします。

ISBN978-4-324-11479-7
(5108984-00-000)

〔略号：事例インターネット〕